Constitutional Domains

Democracy, Community, Management

by Robert C. Post

Copyright © 1995 by the President and Fellows of Harvard College

Published by Harvard University Press

Simplified Chinese translation copyright © 2012 by Peking University Press

All Rights Reserved

法律今典译丛

Constitutional Domains
Democracy, Community, Management

宪法的领域
民主、共同体与管理

〔美〕罗伯特·C.波斯特 著　毕洪海 译

著作权合同登记号　图字：01-2003-8567

图书在版编目(CIP)数据

宪法的领域：民主、共同体与管理/(美)波斯特(Post,R.C.)著；毕洪海译. —北京：北京大学出版社,2012.11

(法律今典译丛)

ISBN 978-7-301-21500-5

Ⅰ.①宪…　Ⅱ.①波…②毕…　Ⅲ.①宪法-研究　Ⅳ.①D911.04

中国版本图书馆 CIP 数据核字(2012)第 258948 号

书　　　　名：宪法的领域：民主、共同体与管理
著作责任者：〔美〕罗伯特·C.波斯特　著
毕洪海　译
责 任 编 辑：李　昭
标 准 书 号：ISBN 978-7-301-21500-5/D·3198
出 版 发 行：北京大学出版社
地　　　　址：北京市海淀区成府路 205 号　100871
网　　　　址：http://www.pup.cn
新 浪 微 博：@北京大学出版社
电 子 信 箱：law@pup.pku.edu.cn
电　　　　话：邮购部 62752015　发行部 62750672　编辑部 62752027
出版部 62754962
印　刷　者：北京大学印刷厂
经　销　者：新华书店
965 毫米×1300 毫米　16 开本　30.25 印张　382 千字
2012 年 11 月第 1 版　2012 年 11 月第 1 次印刷
定　　　价：58.00 元

未经许可，不得以任何方式复制或抄袭本书之部分或全部内容。

版权所有，侵权必究

举报电话：010-62752024　电子信箱：fd@pup.pku.edu.cn

致　　谢

我有幸得到诸多友善的朋友和同事贡献他们的时间和建议。本书的文章从他们的影响和见识中获益不可估量。我尤其要感谢亚历山大·阿列伊尼科夫（Alexander Aleinikoff）、艾德·贝克尔（Ed Baker）、文森特·布拉西（Vincent Blasi）、杰西·乔普尔（Jesse Choper）、梅厄·丹—科恩（Meir Dan-Cohen）、梅尔文·艾森伯格（Melvin Eisenberg）、辛西娅·富克斯·爱泼斯坦（Cynthia Fuchs Epstein）、朱利安·奥伊勒（Julian Eule）、丹尼尔·法伯（Daniel Farber）、欧文·费斯（Owen Fiss）、梅里克·加兰（Merrick Garland）、安吉拉·哈里斯（Angela Harris）、唐·赫尔佐克（Don Herzog）、桑福德·卡迪什（Sanford Kadish）、肯尼斯·卡斯特（Kenneth Karst）、塞斯·克赖默（Seth Kreimer）、桑福德·列文森（Sanford Levinson）、克里斯滕·卢克（Kristen Luker）、迈克尔·麦康奈尔（Michael McConnell）、谢利·梅辛格（Shelly Messinger）、弗兰克·米歇尔曼（Frank Michelman）、马莎·米诺（Martha Minow）、保罗·米什金（Paul Mishkin）、雷切尔·莫兰（Rachel Moran）、汉纳·皮特金（Hanna Pitkin）、斯科特·波（Scott Powe）、埃里克·拉科夫斯基（Eric Rakowski）、特伦斯·桑达洛（Terrance Sandalow）、约瑟夫·萨克斯（Joseph Sax）、弗雷德里克·绍尔（Frederick Schauer）、费迪南德·斯库曼（Ferdinand Schoeman）、菲利普·塞尔兹尼克（Philip Selznick）、马丁·夏皮罗（Martin Shapiro）、列娃·西格尔（Reva Siegel）、杰尔姆·什科尔尼克（Jerome Skolnick）、迈克尔·史密斯（Michael Smith）、杰弗里·斯通（Geoffrey Stone）、卡斯·桑斯坦（Cass Sunstein）、简·

维特尔(Jan Vetter)、杰里米·沃尔德伦(Jeremy Waldron)、詹姆斯·温斯坦(James Weinstein)、伯纳德·威廉姆斯(Bernard Williams)和富兰克林·齐姆林(Franklin Zimring)。在准备出版手稿方面,克里斯廷·拉金特—莫伊斯(Kristin Largent-Moyes)进行了不可或缺的超人般的努力;没有她无私的奉献,我怀疑这本书是否会成形。我的技术编辑卡特琳娜·赖斯(Katarina Rice)则在不断润色和精确方面给我鼓舞。当然,没有我妻子弗兰·莱顿(Fran Layton)体贴的支持,就不会有本书的这些文章,对她我衷心地表示感谢。

罗伯特·C.波斯特

目 录

导　言　宪法的社会领域　　　　　　　　　　　　　　　　　　1

第一编　共同体与人的尊严

第一章　宪法解释理论　　　　　　　　　　　　　　　　　　25
第二章　隐私的社会基础
　　　　——普通法侵权中的共同体与自我　　　　　　　　59
第三章　文化异质性与法律
　　　　——色情作品、亵渎与第一修正案　　　　　　　113

第二编　民主与人的自由

第四章　宪法上的公共商谈概念
　　　　——过分的观点、民主审议与《皮条客》杂志
　　　　　诉福尔韦尔案　　　　　　　　　　　　　　　161
第五章　在民主与共同体之间
　　　　——社会形式的法律构造　　　　　　　　　　　249

第三编　管理与工具理性

第六章　在治理与管理之间
　　　　——公共论坛的历史与理论　　　　　　　　　　275

2   宪法的领域

第七章   米克尔约翰的错误
         ——个人自主与公共商谈的改革　　　　　　*366*

重　述   种族主义言论问题　　　　　　　　　　　　*394*

文献出处　　　　　　　　　　　　　　　　　　　　*451*
索　引　　　　　　　　　　　　　　　　　　　　　*453*

导　言

宪法的社会领域

我们这一代的美国宪法学者生活在法律实用主义当中。在我们看来，法律不再洋溢着质朴无瑕的自主性；亦不能被认为存在于雅致且不断发展的原理规则模式当中。相反，我们自然而且必然将法律标准理解为实用的政策工具。我们试图将法律作为实现社会目标的工具，而我们学术讨论的精髓也是围绕这些目标应当是什么展开的。

伴随这一导向的糟糕趋势是区分社会目标与社会目标最终必然得以实现的具体法律安排。多年前，朗·富勒（Lon Fuller）就指出了这一趋势，并对其进行了彻底的批评。他称："任何社会目标要有意义，都必须按照结构的方式理解，而不只是当做在人们的社会'制序'（social ordering）方向正确时发生在他们身上的事情。"[1]

富勒观点的寓意是，宪法价值往往存在于实际体现这些价值的法律结构当中。这些结构通常包括建立可识别的"社会秩序"的规则模式。宪法价值必然既存在于这些社会秩序的形式当中，也存在于这些形式所促进且使之可能的经验当中。因此，宪法原则的实现就需要认真关注宪法与社会秩序系统的关系。

---

[1] Lon F. Fuller, *The Principles of Social Order* 57 (Kenneth I. Winston, ed., 1981).

2　宪法的领域

本书的文章就是努力根据这一见解重新解释宪法。这些文章试图表明，宪法的基本原则如何以广泛重要的方式在具有自身内部逻辑和完整性的具体社会秩序形式中得到体现。就理解我们的宪法而言，三种不同的社会秩序形式尤为重要。我称之为共同体、管理与民主。简明扼要地说，当法律寻求以权威的方式解释与执行共同的风俗与规范时，就可以说法律创造的是共同体；当以工具的方式组织社会生活从而实现具体的目标时，法律就是管理性的；当法律通过建立对我们而言具有集体自决含义的社会安排时，它就会促进民主。

共同体、管理与民主每一种形式都体现着不同的社会目标，其实现要求截然不同的内部逻辑与一致性。三者因而在很多重要的方面都存在冲突。然而，正如本书文章的具体论证所述，这三种不同的社会秩序形式还以根本而且必要的方式相互预设与依赖。我们可以说共同体、管理和民主是相反相成的。

这种吊诡的关系促使我在下面的文章中采用"领域"（domains）和"界限"（boundaries）这一特别的比喻。在特定的领域中，具体社会秩序形式的逻辑居于主导地位，排除与其竞争的形式。但因为这些社会秩序形式最终相互依赖，被排除的逻辑不可能被压制。相反它们是被取代的，因此宪法可以被有效地构想为一种确立不兼容的不同社会领域彼此界限的过程。

我选入本书的文章，特别关注在历史和社会学的意义上凸现美国宪法确立独特且有限的民主领域的努力。我试图证明，这一民主领域的充分实现以很多微妙的方式要求维持与其互补但又相异的共同体和管理领域，我试图突出我们宪法传统中基本但很大程度上未被意识到的巨大努力，即如何确定这些不同领域之间的界限。

在以这种方式将社会世界区分为不同形式的社会秩序时，美国宪法本身并不是一份透明的文件。我们必须在整体上将法律理解为一种社会制度，影响着其所规制的人的行为。通过改变规则的属性、推理的情况或组织内的权力分配,法律能够改变自身的制度特征,从而多少与不同形式的社会秩序兼容。就像变色龙那样,法律会将自己转化为拟态形式,强化其确立和维持的社会领域。

本书的文章运用第一修正案的原理说明这些复杂的动态。第一修正案的法理提供了许多机会观察宪法如何将社会生活划分为共同体、管理和民主三个分立的领域,以及宪法本身在这一过程中如何变化。

在本导言下面的部分,我将概述这一总体的法律分析路径。首先,我会简述共同体、管理和民主的规定性特征;然后讨论法律本身在这些不同的领域中如何变化;最后概述这三种重要的社会秩序形式的相互依赖关系。

一、共同体

正如菲利普·塞尔兹尼克在《道德共和国》中所述,共同体取决于"一种共同的信念、利益与追求框架",这种框架"确立共同的信仰或命运、个人认同、归属感与支持性的行为和关系结构"。[2] 体现共同体的法律试图强化这一共同信仰和命运的共同世界,它们以特有的方式阐述与实施界定个体与社会认同的规范。

第二章就普通法隐私侵权进行引申说明,这是法律组织自己以体现共同体这种社会秩序的典型例证。有人主张,法律权利的存在本身不符合法律实现该功能的能力,因为法律权利必然意味着"权利的持有者是不受限制的自决个体的意象,只是通

---

[2] Phillip Selznick, *The Moral Commonwealth*: *Social Theory and the Promise of Community* 358—359 (1992).

4　宪法的领域

过选择才与他人发生联系的存在"。[3] 但在第二章中，我指出这一主张不准确，因为隐私侵权所确立的权利显然是要界定与保护社会规范，隐私侵权认为这些规范对于维持稳定的个体认同是必要的。就像其他矫正"尊严性损害"[4]的法律诉讼那样，隐私侵权也认为个体的尊严存在于社会界定的尊重形式[5]。该侵权制度保护这些形式的尊重，从而维护使这种尊严可能存在的特定共同体。

　　体现共同体的法律努力总是取决于本质上具有规范性的主张。因此，共同的文化认同这一经验事实就必须同法律阐述与实施这种认同的不断努力区分开。前者存在于描述现象的领域，或许要由胜任的社会学家通过调查确定。后者则是当法律试图代表某种特殊的共同体愿景时所采取的规范倾向。以法律体现共同体的目标，就是要实现我们具有共同"追求和认同感"的社会生活形式，从而我们能够"逐一确定什么是善的、有价值的或应当做的"。[6] 这种共同文化实际存在的程度与这一目标高度相关，但其本身并不具有决定性。[7]

　　因为运用法律建立共同体的目标本质上是规范性的，实现这一目标的法律努力在本质上就是有争议的。共同体风俗的规范力量既不是给定的也不是固定的，而总是解释与批评的结果。偶然的历史情境会影响阐述和实施文化价值的法律努力应被视

---

[3]　Mary Ann Glendon, *Rights Talk*: *The Impoverishment of Political Discourse* 48 (1991).

[4]　Harry Kalven, Jr., "Privacy in Tort Law—Were Warren and Brandeis Wrong", 31 *Law and Contemporary Problems* 326, 341 (1966).

[5]　关于共同体情境下尊严概念的研究，见 Robert Post, "The Social Foundation of Defamation Law: Reputation and the Constitution", 74 *California Law Review*, 691, 707—719 (1986)。

[6]　Charles Taylor, *Sources of the Self*: *The Making of the Modern Identity* 27 (1989).

[7]　就经验上不存在共同的文化价值就要求放弃隐私侵权的复杂观点，见 Randall P. Bezanson, "The Right to Privacy Revisited: Privacy, News, and Social Change, 1890—1990", 80 *California Law Review* 1133 (1992)。

作连贯与协调的,还是会引发激烈的争论。倘若法律试图维持实际上普遍拥有的价值,就有可能是前者,倘若法律被认为在分裂的文化争论中支持一方,就有可能是后者。只要法律的形式辖区按照地域界定且横跨多种文化,主张单一主流文化价值的法律努力也会被抨击为霸权。就通过法律阐述和实施共同文化认同的方式融合文化与国家的活动而言,这种分歧或多或少普遍存在。

建立共同体这种社会秩序的法律努力还要受制于一种不同但却更根本的挑战。这种努力最终必须根据下述理由证成,即法律所规制的行为应当由共同的社会规范加以调整。但这一理据可能遭到抵制。有人会说,法律应根据完全不同形式的社会秩序原则组织其干预活动。

二、管理

法律据以组织其干预活动越来越普遍的另外一种方式,就是我所谓管理的社会秩序形式。正如菲利普·塞尔兹尼克所述,管理"意味着理性、关心效率、目标导向的组织"。[8] 管理安排社会生活旨在实现给定的目标,忽略共同体价值或认同的独立要求,相反遵循的是工具理性逻辑。

共同体和管理的区别可以在下述两种刑法的对比中得到体现,一种刑法试图将惩罚基于过错与责任的道德分配,一种刑法相反则试图严格限于防止危害行为这一目标。前者通过将刑罚与相关的文化规范结合在一起,展现共同体的权威;后者通过工具性的方式实现明确的目标,以管理的权威规制行为。

总的来说,20世纪见证了从前者向后者的重大转变。这可以体现在从旧式的、以义务为基础的侵权法向更现代的、以效率

---

[8] Selznick, *Moral Commonwealth*, at 289.

6　宪法的领域

为基础的严格责任规则转变,前者试图运用正常人(reasonable person)的规范建构将法律规则与周围共同体的价值融合在一起,后者则试图以侵权法为手段安排实现分立的目标,诸如实现风险的有效分配。

　　进步主义行政国家愿景的胜利已经确保管理在现代法律中的显著地位。这是因为,用沃尔特·李普曼富有先见之明的话来说,只要国家希望对社会的"潮流"进行"控制",因而"慎重加以处理,设计社会组织,改变工具,制定方法,教育并且加以控制"[9],管理就是必要的。走向管理的趋势会自我增强,因为社会的日渐理性化会削弱否则可能支持另一种共同体权威的文化规范。

　　建立管理这种社会秩序的法律在很多方面都存在争议。它们试图实现的目标可能会遭到质疑。例如,在最后一章,我会讨论围绕规制大学仇恨言论的争论最好被理解为就教育机构潜在使命的分歧。管理性的法律还会因为实际上无法实现目标而遭到质疑。当代关于公共规制媒体的一个重要辩论脉络就取决于这种规制事实上能否实现目标,即建立更公正、更能增闻广识的媒体。这种争论蕴含且内在于管理的逻辑中。

　　管理性法律遭到的更根本挑战涉及否定管理权威本身。戈德堡大法官在"格里斯沃尔德诉康涅狄格案"的著名疑问就可以说明这种挑战。诉诸"与我们整个文明同样古老和根本的传统家庭关系",戈德堡提出,如果没有"表明州令人信服的眼前利益",宪法是否可能允许法律要求"所有夫妇在生育两个孩子之后都必须绝育"[10]。戈德堡问题的意义在于揭示我们不愿意仅因为法律与正当目标具有某种工具性关联就认定合宪。戈德堡表明,该法律的合宪性相反应根据"我们人民的传统和集体

---

[9]　Walter Lippmann, *Drift and Mastery* 147 (1961)(orginally published in 1914).
[10]　Griswold v. Connecticut, 381 U.S. 479, 496—497 (1965) (Goldberg, J., Concurring).

良知"[11]加以评估。因此,在本质上,戈德堡支持,在大部分情形下,应根据共同体的规范而非管理的工具性逻辑确定规制家庭生育的合宪性。[12]

三、民主

在当代的宪法裁判中,经常发现不仅共同体而且管理的社会秩序都会遭到第三种社会秩序挑战,我称这种形式为民主。用卡尔·马克思简洁的话说,民主要求的是"人民自决"。[13] 在美国的宪法传统中,民主也具有这种明确的含义:"民主预示着集体自决。"[14]同其他任何价值一样,集体自决的实现也需要特殊的社会安排。在本书中,当宪法规定这些安排的必要规则时,我就说是为了建立民主。

这一表述意味着在根本上与前一代宪法学的进路断裂,此前的宪法学将自决与"多数人民主"相提并论,也就是"追求由被统治者的多数控制"。[15] 这一进路同样会面临哈贝马斯针对

---

〔11〕 Id., at 493.

〔12〕 在其他宪法领域中,共同体与管理的界限同样存在争论。第四修正案的法理就是很好的例证。就政府没有搜查令在什么情况下可以搜查并获取证据存在着尖锐的争论。搜查令的要求本质上是宪法对共同体价值的承认,即"社会愿意承认合理的隐私预期"。Skinner v. Railway Labor Executives Association, 489 U. S. 602, 616 (1989). 针对搜查令要求的异议是,"坚持搜查令的要求会阻碍实现政府的目标"。Id. at 623.原理上的争论因而最终是关于社会生活的哪些方面应当以承认共同体规范的形式加以规制,哪些方面应当完全交给工具理性的逻辑。关于相关案件的样本,见 New York v. Burger, 482 U. S. 691 (1987); O'Connor v. Ortega, 480 U. S. 709 (1987); New Jersey v. T. L. O., 469 U. S. 325 (1985)。

〔13〕 Karl Marx, *Critique of Hegel's "Philosophy of Right"* 31 (Annette Jolin and Joseph O'Malley, trans., 1970).

〔14〕 Owen Fiss, "Free Speech and Social Structure", 71 *Iowa Law Review* 1405, 1407 (1986).

〔15〕 John Hart Ely, *Democracy and Distrust: A Theory of Judicial Review* 7 (1980).

熊彼特的那种有力批评。该进路"通过程序界定民主"而非程序意图体现的潜在价值。[16] 多数决定规则的意义在于可以作为实现集体自决价值的机制。认为多数主义本身就是目标,就会导致约翰·哈特·伊利著作那样明显的难题。他承认简单多数的程序可能通过偏见变得具有压迫性和反民主,但他仍然努力提出一幅纯粹程序性的说明,这根本无法就该现象提供令人信服的解释。[17]

卢梭很早就认识到集体自决的问题在理论上与个人自决无法分开。民主以集体的方式将代理人置于人民当中,人民被授权自己统治自己。但我们不能将下述社会称为民主社会,即赋予"人民"权力决定自己政府的性质,但组成"人民"的个体本身感觉无法自由选择自己的政治命运。例如,设想一个社会日常生活的所有细节都是通过连续不断的投票决定的,因而该社会的集体意志不受限制,但组成社会的个体则感觉不断受到压制。[18] 我们很可能会因这种社会是法西斯或极权主义的而加以抛弃。因此,让·皮亚杰完全正确,他说民主要求我们"以对自主意志的相互尊重取代对权威的单方尊重"。[19] 民主的基本难题因而在于调和个体自主与集体自主。

美国的宪法传统认为这种调和是在开放的交流结构中进行的。我称这种结构为"公共商谈"(public discourse)。如果公共商谈可以由个体公民自主参与,如果政府的决定服从由公共商谈形成的公共意见,那么公民就有可能将国家视作自身集体自

---

[16] Jürgen Habermas, *Communication and the Evolution of Society* 186—187 (Thomas McCarthy, tran., 1979).

[17] See, e.g., Paul Brest, "The Substance of Process", 42 *Ohio State Law Journal* 131 (1981); Lawrence G. Sager, "The Incorrigible Constitution", 65 *New York University Law Review* 893 (1990).

[18] 关于这种社会的讨论,见 Martin H. Redish, "The Value of Free Speech", 130 *University of Pennsylvania Law Review* 591, 606—607 (1982).

[19] Jean Piaget, *The Moral Judgment of the Child* 366 (Marjorie Cabain, trans., 1948).

决的代表。保护公共商谈的自由因而就是实现民主自治的必要条件(不过并非充分条件)。这就是为什么我们的宪法传统认为第一修正案是"我们民主的守护者"[20],即便该修正案本身在目的和效果方面显然都是反多数主义的。

调和个体与集体自决必然带来严重的内在张力。一方面,民主的社会结构必须为个体自主提供适当的空间。在该空间范围内,民主必须以消极的方式运作;不得通过规定预设的共同体规范或给定的管理目标排除个体选择与自我发展的可能性。另一方面,民主的社会结构还必须以积极的方式运作,促进认同能够产生集体自决体验的过程。我在第四章和第七章指出,这些过程预设的社会凝聚形式取决于共同体的规范,这些过程往往还要求策略性的管理干预。

因而在民主的核心存在一种悖论。民主理论家往往将民主社会凝聚性所需要的共同体和管理结构设想为自愿的,从而巧妙地解决这一矛盾,因而有了布兰代斯著名的评论,民主"以自我控制取代外部控制"。[21] 但实际上,有时候要求存在可执行的法律义务,因此,试图建立民主制度的法律必然是可以争议的。人们总是可以说,这些法律或者是过于强调社会凝聚性的前设,因而损害民主正当性所需的个体自主,或者相反,过于强调个体自主从而损害民主正当性同样需要的社会凝聚性。这一张力内在于民主领域。

不过,同样可以超越该领域,主张不应按照民主逻辑组织社会生活的具体方面。民主形式的社会"制序"具有具体、有限的合理适用范围,这种范围或者是根据公民自主参与在道德上所需要的个人方面决定的,或者是根据集体自决过程的成功所需

---

[20] Brown v. Hartlage, 456 U. S. 45, 60 (1982).

[21] Letter from Justice Louis Brandeis to Robert Walter Bruere (Feb. 25, 1922) in 5 *Letters of Louis D. Brandeis* 46 (Melvin I. Urofsky and David W. Levy, eds., 1978).

10　宪法的领域

要的社会方面决定的。法律所规制的具体行为是否应外在于该范围而且根据共同体或管理的逻辑加以组织，总是可以争辩的。

例如，在"洛克纳诉纽约案"时代[22]，民主权威的范围是根据个体公民的意志确定的，具体体现于私人财产权制度。据信，剥夺"作为公民自由成果和标志的财产权，……就是将其置于奴隶地位。"[23]因而"财产权的适当保护被认为是共和制度的关键原则"[24]。于是，财产权被严格作为民主针对社会主义的堡垒。但这种潜在的"人观"（concept of the person）在新政胜利的年代崩溃，形成了另外一种自主公民的道德意象，关注的是理性而非意志独立。结果，第一修正案根据民主的路线从根本上进行重新解释，而财产权的规制在很大程度上被委诸于国家的管理权。

关于民主权威适当范围的类似争论，在当代有关实体正当过程原则的争论中亦有所体现，该原则意在防止国家控制"界定人们认同的能力，这种认同对任何自由概念都是必不可少的"。[25] 在"艾森施塔特诉贝尔德案"（Eisenstadt v. Baird）中，布伦南大法官解释"格里斯沃尔德案"（Griswold）在于保护"已婚或未婚个体有权不受政府无理干预诸如是否为人父母等从根本上影响一个人的事项"[26]，他实际上是在批评戈德堡大法官援用的共同体逻辑。相反，布伦南试图将生育子女以及相关的性行为领域纳入民主权威的逻辑。布伦南隐含的主张是，这一领域对于公民个人的自主如此重要，因此常规性地遵从管理性

---

[22]　Lochner v. New York, 198 U.S. 45 (1905).
[23]　George Sutherland, "Principle or Expedient", 44 *New York State Bar Association Proceedings and Reports* 278 (1921).
[24]　Chicago, Burlington and Quincy Railroad Co. v. Chicago, 166 U.S. 226, 235 (1897).
[25]　Roberts v. Untied States Jaycees, 468 U.S. 609, 619 (1984).
[26]　Eisenstadt v. Baird, 405 U.S. 438, 453 (1972).

的要求或共同体的规范,有悖民主社会结构的要求。[27]

美国宪法追求民主社会秩序的强烈程度是无与伦比的。这在我们第一修正案的法理中十分明显,因为其保持公共商谈不受共同体规范控制的雄心,显然在各国的法律制度中独树一帜。加拿大最近判决维持禁止色情作品和仇恨言论的公共商谈规制,就是其他国家公共商谈在法律上要服从尊重和文明这种基本共同体价值的典型倾向。[28] 美国宪法通常谴责这种活动是不可容忍的家长作风。

尽管美国立场遵循的是民主的内在逻辑,但该逻辑并不要求如此。可以说加拿大人认为取消法律对共同体基本价值的支持会危害集体自决所需要的社会凝聚性,或者相反,美国人认为法律实施这种价值会危及自治所需要的个体自主。国家的法律制度如何在这些辨证的立场中进行协调,是一个取决于历史和文化情境的问题。

就此而言,美国的立场无疑深受我们个体主义经典追求的影响,即"每个公民倾向与众多同伴脱离的平静且慎重的想法"[29]。毫无疑问,这种个体主义使我们对民主等式中个人自主的一面非常敏感。而更微妙的是,这将我们的共同体认同感转化为某种被认为自愿、临时、商定的东西。这意味着我们认为,美国人生活中各种对立的共同体通过竞相获得个人忠诚而使自身永续。

美国人使公共商谈免于法律规定的共同体规范这种努力,实际上类似于"禁止立教条款"在敌对宗教团体中形成的休战

---

[27] 关于当代实体正当过程原理中这些不同脉络的讨论,见 Robert Post, "Tradition, the Self, and Substantive Dupe Process: A Comment on Michael Sandel", 77 *California Law Review* 553 (1989)。

[28] Regina v. Butler, [1992], 1 S. C. R. 452; Regina v. Keegstra, [1990], 3 S. C. R. 697.

[29] Alexis de Tocqueville, *Democracy in America* 506 (George Lawrence, trans., J. P. Mayer, ed., 1988).

状况。正如该条款通过将政府完全置于宗教控制之外,从而结束宗教团体争夺控制新生的美国那样,第一修正案自新政以来,亦在公共商谈领域施行类似的中立性。该领域被置于所有共同体规范的控制之外,因而所有的共同体都可以自由运用公共商谈作为"共同体市场"在平等的条件下争取新的支持者。

四、社会秩序和人观

管理、共同体和民主都具有各不相同的人的意象。在管理中,人被客体化。他们只是作为实现国家目标而被加以安排的客观事实才有意义。在共同体下,人被规范化。他们被设想为深深嵌在社会规范复杂的构成结构当中,这些规范同时界定着他们的认同,赋予其尊严。在民主中,人表现为自主的。他们被设想为寻求决定自身命运的生命,因而能够超越恰好界定他们的构成性规范与约束他们的管理目标。

通过考察法律组织自己以实现管理、共同体和民主不同前提条件的各种方式,或许这些差异会变得更加具体。以剧院的规制为例。担心失火的立法机关可能通过法律禁止剧院所有的服装用可燃材料制作,让我们称其为法律M。法律M旨在控制演员的行为从而实现安全目标。因而一项立法机关下令而演员服从的制度就确立了。在此制度下,媒介从演员转到立法机关。演员只是立法机关综合框架中的相对方(counter)而已。

比较法律M与另外一部法律C,后者要求演员负责采取所有"合理的"安全防范措施。因为"合理性"的标准是"共同体行为的常规标准"[30],法律C必然假定演员可以理解与适用共同体的标准。法律C假定演员拥有这一方面的知识和能力,因为他们是共同体恰当社会化的适格成员。

---

[30] Fowler V. Harper and Fleming James, *The Law of Torts* § 16.2 (1956).

因而法律 C 试图执行内在于演员认同的标准。相形之下，法律 M 规定的标准是外部强加的。因而法律 M 将演员客体化，而法律 C 则理解自己要求演员按照他们认为负责任的方式行事。法律 C 以此使演员恢复为常规化的媒介形式。

法律 C 还要求演员做出复杂的判断，远比法律 M 的要求复杂。这是因为共同体的标准在性质上具有"灵活、实质与随机的"特点。[31] 另一方面，法律 M 这样的管理性立法通常竭力以快刀斩乱麻般的精确和中立，席卷这种情境化的共同体规范所纠结的领域。从法律 M 的视角来看，共同体的规范只会扰乱立法机关所发布的命令的明确界限。

假设现在这些法律根据第一修正案遭到起诉，被认为不符合我们的表达自由制度。因为剧院毫无疑问属于公共商谈的范围，法院就会根据民主的逻辑分析相关的宪法问题。法院考虑的是，这些法律是否危及那些戏剧行业的从业者参与民主自决所需要的商谈过程的能力，因而不可接受。

这一问题预设的观念是演员可以对公共商谈做出原创性的贡献。这种说明迥异于法律 C 或 M 传达的观念。演员被设想为自主的主体而非客体或常规化的媒介。演员被认为能够超越从共同体的视角来看确立个体认同的内部化规范；还能够通过掌握决定自身目的的力量，从而抵抗管理性的规制。

五、作为社会秩序形式的法律

这些例证可以说明管理、共同体和民主如何意味着不同的人以及这些人所生活的社会领域的形态；还说明法律可以如何修改自己的制度干预从而符合这些不同的形态。法律可以改变

---

[31] Philip Selznick, "The Idea of a Communitarian Morality", 75 *California Law Review*, 445, 459—460 (1987).

"法律主体"的意象,从而符合法律试图建立的社会秩序形式的意象。探询这些不同的意象中哪个更"真实"没有意义,因为这里的现实是社会秩序本身的函数。[32]

需要指出的是,当试图建立社会领域时法律制度可以其他同样重要的方式转化自己。倘若法律试图使自身符合共同体的社会秩序,通常就会尊重像陪审团那样的外行决定者,这些决定者就是要适用背景文化的超法律标准。倘若法律试图仿制管理性的社会秩序,经常就会遵循经典的韦伯式工具理性,关注法律专家的决定权,他们颁布的规则多少不受传统共同体规范影响。倘若法律试图符合民主,往往就会强调司法机关的解释和理据。正如民主设想通过审慎交换意见的过程实现集体自决,因而当法律严格评估规制性关注的性质与意义并根据自治这种竞争性的追求加以衡量时,法律本身体现的就是这些交流过程。

这些法律组织形式的差异主要不是结果方面的差异。法律 C 和 M 会惩罚完全相同的行为形式,而且当根据第一修正案遭到起诉时,法院也会认定这些禁令合宪。然而相关法律在两种情形下是在不同的制度和论证领域中做出判断的[33];法律会运用不同的法律主体概念、不同的法律规则形式、不同的法律推理范式、法律制度内不同的权力分配。

我认为,这些系统差别的原因有两个。第一,共同体、管理和民主代表不同的规范性追求。如果法律致力于根据共同文化认同的要求安排社会生活,就会根据共同体的要求加以组织。如果法律选择以工具性的方式安排社会生活以实现具体的结果

---

[32] 关于这一点的论证,见 Robert Post, "Rereading Warren and Brandeis: Privacy, Property, and Appropriation", 41 *Case Western Reserve Law Review* (1991).

[33] 就共同体与管理论证差异的简明描述,见 Jürgen Habermas, "Technology and Science as 'Ideology'", in *Toward a Rational Society: Student Protest, Science and Politics* 81—122 (Jeremy J. Shapiro, trans., 1970). 更长更复杂的描述, 见 Jürgen Habermas, *Knowledge and Human Interests* (Jeremy J. Shapiro, trans., 1971).

或保护集体自决,就会根据管理或民主的原则加以组织。我用"权威"一词表达维系我们忠诚的这一系列基本追求。共同体、管理和民主的制度和论证领域之所以不同,是因为每个领域的决定都诉诸于不同形式的权威。

　　第二,权威不仅存在于抽象的目标,还存在于历史上具体的社会安排。我们的法律和国家经历促使我们将共同体、管理和民主价值与在我们看来具有自身内在逻辑和完整性的特殊社会结构联系起来。我们当然可以重新解释这些价值,或者完全否定它们而让我们自己致力于其他形式的社会"制序"。但我们不可蛮横地割裂这些价值与藉以传递其含义的具体社会"制序"形式。我们并不是在一张白纸上随意涂鸦。因而历史分化过程起到的作用就是区分共同体、管理和民主的制度与论证领域。

六、民主、共同体和管理的相互依存

　　尽管民主、共同体和管理每一个都因源自其迥异的目标而与众不同,但仍然以非常重要而且系统的方式结合在一起。例如,民主显然会预设管理,因为没有管理,根本就不能组织民主政府以实现自决过程所选择的具体目标。[34] 然而民主在管理领域中遭到了限制,因为管理会压制自主主体并将其客体化。管理在民主领域内同样也是不可能的,因为管理需要将目标视作给定的,而自决要求建构社会领域从而可以质疑所有的目标。结果无论民主还是管理的健康发展都要求法律确定与维持二者的适当界限。

　　就民主和共同体在结构上的相互关联也可以做出类似的说明。

---

[34] 正如查尔斯·林德布鲁姆(Charles E. Lindblom)所述:"在任何庞大的政治制度中,可以想象的最民主的统治者必须组织和协调控制处于不对称关系中的普通臣民/公民。" "Democracy and the Economy", in *Democracy and the Market System* 116 (1988).

民主社会秩序之所以存在完全是因为我们追求自决的价值。[35]这种追求的独特属性要求在民主的范围内悬置适用与实施其他共同体的价值。因而容易将民主误解为原生的社会构造。但如果我们考察这种对自决在先追求的起源,立刻就会看到这种追求在历史上纯属偶然,而且之所以出现,只是因为民主恰巧内含在以鼓励自治为目标的文化当中。

因而民主权威如果扩张到排除促进民主社会秩序独特价值的那种文化,就会弄巧成拙。民主的方案以这种方式"承认完全实现民主是不可能的"[36]。民主与共同体必须维持一种补充但又对立的关系。民主在其适用的领域中会否定共同体,然而民主又要依靠共同体提供该领域持续存在的外部支持,同时在该领域内确立促进集体自决过程所需要的社会凝聚性的基础。

因而,民主的健康发展要求法律确定与维持民主和共同体的适当界限。该界限的位置无疑不稳定且有争议,部分取决于法律就背景文化期望的自治程度与范围所作出的解释。但也要取决于法律就共同体本身继续生存所需要的法律支持的认识。

通过分析管理、民主和共同体所预设的"人观"可以补充这些结论。工具理性会将人客体化,但作为客体的人只是被规制的对象。因而他们本身无法界定和指导工具理性。结果客体化的人所存在的管理性领域必然预设着其他形式的社会秩序,其中人们是能够在可能的社会目标中进行选择的媒介。

当然,民主设想人只是这种不断选择目标的自主媒介。然

---

[35] 我们对这一价值的追求毫无疑问与历史上资本主义制度的出现相关,用欧内斯特·盖尔纳(Ernest Gellner)的话来说,这种制度激发了一种"不受限制的永恒探索者"的"现代企业家"意象,他们生活在一个"可以进行无止境开发,提供将各种新的财富结合的无尽可能性,而没有预先确定的严格预期和界限。"*Nations and Nationalism* 22—23 (1983).

[36] Chantal Mouffe, "Democratic Citizenship and the Political Community", in *Dimensions of Radical Democracy*: *Pluralism*, *Citizenship*, *Community* 238 (Chantal Mouffe, ed., 1992).

而难题在于没有认同的人不可能做出有意义的选择。只有于在先的追求范围内进行选择方有意义。[37] 这表明民主总是预设着共同体,而共同体自身即可以用能够赋予自主价值内容的认同塑造人。[38]

这一分析显然意味着,因为行政国家管理性领域会对民主与共同体产生不利影响,故必须严格加以评估,而当有可能取代其所依靠的共同体时,即便民主也必须受到限制。

七、社会秩序的形式和宪法裁判

这里简要回顾一下我到目前已经提出的观点是有帮助的。法律试图支持与确立能够实现特定的价值或目标的社会秩序形式。我概括了三种这样的结构:民主,试图体现的是自决这一目标;管理,试图获得的是工具理性的收益;共同体,试图维持共同文化规范隐含的认同。

民主、管理和共同体每一种都会给法律制度产生强烈但却不同的影响,尤其是司法说理的性质。法院通常认为有义务证成其判决。这一义务在宪法裁判方面尤为真切,在宪法裁判中,法院必须评价以民主方式颁布且在其他方面正当的法律的有效性。无论如何,只有当法院可以按照与听众共享的基本前提进行说理时,方能证成其判决。诸如民主、管理和共同体等目的性结构就会提供这种前提。这是因为我们通常相信,实现它们的目标需要内在一致的不同逻辑形式,这些逻辑形式通过经验已经令人信服。这是为何这些社会结构树立的权威,能够赋予法院包罗万象的论证与原理证成模式可以识别的文法形式。

这些结果在第一修正案的法理中显而易见。表达自由原理

---

[37] See Charles Taylor, *The Ethics of Authenticity* 31—41 (1992).
[38] See Meir Dan-Cohen, "Conceptions of Choice and Conceptions of Autonomy", 102 *Ethics* 221 (1992).

主要是通过法院将交流行为归于哪个社会领域决定的。因而第六章即旨在表明，法院适用于管理领域中的言论的工具逻辑，与适用于管理领域的总体逻辑相同。该原则在根本上与通常所认为的第一修正案基本原理最根本的原则不兼容。我试图在第四、第五和重述表明，这些人们更熟知的第一修正案原理的原则，许多实际上源自民主权威的独特逻辑，而当该权威本身被认为无法适用时，这些原则的相关性就不是很大。

通过与弗雷德里克·绍尔富有见地且很有影响的《言论自由的哲学考察》[39]进行对比，或许就可以极好地说明这一方法论视角与第一修正案主流法律进路的分歧。正如绍尔著作的标题所述，他试图在哲学上分析第一修正案的法理，以便评估为何应当保护表达。他的前提是，因为第一修正案保护"言论自由"，所以哲学上就必然存在某些专门保护表达的"言论自由原则"。

另一方面，本书文章的出发前提迥然有别，即价值体现于社会制度整体而非其组成部分，因而不能将言论从具体的社会情形抽象出来。结果，通过理解言论与民主、共同体以及管理等具体社会秩序之间的关联而非寻求什么普遍的"言论自由原则"，我们会对现有第一修正案法理的轮廓有更多的认识。

这一结论会区分本书的文章与当代很多第一修正案的学术研究，当代很多研究的目的是为了确定某种保护表达自由的基本原理。在我看来，这种考察会弄巧成拙，因为规定单一的原理必然伴随着抹杀重要且必不可少的社会分化形式。例如，杰弗里·斯通最近提出以"不信任政府规制"作为第一修正案法理的总体"基础"。[40] 但是，正如我在第六章所述，法院在管理领域

---

[39] Frederick Schauer, *Free Speech: A Philosophical Enquiry* (1982). 关于绍尔巨大的直接影响的例证，见 Eric Barendt, *Freedom of Speech* (1985)。

[40] Geoffrey R. Stone, "Democracy and Distrust", 64 *Colorado Law Review* 1171, 1178 (1993).

通常会信任和尊重政府官员，倘非如此，这些领域就无法实现其目标。同样地，马丁·雷迪希提出第一修正案"真正的价值"是"个人的自我实现"。[41] 然而法院通常会允许在共同体的领域内提起诉讼以执行社会规范并矫正尊严方面的损害[42]，而正如我在第四章和第五章所述，如果法院以其他方式行事，这些领域显然就会遭到无法挽回的损失。

这些例证说明，无论言论的认知还是保护都会随着司法机关将其归于哪个社会领域而大大不同。实际上，通常所谓个人表达自由的"权利"，在最本质上或许可以被理解为法律藉以界定和建立此等领域的机制。正因如此，探讨法院如何确定社会领域的界限就至关重要。当然，有时候法院完全不是有意识地建构这种界限；而只是遵循先例而已，这就会确保社会领域之间的界限相对稳定。遵循先例使得有可能根据通常一致的司法逻辑形式分析社会生活的特定方面，因此有助于为宪法裁判提供"常规科学"的外表。

但遵循先例是可以被打破的，而社会领域的界限总会有争论。在这种情境下，法院不仅必须证成其判决，还必须证成其据以做出判决的权威。也就是说，它们必须证明将被规制的行为归于这个或那个社会领域是正当的。当此之际，就会充分暴露法律与背景文化的辩证关系。有时候法院只是反映它们认为已经在相关社会生活领域中实行的社会秩序。然而，有时候法院则会进行干预以建立它们自己认为必要或适当的社会秩序。

无论在哪种情形下，法院都必须令人信服地阐述与证成指引法律规制当前问题的各种权威性前提。这些前提囊括了法律希望实现的目的。正如法律自身致力于实现特定的目的，法律

---

[41] Martin Redish, "Value of Free Speech", at 593.
[42] See, e. g., Contreras v. Crown Zellerbach Corp., 88 Wash. 2d 735, 565 P. 2d 1173 (1977); Alcorn v. Anbro Eng'g, 2 Cal. 3d 493, 468 P. 2d 216, 86 Cal. Rptr. 88 (1970).

同样会通过揭示其价值与愿景的方式界定自己。这些价值的公开证成因而最终必然取决于阐明法律试图体现的政治共同体的认同。最终,除了法院的判决是对背景文化价值明智且令人信服的解释外,没有什么可以保证判决会将某个方面的社会生活归于特定的社会领域。

这是一个强有力的结论,因为还预示着另外一种根本意义上的共同体。该结论实际上要求我们区分与法律相关的两种不同的共同体意义。一方面,共同体是由法律主题化与确立的具体社会秩序,具有可以确定的独立界限。我们已经看到,就民主和管理这样与其互补的领域而言,这种具体的社会秩序为何具有根本性。另一方面,共同体也是一种综合的社会环境,使得我们现在所知的法治成为可能,这种法治事业取决于证成活动。[43]

在这种更大、更具有包容性的意义上,共同体是法律制度本身的前设。尤其如我在第一章所述,在这种更具有包容性的意义上,共同体给宪法裁判的可能性提供了背书。司法机关对宪法的阐述最终必然取决于我所谓"回应性解释"(responsive interpretation),也就是根据约翰·杜威所谓民族"大共同体"解释宪法的活动。[44] 那些像当代后现代主义者那样否定存在这种共同体的人,对于宪法解释这种持续的事业提出了根本且全面的挑战,就像他们对法治概念本身的挑战。[45]

在宪法中,当法院必须证成将行为归于具体的社会领域时,很有可能会在学术评论者当中造成强烈的不安。这时法院就会暴露出来且容易遭到攻击。法院不可能完全将背景文化的规范作为主题并纳入,就像法律试图建立作为狭义的具体社会领域

---

[43] Ronald Dworkin, *Law's Empire* 93 (1986).
[44] John Dewey, *The Public and Its Problems* 211 (1927).
[45] See Robert Post, "Post-Modernism and the Law", *London Review of Books* 3 (February 21, 1991).

的共同体那样。相反,法院自身必须展示这些规范;它们必须积极向前且作为共同体的代表进行说理。在失去了先例技术的帮助之后,法院别无他法,只能将所选择的权威押在其判决乃代表民族的共同信念与命运这一毫无遮掩的属性上。

当正当性不安全地依靠人物和领导权时,这些往往就是戏剧性且不确定的时刻。因为这种时刻随时可能爆发,宪法裁判通常会呈现出一种奇特且让人兴奋的旋律,既稳定又灵活,既存在限制又具有任意性,既有原理性又有政治性。

八、结语

在此导言中,我试着总结本书所收录的文章的思想方案。不过,我的概括具有事后诸葛亮的好处。后面所附的几篇文章是在这一方案的轮廓远没有成型的时候写的,因而读者不要期望很连贯。每一篇文章都试图根据当时可能的见解展开主题,总的来说这些见解被证明是相辅而非相反的。当然,这些文章有某些方面我现在也不会完全赞同。例如,作为本书最早的一篇文章,我在第六章确立了治理与管理的二元对立,如今在我看来这太过粗糙;现在我更倾向于强调管理、民主与共同体的三角关系。但因为第六章的主旨是呈现管理权威在当代宪法中的核心作用,而治理的概念主要是这一目的的陪衬,我也就乐于让该文保持原样。

除了第五章可能是例外,后面的文章都是为了回应宪法或普通法特别紧迫的问题。我在本导言中归纳的思想方案,只是因为有必要或有助于说明这些具体的问题才形成的。我决定让这些文章保留关注具体问题的原样,因为我基本上认为,我所提出的结构分析的最佳检验标准,就是帮助处理非常突出的法律问题的能力。因而我决定基本上不对这些文章进行编辑,少数的修改主要是为了避免严重的重复并保持大体的连贯。我还决定删节某些比较晦涩和技术性的法律材料。

我认为本书的总体框架不言自明。第一部分探讨共同体的领域,我在第一章和第二章将其作为宪法解释与人的尊严的基础。第三章引入个体主义的概念,认为尽管现代多元主义者主张尊重多样性的价值,但多元主义实际上完全契合共同体的权威。

第二部分将重点转向民主与人类自主的领域。第四章讨论第一修正案将公共商谈从强加的共同体规范解放出来的普遍努力。第五章在很多方面都可以说是本书的核心环节,就民主权威及其与共同体的关系做出了总体的理论阐述。

第三部分转向考察管理领域。第六章说明最高法院如何运用公共论坛原理确立规制言论的管理领域,而第七章则讨论当代复兴米克尔约翰(Meiklejohn)式的第一修正案法理说明所带来的重大管理问题。

最后一章我称为"重述",因为该章会评估支持规制种族主义言论的主张,这要求综合讨论民主、共同体和管理的整个关系。该文因而会回顾并概括前面几章所提到的诸多主题。

第一编

共同体与人的尊严

第一章

宪法解释理论

> 现代民主要求我们以机制基于什么正当、什么不正当的正当性辩论的观念——这种辩论必然没有保障者,也没有尽头——取代机制基于法律或正当权力的观念。
>
> ——克洛德·勒福尔(Claude Lefort)

1979年,在内布拉斯加一院制的立法机关中,理发师欧内斯特·钱伯斯(Ernest Chambers)作为奥马哈一个黑人占多数地区的代表已有九年。他是在基督教原教旨主义的"宗教紧身衣"下长大的,但是随着年龄的增长,他开始放弃对基督教以及上帝的全部信仰。结果,当内州立法机关延聘牧师以祷告开启每期会议时,他感到很不自在。实际上,他感觉不得不离开议事大厅,以至于他和牧师"几乎是进行比赛,看牧师能否在钱伯斯一走出后门就走上前台"[1]。

当时内布拉斯加州立法机关的牧师是罗伯特·E.帕尔默(Robert E. Palmer),长老会的一位牧师,自1965年就一直为议员们主持仪式。他的祷告很短,几乎是敷衍了事。他竭力使祷告不带宗派色彩,反映的"只是美国的公民宗教",他认为这种宗教是由"犹太—基督教传统"组成的,也就是"几乎所有美国人中绝大多数人共有的那种宗教感情"。他认为自己祷告的目

---

[1] Testimony of Ernest Chambers, Marsh v. Chambers, 463 U. S. 783 (1983), joint appendix at 20, 23—24, 27.

的,是向"参议员提供机会更接近自己所理解的上帝,从而当他们处理日常事务时拥有像神一样的智慧"。因而他会以诸如下述方式祈祷,"因主之名,我们的朋友、救世主、榜样和领路人",而且他会"请求"参议员认识到"他们是一起工作以赢得比赛的团队,目的是为了本州人民的利益"。[2]

钱伯斯试图说服他的同事结束立法祈祷的做法。当他们拒绝时,他就采取美国人的典型做法,在联邦法院提起诉讼。他的主张极其简单:因为给内州立法机关提供官方祈祷,就向某一个基督教派支付政府薪水长达十四年的做法,违反美国宪法第一修正案的禁止立教条款。该条款规定:"国会不得制定有关立教的法律。"[3]

地方法院裁定,虽然支付牧师薪水违反禁止立教条款,但立法祷告这种典礼没有。[4] 上诉法院则更甚,宣告整个"祷告的做法"都是违宪的。[5] 该案然后被美国最高法院提审,此时欧内斯特·钱伯斯和罗伯特·帕尔默的具体关注已无足轻重。钱伯斯的诉讼只是一个媒介,最高法院藉其考虑禁止立教条款对整个国家的法律含义。最高法院藉以确定这种宪法含义的方法具有极其重要的法律和政治意义。欧内斯特·钱伯斯的诉讼对这些方法的展示罕见地鲜明和深刻。

一、司法审查和宪法解释

尽管并不常见,但宪法的措词有时似乎是不言自明的。在这种情形下,宪法似乎并不需要解释。例如,宪法第一条第三节

---

[2] Testimony of Robert E. Palmer, id., at 40—41, 45, 51, 83, 89; exhibit 1, 1975 Prayer Book, April 4, 1975, id. at 96; exhibit 2, 1977—1978 Prayer Book, February 7, 1977, id., at 98.
[3] 虽然该条款只提到国会,但被认为通过第十四修正案约束各州。
[4] 540 F. Supp. 585 (D. Neb. 1980).
[5] 675 F. 2d 228 (8th Cir. 1982).

第一款规定:"美国参议院由每州选举两位参议员组成。"如果有第三位加利福尼亚州参议员有朝一日要求自己得到华盛顿的委任,美国任何法院都会不假思索地否定其申请。从现象学的角度来看,这里的宪法术语没有"解释"问题,因为其含义和适用显然非常清楚与明显。[6]

这种明确性经验最著名的表达来自欧文·罗伯茨(Owen Roberts)大法官,他在1936年写道:"政府司法部门的职责只有一项,即对比所涉及的宪法条款与遭到挑战的法律,并判定后者与前者是否一致。"[7]在法律圈内,这种进路有时候被称为"字面含义"或"文本主义"的解释理论。然而,严格来说,该进路完全不是一种理论,而只是当宪法含义并不存在疑问时,描述所发生的现象而已。

不管因为什么如果宪法的含义存在问题,指示法官遵循宪法文本的"字面含义"就完全没有什么帮助。通过纯粹的意志力无法使不清楚的含义变得清楚。[8] 例如,在钱伯斯的诉讼中,就立法祈祷问题而言,禁止立教条款的含义或者"清楚",或者不清楚。如果是后者,更紧地盯着该条款的寥寥数语也不能解决宪法含义的问题。相反,所需要的是解释该文本的方法,以

---

[6] 我强调的是这一点的现象学特征。当然完全有可能主张,所有的解读必然都是积极的,因而是"解释性的"。但并非所有的解读都要求读者有意识地考察文本的含义。因此,从现象学的视角来看,某些解读并不要求将文本的解释过程作为主题。

[7] Untied States v. Butler, 297 U. S. 1, 62 (1936).

[8] 在这里有必要区分作为推定解释"理论"的文本主义与作为证据或优先规则的文本主义,前者旨在揭示不确定文本的含义,后者或者是为了排除考量文件范围以外的数据,或者是要赋予文本的措辞对这种数据的优先地位。文本主义作为证据或优先规则可能源自在先的解释理论,而且可能被其证成。

便在该条款及其适用之间进行调和。[9]

因为法官必须能够证成其判决,他们也就必须能够证成用于做出这些判决的解释方法,尤其是如果他们的选择会影响案件的最终结果或意义。法官必须能够说明,为何他们决定通过这样一系列的考察而非其他来解释宪法。用法律(而非哲学或文学)的用语来说,法官要求而且必须能够阐述一种某种宪法解释"理论"。

不过,任何这种理论都必须适应司法审查在美国民主中的作用。当法院以违宪为由推翻法律时,实质上是以宪法之名宣布法律无效。法院已经主张有权这样做,因为用约翰·马歇尔(John Marshall)在确立司法审查制度的"马伯里诉麦迪逊案"(Marbury v. Madison)判决的名言来说,"说明法律是什么毫无疑问属于司法部门的管辖范围和职责。"[10] 该主张的隐含前提是,宪法是一种"法律",就像法院通常解释和适用的法律一样。正如马歇尔在"马伯里案"所述,在任何以"法治而非人治政府"[11]自诩的国家中,忠于法律都是非常重要的价值。

但正如马歇尔"马伯里案"论点的说服力还要求他承认,宪法有些不同于普通的法律;宪法是"国家的根本法和最高大

---

[9] 就解释与"含义不明"情形之间的关系,见 Marcelo Dascal and Jerzy Wroblewski, "Transparency and Doubt: Understanding and Interpretation in Pragmatics and in Law", 7 *Law and Philosophy* 203 (1988)。正如达斯卡(Dascal)和弗罗布莱夫斯基(Wroblewski)指出得那样,显然,下述两种含义的区分,即"直接且毫无疑问地适用于所考察的情形,就像量身定制那样的"普通含义与存在疑问的含义,并不依赖"法律文本的固有属性",而是其"实用主义"性质,取决于"特定交流情形"所包括的全部偶然和现实因素。

[10] Marbury v. Madison, 5 U.S. (1 Cranch) 137, 176 (1803).

[11] Id. at 163. 在美国让这一短语出名的是约翰·亚当斯,是他将马歇尔任命到法院的;在"马伯里案"中,马歇尔高超地用其来拘束约翰.亚当斯的死敌托马斯·杰斐逊。就这一段话的来源,见 Frank Michelman, "Foreword: Traces of Self-Government", 100 *Harvard Law Review* 4, 4 n. 2, 40—41 (1986)。其他有关"马伯里案"不同寻常的情形,见 John A. Garraty, "The Case of the Missing Commissions", in *Quarrels That Have Shaped the Constitution* (1964)。

法"。宪法之所以"根本",是因为"人民通过宪法……为未来政府确立了在他们看来最有利于实现自身幸福的原则。"因此宪法是"整个美国大厦据以建立的基础"。[12] 因此当司法机关并非由人民选举产生因而在结构上并不对其负责时,就会出现下述问题,为何在该"美国大厦"中识别美国人民的"原则"和"意见"应当属于联邦司法机关的管辖范围和职责。这种职责为什么不分配给民选的、可能与公众的头脑接触更密切的政府部门呢?

这一问题有时候被称为"反多数"难题[13],证明足够持久从而支撑着若干代宪法学者的著作。该问题是一个有力的政治理论。司法机关做出的违宪决定宣告民选政府部门的行为无效。这种决定就实际而言是最终的;往往唯一正式的依靠就是宪法修正这一繁重且不切实际的过程。在德雷德·斯科特案的判决[14]后,人们在1857年就完全可以质问最高法院,就"美国大厦"给予整个国家决定性指导的那九个大法官是什么人?

二、"马什诉钱伯斯案"的宪法解释

美国最高法院以6:3做出了对欧内斯特·钱伯斯不利的判决。如果人们只是将宪法视作普通的法律,这一结果似乎有些让人意外。最高法院相关的先例明确指出立法机关祷告这种做法违宪。正如威廉·J. 布伦南(Willaim Brennan)大法官在其异议意见中指出:"显然,如果本院通过我们已有原理的理性视角判断立法祈祷,就必须因其明显违反禁止立教条款而加以推翻。"[15]

在普通的裁决中,法院会采取遵循先例的原则,也就是说,

---

[12] Marbury v. Madison, 5 U. S. at 163, 175.
[13] Alexander Bickel, *The Least Dangerous Branch* 16—17 (1962).
[14] Dred Scott v. Sandford, 60 U. S. (19 How.) 393 (1857).
[15] Marsh v. Chambers, 463 U.S. at 796 (Brennan, J., dissenting).

他们会遵循在主流先例中确立的原理规则。[16] 在美国法中,该原则是"法治"[17]的一个根本面相,因为其要求法院根据公开且可以预见的规则判案,以公平的方式适用,而且人们可以在处理其生活时依赖这些规则。[18] 在宪法裁判中,"遵循先例有助于下述观念,即法律在性质上是客观的,最高法院认为自己遵循的法律'不仅约束自己也约束诉讼当事人'"。[19] 遵循先例原则有助于确保我们的宪法秩序保持制度正当性所必要的稳定性和连续性。

如果最高法院在欧内斯特·钱伯斯案中遵循先例,就会像下文的上诉法院那样[20],认为"莱蒙诉库兹曼案"(Lemon v. Kurtzman)确定的三段原理标准具有主流地位:

> 在本领域中,任何分析都必须首先考量最高法院经年发展形成的累积标准。从我们的案例中可以汇集的这种标准有三。第一,法律必须具有世俗的立法目的;第二,其原则或首要作用必须是既不会促进也不会抑制宗教;第三,法律必须不得促进"政府过度卷入宗教"。[21]

宗教祈祷的主要目的无法令人信服地说明是世俗的;其首

---

[16] See Richard A. Wasserstrom, *The Judicial Decision: Toward a Theory of Legal Justification* 39—83 (1961).

[17] 关于法治性质的讨论,见 Joseph Raz, "The Rule of Law and Its Virtue", in *The Authority of Law* 210—219 (1979).

[18] 关于进一步的讨论,见 Melvin Aron Eisenberg, *The Nature of the Common Law* 47—49 (1988).

[19] Henry Paul Monaghan, "Stare Decisis and Constitutional Adjudication", 88 *Columbia Law Review* 723, 752 (1988) (quoting Archibald Cox, *The Role of the Supreme Court in American Government* 50 [1976]). See Vasquez v. Hillery, 474 U.S. 254, 265—266 (1986); Roscoe Pound, "What of Stare Decisis", 10 *Fordham Law Review* 1, 2 (1941).

[20] 675 F. 2d at 233.

[21] 403 U.S. 602, 612—613 (1971). See Comm. For Public Education and Religious Liberty v. Nyquist, 413 U.S. 756, 773 (1973).

要效果也不能被理解为促进宗教以外的其他东西。就"政府过度卷入宗教"这一可能性而言,显然官方倡议的祈祷必然会使州政府卷入哪种形式的祷告适当,哪种不适当的问题。例如,曾经有话传给帕尔默牧师,说内州立法机关的犹太参议员因他多次提到基督而遭到冒犯。[22] 八十年前,当一位加州参议员向加州参议院的立法牧师传递类似信息时,一位地方牧师大发雷霆,说参议员的话"只有那些不敬神、不信神的人才会说",而他的冒犯"极其可耻"。[23] "莱蒙案"的"卷入"规则这一分支既是要保证州政府不会卷入这种宗教纷争。

正如布伦南大法官所述,"总之,如果要求任何一群法律学生将'莱蒙案'的原则适用于立法祈祷问题,我确信他们几乎会一致认为这种做法违宪。"[24] 不过,"钱伯斯案"判决有趣的一个方面是,多数派既没有不赞同这一评价,也没有试图改变"莱蒙案"的原理。实际上,其完全忽视了"莱蒙案",而没有做出任何努力通过援引过去的先例证成其判决。

相反,最高法院在首席大法官沃伦·伯格(Warren Burger)撰写并由其他五位大法官加入的法律意见中,将分析集中于下述事实,"以祈祷开始立法与其他审议机构的会期深深植根于本国的历史和传统"。最高法院指出,大部分州传统上都以祈祷开始立法会期,而且国会自18世纪以来一直雇用牧师提供立法祈祷。实际上,在1789年9月22日,也就是国会批准第一修正案(以及禁止立教条款)的规定并将其送交各州批准前三天,通过了一项法律规定国会牧师的报酬。[25]

尽管最高法院承认,"孤立来看,历史模式并不能证明当代违反宪法的保障措施就是正当的,"但法院总结说,"钱伯斯案"

---

[22] Marsh v. Chambers, joint appendix at 49.
[23] California Senate Journal, 37th Sess., 171—173, 307—308, 805—806, 808, 818—821 (1907).
[24] Marsh v. Chambers, 463 U.S. at 801.
[25] Id., at 786—788.

的证据不同,因为其明确证明"不仅……起草者希望禁止立教条款表达什么意思,而且……还有他们认为该条款如何适用于第一届国会批准的实践——行为揭示意图。"最高法院断定,"显然,起草第一修正案禁止立教条款的人并不认为付费的立法机关牧师和开幕祈祷违反该修正案。"[26]

多数派意见的前提因而是,与忠于以前的先例和原理相比,通过制宪者意图的有力证据能够更好地确定宪法的含义。理由显然在于,制宪者的意图是"人民"希望在宪法中具体化的那些原则最好的体现。因而,在多数派眼中,更重要的是,以准确表达这些原则的方式解释宪法,而非以忠于遵循先例原则的方式解释宪法。[27]

再者,遵循先例原则不符合另外一种十分不同的宪法解释方法。威廉·布伦南大法官在一份另外一位大法官加入的异议意见中,亦只是给予了"莱蒙案"规则草草的关注。实际上,他似乎赞同多数派的下述意见,"形式原理的路径……不能充分把握本案系争问题的性质与重要性。"[28] 布伦南描述了"禁止立教条款的潜在功能"以及该功能与立法祈祷实践的关系,但并非出于关注第一修正案制定者的意图。

在布伦南看来,禁止立教条款体现的是"教会与国家分离"以及在不同宗教之间保持"中立"的双重原则。这两个原则反过来服务于四项目的。保障"个体的良心权利",确保人们不被强制支持(通过税收或其他方式)自己并不赞成的宗教实践;"使国家不能干预宗教生活的基本自主";"防止宗教过分依附

---

[26] Id., at 788, 790.
[27] 这基本上就是政府首席律师(Solicitor General)作为"法庭之友"在支持美国的诉讼要点中所持的主张。政府首席律师主张,在"钱伯斯案"中,"根据'莱蒙案'的标准分析内州立法机关牧师祈祷的做法似乎没有意义,"因为"历史分析……本身即应足以表明,内布拉斯加的牧师职位"符合"禁止立教条款预期的含义和范围"。Id., Brief for the Untied States, at 21—22.
[28] Id., at 801.

政府机关而变得浅薄和蜕化";"帮助确保本质上属于宗教性的问题因其重要性和敏感性,不会变成政治领域争斗的理由。"[29]

　　布伦南令人信服地表明,内布拉斯加授权立法祈祷不符合四个原则中的任何一个。实际上,正如布伦南所述,多数派所说的"几乎没有什么不符合"这种功能分析,相反依据的几乎完全是有关制宪者历史意图的证据。因而,多数派最终与异议意见的分歧,既不在于原理的适用,也不在于禁止立教条款的功能,而是在于制宪者原意的证据与宪法解释的关系。

　　布伦南明确拒绝承认此等证据对宪法的含义具有决定性,主张"宪法并非静态的文件,制宪者的生活经验并未一劳永逸地决定其每一个细节的含义。"他认为宪法必须被解释为"意图延续数个世纪的文件",是具有"内在适应性"的载体,不能为任何"静态且毫无生命的"含义所限。他提出分析禁止立教条款"潜在功能",旨在说明法院如何识别"权利法案高度概括性"的当代意义。[30] 他的异议将宪法描述为活的、不断演化的实体,无论原理先例还是原初意图的证据都无法确定其完整的含义。因而,该异议是以第三种宪法解释形式为基础的。

　　欧内斯特·钱伯斯诉讼的结果因而似乎是一种三角结构,三种不同的解释理论竞相控制宪法。其中一个角的解释形式是,试图通过阐述明确的原理规则实施宪法。第二个角的解释形式是,努力解释宪法以体现制宪者的原初意图。第三个角的解释形式是,将宪法理解为旨在表达人民最强烈的当代目的。对那些做出宪法裁判的人而言,这三个理论每一个都耳熟能详。

---

[29] Id., at 802—805.

[30] Id., at 816—817. 正如布伦南大法官随后解释说:"我承认,作为一名大法官,我是以20世纪美国人的方式认识我的职责,而非限于制宪者1787年的愿景。我认为,最终的问题必然是,在我们看来,宪法与权利法案的措辞在我们的时代是什么意思。"Address by William Brennan at Hyde Park, New York, *The Recorder* 8, Nov. 8, 1989.

三、宪法解释和宪法权威

宪法裁判的目的是要评判政府行为(state actions)的宪法有效性,正如雇佣立法牧师那样的行为。但法院可以实现这一目的的程度,仅限于它们有权以宪法之名评判按其他方式来说完全合法的政府行为的有效性。每一种宪法解释行为都会援引并依靠这种权威,因此,"宪法解释基本上是与美国政治生活中权威的来源有关。"[31] 实际上,区分"钱伯斯案"展现出来的三种解释理论(我分别称之为原理性解释、历史性解释和回应性解释)的正是三者都诉诸于不同的宪法权威观念。

(一) 法律的权威

首先出现的是宪法作为法律的权威。宪法之所以控制政府行为,在于宪法是最高的法律,高于所有日常的政府活动。"宪法是硬法,实质上大写的法律(LAW),意味着可信赖的法律"这一概念,一直被认为是"至今为止最重要的宪法理念"。[32] 因为"法院只是法律的工具"[33],它们特别适于解释权威即在于其法律属性的宪法。因而在"马伯里案"中,马歇尔在建立司法审查制度时诉诸的正是这种宪法权威意象并非巧合。

如果宪法居于支配地位是因为宪法是法律,那么宪法解释就必须受法治的价值约束,这意味着法院必须通过一种可以重复、相当稳定且连续适用的推理过程进行解释。[34] 在美国的裁

---

[31] Paul W. Kahn, "Reason and Will in the Origins of American Constitutionalism", 98 *Yale Law Journal* 449, 504 (1989).

[32] William W. Van Alstyne, "The Idea of the Constitution as Hard Law", 37 *Journal of Legal Education* 174, 179 (1987). 关于这一主题的精彩专题讨论,见 6 *Constitutional Commentary* 19—113 (1989).

[33] Osborne v. Bank of the United States, 22 U.S. (9 Wheat.) 326, 381 (1824).

[34] See Eisenberg, "Nature of Common Law", at 158—159.

判中,遵循先例原则一直是法治的基本要素。[35] 该原则在下述情形下尤为重要,如宪法裁判涉及模糊的文本对象(诸如"法律的平等保护"或"正当法律程序"),就这些对象而言"制宪者希望文本如何适用的证据十分有限"。[36] 在这些情形下,遵循先例原则就会使法院就宪法采取一致且稳定的解释。

倘若没有这种一致性和稳定性,就难以将宪法理解为作为法律形式的存在。例如,假设最高法院某天在判决甲中认定立法祈祷的做法合宪,或许因为其认为这是制宪者的意思。设想一个月后最高法院在没有提到判决甲的情况下在判决乙中认定祈祷的做法违宪,或许因为最高法院对制宪者意图的看法发生了变化。假设再过一个月,在没有提到甲乙判决的情况下,最高法院在判决丙中认定这种做法部分合宪,或许还是因为其对历史证据的解读再次发生了变化。在这种情况下,州议员将完全不知道该如何行事;他们没有据以确定聘请立法机关牧师的做法是否合宪的法律规则。[37]

当然,我们不可能设想最高法院会如此迅速而激烈地改变对历史证据的评判。但问题在于,这种不可能是源于清楚的历史档案状况,还是最高法院忠于自己以前判决的隐含责任。因为历史证据往往并不清楚,与当代宪法时刻相关的问题尤其如此,所以我认为,这后一种责任在促使法院确立稳定和可预期的规则方面起着重要作用,人们可以根据这些规则安排自己的生

---

[35] See J. M. Balkin, "Constitutional Interpretation and the Problem of History", 63 *New York University Law Review* 911, 928 (1988).

[36] Minneapolis Star & Tribune Co. v. Minnesota Commissioner of Revenue, 460 U. S. 575, 583 n.6 (1983).

[37] 为避免这一分析看起来太过主观,应当指出的是,从1967年到1973年,最高法院判决了31起有关淫秽的案件但没有给出法律意见,原因是最高法院无法就区分淫秽与非淫秽言论的法律规则达成一致。See Frederick F. Schauer, *The Law of Obscenity* 44 (1976).

活和制度。[38] 这种责任在遵循先例的原则中获得了正式的承认。

　　这意味着遵循先例原则往往支撑着宪法裁判形成宪法性法律制度的能力。因而"钱伯斯案"的判决之所以会确立宪法规则，完全是因为最高法院隐含的追求，即在未来以与"钱伯斯案"裁定相同的方式行事。换言之，"钱伯斯案"的法律寓意取决于下述隐含但必要的预期，即最高法院将来对待"钱伯斯案"的方式，就是其在"钱伯斯案"中拒绝给予"莱蒙案"的那种对待。[39]

　　当然，遵循先例原则是极为弹性的方法，一方面允许法院将先例作为具体且有约束力的正式规则渊源，[40]另一方面允许将其作为一团乱七八糟的材料，需要通过"完整性"（integrity）理顺。[41] 无论如何，该原则的每次适用要求的都是，法院要将分析放在从此前相关案件产生的原理上。因而遵循先例原则会创造一连串的案件，每个判决都是对此前判决的解释。

　　因而以忠于法律权威的方式解释宪法，就会得出我所说的"原理性"解释。原理性解释的寓意是，宪法的实际文本被置于一列日渐拉长的判例的一端。即便最初的司法判决对禁止立教条款的解释将注意力放在该条款的具体措词或制定者意图方面，但原理性解释的实践要求第二个判决主要关注第一个判决的含义，第三个判决主要关注第二个判决的含义，依此类推。在此过程中，宪法的文本逐渐退隐，直到像一位著名评论者所述，

---

[38] 关于法律解释情境下的类似观点，见 Edward H. Levy, *An Introduction to Legal Reasoning* 30—33（1949）。

[39] 当然，在谈论"法律寓意"时，我就是要排除该判决对案件当事人的直接影响。"钱伯斯案"对内布拉斯加州立法机关的影响，至少就钱伯斯具体诉讼的目的而言，与遵循先例的原则没有关系。该原则确定的只是"钱伯斯案"判决对其他类似情形立法机关的影响。

[40] Frederick F. Schauer, "Formalism", 97 *Yale Law Journal* 509（1988）。

[41] See Ronald Dworkin, *Law's Empire*（1986）。

成为"像是乘五月花号而来的先祖"。[42]

大多数宪法判决依靠的主要都是原理性解释。新手们往往会因宪法意见比较缺乏宪法的规定而目瞪口呆,这些意见相反指向的似乎是诸如"莱蒙案"标准那样从以前司法判决得出的具体原理"标准"。但如果宪法权威最强有力的理据是宪法是法,如果司法审查最站得住脚的理据是解释法律属于法院的专属管辖范围和职责,那么这也就不值得大惊小怪。

(二)同意的权威

如果原理性解释依靠的是将宪法权威等同于法律,那么我所谓"历史性"解释依据的就是将宪法权威等同于同意。这一说明十分简单,且有些老生常谈。制宪者提出了一份协定对政府权力进行限制;人民通过批准宪法表示对该协定的认可,而这种认可就赋予了宪法权威。宪法解释因而就应当实现最初认可行为的条件。

在像我们这样的自由社会中,历史性解释背后的说明具有巨大的共鸣。其认为宪法的约束力与承诺的约束力相同,就是有意识的自我规制的自愿行为。在解释这样的宪法时,法院可以将自己描述为只是"制定和颁布"宪法的民主意志的被动执行者。因而,正如前司法部长埃德温·米斯三世所述,"原初意图的法理……体现的是对民主观念根深蒂固的追求。宪法代表着被统治者同意政府的结构和权力。宪法是人民的根本意志;此乃其成为根本法的原因。"[43]

就"根本意志"最初的运用而言,历史性解释的不同变体强调的是不同形式的证明证据。在某些评论者看来,宪法"文本"

---

[42] Paul Brest, "The Misconceived Quest for the Original Understanding", 60 *Boston University Law Review* 204, 234 (1980).

[43] Speech of Attorney General Edwin Meese III before the American Bar Association, July 9, 1985, Washington, D. C., in *The Great Debate*: *Interpreting Our Written Constitution* 9 (1986).

是一种优先的证据,因为"宪法文本就是起草者或制宪者的意图"[44],而在其他人看来,"相关考察必须关注制定宪法时公众对其措辞的理解。"[45]到目前为止,最常见的历史性解释形式,也就是首席大法官伯格在"钱伯斯案"所运用的那种,将制宪者的意图作为宪法所认可的最佳证据。[46]

这种形式的历史性解释在最近几年产生了很大的争议,部分是因为复兴的右派人士试图运用历史性解释作为限制所谓自由派法官裁量的手段。这里的观念是,如果法官受制宪者具体的实际意图拘束,那么其操作空间就会比较小。但这一观念是对历史性解释粗鄙的误解,保罗·弗罗因德提出的例证极好地说明了这一点。宪法第一条第八节第十四款赋予国会权力"制定控制和规制陆海军的规则"。人们有十足的把握可以说,在18世纪,任何人都不会意图赋予国会权力制定规制空军的规则。但从这一不争的事实中,任何正常人都不会得出国会现在不拥有这种权力。[47] 这是因为该条款背后的意图,自然会被理解为赋予国会规制"军队"或"武装力量"或其他类似一般概念的权力。

弗罗因德例证的意思是,制宪者的意图不能被理解为那种抗拒解释的简单历史事实。相反,必须被设想为某种可以通过多少有些笼统的方式描述的目的。[48] 然而,一旦采取这一举

---

[44] Charles Fried, "Sonnet LXV and the 'Black Ink' of the Framers' Intention", 100 *Harvard Law Review* 751, 759 (1987). See H. Jefferson Powell, "The Original Understanding of Original Intent", 98 *Harvard Law Review* 885, 895—898 (1985). 这种形式的历史性解释可能证成诸如以文本主义作为证据排除规则。见 note 8 above.
[45] See Monaghan, "Stare Decisis", at 725.
[46] See Raoul Berger, *Federalism: The Founders' Design* 13—20 (1987).
[47] 这一结论不可否定的说服力同样说明,宪法解释可以轻松地避免宪法文本具体的字面措辞。
[48] 关于这一观点的阐述,见 Ronald Dworkin, *A Matter of Principle* 33—57 (1985)。

措,历史性解释就会具有一种灵活性,不利于右派的政治目的。

历史性解释在现代宪法裁判中是相当罕见的现象。这部分是因为在发掘历史意图方面涉及到逻辑与证据难题。要确定活着的个体的意图已经很难,要确定像立法机关或国会这样一群活着的个体的意图就更难,当这些个体在时间上有两百年之远而思想与目的的证据分散、断片、模糊不清且存在冲突时,就难上加难。而就这群人压根就没有想过的问题以及只有在他们无法想象的情形下才有意义的问题,要考究他们的意图就几乎是不可能完成的任务。

实际上,像"钱伯斯案"这样就要裁决的具体问题提出有力原初意图证据的案件并不常见。即使在这样的案件中,正如布伦南在其异议意见中所述,民主同意的逻辑亦要求宪法批准者的意图居于支配地位,而非那些只是提出宪法措词以待公众采纳的人的意图。[49] 而且,正如布伦南欣然指出得那样,"对在批准权利法案的过程中各州立法机关所发生的一切,我们实际上一无所知。"[50]

然而,重要的是要认识到,这些阻碍历史性解释的因素虽难,但并不必然致命。第一,在任何给定的情形下,可以获得的有关意图的历史证据多少都有些说服力;第二,证明意图的证据性质本身可能完全就是一个"公认的习惯"[51],因而其形成方式就旨在缓解历史考察的过程。例如,历史性解释现在关注的是制宪者的意图,而非批准者的意图,原因是根据公认的习惯,前者被认为对后者具有决定性。同样地,根据公认的习惯,《联邦党人文集》现在被认为是制宪者意图的权威(以及便捷的)证

---

[49] 这同样是詹姆斯·麦迪逊的观点;见 6 *The Writings of James Madison* 272 (Gaillard Hunt, ed., 1900); Powell, "Original Understanding", at 937—938。

[50] Marsh v. Chambers, 463 U.S. at 815, n. 32(quoting 2 Bernard Schwartz, *The Bill of Rights: A Documentary History* 1171 [1971])。

[51] Gerald C. MacCallum, Jr., "Legislative Intent", 75 *Yale Law Journal* 754, 766—769 (1966)。

据,尽管任何历史学家都能轻而易举证明这种假设在经验方面的不足。使政治权威正当化所需要的意图证据和说服职业历史学家判断所需要的意图证据之间的冲突,体现了尼采一句话的真理,"历史只要服务于生活,就会服务于非历史性的力量"。[52]第三,历史性解释根本无须关注制宪者或批准者的意图,而是会通过考察指向完全不同形式的证据确定同意。

因此,归根结底,历史性解释在当代宪法解释中并不常见,似乎与其说源于证据方面的难题,不如说是由于任何基于同意权威的解释理论固有的局限性。如果说同意的权威被认为出现于批准宪法的时刻,那么事实上现在活着的人并没有"同意"第一修正案或实际上大部分宪法。那就可以提出,为何我们先辈的同意对我们有权威呢?[53] 当面临这一难题时,同意派的理论家往往会诉诸"隐含"或"默示"的同意,但这种观念很快就耗尽同意使权威正当化的能力。这些观念具有的补漏与草率性最终无法令人满意。[54] 汉纳·皮特金已经证明,如果以缺少真实的同意认真逼问,诸如洛克或约瑟夫·塔斯曼(Joseph Tussman)这样具有原则性的同意派理论家,就会将问题转化为假定的同意。"真实的权威"因而"就成为人们应当同意的权威,而远非他们是否已经同意的权威。"[55]

类似的转化在宪法解释领域也是存在的。据称即便宪法的"正当性"无法以此前的同意行为做基础,仍然可以基于人们现

---

[52] Friedrich Nietzsche, *The Use and Abuse of History* 11 (Adrian Collins, trans., 1957)。由此就有了"历史女神克莱奥与最高法院"众所周知的"私情";Alfred H. Kelly, "Clio and the Court: An Illicit Love Affair", 1965 *Supreme Court Review* 119。

[53] 相关讨论,见 Brest, "Misconceived Quest", at 225—226。

[54] 关于这一点的权威分析,见 David Hume, *A Treatise of Human Nature* 534—553 (1978) (L. A. Selby-Bigge, ed., 2d ed.)。

[55] Hanna Pitkin, "Obligation and Consent", in *Philosophy, Politics, and Society* 62 (Peter Laslett, W. G. Runciman, and Quentin Skinner, eds., 4th ser., 1972)。

在应将其视作"一部好的宪法,因而值得继续支持"[56]这一事实。这实际上就是布伦南大法官"钱伯斯案"异议诉诸的宪法权威形式。因为以这种权威形式为基础的解释,最终必须向当代的价值观念负责,我称其为"回应性"解释。

(三)社会精神的权威

奥立弗·温德尔·霍姆斯(Oliver Wendell Holmes)对回应性解释做出了经典说明:

> 当我们处理像美国宪法这样同样也是构成性行为的措辞时,我们必须承认他们创造了一个生命,即便最具有天赋的制宪者也完全无法预见其发展。就他们来说,承认或希望他们创造了某种有机体即足矣;证明他们创造了一个国家,花了一百年的时间,耗费了其后代很多的血汗。必须根据我们的整体经历而非仅仅一百年前的言语,考量我们正在审理的案件。[57]

在霍姆斯看来,仅同意这种单一的创造行为,并不能穷尽宪法的权威,宪法的权威仍然存在于宪法"创造"的国家"存在"。因而无论司法判例确立的规则还是原初意图的观念都无法把握这种权威的性质。这种权威必须被认为源于国家的"整体经历"。这种经历有理由要求我们效忠,因为我们必然被纳入其中,所以不仅向过去也向将来负责。因而具有权威性的,正是我们共同追求国家这一共同事业的繁荣。

这一视角根本且有些吊诡的寓意是,宪法显然失去了作为具体文件或孤立文本的属性。相反,正如卡尔·卢埃林直言所述,却成为"活着的宪法"、"运作中的宪法",其内容"在很大程

---

[56] Daniel A. Farber, "The Originalism Debate: A Guide for the Perplexed", 49 *Ohio State Law Journal* 1085, 1099—1100 (1989).

[57] Missouri v. Holland, 252 U.S. 416, 433 (1920).

度上是超文件的",体现的是"政府机器的根本架构"。[58] 宪法按照这种方式被转化为康德所谓"调整性的"宪法裁判事业观念,也就是"产生宪法裁判概念的虚构焦点,即便对该点一无所知。"[59]

作为调整性观念的宪法界定着宪法解释的终极目的和形式:用汉纳·皮特金的表述来说,其要求不断阐明我们"作为人民的根本属性"的权威,因而相应地鼓起我们"作为共同创建者的力量和责任",充分认识到"我们能够如何建构自己与我们已被自己独特的历史如何建构紧密相联"。[60] 在此意义上,回应性解释要求法官将宪法视作菲利普·诺内特和菲利普·塞尔兹尼克所谓"回应性的法律",法律通过发挥"促进回应社会需要与愿望"的方式,服从"目标的最高权威"。[61]

然而,运用法律实施一系列纯粹当前的目标,与运用法律维持构成我们"根本治理框架"的"总体目标"存在一种紧张关系。宪法的权威仅存在于后者,因为其自身要求忠于构成"我们独特历史"的"整体经历"。因而,要维持其正当性,回应性解释就必须指向下述这种总体目标,即在很长时期内一直与民族认同在历史上的具体体现紧密相联。但只有当这种目标也能"变得足够客观与权威从而控制具有适应性的规则创制活动"[62]时,方能为裁判提供基础。就此而言,布伦南大法官"钱伯斯案"的异议堪称典范。他考察"禁止立教条款潜在功能"的努力足够明确,足以产生法律后果,但又足够笼统,足以表达美国的世俗性

---

[58] Karl Llewellyn, "The Constitution as an Institution", 34 *Columbia Law Review* 1, 14—15, 26 (1934).

[59] J. N. Findlay, *Kant and the Transcendental Object*: *A Hermeneutic Study* 241 (1981).

[60] Hanna Pitkin, "The Idea of a Constitution", 37 *Journal of Legal Education* 167, 169 (1987).

[61] Philippe Nonet and Philip Selznick, *Law and Society in Transition*: *Toward Responsive Law* 14—15, 78 (1978).

[62] Id., at 79, 77.

这一深层愿景。

尽管回应性解释的理论听起来有些奇特,但在司法意见中实际上屡见不鲜(肯定比历史性解释更常见)。例如,在第一修正案对言论自由的保障方面,案件的结果取决于法官认为该自由的目的在于确保"自由交流带来人们所期望的政治与社会变革的观念"[63],还是"促进个体自由与尊严"[64]。在宪法隐私权领域,案件结果则取决于法官认为正当过程条款的目的在于保障"'深深植根于本国历史与传统'中的自由"[65],还是保护"界定人们认同"[66]的那种亲密决定。

回应性解释实际上是庇护各种不同宪法解释进路的大伞。其并非必然具有布伦南"钱伯斯案"异议所显现的那种明显自由主义倾向。回应性解释可以为那些强调民主决定的宪法优先性进而强调司法审慎的人所用,也可以为那些强调个人权利在宪法上居于首要地位的人所用。回应性解释一直被右派和左派的法官和学者广泛采用。

不过,回应性解释确实存在一个重大弱点。在其当中就反多数难题没有令人特别信服的回应。如果原理性解释将法院描述为纯粹法律的工具,如果历史性解释将法院描述为纯粹最初民主意志的工具,回应性解释相反是将法院描述为国家根本属性和目标的仲裁者。因而可以提出,为何应当赋予法院这种资格,尤其当它们这样做会取消民选政府部门赞成的其他国家属性的愿景?

就文献中越来越明显的这一问题而言,一种可能的回应是汉斯-格奥尔格·伽达默尔(Hans-Georg Gadamer)的理论,即所有解释必然涉及读者与文本的对话,并因而实现文本与读者自

---

[63] Dun & Bradstreet, Inc. v. Greenmoss Builders, Inc., 472 U.S. 749, 759 (1985) (opinion of Powell, J.).
[64] Id., at 787 (Brennan, J., dissenting).
[65] Bowers v. Hardwick, 478 U.S. 186, 191—192 (1986).
[66] Id., at 205 (Blackmun, J., dissenting).

身目的和视角的融合。不过,即便接受这一理论,亦不能修复回应性解释的弱点。这是因为该理论的主旨完全在于描述使得解读成为可能的条件,因而并不能为法官提供指引,法官在尽最大可能确定制宪者原初意图的情况下(因而必然会受自身视角影响),必须决定是否受这种确定结果拘束(正如"钱伯斯案"的首席大法官伯格),或者是无视这种确定结果而支持更自觉的回应性进路(正如"钱伯斯案"的布伦南大法官)。因而诠释学的见解对宪法解释理论的寓意相当有限,很多更有经验的支持者都承认这一事实。

承认这些局限性正是诸如戴维·霍伊区分文本"适用"(application)和"取用"(appropriation)的目的,前者是"先在的认知活动,我们从中首先发现向我们传达某些内容的文本",后者则是"故意、自觉的行为":"适用并非选择、并非主观的。但取用(例如让文本显得更加重要而非更不重要)就是可选择的策略,因而可加以利用,也可以避免。"[67] 回应性解释是取用的问题,因而无法通过诠释性的转向加以辩护。

四、宪法权威形式的相互关联

通过分析,我们将在"钱伯斯案"展现出来的这三种宪法解释理论分别与不同的宪法权威观念结合在一起阐述。原理性解释采纳遵循先例的原则,援用宪法作为法律的权威。历史性解释实施最初的意志行为,因为宪法作为同意的权威而得到确认。回应性解释参与持续不断的国家自我界定过程,诉诸的是宪法作为社会精神(因为没有更好的术语)的权威。

我不会强烈主张这些就是全部可能的宪法权威观念(因而

---

[67] David Couzens Hoy, "A Hermeneutical Critique of the Originalism/ Non-originalism Distinction", 15 *Northern Kentucky Law Review* 479, 493, 495 (1988).

也就是全部可能的宪法解释理论),但我会提出更有限的描述性主张,即这三种观念支配着宪法裁判的实际运作。在过去十年的法律文献中涌现出的所有宪法解释方法,从强调民主参与价值到强调自主个体主义价值的那些方法[68],最终都是以三种宪法权威观念中的这种或那种为基础。

每一种权威就其自身而言都是不完整的,难以支撑宪法裁判的事业。例如,作为法律的宪法权威需要同意或社会精神的权威,从而启动一连串的先例。另一方面,同意和社会精神的权威,每一个都要求进行原理阐释以便获得法律上的体现。同意的权威将宪法解释寄托于像美国这样的国家需要且可取的民主原则,而社会精神的权威则对旨在贯穿国家整个生命的文件提供解释方面必不可少的灵活性。

然而,如果这三种权威形式在某个层面系统地相互依存,那么它们在另外一个层面则可能会存在差异且不相容。[69] 正如"钱伯斯案"的判决所示,在宪法案件中,可能要求法院决定哪种形式的权威应处于支配地位,而其决定就会决定该案的结果。因为这一决定往往被认为取决于此前对宪法的定位(例如"法律"、"契约"或"社会精神"),关于解释理论的论点通常会变为关于宪法固有"属性"的论点。就三种宪法解释理论被认为不兼容而言,正是因为它们被认为源自不兼容的宪法观念这一

---

[68] 相关精彩的综述,见 Walter F. Murphy, James E. Fleming, and William F. Harris, Jr., *American Constitutional Interpretation* (1986)。

[69] 当然,他们并非必然不兼容。每一种权威观念都可以按照功能上与其他权威不可分的方式加以理解。因而最初的同意行为一方面可以被解释为要求法治,另一方面也可以被解释为对民族精神连续与直率的敏感。民族精神可以被解释为要求忠于先例或服从开国者的同意;遵循先例原则的实施方式或者可以是表达民族精神,或者可以是原初同意行为的要求。

然而,问题在于,这些潜在的重合只是偶然的,因而就三种宪法权威观念的区分并不真正具有决定性。例如,如果法官主张宪法权威在于原初的同意行为,而该行为恰好也要求法官对不断变化的民族精神保持敏感,就会致力于下述观点,如果同意的内容存在差别,这种敏感性就是不当的。因而对这样的法官来说,识别同意仍会是优先选择的立场。

事实。

但这种宪法权威的愿景在根本上存在缺陷,因为其假定宪法外在于自身的解释过程,设想宪法的性质可以通过独立于宪法解释实践的某种方式加以确定,这种实践因而在逻辑上受这种预先决定的宪法权威支配。[70] 然而,关于宪法解释实践更好的说明,相反会将宪法权威置于解释活动的参与者与宪法所形成的关系中。于是,吊诡的是,宪法解释不仅是关于宪法的问题,也是关于我们与宪法处于什么关系这一更根本、更深刻的问题。

(一) 法律权威的属性

如果我们提出例如尊重宪法作为法律的权威是什么意思这样的问题,答案就是这种权威体现稳定、可预期和信赖的价值,这些价值对任何现代法律制度的正当性而言都是必需的。不仅这些价值本身重要,而且也是法律藉以规定行为从而实现正义与其他预期目标的手段。宪法作为法律的权威正是源自对这些价值的承认。

不过,一旦明确这一点,同样明显的就是这些价值不论多么重要,在具体的情境下可能有也可能没有说服力。当人们认同法律总的来说是公正的且在其他方面满足适当的目标时,法治价值就是最要紧的。在这种情境下,原理性解释和遵循先例原则就会让法律的航程保持稳定。但如果就法律的公正、目标或实现这些目标的效果方面存在分歧,那么天平就会偏离稳定性

---

[70] 对这一进路的开创性批评,见 Philip Bobbitt, *Constitutional Fate: Theory of the Constitution* (1982)。

和可预期性的价值。[71] 在某一特定的时刻,当对现状的不满达到足够大时,我们预计就会见到原理链条的断裂。[72]

不过,这意味着宪法作为法律的权威并非处于宪法解释过程之外,如同几何证明中的公理那样,而是卷入该过程当中。在任何具体的案件中,我们都可以质疑该权威是否具有足够的说服力以要求做出特殊的结果。因而要求原理性解释的并非宪法的先在"性质",而是决定承认宪法作为法律的权威所体现的价值并受其约束。通过承认这些价值,我们就会建立与宪法的某种关系,在这种关系中法治的权威变得可见而且要紧。

在美国的法律制度中,这种权威不仅灵活,也是不可避免的。即便在特定的案件中我们否认其要求并打破遵循先例的原则,亦不会使其丧失作用。当原理的链条被打破而先例被以明示或实际的方式推翻时,必然就会公布新的判决,而该判决本身如果要有什么效果,就必须按照法律规则的形式构思,根据遵循先例原则这种规则会获得尊重。通过这种方式,即便在批判原理性解释时亦预设着这种解释。因而尽管宪法裁判的实践有时候可能甚至必须偏离原理性解释,但也是裁判实践必然会回到

---

[71] 例如,当我写作本文时,妇女在头 6 个月内终止妊娠的宪法权利能否存续,在相当程度上取决于最高法院赋予遵循先例原则的价值;见 Webster v. Reproductive Health Services, 492 U. S. 490, 578 (1989)(opinion of Rehnquist, C. J.); id. at 558—59(Blackmun, J., dissenting); Akron v. Akron Center for Reproductive Health, 462 U. S. 416, 419 (1983)。

[72] For examples, see United States v. Scott, 437 U. S. 83, 86—87 (1978); Garcia v. San Antonio Metropolitan Transit Authority, 469 U. S. 528 (1985). 尤为重要的是,在"涉及联邦宪法的案件中,"先例并不完全具有决定性,"在这些案件中通过立法机关的行为进行矫正实际上不可行"(Burnet v. Coronado Oil & Gas Co., 285 U. S. 393, 405—408 (1932)(Brandeis, J., dissenting)),因而,既然宪法修正案的做法如此繁重且实际上不可行,在许多情形下,矫正只能是一个最高法院本身有时偏离遵循先例原则的现实问题。因此,最高法院"有一个深思熟虑的做法,就是在宪法案件中不像在非宪法案件中那样严格适用遵循先例的原则"。Glidden Co. v. Zdanok, 370 U. S. 530, 543 (1962)(opinion of Harlan, J.)。See Patterson v. McLean Credit Union, 491 U. S. 164, 172—173(1989)。

的解释形式。

(二) 同意权威与社会精神权威的对称性

如果原理性解释只是在先例的长廊一端朦胧地观看宪法,那么历史性和回应性解释二者可以说是与宪法面对面。这种考察的率直性将法院从原理链条中解放出来,并赋予它们修改先例的权力。这种率直性还授权它们发掘并阐述实体的宪法价值。就历史性解释而言,这一权力取决于法院以最初同意行为的权威发表意见的主张。就回应性解释而言,这一权力取决于法院以我们最深刻的民族认同和追求的权威发表意见的主张。尽管这些主张在表面上似乎迥然有别,就像伯格"钱伯斯案"的多数意见与布伦南的异议那样差别巨大,但事实上,它们具有潜在的结构相似性。

同意的权威取决于个体自愿承担责任的能力。如果不存在相反的特殊情形,那么个人的契约被认为具有约束力且是权威的。这一事实对宪法解释具有重要意义。设想一下,如果你竭力推动一条宪法修正案并最终得到批准,比如说平等权利修正案,结果法院对其解释的方法与你的意图以及该修正案支持者和批准者的意图完全相反,你会感到多么沮丧。在这种情形下,你会希望法官将她个人的视角放在次要地位,忠实执行使该修正案具有权威性的同意行为。毫无疑问你会感到法官背离这一职责就是背叛。

历史性解释的吸引力利用的就是这种背叛的体验。然而,重要的是要知道,这一体验并不取决于任何诸如有形的投票这种简单的东西。宪法修正案是由州立法机关或特别制宪会议批准的。你的背叛体验并不取决于你本身是不是这些具体批准机构的一员,而是取决于你认为与那些以有形方式表示同意的人一致。重要的是你的感觉,即实际同意平等权利修正案的州立法机关或制宪会议成员是为你"代言"的。

就是这种一致,不仅可以在空间层面,而且也可以在时间层面进行延伸。因而当面临有一百年或更长历史的宪法规定时,历史性解释可被理解为默示主张与那些规定的制定者或批准者一致,是一种利益共同体。这种默示主张是这样的,他们的同意就是我们的同意;他们是为我们"代言"的。结果,历史性解释的权威在相当程度上取决于这种主张的说服力。这就是为何在"钱伯斯案"中,首席大法官伯格就"两百多年、明确且完整的历史"进行了广泛讨论,他认为该历史证明"以祈祷开始立法机关会期的做法已成为我们社会构造的组成部分。"[73] 伯格法律意见的力量最终取决于所主张的一致的连续性,即与那些提出并批准第一修正案的人一致。

然而,这一主张完全是对民族精神的描述。这是关于我们民族认同和历史的主张。因而尽管在某种程度上,"钱伯斯案"多数意见与异议意见的辩论可以被视作历史性和回应性解释的斗争,但在更深的层面上,可以被理解为就下述问题存在分歧,即我们与我们的祖先一致,还是在几个世纪中已经变得与他们非常不同,变得更世俗或多样,以致于无法让人信服地与批准第一修正案的那些人的同意保持一致。[74]

历史性和回应性解释这种深层的对称性源于下述事实,二者最终源自的权威都是确认自身认同的意志。[75] 回应性解释

---

[73] Marsh v. Chambers, 463 U.S. at 792.

[74] 这表明,我们应该期望看到历史性解释(至少根据第一印象)紧跟在宪法条款批准之后的岁月里占据支配地位。在此期间,显然可以感觉到与同意过程一致。但随着时间的流逝以及与该过程关联的消退,一致的假设会变得越来越不可信,或没有说服力。环境或文化状况的改变会使得批准者的同意看上去陌生或不熟悉,根本不像我们自己的同意。正是在这样的时刻,人们会预料到从历史性向回应性解释的转变。卢埃林在下述文章中就该过程提供了绝佳的描述:"Constitution as Institution", at 12—15。

[75] 用唐·赫尔佐克(Don Herzog)的话来说,"被统治者的同意是一个特例,并不取决于个体的选择,而是取决于国家对人民这个集合体的回应性。"*Happy Slaves: A Critique of Consent Theory* 215 (1989).

明确了这一权威,因为其公开确认对我们民族精神性质的责任。尽管历史性解释在表面上呈现为无私服从过去批准者的认同,但更严格的分析表明,只有当说服我们以这种认同作为自己的认同时,其才具有权威性。[76] 在任何一种情形下,宪法的权威都不再与解释过程分离。该权威并非源于宪法先在的性质,而是源自我们与宪法形成的特殊关系。

然而,就这一方面而言,回应性解释非常独特,因为其本身明确以宪法权威的这种关系性质作为主题。无论历史性还是原理性解释都自称服从宪法,宪法的权威独立且固定,或者存在于批准者先在的同意,或者存在于支配先例的先在规则。尽管这种服从具有虚幻性,但是能够消除异议的虚幻。不过,回应性解释不承认这种虚幻,而且坦率地将宪法权威置于宪法与解释者的关系当中。结果,回应性解释形成的是一种强烈且非凡的政治动态。

"布朗诉教育委员会案"(Brown v. Board of Education)[77] 是一个很好的例证。该判决并没有依靠第十四修正案批准者的想法[78],或最高法院此前"普莱西诉弗格森案"(Plessy v. Ferguson)[79] 的裁定。相反,在最高法院看来,种族平等的理念变得如此紧迫,以至于除了根据其要求解释平等保护条款以外别无他法。但这一解释依靠公开宣称的一种国家理想,所以"布朗案"体现的是勇敢的一搏。最高法院对种族平等价值的支持,有

---

[76] 当然,可以说,即便批准者的意志并没有体现我们自己的意志,我们也应当受其约束。但然后就必须解释为何如此,而该解释无法援用同意的权威。一个可能的解释是,如果根据适当民主程序做出的决定,仅仅因为时间的流逝改变了有关的民主支持者就丧失权威,那么政府就无法运作。但该解释虽然强调宪法保持法律效力的必要性以便维持连续性、信赖与可预期性的价值,但在逻辑上会导向一种原理性的而非历史性的解释。

[77] 346 U.S. 483, 489—495 (1954)。

[78] 关于"布朗案"与任何历史性解释都不兼容的讨论,见 Monaghan, "Stare Decisis", at 728。

[79] 163 U.S. 537 (1896)。

可能是对民族精神的误读;实际上最高法院的赌博极富争议,而且正是因为社会精神实际上严重分裂而几乎失败。[80]

拒绝将宪法解释为似乎外在强制的渊源,或者过去的先例,或者过去的同意,回应性解释总是将法院置于这样一种暴露的地位,声称代表当下共同体的基本社会精神,但最终只能通过自身见识的明智证成。在文化分裂的情况下,这种地位可以成为某种特殊领导地位的平台(就像"布朗案"那样),亦可以成为最糟糕的弱点的起因(就像"罗伊诉韦德案"那样)。

"罗伊案"在判决的时候并没有重要的历史或先例支撑[81],体现了回应性解释易遭到下述指责的结构性弱点,即其阐述的价值只是局部、偏颇而非整体属于国家真正组成部分(constitutive)的价值。当存在文化合意时,这一指责就不可能出现,因为在这样的情形下阐明当代的价值并不唐突,甚至不会引人注目。但在缺少这种合意的情况下,回应性解释"代言"国家性格的公然野心,虽然会体现某些人的态度,但必然会构成对其他人霸权式的强加。因而回应性解释的事业就会成为公开争夺界定民族认同的所在。在法律界中,因为意识到司法机关参与这种争斗而造成的不安,回应性解释的争论尤为激烈。

然而,吊诡的是,这种不安的根源正是回应性解释以宪法权威的关系性质作为主题,事实上无论历史性还是原理性解释都共享这种形式的权威。

---

[80] See, e.g., Cooper v. Aaron, 358 U.S. 1 (1958).
[81] John Hart Ely, *Democracy and Distrust* 2—3 (1980). 近年来,受惠于事后之明,已经提出了更具有说服力的主张,即"罗伊案"本可以通过原理性解释得到认真地证成。

(三) 回应性解释之不可避免

回应性解释在某些方面类似所谓"非解释主义"[82],这大致可以被界定为下述宪法解释形式,即"在人们对社会基本价值的演绎而非文件更广的主题中寻找宪法裁判的主要材料"。[83] 非解释主义乃至回应性解释经常被抨击为背弃法官的责任,即解释宪法而非规定自己的期望。

在心理学的意义上理解,该抨击显然是有道理的。如果法官认为宪法指的是甲,但她的决定是乙,因为她喜欢乙,那么法官的判决就可以推定为不合理。但这种界定问题的方式最终无足轻重,因为其以恶意(bad faith)的假设为基础,而且对关键的问题做出了预断,即法官应当保持忠诚的宪法的性质。如果回应性解释被界定为根据超宪法因素做出判决,那么当然易遭到抨击,但也只是在一种乏味且完全规定的意义上如此。然而,准确地说,通过引入我们"作为人民的根本性质"乃宪法正当权威的组成部分这一额外的主张,回应性解释会避免这一弱点。

因而,关于回应性解释的一种不同意见就是其误解美国宪政的"根本前提",即"最高法院与其他政府分支一样,都要受书面宪法限制。"[84] 这里的意思是,回应性解释显然会消解作为具体书面文本的宪法,依靠一种不可接受的宪法观念。这一不同意见所具有的相当说服力,源于在我们看来宪法的措词似乎清晰的情形。试想一下若加利福尼亚州有第三名参议员的情形,法院只要通过阅读宪法文本的方式就能解决。在这样的情形中,似乎文本本身就是决定性的,似乎含义是从国家档案馆玻璃

---

[82] See Thomas C. Grey, "Do We Have an Unwritten Constitution", 27 *Stanford Law Review* 703 (1975); David Lyons, "A Preface to Constitutional Theory", 15 *Northern Kentucky Law Review* 459 (1988).

[83] See Ely, *Democracy and Distrust*, at 88 n.

[84] Henry Paul Monaghan, "Our Perfect Constitution", 56 *New York University Law Review* 353, 375—376 (1981)(emphasis added).

下面那份手写签名的羊皮纸上自然流露出来。[85] 似乎可以得出，任何抛弃那份文件的解释理论都不合理。

不过，这一推理有些过头。确实，当文本的含义不存在争议时，我们认为有必要将其措词作为权威而无需进一步探究。但不管出于什么理由，当该文本的含义似乎确实存在问题时，我们就必然被迫在文本之外寻找某种权威以指引我们对文本的解释。因而在某种层面上，所有宪法解释理论都不符合严格忠实于书面文本的观念。例如，原理性解释是宪法裁判的基本要素，适用的并非文本的措词，而是法官随后创造的法律规则。大部分宪法案件都是根据原理"标准"解决的，这些标准与国家档案馆那份羊皮纸文本没有多大的关系。甚至历史性解释也不是在书面文件的文本中寻找权威，而是立足于那些批准该文件的人的同意。因而，指责回应性解释抛弃书面文件，实际上会导致所有形式的宪法解释都不合格。

不过，关于回应性解释的第二种不同意见是，其抛弃宪法文件的方式尤其不能让人接受。历史性解释之所以关注最初的同意行为，是因为这一同意"指向"宪法文件并说明其具体的含义。原理性解释，可以说关注的是先例规则，因为这样的规则也是"指向"这一文件且试图阐明其含义。而另一方面，回应性解释似乎在揭示现有价值时完全偏离了该文件。

这一不同意见抓住了在我看来当代争论的主旨，因此需要认真剖析。确实，因为历史性解释指望的是批准者的同意，所以对于解释工作而言，实际批准的历史文件就居于核心地位。但原理性解释可以说只是在最薄弱的比喻意义上"指向"该文件，在这种意义上同样可以说回应性解释"指向"宪法文件。

回应性解释依据的是下述主张，用布伦南在"钱伯斯案"中

---

[85] 关于我们实际上可能珍藏了错误的文件这一有趣的意见，见 Akhil Reed Amar, "Our Forgotten Constitution: A Bicentennial Comment", 97 *Yale Law Journal* 281 (1987)。

的话来说就是,宪法并非"静止且没有生命的"。相反,正如霍姆斯所述,宪法被认为"创造了一个生命",就像任何"有机体"那样,必然根据其"经历"成长和发展。[86] 因而回应性解释的雄心和挑战就是,确定我们当代社会精神的哪个方面可以被认为是"从我们祖先播下的种籽正常发育",因而含有"宪法的基本内容和精神"。[87] 只有民族精神的这些方面才与宪法具有基因上的联系,因而可以适当作为回应性解释的基础。在这种意义上,回应性解释实际上是"向后指向"宪法文件,至少在与原理性解释同样强烈的比喻意义上如此。

诚然,支撑这种关于回应性解释描述的有机体比喻极有问题。不过,重要的是认识到,回应性解释同样可以建立在其他可能更有说服力的比喻之上。例如,可以借助对文化含义不可缺少的、不断进化的"传统"这一意象。[88] 或者可以采用社群主义的社会学术语,正如菲利普·塞尔兹尼克下面这段话那样:

> 社会契约是一种构成性的契约。其功能在于,通过将统治的正当性建立在被统治者的同意之上创造一个政治共同体。共同体一旦形成,就拥有自身的逻辑和动态。即便政府和公民的基本义务——诸如忠诚、自我克制和关照等——都是源自共同体及其历史假设的性质,而非源自契约的规定。[89]

所有这些比喻都可以用来描述随着时间而改变的民族精

---

[86] 关于宪法"有机体"这一比喻的历史的简要讨论,见 Michael Kammen, *A Machine That Would Go of Itself: The Constitution in American Culture* 19—20 (1986)。

[87] 这些话出自首席大法官休斯,Home Building & Loan Assoc. v. Blaisdell, 290 U. S. 398, 443—444 (1934)。

[88] See, e. g., Hans-Georg Gadamer, *Truth and Method* (1975); Alasdair MacIntyre, *After Virtue* (1981).

[89] Philip Selznick, "The Idea of a Communitarian Morality", 75 *California Law Review* 445, 451 (1987).

神,然而还会设法保留一种独特的认同。每个描述的都是我们涉入其中的民族精神,因而我们要向其负责。每一个因而都能够支撑回应性解释的工作。

当然,在后现代主义横行的时代,很容易否定所有这些比喻的真实性,否定任何无所不包的民族精神的实际存在。然而,这种否定的政治后果是严酷的。实际上他们是由托马斯·霍布斯(Thomas Hobbes)首次系统阐述的,而他著作的假设今天在很多受经济学和公共选择理论影响的人的作品中仍然可以看到。在罗伯特·博克的观点中就可以发现明确的例证,博克认为不存在独特的民族精神这种东西,而只有大量的个人偏好。[90] 从这一角度可以得出,根据民族精神解释宪法的任何努力,都必然会蜕变为不当地强加私人的司法偏好。[91]

就这一视角应当做出两点初步说明。首先,其不符合间或与之结合在一起的历史性解释。历史性解释依据的是下述隐含的主张,民族精神支持与宪法的批准者保持一致。但如果只存在零散的个体偏好,如果民族并不存在任何民族精神,那么就没有任何理由说,那些早就去世的人的同意对当代的人还应具有特别的权威。其次,正如霍布斯的例证所述,这一视角难以为政治权威提供任何可行的说明,除了集体需要强制且明确的行为规则,从而将个体从他们自己利己主义所造成的破坏性后果中拯救出来。但这种权威尽管强调连续性与可预期性的价值,却仅能与宪法作为法律的权威兼容,也就是与原理性解释兼容。因而,这一视角的实际寓意就是,应当维持遵循先例的原则,除

---

[90] 关于偏好与价值的区分,见 Mark Sagoff, "Values and Preferences", 96 *Ethics* 301 (1986)。

[91] "在主张自由的少数派与主张规制权的多数派之间的任何冲突,都涉及在两个群体的满意之间做出选择。当宪法没有规定时,除了自己的价值偏好,最高法院无法找到其他据以衡量所要满足的两种主张的尺度。"Robert H. Bork, "Neutral Principles and Some First Amendment Problems", 47 *Indiana Law Journal* 1, 9 (1971)。

非被同时期的宪法修正过程打断。

否定民族精神存在的后果因而显著、深远且明显没有吸引力。其将宪法裁判的首要关注转变为维持规则（任何规则），因为在我们与混乱的个体偏好之间只存在这样的规则。因为这些规则的首要目标是维持秩序，那些服从宪法规则的人必然会被贬低为"被管理的生命无关紧要的客体"。[92] 宪法相应地就被转化为"压制法"的形式，"被统治者的利益遭到了冷遇。"[93]

这一转变对于评估诸如博克那样学者的观点具有重要意义。尽管是否存在民族精神乍看起来是一个经验问题，独立于法院的观点，实际上问题并非如此简单。正如"布朗诉教育委员会案"的例证所示，法院通过雄辩地阐述公共理想，实际上可以帮助巩固某种民族精神。换言之，回应性解释诉诸于的民族精神，会以明显的方式受到回应性解释实践本身影响。因而，法院面临的问题就是应按照表达或确立民族精神的方式解释宪法，还是按照确认不存在这种精神的方式进行解释。我认为该问题是反问，这就是缘何宪法解释从未根据霍布斯式的假设进行。

不过，就回应性解释还有第四种不同意见，这种意见产生的影响要比霍布斯式的视角大得多。其并不否认民族具有构成公共生活重要组成要素的社会精神，但辩称法官诉诸该社会精神作为宪法权威并不合适，因为该社会精神的保存和阐述应交给民选官员而非法官。换言之，该意见依靠的是法院在民主社会中应如何运作的制度分析。当然，反多数难题最终正是以这种制度性考量为基础。这一难题的顽抗存在表明存在无法被弃置不顾的强大真理。

不过，它们只是部分的真理。如果宪法不是蜕变为纯粹压

---

[92] Theodor W. Adorno and Max Horkheimer, *Dialectic of Enlightenment* 38 (John Cumming, trans., 2d ed., 1986). 正如阿多诺和霍克海默所述，"只要忽略理性运用者的身份"，理性就会取得与"强制力量"的"相似性"。同上注，第87页。

[93] See Nonet and Selznick, "Law and Society", at 29.

制性的法律，不是因为对明确与可预期规则的需要而具有权威，那么就必须允许解释宪法的法院从民族精神权威的角度发表意见，或者是以历史性解释，或者是以回应性解释的形式。因而，从其逻辑结论来看，反多数难题导致的正是那种源自明显霍布斯式假设的、难以接受的宪法愿景。[94] 但这一结果对反多数难题的支持者来说是难以接受的，因为他们藉以约束司法权的制度考量本身就是以关于民族精神的具体说明为基础，这种说明的特点就是强调多数人的意志在宪法所确立的统治形式中的重要性。[95] 反多数难题的支持者因而在两者之间犹疑，一方面是他们关于适当制度原则的说明，另一方面是这些原则如果实施，就会阻止法官诉诸得出这些原则的民族精神。

就回应性解释的制度异议结果会被内部张力撕裂。不过，正是因为这个原因，制度异议几乎从未意味着简单否定回应性解释。相反，他们以特有的方式提出了谨慎行事的劝告和紧要的建议，即对回应性解释的运用应当节制，而且其方式应与制度异议本身所依据的潜在民族精神观念一致。换言之，它们得出的回应性解释形式，依据的是对以多数决定原则为基础的民族精神的特殊理解。[96]

结语：宪法解释与宪法文化

同样的法官在不同案件运用不同的宪法解释理论，这一事实往往被作为宪法缺乏原则性的证据。而实际上，如果关于解

---

[94] 当然，一个可能的结论就是根本不存在宪法，存在的只是多数人的统治。正文中的意思假定，那些提出反多数难题的人试图描述一种适当的、而非不存在的宪法形式。

[95] 关于这种论证的明确例证，见 Ely, *Democracy and Distrust*。一般的讨论，见 Farber, "Originalism Debate", at 1097—1100。

[96] See, e.g., Richard H. Fallon, Jr., "A Constructivist Coherence Theory of Constitutional Interpretation," 100 *Harvard Law Review* 1189, 1217—1223 (1987).

释理论的选择取决于宪法性质,那如果该性质是由预先且外在的方式给定的,那就难以宽恕法官实际上运用解释理论的方式。但如果像我提出的那样,宪法解释相反依靠的是关系性的宪法权威概念,那么法官就可以根据特定案件的情形正当地选择具体的解释理论。

法官选择的解释理论会体现其对具有支配性的相关宪法权威的理解,也就是说不仅表明而且规定其关于相关宪法文化的愿景。如果法官认为民族精神支持与相关同意行为保持一致,那么他们在案件中可以就该问题适用历史性解释。如果就该问题,法官认为民族精神存在,该民族精神以恰当的方式从历史角度体现宪法的基本内容和精神,而且排除与过去任何同意行为保持一致,那么他们就可以运用回应性解释。或者如果他们确定法治的价值比支配性先例的不足更重要,就可以选择原理性解释。

无论法院采纳哪种宪法解释理论,它们都无法逃避文化阐释和判断的责任。就我们民主国家基本权威的性质,他们的判断模式启示良多。例如,相关模式表明,我们宪法裁判实践的核心是民族精神和共同体的愿景,因而也就是"从人类角度看有意义的权威"[97]的愿景。与诸如西奥多·阿多诺和马克斯·霍克海默等人的观点相比,这真是令人振奋的消息,他们两人认为美国的潮流是走向"坚定不移的组织化"[98],及其所伴随的官僚制、异化和工具理性等状态。但同样值得关注的是,最高法院以权威方式规定民族精神的愿景是否有违我们自己的愿景,在我们许多人看来这越来越有可能成真。在这种情形下,我们的慰藉就是克洛德·勒福尔与现代民主联系在一起的力量:我们的抗议始终有可能引发重建的政治视角,这种视角反过来会改变未来司法任命的特征。

这种可能性当然只会使欧内斯特·钱伯斯转一圈回到原点,回到他最初说服同事立法祈祷非常不适宜这一努力。

---

[97] 这句话出自:John Schaar, *Legitimacy in the Modern State* 38 (1981)。
[98] See Adorno and Horkheimer, *Dialectic of Enlightenment*, at 87.

第二章

隐私的社会基础

——普通法侵权中的共同体与自我

通常认为,隐私是个体针对好奇且具有干预性的社会要求所主张的一种价值。[1] 因而据称,"隐私以个体主义的社会观念为基础"[2],而"在我们身处的这个时代,隐私的主要敌人"之一就是"共同体"[3]。与这一理解一致的是,普通法隐私侵权的功能,据说通常是要保护个人"内心不受伤害"的"主观"利益。[4] 侵权规定的目的就是为"原告遭受的情感和精神痛苦"

---

[1] See Thomas I. Emerson, *The System of Freedom of Expression* 549 (1970). 关于对这种认识的精彩讨论和批评,见 C. Keith Boone, "Privacy and Community", 9 *Sociological Theory and Practice* 1, 1—3, 14—21 (1983).

[2] Richard F. Hixson, *Privacy in a Public Society: Human Rights in Conflict* at xv (1987); see also Alan F. Westin, *Privacy and Freedom* 27 (1967); Steven J. Andre, "Privacy as an Aspect of the First Amendment: The Place of Privacy in a Society Dedicated to Individual Liberty", 20 *University of West Los Angeles Law Review* 87, 89 (1988—1989).

[3] Barrington Moore, *Privacy: Studies in Social and Cultural History* 267 (1984). 或者反过来,据称"隐私意味着疏离",因而会阻碍实现"真正的共同体"。Alan Freeman and Elizabeth Mensch, "The Public-Private Distinction in American Law and Life", 36 *Buffalo Law Review* 237, 238—239 (1987).

[4] Thomas I. Emerson, "The Right of Privacy and Freedom of the Press", 14 *Harvard Civil Rights-Civil Liberties Law Review* 329, 333 (1979).

提供救济。[5]

　　隐私侵权的起源是一篇名为"隐私权"的著名文章,由塞缪尔·沃伦和路易斯·布兰代斯于1890年发表。[6] 该文章强烈主张法律承认"隐私权是更笼统的权利的组成部分,即人的豁免权,也就是人格权"[7],该文章刺激了现代侵权的发展[8],侵权现在已演化为四个不同的领域:不合理地侵犯他人的独处、不合理地公开他人的私生活、盗用他人的名字等等以及不当将他人公开地置于被公众误解的地位。[9] 在本文中,我将分析前两个领域[10],试着表明隐私并非简单地支持个体对抗共同体要求的利益,而是要维护文明的规则,这些规则在很大程度上不仅是个体也是共同体的组成部分。侵权并非基于所意识到的个人与社会生活的对立,而是基于其相互依赖。吊诡的是,正是这种相互依赖关系,某种特定形式的人的尊严和自主只能存在于共同体规范当中。

[5] Froelich v. Adair, 213 Kan. 357, 360, 516 P. 2d 993, 997 (1973); see also Hazlitt v. Fawcett Publications, Inc., 116 F. Supp. 538, 544 (D. Conn. 1953).

[6] Samuel D. Warren and Louis D. Brandeis, "The Right to Privacy", 4 *Harvard Law Review* 193 (1890). 该文章"或许是有史以来最著名而且当然最有影响的法律评论文章"。Melville B. Nimmer, "The Right of Publicity", 19 *Law and Contemporary Problems* 202, 203 (1954). 关于沃伦和布兰代斯文章历史条件的讨论,见 Don Pember, *Privacy and the Press: The Law, the Mass Media, and the First Amendment* 20—57 (1972). See also Robert Post, "Rereading Warren and Brandeis: Privacy, Property, and Appropriation", 41 *Case Western Law Review* 647 (1991).

[7] See Warren and Brandeis, "Right to Privacy", at 207.

[8] 如今侵权在美国几乎所有辖区内都以这种或那种形式得到了承认。关于以州为基础的概述,见 *Libel Defense Resource Center, 50-State Survey 1988: Current Developments in Media and Invasion of Privacy Law* 924—967 (1988)。英国法院仍然没有承认侵权。John G. Fleming, *The Law of Torts* 572 (7th ed. 1987); see also Walter F. Pratt, *Privacy in Britain* 16—17 (1979).

[9] *Restatement (Second) of Torts* (1977): §§652 B, D, C, and E.

[10] 我没有分析"误解"领域,因为其与诽谤侵权具有密切的联系;同样,因为与个人肖像财产权概念的复杂微妙关系,我也没有分析"盗用"领域。See Post, "Rereading Warren and Brandeis".

按照这种方式解释,普通法的隐私侵权会就美国社会生活的基本结构提供丰富且复杂的理解。这种理解不仅在界定个体和共同体时容易感受社会规范的特殊地位,而且当面临来自诸如公共治理和问责的不同要求时,还容易感受这些特殊地位的局限性。

一、侵扰侵权:隐私、文明和自我

通过对"汉伯格诉伊斯曼"(Hamberger v. Eastman)[11]这一简单案件的考察,就可以说明支撑规制不当侵扰(unreasonable intrusion)这一侵权领域的概念结构。"伊斯曼案"是新罕布什尔最高法院1964年判决的,而且是该州首次官方承认侵犯隐私。我选择该案,是因为其非常普通,而且在推理和结论方面具有代表性。本案原告是一对夫妇,声称被告也就是他们的房东和邻居在他们的卧室安装窃听装置。新罕布什尔最高法院采纳威廉·普洛瑟的新颖主张,认为侵犯隐私可以区分为四个不同的领域[12],将原告的控告描述为"侵扰原告独处或隐居的侵权"[13]。

原告称,因为发现窃听装置,结果他们感到"极为痛苦、羞辱和尴尬",他们承受着"剧烈且严重的精神伤害和痛苦,而且被搞得极其紧张,心烦意乱"。新罕布什尔最高法院毫不费力就认定,"通过有克制地陈述",原告遭受的侵扰对于"任何具有通常感受的人而言都具有冒犯性"。法院称,原告无法证明是否有人曾经"收听或偷听来自原告卧室的任何动静或讲话"[14]无关紧要,因为原告控诉的要点只根据安装冒犯性装置就可以成立。

初看起来,"伊斯曼案"的故事非常简单。正如美国最高法

---

[11] 106 N. H. 107, 206 A. 2d 239 (1964).
[12] See William Prosser, "Privacy", 48 *California Law Review* 383, 389 (1960); compare id. with *Restatement of Torts* § 867 (1939).
[13] 106 N. H. at 110, 206 A. 2d at 241.
[14] 106 N. H. at 109, 111, 112, 206 A. 2d at 240, 242.

62　宪法的领域

院曾经在其现代第一起宪法隐私权案件中所述,"夫妻的卧室是神圣不可侵犯的领域"[15],在这里我们期望有隐私,而对其侵扰会被认为非常具有冒犯性。[16] 侵犯隐私是对"人格的伤害。它损害的是个人精神的安宁与愉悦,可能造成的伤害会比纯粹身体上的伤害更加严重。"[17]"伊斯曼案"原告经历的就是这种精神痛苦,而新罕布什尔最高法院在"伊斯曼案"判定普通法应为这种伤害提供救济。[18]

　　这一故事完全能够准确体现绝大多数法官和律师如何理解隐私侵权。然而,这个故事比较集中和狭隘,关注的只是具体个体实际的精神痛苦。一旦认识到"伊斯曼案"的窃听装置之所以被界定为侵犯隐私,不仅是因为原告事实上感到不安,而且还因为安装该装置本身"对任何具有通常感受的人都具有冒犯性"[19],那么就会立刻显出前述关注的局限。用后来第二版《侵权法重述》的术语来说,安装窃听装置之所以可诉,是因为其对"任何正常人而言都非常有冒犯性"[20]。

---

[15] Griswold v. Connecticut, 381 U.S. 479, 485 (1965).

[16] 关于这些期望起源的历史说明,见 Witold Rybczynski, *Home*: *A Short History of an Idea* 15—49 (1986)。

[17] *Eastman*, 106 N. H. at 112, 206 A. 2d at 242 (quoting 3 Roscoe Pound, *Jurisprudence* 58 [1959]); see also Emerson, "Right of Privacy", at 333; John W. Wade, "The Communicative Torts and the First Amendment", 48 *Mississippi Law Journal* 671, 707—708 (1977).

[18] "该诉讼是侵权引起的,当获准时,主要是救济对个人感受的伤害。"Wheeler v. P. Sorensen Mfg. Co., 415 S. W. 2d 582, 584 (Ky. 1967); see also Goodrich v. Waterbury Republican-Am, Inc., 188 Conn. 107, 128 n. 19, 448 A. 2d 1317, 1329 n. 19 (1982); Froelich v. Adair, 213 Kan. 357, 362, 516 P. 2d 993, 998 (1973); Billings v. Atkinson, 489 S. W. 2d 858, 861 (Tex. 1973); Crump v. Beckley Newspapers, Inc., 320 S. E. 2d 70, 87 (W. Va. 1984).

[19] *Eastman*, 106 N. H. at 111, 206 A. 2d at 242.

[20] Restatement (Second) of Torts § 652B.《侵权法重述》规定,"如果在正常人看来非常具有冒犯性,那么无论以物理还是其他方式,任何人故意侵扰他人的独处或"宁静"或其私人事务或关注,都要承担侵犯隐私的责任。"

当然,"正常人"(reasonable person)是美国普通法中反复出现的一个形象,在侵权法中尤为如此。就正常人而言,重要的是他不具有任何特殊性;"不等同于任何真实的人"[21]。就像一个标准文本那样,实际上是"一种抽象概念",代表的是"共同体通常的行为标准",体现的是"共同体总体的道德判断水准,感觉到的就是通常应当做的"[22]。因而在"伊斯曼案"中,安装窃听装置之所以被转换为可诉的侵犯隐私,就是因为共同体总体的道德判断标准认为房东和邻居监听夫妻的卧室非常具有冒犯性。"伊斯曼案"的法院称,"只有当侵扰超越得体的界限时,才会产生责任。"[23]我们因而可以断定,隐私侵权至少不仅关注保护这些"得体的界限",也关注矫正特定原告的精神痛苦。

《侵权法重述》将这些界限描述为倘若侵犯就"十分具有冒犯性"。乍看起来,这种冒犯观念描述的似乎就是"伊斯曼案"原告主张遭受的实际精神痛苦。例如,《韦伯斯特新国际大词典第三版》(Webster's Third New International Dictionary)将"具有冒犯性"界定为,造成"痛苦或不愉快感觉",或是造成"不快或怨恨"。但"伊斯曼案"系争的不快或痛苦的感觉不可能是原告那种,因为他们特殊的精神状况并不能决定安装窃听装置是否可诉的侵犯隐私。因而遭受痛苦必定是"正常人"。但这会给我们留下一个谜题,因为正常人只是没有真实情感的一般构想。

因此在界定责任时,系争的痛苦或不快就不能被理解为真实的感觉或情绪。因为正常人并非只是共同体中大部分人所相信的内容在经验或统计意义上的"平均数",在界定责任时,系争的精神痛苦同样不能被理解为共同体中大多数人有可能经历的内容在经验或统计方面的预测。相反,因为正常人是共同体规范的真实体现,"伊斯曼案"系争的冒犯性概念,就必须被理

---

[21] Id., § 283 comment c.
[22] 2 Fowler v. Harper and Fleming James, *The Law of Torts* § 16.2 (1956).
[23] 106 N. H. at 111, 206 A. 2d at 242.

解为以这种规范所存在的某种属性为基础。

当字典称形容词"冒犯性""指因损害品味、感受或造成侮辱而让人厌恶、恶心或痛苦的东西"时,表明的就是前述属性的特征。与冒犯性联系在一起的痛苦或不快可被认为源于这种"损害"或"侮辱"。然而,损害和侮辱是描述当特定社会规范遭到践踏时应如何感受的方式。因而,当法律提出,正常人是否会认为某些侵犯隐私的行为"非常具有冒犯性",并不是试图预测真实的情感,而是试图描述那些如果违反就应当会造成侮辱或伤害的社会规范。

因而关于支撑"伊斯曼案"的观念结构更准确的描述是,如果可以证明被告侵犯那些倘若违反就完全可以被认为是损害或侮辱的社会规范,原告就有权获得救济,而这种救济的功能就是要矫正对"人格的伤害"。这种法律结构是侵扰侵权的典型。其建立在下述前提上,即个体人格的完整性取决于遵守特定形式的社会规范。

当然,这一前提同样支撑着许多社会学思想。就分析隐私侵权而言,可以在埃尔温·戈夫曼的著作中找到该前提最系统且最有用的说明。他在自己早期"尊重与举止的性质"一文中最明确地阐述了这一前提,在该文中他提出了一幅以"尊重和举止"规则为基础的社会互动景象。尊重规则界定的是人们藉以传递下述内容的行为,"向接受者传递欣赏或对该接受者的欣赏,或是对该接受者被视作象征、延伸或代表的某物的欣赏"。举止规则界定的行为是,人们藉以"向当面的那些人表示他是一个具有某种受欢迎或不受欢迎品格的人"[24]。

总的来说,尊重与举止规则构成的是"将主体和接受者结合在一起的行为规则",是"社会的纽带"。通过遵循这些规则,不仅个体会肯定他们生活于其中的社会秩序,而且还会确立和肯

---

[24] Erving Goffman, "The Nature of Deference and Demeanor", in *Interaction Ritual: Essays on Face-to-Face Behavior* 47, 56, 77 (1967).

定自己和他人认同中"仪式性"和"不可冒犯"的方面。因而戈夫曼称,每一位个体都"必须依靠其他人以实现自己的图像,而他本身只能完成其中的部分内容":

> 每个人都为他自己的举止形象以及他人的尊重形象负责,因而要表现为一个完整的人,个体就必须通过礼仪的链条结合在一起,每个人都将所获得的、这一边的人尊重地表达的东西,以恰当的举止尊重地传递给另一边的人。尽管个体确实具有完全属于自身的独特自我,但具有这种自我的证据则完全是共同的礼仪性工作的结果,通过个体举止所体现的部分,重要性不会超过其他人对他的尊重行为所表达的部分。[25]

因此,在戈夫曼看来,我们必须将个体人格理解为,在很多方面是通过遵守尊重和举止规则建构的;或者回到"伊斯曼案"更直白的措辞,是通过正常人所承认的得体规则建构的。违反这些规则因而会通过败坏某个人的认同、伤害其人格的方式给其造成损害。打破"礼仪链条"就会否定个体成为"一个完整的人"的能力,并因而"否定"其"自我"本身。[26]

因此,法律认为隐私侵权同时维持社会规范并矫正对"人格的伤害"。不过,我们必须清楚的是,在任何特定情形中,个体已经或者没有将尊重和举止的相关规则内部化,因而就可能或不会遭到人格方面的实际伤害。正常人这一机制使得法律并非关注具体个体人格的实际伤害,而是保护通过完全遵守尊重和举止规则所构成的人格,违反这些规则就应该会导致损害或侮辱。我称这种规则为"文明规则",由这些文明规则维持的人格是"社会人格"。

社会人格概念同时指向两个不同的方向。一方面,完全社

---

[25] Id., at 90, 91, 84—85.

[26] Id., at 51.

会化的个体的实际人格在很大程度上应当符合社会人格,因为这种个体已经将界定社会人格的文明规则内在化。因此,侵扰侵权,即便根据"正常人"的预期进行形式上的界定,在实践中亦可能为真正原告的情绪健康提供保护。另一方面,社会人格同样存在于一系列的文明规则当中,这些规则总起来会赋予那些分享它们的社会规范以形式和内容。事实上,可以说这些规则界定着"正常人"所存在的那个共同体本身。它们构成了"共同体成员对彼此有别于对其他人的特殊要求"[27],从而确立某个共同体"特定的形态、独特的认同"[28]。因此即便特定原告的社会化程度不是很高,并没有因为被告违反文明规则而受到实际伤害,但法律仍然会赋予原告提起诉讼的资格,藉此维护社会人格中所存在的共同体的规范认同。

　　侵权的这种解释说明了其法律结构中反之就让人迷惑的一个方面。作为表面上证据确凿案件的明确要素,大部分侵权都要求宣称并证明违反相关社会规范实际上造成了某种损害或破坏。例如,如果你驾车不小心造成事故,针对你提起的过失诉讼,只有证明你的过失行为实际造成某种可以证明的伤害方有可能获胜。[29] 这里的基本观念是,"没有损害就没有违规"(no harm, no foul)。但隐私侵权在本质上不同,因为系争的伤害在逻辑上是不当行为必然导致的结果,而非只是可能造成。侵犯隐私在本质上就是有害的,因为被界定为对社会人格的伤害。

　　隐私侵权的法律形象体现的就是这种逻辑结构。相较于过失行为的通常诉由,隐私侵权使得原告无需主张或证明任何实际或可能的损害就可以提起诉讼,诸如精神痛苦或尴尬。隐私侵权

---

[27] Joseph R. Gusfield, *Community: A Critical Response* 29 (1975).

[28] Kai T. Erikson, *Wayward Puritans: A Study in the Sociology of Deviance* 11 (1966).

[29] See *Restatement (Second) of Torts* § 328 A (1977).

与其他矫正"尊严型损害"[30]的侵权都具有这种形象。例如在诽谤领域,法律试图维护文明规则[31],原告在普通法上就可以成功地提出诉讼,而且甚至获得相当数量的"普通损害赔偿",即便被告存在可信的证据证明原告并未遭到实际或可能的伤害。[32] 在1890年的文章中,沃伦和布兰代斯设想的"侵犯隐私权的救济",类似于"在诽谤法中所实施的那类救济"[33]。1939年,第一版《侵权法重述》明确称,在隐私诉讼中,"与给予诽谤的普通损害赔偿那样,也可以相同的方式给予损害赔偿。"[34] 在第二版中,《侵权法重述》更为周详[35],宣称:

证明侵犯隐私的诉由的人,有权获得下述损害赔偿:
(1)因侵犯活动给隐私利益造成的损害;
(2)已经证明通常会从这种侵犯中遭受的精神痛苦;

---

[30] 这一短语源自下述文章:The phrase comes from Harry Kalven, "Privacy in Tort Law—Were Warren and Brandeis Wrong", 31 *Law and Contemporary Problems* 326, 341 (1966)。救济尊严性损害的侵权,与"传统的故意侵权"这种更大的类别都具有这一结构。See Daniel Givelber, "The Right to Minimum Social Decency and the Limits of Evenhandedness: Infliction of Emotional Distress by Outrageous Conduct", 82 *Columbia Law Review* 42, 49—50 (1982)。关于"损害赔偿"侵权和"妨害"侵权之间大致类似的区分,见 F. H. Lawson, "'Das subjective Recht' in the English Law of Torts", in 1 *Many Laws: Selected Essays* 176—192 (1977)。

[31] Robert Post, "The Social Foundations of Defamation Law: Reputation and the Constitution", 74 *California Law Review* 691, 707—719 (1986)。

[32] See id., at 697—698. 1974年,在"格尔兹诉罗伯特·韦尔奇公司案"(Gertz v. Robert Welch, Inc., 418 U.S. 323, 348—350 (1974))中,美国最高法院裁定,第一修正案严格限制给予这种普通损害赔偿,不过最高法院在最近的一项判决中多少有些放松了这种宪法限制。See Dun and Bradstreet, Inc. v. Greemnoss Builders, Inc., 472 U.S. 749, 753—761 (1985)。

[33] Warren and Brandeis, "Right to Privacy", at 219.

[34] *Restatement of Torts* § 867 comment d (1939).

[35] 这种谨慎毫无疑问归因于前注32所讨论的最高法院最近关于"格尔兹案"的判决;又见 *Restatement (Second) of Torts* § 652 H comment c (1977)。因为侵扰侵权并不包括言论,因此并不遵守"格尔兹案"所规定的那种第一修正案限制。

(3) 以侵犯作为法律诉由的特殊损害。[36]

《侵权法重述》因而使得原告可以由于损害"隐私利益"而主张诉讼，甚至获得损害赔偿，而不管是否存在诸如精神痛苦等实际损害的主张或证据。这实际上使得隐私侵权在理论上独立于因违反潜在文明规则而造成的任何纯粹经验或偶然的结果。[37] 这一法律结构最可行的解释就是，《侵权法重述》授权原告运用侵权支持社会人格方面的利益，而被告违反文明规则必然损害这一方面的利益。

然而，这一结论的说服力应当在某种程度上加以限定，因为这一方面的公告案例极少。我只能确定极少的判决，其中原告不可能或不愿意提出任何实际损害方面的证据。但在那些极少的案件中，法院遵循的都是《侵权法重述》分析的含义，并且给予了损害赔偿[38]，即便只是名义上的。[39]

不过，这种数量极少的判例本身也具有启发意义，因为这表明作为一个实际问题，几乎每一个原告都会主张而且能够提出某些可信的证据，证明存在精神痛苦这种可能和实际的伤害。这一证据的可信性本身表明，我们的人格事实上非常依赖遵守文明规则，因而肯定社会人格与那些运用该法律制度者的实际

---

[36] *Restatement (Second) of Torts* § 652 H (1977).

[37] 因而在侵扰侵权中，《侵权法重述》第二版称，原告可以因为"隐私利益"遭到侵犯而获得损害赔偿，也就是"其独处的权利遭到剥夺"。Id., § 652 H comment a.

[38] See, e.g., Socialist Workers Party v. Attorney General, 642 F. Supp. 1357, 1417—23 (S.D. N.Y. 1986).

[39] See, e.g., Manville v. Borg-Warner Corp., 418 F. 2d 434, 437 (10th Cir. 1969); Cason v. Baskin, 159 Fla. 31, 41, 30 So. 2d 635, 640 (1947); Samuel H. Hofstadter and George Horowitz, *The Right of Privacy* 265—268 (1964). But see Brents v. Morgan, 211 Ky, 765, 774—775, 299 S.W. 967, 971—972 (1927); Hazlitt v. Fawcett Publications, Inc., 116 F. Supp. 538, 544 (D. Conn. 1953). 相形之下，在过失诉讼中并不允许给予名义上的损害赔偿，因为原告只有通过证明实际伤害方能胜诉。*Restatement (Second) of Torts* § 907 comment a (1977).

个体人格近乎重合。通过我们本能地相信"伊斯曼案"原告主张的精神痛苦具有可能性，就可以体现这一重合的力量，即便我们对那些原告实际上是谁根本没有经验方面的知识。这种信心只可能以下述几乎无法抗拒的假设为基础，即形成那些原告人格和我们自己人格的文明规则是相同的。

因而隐私侵权代表着一种复杂的模式，其中支持一般文明规则的法律干预是应受到伤害的具体个体的请求出现的。这种模式可被视为分散执行权的努力。在刑法中，检控违反重要法律规范的所有权力都集中在负责的公共官员手中，与其形成对照的是，隐私侵权将执行权转入私人诉讼者之手。与这种分散化相伴的是——或许是因为这种分散化——隐私侵权同样关注那些原告的利益，它们不辞劳苦地将违反文明规则者交给裁判机构。在如何建构侵权以救济那些遭受可诉损害的人的请求方面，这一关注尤为明显。

我们大致可以区分两种形式的原告利益。第一种的出现，是因为作为违反文明规则的结果，原告可能遭受的心理伤害。精神上的痛苦和羞耻就是这种伤害常见的普通例证。但这种损害还有更奇异的形式。例如，在"伊斯曼案"中，丈夫称在卧室中发现窃听装置导致他变成了性无能；妻子则称她变得性冷淡。尽管这些伤害都很奇异，它们仍然应当救济，而侵权的建构就是要提供这种救济。[40]

第二种利益的产生，是由于原告因被无理对待而遭受的尊严型损害。即便特定的原告并不这样认为，但违反文明规则在

---

[40] 不过，法律会承认就这种奇异性存在限制。例如，《侵权法重述》第二版指出："原告可以就证明自己实际遭受的精神痛苦或私人耻辱获得损害赔偿，条件是损害是由这种侵犯通常会得出的那种，而且其范围正常且合理。" Restatement (Second) of Torts § 652 H comment b (1977) (emphasis added). 法律不会容忍社会人格和个体人格之间过大的分裂。

本质上有辱人格。[41] 这是因为尊严型的损害并非基于个体原告的心理状况,而是基于原告有权从他人那里获得的尊重。[42] 我们需要问的是,当以显著方式违反这些尊重而导致尊严型损害时,法律如何提供救济措施。

答案或许在于那些不常见的案件,在这些案件中,"虽然提供支持的客观证据几乎没有"[43],但陪审团却运用"心灵和情感创伤"的理由做出"宽大的裁定"。[44]《侵权法重述》机敏地称这些损害赔偿为原告的主张提供了"支持":

> 就特定类型的尊严型侵权而言,法律起到的作用是支持受损一方的主张。因而,在诽谤或侵犯隐私的案件中……诉讼的主要目的就是,公开宣告原告是正确的,而且受到了不当对待。这不只是简单地决定象征性的赔偿就足以保障的法律权利问题,通常还会要求补偿性或惩罚性的赔偿。[45]

《侵权法重述》的结论,即宽大的损害赔偿表面上与任何可能的伤害无关,却代表着一种证明的形式,这是富有见识且令人

---

[41] 这一点的阐述多少有些棘手,因为是否违反文明规则往往取决于原告的主观态度。例如,如果"伊斯曼案"的窃听装置是在原告同意的情况下安装的,我们就不会认为被告侵犯文明规则,而是与原告形成了某种双方的色情关系。不过,正文中的意思是,如果安装窃听装置破坏了文明规则,例如倘若"伊斯曼案"中的原告不知道安装了这种装置,那么原告就是遭到了贬低,不管其主观认识如何。

[42] Cf. Joel Feinberg, "The Nature and Value of Rights", 4 *Journal of Value Inquiry* 243, 252 (1970):"对人的尊重……可能完全就是对其权利的尊重,因此二者唇齿相依;而所谓'人的尊严'完全就是可以承认的、提出请求权的资格。于是,尊重一个人或认为其拥有人的尊严,完全是认为他是潜在的请求权提出者。"

[43] Vassiliades v. Garfinckel's, Brooks Bros., 492 A. 2d 580, 594 (D.C. 1985).

[44] 关于给予溢额赔偿的问题,举例来说,见 *Libel Def. Resource Bull.*, *No. 11*, Summer-Fal 1984, at 12—18; "Socking It to the Press", *Editor and Publisher*, Apr. 7, 1984, at 31。

[45] *Restatement (Second) of Torts* § 901 comment c (1977).

信服的解释。[46] 不过,要是说侵犯隐私诉讼案的原告要求加以维护,就意味着他在某种程度上需要免除负担。但这种寓意让人困惑,因为原告是侵犯行为的受害者,而非作奸犯科者。不过,下述事实即可说明被害者的耻辱,即他没有被给予尊重,而且因此他以人的身份应当获得的尊重遭到质疑。

换言之,违反文明规则的受害者遭受的是某种特殊的伤害:他"有可能""遭到羞辱",因为他被排除在"礼仪链条"之外,该链条会确立通常给予拥有完全资格的共同体成员的尊重。[47] 既然共同体的界限是由"共同体成员对彼此有别于对其他人的特殊要求"[48]确定的,那么被告无视原告要求予以尊重的主张,有可能将原告置于共同体的范围之外。因此只有通过再次肯定原告属于共同体一员方能加以维护。可以将侵犯隐私诉讼有时似乎过多的损害赔偿解释为这样的肯定,这是通过同时丰富原告和惩罚被告进行的。[49] 换言之,隐私侵权起到的作用不只是维护礼仪链条,而且在适当的情形下,当其断裂时还要进行再造。

二、隐私与文明:若干理论寓意

因此,从我们能够讲述"伊斯曼案"这第一个简单的故事开始,我们已经有了长足的进步。隐私侵权的支撑结构导向的不仅是维护其确立的文明规则和礼仪链条,还保护个体的情感健康。无论对隐私的概念还是法律的运作而言,这种关于侵权的

---

[46] 例如,在诽谤领域中,通过施加高额民事损害赔偿对被告进行惩罚,可以解释为法律试图"维护"原告的名誉。See Post, "Foundations of Defamation Law", at 703—706.
[47] Goffman, "Nature of Deference and Demeanor", at 51.
[48] Gusfield, *Community*, at 29.
[49] 就惩罚与维护之间的关系,见 Post, "Foundations of Defamation Law", at 704—705.

理解都具有若干重要的理论寓意。

(一) 隐私的规范性：共同体与自主的调和

首先考察支撑侵权的隐私概念。这一概念显然与某些评论者提出的、试图以纯粹描述和价值无涉的方式描述的"中立隐私概念"[50]不同。例如，露丝·加维森将隐私界定为随三个维度变化的矢量：秘密、匿名与独处。她认为个体丧失隐私"因为其他人获得关于他的信息，关注他或接触他"[51]而能够客观衡量。隐私是否存在因而是一个能够确定的事实，而无须考虑规范性的社会习俗。

"中立的"隐私概念具有某些显然的优点和长处。例如在隐私的跨文化分析中，这一概念是有帮助的，因为其确立的分析目标独立于各种系争的文化观念。就确立隐私的功能性解释而言，这一概念也是有帮助的。如果系争的"隐私"被设想为可以衡量的事实，那么"隐私"必然会带来特定的结果这一假设就会更明确，而且更易于证实。因而罗伯特·默顿就将其主张，即隐私是"社会结构有效运作的重要功能性要求"，建立于一个中立的隐私定义上，即"与可观测性隔绝"。默顿认为，隐私是必要的，因为倘若没有隐私，"遵守所有社会规范细节（往往存在冲突）的压力会变得完全无法忍受；在一个复杂的社会中，精神分裂性的行为会成为规则，而非其所代表的那种可怕的例外。"[52]

无论这种中立的隐私定义有什么优点，基本上确定不可能是普通法的基础，相反普通法依靠的是本质上具有规范性的隐私概念。普通法侵权保护的隐私无法被简化为诸如空间的距离、信息或可观测性等客观事实；只可以通过参照行为规范方能

---

[50] Ruth Gavison, "Privacy and the Limits of Law", 89 *Yale Law Journal* 421, 425—440 (1980).
[51] Id., at 428.
[52] Robert K. Merton, *Social Theory and Social Structure* 429 (1968).

理解。被告在拥挤的电梯中站得离原告过近,不会被视作实施了具有高度冒犯性的侵扰行为;但如果被告在开放的空间中与原告保持同样的距离,情形就会大不一样。在普通法中,就像在日常生活中那样,隐私问题涉及的是对人类行为的描述,而非对世界中立和客观的衡量。

因而侵权所保护的隐私范围只能通过运用西美尔所谓"道德触觉"[53]才能感知。加维森认为,根据社会规范界定的隐私,"只是一个结论,而非分析是否特定侵犯行为应首先被认为错误的工具"[54]。但最终,这一异议只会突出普通法试图实现的,并不是像特定类型的道德哲学家那样,寻找并阐述第一位的伦理原则,而是要发现和恢复我们据以生存的社会规范,在加维森看来,这些规范提供的只是重大批评的起点。

当然,文明规则保护的尊严型利益不同于隐私利益。但因为普通法并未试图以加维森主张的中立方式界定隐私,因此总的来说,几乎无视区分下述两者的任何系统努力,即保护隐私的文明规则与保护其他尊严型利益的规则。被告单一的行为往往就可以作为主张各种尊严型损害诉讼的基础,这些损害从侵犯隐私、诽谤直到故意造成精神方面的痛苦等。[55]

普通法主要通过明确隐私侵权的形式要素,从而区分隐私与其他形式的社会尊重。"侵扰"这一隐私法领域,也就是"伊斯曼案"系争的那种隐私法侵权,其形式要素要求原告主张被告故意侵犯原告的僻静或独处,其方式在正常人看来非常具有冒

---

[53] Georg Simmel, *The Sociology of Georg Simmel* 324 (Kurt H. Wolff, trans. Ed., 1950).

[54] See Gavison, "Privacy and the Limits of Law", at 426 n. 18.

[55] 主张所有三种侵权的典型案件是"《皮条客》杂志诉福尔韦尔案"(Hustler Magazine v. Falwell, 485 U. S. 46, 48—49 (1988))。关于更典型的案件,见 Sawabini v. Desenberg, 143 Mich. App. 373, 372 N. W. 2d 559 (Ct. App. 1985)。就有关尊严型侵权起诉实践的统计研究,见 Terrance C. Mead, "Suing Media for Emotional Distress: A Multi-Method Analysis of Tort Law Evolution", 23 *Washburn Law Journal* 24, 36—44 (1983)。

74　宪法的领域

犯性。[56] 另一方面，故意造成精神痛苦侵权的形式因素，要求原告主张被告通过极端与过分的行为，故意给原告造成了严重的精神痛苦。[57]

显然，这些因素在相当程度上是重合的，而且毫不奇怪的是，原告会不断主张侵扰和故意造成精神痛苦。[58] 但这两种侵权的因素在逻辑上是不同的，因为侵扰侵权关注的只是保护西美尔所谓"每个人周围的理想领域"，"除非个体的人格价值遭到破坏否则就无法刺探的领域"[59]，而故意造成精神痛苦的侵权，关注的则是防止故意违反文明规则以给人格造成伤害。因而后一种侵权禁止恶毒的意图，而前者防止刺探私人空间。但这种形式的区分不如看起来那么有用，因为刺探私人空间往往并不"非常具有冒犯性"，除非刺探具有不当的目的[60]，两种侵权的界限因而就变得模糊。

普通法与这种模糊性相处融洽，这就表明其关注的主要是维持对社会生活而言所必需的尊重形式，而比较不关心特定的尊重形式是否应称作隐私。在日常的话语中，特定类型的尊重被认为与隐私有关，而普通法大致将这种认识纳入了隐私侵权的形式因素。但普通法并没有做出什么重大努力系统分析这一认识，从而将私人独立出来作为不同的保护对象。

---

[56] *Restatement (Second) of Torts* § 652B (1977).

[57] Id., § 46.

[58] See, e.g., Galella v. Onassis, 353 F. Supp. 196 (S.D.N.Y. 1972), aff'd in part and rev'd in part, 487 F. 2d 986 (2d Cir. 1973); Fletcher v. Florida Publishing Co., 319 So. 2d 100 (Fla. Dist. Ct. App. 1975), rev'd, 340 So. 2d 914 (Fla. 1976), cert. denied, 431 U.S. 930 (1977); Pemberton v. Bethlehem Steel Corp., 66 Md. App. 133, 502 A. 2d 1101 (Ct. Spec. App.), cert denied, 306 Md. 289, 508 A. 2d 488, cert. denied, 479 U.S. 984 (1986); Nader v. General Motors Corp., 25 N.Y. 2d 560, 255 N.E. 2d 765, 307 N.Y. S. 2d 647 (1970); Mead, "Suing Media", at 49.

[59] See Simmel, *Sociology*, at 321.

[60] See, e.g., Housh v. Peth, 165 Ohio St. 35, 40—41, 133 N.E. 2d 340, 343 (1956).

隐私侵权的侵扰领域在直觉上与隐私的常见认识具有明显的关联。当然,在常见的用法中,隐私的一种基本含义就是可以排除他人的私人空间,如卫生间或家。[61] 埃尔温·戈夫曼在其"自我的领地"(The Territories of the Self)一文中很好地展现了支撑此等空间的尊重形式。戈夫曼将领地界定为个体可以主张"有权占有、控制、使用或处置"的"事物领域"或"保留地"。领地不是通过诸如英尺或英寸等客观、中立因素决定的,而是情境化的。他们的界限具备"由社会决定的变量",而且取决于诸如"地方人口密度、接近者的目的……社会场合的特征等因素"。[62]

由规范和社会因素而非中立或客观标准界定的领地,在"赫斯基诉国家广播公司案"(Huskey v. National Broadcasting Co.)的判决中得到了很好地体现。在该案中,阿诺德·赫斯基(Arnold Huskey)是伊利诺伊州马里恩美国教养所的一位囚犯,他对国家广播公司提起诉讼,因为自己在"健身笼"(exercise cage)时国家广播电台的摄像机拍到了他,这种房间面积大约25乘30英尺,有水泥地面和环绕四周的栅栏。赫斯基当时只穿着健身短裤,裸露着数处很有特色的文身。赫斯基称国家广播电台侵犯了他的独处,因为他估计"能够看到他的只有'作为监禁必然结果而可能面对的那些人':负责看守他的警卫、其他监狱工作人员以及其他同牢囚犯。"[63] 国家广播电台辩称不应"对侵犯赫斯基的独处负责,因为他并没有被隔离";健身房"可以公开观

---

[61] 正如乔尔·范伯格(Joel Feinberg)所述:"通用隐私概念的核心观念在于享有特权的领地或领域,在此当中个人拥有绝对的权力决定其他人是否可以进入,如果可以,在何时进入,持续多长时间以及在什么条件下进入。在此范围内,该人就是老板、主权者、主人——你从这些比喻中自己挑吧。" *Offense to Others* 24 (1985) (citation omitted).

[62] Erving Goffman, "The Territories of the Self", in *Relations in Public: Microstudies of the Public Order* 28—29, 31, 40 (1971). 戈夫曼明确说,个体主张相关领地的行为与社会对该领地的承认也是相关的。Id., at 41—44.

[63] 632 F. Supp. 1282, 1285 (N. D. Ill. 1986) (quoting the Complaint at 9).

看且被其他囚犯使用"。[64]

法院拒绝接受以赫斯基可被观看这一"中立"事实决定其可以合理排除其他人的领地：

> 赫斯基对某些人而言的可被观看并未剥夺其与他人隔离的权利。人们在自己的家里可以面对家庭成员以及受邀的客人，但那并不意味着他们对电视摄像机打开了大门。监狱在很大程度上是封闭的体系，在这当中可以理解囚犯会习惯于监狱职员和其他囚犯的注视，而同时合理地感觉与外部世界隔离（至少在某些区域通常不受外部人探视）。[65]

法院总结说，赫斯基的主张能否成功，必须有待关于健身房的实际习惯和用法的事实档案进一步展开。这些习惯和用法而非可被观看、隐私、匿名和独处等"客观事实"，界定着赫斯基在法律上可以主张不被打扰的"独处"权利的领地。

戈夫曼深刻的核心观点是，按照这种规范方式界定的领地，是交换含义的媒介；它们起到的是一种语言、一种"礼仪方言"[66]的作用，人们藉此可以彼此交流。我们通过承认其领地的方式表明对一个人的尊重；相反，我们通过放弃对某个领地的主张并允许其他人接近表示亲密。例如，拥抱可以表示人们的同情或期望，但如果不受欢迎，则会被视为贬低性的侮辱。[67]同样的身体行为之所以会有这样两种完全不同的含义，完全因为其重要性是由界定私人空间的尊重规范建构的。"自我领地"的典型特征就是以这种"双重方式加以运用，以避免接触作

---

[64] Id., at 1287 (quoting Respondent NBC's Memorandum at 8).
[65] Id., at 1288.
[66] Goffman, "Territories of the Self", at 60.
[67] See Craker v. Chicago and N.W. Ry., 36 Wis. 657, 660 (1875).

为维持尊重的手段,而以进行接触作为确立敬意的手段"[68]。

戈夫曼的分析表明,通过赋予自我领地权威性的认可,侵扰侵权至少发挥着三种不同的功能。第一,依靠其领地的主张保护个体应得的尊重。[69] 第二,维护由领地建构的语言或"礼仪方言",因而维持该语言所具有的特殊含义。第三,侵权保留个体通过领地方言交谈的能力,而正如戈夫曼指出的那样,这种能力

> 就个体关于自己的个性、自我及其对本身拥有正面感觉的部分所具有的主观感受而言,在某种程度上是至关重要的。在这里问题不是排他性地保持、分享或完全放弃保留地,而是允许个体在决定如何处理其主张方面所具有的角色。[70]

因而,个体力推或放弃领地主张的能力,选择尊重或亲密的能力,对其本人作为独立或自主之人的感觉而言,具有很强的赋权性质。正如杰弗里·雷曼(Jeffrey Reiman)指出的那样,"隐私是复杂社会实践的基本组成部分,社会组织藉此承认并且向个体表达他的存在是他自己的。这是人格的前提条件。"[71]

---

[68] See Goffman, "Territories of the Self", at 60—61。关于提出类似主张的评论者,见 Charles Fried, *An Anatomy of Values*: *Problems of Personal and Social Choice* 142 (1970); James Rachels, "Why Privacy is Important", 4 *Philosophy and Public Affair* 323, 327—329 (1975)。

[69] 既然这种尊重是自我的组成部分,那么发现早期的案件以"自然法"的语言描述隐私规范就毫不奇怪:"隐私权的基础存在于自然的本能。隐私权是通过直觉获得承认的,感觉可被用来作为确立其存在的证据。任何具有通常思维能力的人都会立刻承认,就社会的每个成员而言,与个体相关的事项,既有私人性质的,也有公共性质的。每一个个体都会本能地厌恶公众对其任何私人权利的侵犯,就像他收回自己那些具有公共性质的权利那样。因此关于纯粹私人事项的隐私权源于自然法。"Pavesich v. New England Life Ins. Co., 122 Ga. 190, 194, 50 S. E. 68, 69—70 (1905)。

[70] Goffman, "Territories of the Self", at 60。

[71] Jeffrey H. Reiman, "Privacy, Intimacy, and Personhood", 6 *Philosophy and Public Affairs* 26, 39 (1976)。

大致说来,当前自由主义者和社群主义者就法律和政治哲学存在着激烈的辩论。[72] 前者强调的是自我独立、自主的那些方面,后者强调的是嵌在社会规范和价值中的那些方面。不过,在侵扰侵权中,这一辩论被奇迹般地超越了。因为这一侵权负责的正是那些使自主的自我能够形成的社会规范。

某些诸如禁止谋杀的规范无法通过个体的同意而被放弃。但由侵扰侵权保护的规范则不同。他们标明的是区分尊重与亲密的界限,而他们实现这一功能的能力本身取决于其在适当情形下被执行还是放弃。独立自我的实质就在于做出这种个人选择的权力。这种文明和自主的神秘融合就是侵扰侵权的核心。

(二)文明规则的法律实施:支配权与共同体

到目前为止,我的分析假定普通法以相对不成问题的方式纳入源自社会的文明规则。这一假设体现的是普通法关于自身方案的理解。侵扰的要素要求其按照"正常人"的认识实施文明规则,这是要体现"共同体总体的道德判断水准"。这些文明规则的识别和适用总的来说被托付给陪审团,陪审团是从旨在代表共同体的人群中随机选取的。[73] 普遍的形象就是法律制度显然体现共同体规范的那种。

不过,这一形象要求做出三个重要的限定。第一,社会生活充满着领地规范,这些规范对"互动的具体密度和活力"有着相

---

[72] 关于这一争辩的概述,见 Amy Gutmann, "Communitarian Critics of Liberalism", 14 *Philosophy and Public Affairs* 308 (1985); Robert B. Thigpen and Lyle A. Downing, "Liberalism and the Communitarian Critique", 31 *American Journal of Political Science* 637 (1987); John R. Wallach, "Liberals, Communitarians, and the Tasks of Political Theory", 15 *Political Theory* 581 (1987); Note, "A Communitarian Defense of Group Libel Laws", 101 *Harvard Law Review* 682, 689—692 (1988)。

[73] 就法官和陪审团在确认和适用共同体规范方面的区别,见 Robert Post, "Defaming Public Officials: On Doctrine and Legal History", 1897 *American Bar Foundation Research Journal* 539, 552—554。

当大的影响。[74] 然而,因为显而易见的原因,普通法只可能维持这些规范很小一部分的子集。法律本身声称实施的只是最重要的那些,也就是如果违反将"非常具有冒犯性的"那些。这一选择标准满足的是法律机构的利益,否则这些法律机构就会被琐细的诉讼湮没。虽然不是那么明显,但这一选择同样可以保持社会生活的灵活性和活力,如果任何轻率之举都可以被转化为法律诉讼,那么社会生活毫无疑问就会变得僵化,而且在其他方面变得更坏。

第二,法律制度必须将文明规则转化为可操作的法律原理。戈夫曼所描述的复杂、默示且情境化的领地规则必须硬化为相对清楚、明确且准确的形式诉由因素。这一转变在保罗·博安南的"双重制度化"观念中得到了体现,意味着法律必须驯化一般的社会规范,从而使其符合法律制度的需要和运作。[75] 文明规则因而必须采取法律原理的性质;必须根据法治的逻辑加以创制,这意味着他们必须以"能够引导人们"的方式加以阐述。[76] 他们必须能够产生先例规则以约束未来的司法判决。

---

[74] Simmel, *Sociology*, at 323.

[75] 博安南称:"风俗就是……如果社会制度要发挥其职能且社会要继续存在的话,人们就必须遵照行事的规范或规则。所有的制度(包括法律制度)都会形成风俗。在某些社会中,某些风俗会在另外的层面上重新制度化:他们被重新阐述以实现法律制度更明确的目的。因此,当此之时,法律就可以被认为是一种风俗,被加以重新阐述以适应法律制度的活动。"Paul Bohannan, "The Differing Realms of the Law", 67 *American Anthropologist* 33, 35—36 (Special Issue, Dec. 1965).

[76] Joseph Raz, "The Rule of Law and Its Virtue", in *The Authority of Law* 210, 213 (1979).

这些转化意味着,法律原理往往如博安南所述,"与社会不协调"[77]。如果法律的目标是要塑造和改变社会规范,法律和风俗的这种张力就是可取的。但如果法律的目标是维持社会规范,就像普通法侵扰侵权的情形那样,这种不协调就会抵制法律的基本原理。

第三且十分重要的是,在像美国这样庞大且多样化的国家中,谈论单一、同质的共同体就像痴人说梦。我们有各种理由认为,关于隐私的文明规则"在共同体、世代以及种族、宗教或其他社会群体中以及个体中"[78]都是不同的。例如,据说沃伦和布兰代斯之所以撰写其名作,就是因为沃伦作为真正的波士顿名流,由于大众报纸厚颜无耻地报道他的私人娱乐而愤怒。[79] 就

---

[77] Bohannan, "Differing Realms", at 37. 博安南指出:
  实际上,法律制度的发达程度越高,就越缺乏协调,这不仅源自最初制度被不断重新定位,同样也因法律制度本身的动态性而被放大。
  因而,正是法律的属性以及对基本社会制度"做点什么"的能力导致缺乏协调……法律总是与社会不同步,这正是法律具有创造力的两难困境,但人们总是(因为如果没有其他原因,矛盾越少他们发挥得就越好)试图减少缺乏协调的情形。风俗的形成必然或者适应法律,或者积极排斥法律;法律的形成则必然或者适应风俗,或者忽略或压制风俗。社会的发展和衰败正是在这样的空隙中进行的。(Id., citation omitted)

[78] Anderson v. Fisher Broadcasting Co., 300 Or. 452, 461, 712 P. 2d 803, 809 (1986)."各种共同体和组织中的阶层、职业、教育和身份都会显著影响个体思考本身作为'私'个体的方式及其对'隐私的道德权利'的理解。"Id., at 461 n. 8, 712 P. 2d at 809 n. 8 (quoting Diane L. Zimmerman, "Requiem for a Heavyweight: A Farewell to Warren and Brandeis's Privacy Tort", 68 *Cornell Law Review* 291, 349 n. 304 [1983], quoting Velecky, "The Concept of Privacy", in *Privacy* 25 [John B. Young, ed., 1983]).

[79] Alpheus Thomas Mason, *Brandeis: A Free Man's Life* 70 (1956).

此而言,该文所提出的隐私规范的阶级内容也是显而易见。[80]

这种内容在戈德金的著作中也很明显,沃伦和布兰代斯以赞成的态度引征了他的作品。戈德金将隐私称为"文明的奢侈品之一,在原始或野蛮社会中不仅不追求隐私,甚至也不为人知"。他通过下述方式说明这一点的社会后果,他讲述了

> 一位旅行者在西部矿区旅馆的经历,这位旅人在他开着的窗户上挂了一件衬衫,以便当如厕的时候可以避开门廊上的游民;没过几分钟他就看到衬衫被从外面粗暴地拉开,当问他们想干什么时,一个声音传来:"我们想知道你他妈的在那里偷偷摸摸地干什么?"游民以他们自己的粗鲁方式表达了对他独处行为的愤怒。[81]

戈德金的故事显然是要说明隐私规范的阶级基础。然而,在隐私规范具有异质性的世界当中,普通法必须选择执行哪种规范。在旅人和游民的对峙中,法律必须选择立场。而通过诉诸"正常人"的判断不可能避免这一选择,因为首先必须决定正常人属于哪个共同体。

在诽谤法中,法律将为哪个共同体服务被明确作为原理问题的主题。某些法院称,法律将维护"共同体中值得尊重的重要

---

[80] "沃伦—布兰代斯的提议基本上就是富人要求新闻媒体停止八卦和打探的请求。"Pember, *Privacy and the Press*, at 23. 用处于困境的贵族的经典腔调,沃伦和布兰代斯抱怨说:"媒体在所有方面都逾越了适当和得体的明显界限。八卦不再是闲汉和恶棍的资源,而是成为一门行业,人们放肆地追求八卦。为了满足淫欲,日报专栏对性关系的细节广泛传播。为了吸引那些懒人,各式专栏充斥着无聊的八卦,而只有通过侵扰家庭方能获得这些八卦。"Warren and Brandeis, "Right to Privacy", at 196.

[81] E. L. Godkin, "The Rights of the Citizen: To His Own Reputation", *Scribner's*, July 1890, at 58, 65, 66.

82　宪法的领域

阶级"[82]的价值;其他法院则采取"思维正常人"[83]的视角。但在较近的隐私侵权中并没有明确处理该问题,而只是以"正常人"的口气庄严且抽象地讨论。因而普通法侵扰侵权所承认的文明规则,就呈现为"普适的规范,适用于整个社会而非少数功能或分割的部门,以原则和标准的形式高度概括。"[84]

然而,这一普适地位的主张能否成立,不能仅通过一个司法判决单纯的事实确定。或许司法判决执行的文明规则真的会体现一个社会公认的规范。例如,我怀疑是否有人会认真地质疑"伊斯曼案"的断言,即在夫妻卧室安装窃听装置严重违反公认的文明规则。但反之亦然,特定法院执行的文明规则也能被理解为是由一个主流文化群体强加给其他群体的。

这表明在评估侵扰侵权的普适主张时必须慎重。在文化异质性的情况下,普通法就能够成为消除文化和规范差异的强大工具。[85] 不过,这种消除的重要性不仅在于支配性的结果,还在于其所揭示的,通过权威性地阐述文明规则的过程,追求建构一般共同体的任务。普通法侵权声称为共同体代言。然而这种塑造共同体的雄心,同时要求普通法取代发生偏差的共同体。在这种情况下,共同体与支配权必然互为表里。

---

[82]　Peck v. Tribune Co., 214 U. S. 185, 190 (1909).

[83]　Kimmerle v. New York Evening Journal, Inc., 262 N. Y. 99, 102, 186 N. E. 217, 218 (1933) (quoting Sydney v. MacFadden Newspaper Publishing Corp., 242 N. Y. 208, 212, 151 N. E. 209, 210 [1926]); see Post, "Foundations of Defamation Law", at 714—715.

[84]　Talcott Parsons, *Sociological Theory and Modern Society* 510 (1967).

[85]　这种可能很好的说明是"比茜诉沃尔斯通案"(Bitsie v. Walston, 85 N. M. 655, 658, 515 P. 2d 659, 662 (Ct. App.), cert. denied, 85 N. M. 639, 515 P. 2d 642 (1973)),该判决解释的是隐私侵权的"盗用"领域,在该案中,法院裁定纳瓦霍(Navajo)部落的"传统"规范不能等同于正常人的"普通敏感性"。See also Benally v. Hundred Arrows Press, Inc., 614 F. Supp. 969, 982 (D. N. M. 1985), rev'd on other gounds sub nom. Benally v. Amon Carter Museum of Western Art, 858 F. 2d 618 (10th Cir. 1988).

三、公开披露侵权

隐私侵权的核心通常被认为在于试图调整将私人生活公开的侵权领域。[86]《侵权法重述》以下述方式描述了该领域的要素：

公开关于他人私生活事项者要承担侵犯隐私的责任，条件是公开的事项属于下列情形：

（1）对正常人而言非常具有冒犯性；而且

（2）并不属于公众合理关注的范围。[87]

侵权的这一领域（出于便利我将只称其为"公开披露"）与侵扰存在三个方面的根本差别。首先，侵扰关注的是被告的身体行为，而公开披露涉及的是信息散播。在"伊斯曼案"中，被告将窃听装置安装在原告夫妻的卧室即构成侵权。侵权责任并不取决于被告是否真得通过该装置偷听，或者从中获得任何信息，或者向他人披露这些信息。相反，公开披露侵权的一个基本要素就是被告公开披露私人的信息。

其次，尽管侵扰和公开披露取决于"正常人"认为"非常具有冒犯性"的内容，但公开披露侵权惩罚的只是特定形式的对私人生活非常具有冒犯性的披露，也就是那些被告"公开"具有冒犯性信息的情形。"公开"信息就是让其变成公共的。这种公开性的概念在侵扰侵权中并无对应的内容。

最后，公开披露侵权要求原告证明该具有冒犯性的信息"并不属于公众合理关注的范围"。"合理关注"的概念在侵扰侵权中同样没有对应的内容。

---

[86] See, e.g., Kalven, "Privacy in Tort Law", at 333.

[87] *Restatement (Second) of Torts* § 652 D (1977). 重要的是再次强调，这种侵权的具体因素可能在各个州之间变化，但完全可以说，《侵权法重述》的文本包括的是到目前为止最常见的各种因素。

在本文随后的两节中，我将讨论这些重要差别中的第一个和第三个。

（一）冒犯性地披露私人事实：文明与保护信息保留地

公开披露侵权规制的是交流形式而非行为。要成为可诉的，一项交流就必须与"他人私生活的事项"相关，而且该事项必须属于"在正常人看来非常具有冒犯性"的那种。乍看起来，这两种标准关注的似乎只是交流所包含的信息内容。信息或者与私人生活相关，或者无关；信息或者非常具有冒犯性，或者则否。不过，事实上，这两种标准关注的不只是交流所包含的信息。相反他们起到的作用是作为评估交流行为的标准，而且被用于评估的不仅仅是交流的内容，还包括这些行为诸如时机、理据、对象、形式以及总体情境等各种方面。

这种信息规制与交流行为规制的区分，通过"布伦茨诉摩根案"（Brents v. Morgan）这一值得尊敬的案件的事实就可以得到体现，该案是肯塔基州承认隐私侵权的第一起判决。1926年，在肯塔基的黎巴嫩城，兽医摩根欠修车厂机械师乔治·布伦茨49.67美元。布伦茨试了几次收回欠债，但没有成功。在受挫的情况下，他最后在修车厂面向该城主要大街之一的窗口树起一块5×8英尺的牌子。上书：

公　　告

W.R.摩根医生在此欠账49.67美元。如果保证可以偿还欠账的话，这笔账早就清了。只要没有付清，这笔账就会一直被广而告之。

摩根医生起诉布伦茨要求损害赔偿，声称这块牌子"给他造成了巨大的精神痛苦、耻辱和丢人"，而且使他遭到"公开蔑视、嘲笑、反感和丢脸"，"在商人以及普通公众中给他造成了不好的看法"[88]。摩根的控诉是按照典型的诽谤诉讼的措辞设计的。但在肯塔基州和其他地方一样,真实性就足以抗衡诽谤诉讼,而摩根医生确实欠布伦茨49.67美元。

不过,肯塔基最高法院裁定,尽管可以以真实性对抗诽谤诉讼,但并不能对抗"在过去几年中发展形成的被称为隐私权的新法律领域"。隐私权关注的是"人们免于不当公开的权利,或者是就公众并不必然关心之事项,生活不受公众不当干预的权利"[89]。法院断定,布伦茨树牌子的行为侵犯了摩根的隐私权。自那时以来,该案的事实就被引作侵犯隐私的标准说明。[90]

《侵权法重述》要求我们就布伦茨的公告内容提出两个问题。首先,我们要考察牌子上的信息是否事关摩根医生的"私人生活"。不过,这一考察多少有些让人不解,因为摩根医生的债务以及他拒绝偿还的行为,在什么意义上是私人事实并不确定。当然,这些事实布伦茨是知道的,双方都没有将其作为秘密。而且布伦茨当然有权与其妻子或银行家或会计进行讨论。当布伦茨讲给期望购买其修车厂而确定其价值的十足陌生人听时,我们甚至也不会觉得有什么不妥。

这表明我们仅通过考察信息的内容,无法确定牌子上的信息是否事关私人事实;相反,我们必须对该信息披露的周边情形有所了解。同样的信息,就某些形式的交流而言可能被视作私人性质,但对其他形式的交流则否。因此,要说布伦茨牌子上的信息事关"私人生活",实际上就是说他不应按照那种方式

---

[88] 221 Ky. 765, 766, 299 S. W. 967, 968 (1927).

[89] Id., at 770, 299 S. W. at 969, 970. 肯塔基最高法院引用的语言大意是,隐私权的基础"在于不受侵犯的人格和人身保护观念。这被认为是源于自然本能的自然、绝对或纯粹权利,属于每个人在自然状态下都应享有的那类权利,而且并不会因成为组织化社会的一员就加以放弃。"Id. at 773, 299 S. W. at 971 (quoting 21 Ruling Case Law § 3, at 1197—1198[1929]).

[90] See, e.g., *Restatement (Second) of Torts* § 652 D comment a, illustration 2 (1977).

披露。

　　通过裁定披露已改过自新的重犯的以往犯罪的被告要承担侵犯隐私责任的系列案件，就可以生动地说明这一结论。例如，加利福尼亚最高法院在"布里斯科诉《读者文摘》联合公司案"（Briscoe v. Reader's Digest Association）[91]裁定，正过着体面且堪为楷模生活的原告，可以由于一份全国杂志公开披露他11年前因劫持卡车定罪而提起诉讼。[92] 加州最高法院区分了公开"以往的犯罪事实"和"报告很久以前犯罪时公开参与者"[93]的身份。就后者的交流，要承担责任，而前者则否。

---

[91] 4 Cal. 3d 529, 483 P. 2d 34, 93 Cal. Rptr. 866 (1971).

[92] 1975年，美国最高法院在"考克斯广播公司诉科恩案"（Cox Broadcasting Corp. v. Cohn (420 U. S. 469 (1975))中裁定，第一修正案禁止原告以下述理由起诉要求侵犯隐私的损害赔偿，"公开法院正式档案中可以向公众开放查阅的真实信息"。Id., at 495. 但是，随后的案件以及1977年版的《侵权法重述》仍然认为，如果在经过足够长的时间再公开这样的信息应当承担责任。See, e.g., Conklin v. Sloss, 86 Cal. App. 3d 241, 247—248, 150 Cal. Rptr. 121, 125 (Ct. App. 1978); Roshto v. Hebert, 439 So. 2d 428, 431 (La. 1983); Restatement (Second) of Torts § 652D comment k (1977); cf. Capra v. Thoroughbred Racing Ass'n, 787 F. 2d 463 (9th Cir.), cert. denied, 479 U. S. 1017 (1986).《侵权法重述》第二版规定，如果经过足够长的时间后公开一起公共事件，那么就必须确定，"公开是否已经达到不合理地披露下述某个人的事实，该人已经重新过上共同体大部分人那种守法且波澜不惊的私人生活。例如，公开已改过自新的罪犯当前的名字和身份，而他的新生活则因披露他已经不再回首的往事遭到破坏，就是这种情况……这一问题要根据共同体的标准和习俗决定。" Restatement (Second) of Torts § 652 D comment k (1977).
　　最高法院本身已经表明"考克斯案"的裁定应当严格分析。在"佛罗里达星公司诉B. J. F.案"（Florida Star v. B. J. F., 491 U. S. 524 (1989)）中，最高法院强调"考克斯案"并未"彻底"解决"第一修正案赋予自由媒体的权利，与各种法律和普通法原理赋予私人隐私反对公开真实信息的保护这两者的张力"。Id., at 530. 最高法院明确拒绝认定"真实的公开就会自动获得宪法保护，或不存在州可以保护个人免受媒体干预的私人隐私领域，或甚至州从来就不能惩罚公开性犯罪受害者的名字。"Id., at 541. 最高法院只是裁定，"当报纸公开合法取得的真实信息时，如果有的话，也只有当严格符合州的最高利益时，方能合法地施以惩罚……"Id.

[93] Briscoe, 4 Cal. 3d at 537, 483 P. 2d at 39—40, 93 Cal. Rptr. At 871—872.

然而,显然在原告被定罪的时候,其身份和犯罪事件一样都是公开的。因此,将相关的信息描述为私人性质的,不可能完全基于其内容或以前被散布的范围。相反,必须评估披露信息的交流行为的整个背景。只有理解为建立在下述认识上,法院的结论方才是有道理的,即就被告而言,以那种方式或在那个时候或向那些听众披露原告的身份非常不合适。

实际上,在"布里斯科案"所依据的先例"梅尔文诉里德案"(Melvin v. Reid)中,加利福尼亚最高法院已经明确阐述了这种不合适的意思。"梅尔文案"维持了原告针对被告提出的侵犯隐私的主张,该被告就原告以往的生活制作了一部电影,明确地将她当做臭名昭著的妓女,而且被控犯有重罪。法院给这种电影的定位是,其制作方式"故意且肆无忌惮地无视我们社会交往中应当激励我们的那种宽厚仁慈,这种仁慈会使我们避免不必要地拿其他人让社会正直的成员嘲笑与蔑视。"[94]

如果关于交流行为揭示的是否原告"私人生活"的结论,最终取决于在相关情境下,交流是否肆无忌惮地无视社会的适当性规范,那么根据《侵权法重述》提出的第二个问题也是如此,方式更加明显。在评估布伦茨的牌子是否可诉的侵犯隐私时,《侵权法重述》要求我们考察,牌子所包含的信息是否"属于对正常人而言非常具有冒犯性的那种"。

《侵权法重述》关于该问题的阐述促使我们关注牌子的内容,并且根据共同体的规范加以评估。例如,我们可以说,共同体的规范认为实施犯罪本质上耻辱,因此交流这种信息就非常具有冒犯性。但"布伦茨案"的事实并不能与这一理解轻易契合。摩根医生的债务以及逾期不还与实施犯罪不同,在本质上并不是那么具有冒犯性。例如,关于该债务的信息无论在摩根与其银行家、在布伦茨与摩根或摩根与其妻子或儿女之间,都不

---

[94]　112 Cal. App. 285, 292, 291, 297 P. 91, 93—94, 93 (Ct. App. 1931).

是非常具有冒犯性。实际上,在"布伦茨案"后 24 年,肯塔基州最高法院在"冯艾诉特纳案"(Voneye v. Turner)裁定,与债务人的雇主交流债务以及债务人拒绝偿付的事实既不具有冒犯性,也不侵犯隐私。[95] 正如一家法院所述,"相较于对债权人和债务人纯粹私人性的事务不具有任何正当利益的一般大众,雇主属于不同的类别"[96],这在很大程度上是因为:

> 当人们接受贷款时,他就默示同意债权人采取合理措施"向债务人追索并劝说其偿付贷款⋯⋯"只有债权人的行为构成对债务人压迫性的对待时,包括以不合理的方式不当公开私人的债务,方会被认为是侵犯债务人隐私权的可诉行为。[97]

因此,"布伦茨案"牌子的冒犯性就不只是其所含信息的内容问题,而且是散布该信息的"压迫性"方式。"瓦西里亚季斯诉加芬克尔和布鲁克斯兄弟公司案"(Vassiliades v. Garfinckel's, Brooks Bros.)就体现了这一区分,在该案中,一位妇女因公开披露起诉她的外科医生,因为后者在一次电视节目中展示了她整形手术"前""后"的照片。初审法院做出了有利于被告的裁定,

---

[95] 240 S. W. 2d 588 (Ky. 1951).法院称,传达这种信息不会损害"个体的诉讼资格并将其置于共同体思想正常的人当中不光彩的地位。"法院解释说:"当债务人引发义务时,必然知道他的债权人会收债,而通常的人都会意识到,大部分雇主希望他们的雇员履行义务,而当他们拖欠时,雇主就会被要求进行偿付。实际上,大部分债务人都倾向于以客气且低调的方式向雇主求助逾期债务,而不愿意选择被诉,工资被截留。"Id., at 591, 593(quoting in part Neaton v. Lewis Apparel Stores, 267 A. D. 728, 48 N. Y. S. 2d 492, 494 [App. Div. 1944]).肯塔基法院的裁定是关于这一问题的典型判决。See Hofstadter and Horowitz, *Right of Privacy*, at 173—176.

[96] Harrison v. Humble Oil and Refining Co., 264 F. Supp. 89, 92 (D. S. C. 1967) (quoting Patton v. Jacobs, 118 Ind. App. 358, 78 N. E. 2d 789 [App. 1948]).

[97] Id. (quoting Cunningham v. Securities Investment Co. of St. Louis, 278 F. 2d 600, 604 [5 th Cir. 1960]).

部分在于"这些照片并不是很有冒犯性,因为就它们而言没有什么'贬低或让人厌恶的'内容。"上诉法院推翻了这一裁定,称初审法院误解了这一事项。问题并非图片的内容是否具有冒犯性,而是"公开瓦西里亚季斯女士的手术对正常人而言是否非常具有冒犯性"[98]。

然而,关于冒犯性要求的这一表述在根本上提出的是,根据整个背景考量,系争的交流行为是否"非常具有冒犯性"[99]。但这一考察实际上与支撑"私人事实"所要求的考察是一致的。两者都是广泛地关注系争交流行为的适当性,而非狭隘地关注交流的具体内容。"冒犯性"要求的独特贡献主要在于,明确法律不会规制任何不适当的披露,而只是那些"非常具有冒犯性"的披露。因而公开披露侵权,像侵扰侵权一样,惩罚的只是严重的违反行为。

像侵扰一样,公开披露侵权的要素大致接近关于隐私的日常理解。当我们以普通的语言讨论侵犯隐私时,我们在脑袋中想的往往是不当披露不应公开的私密事实。[100] "私人事实"和"冒犯性"这一双重要求,大致就是为了明确何时这样的披露不当。但是,就像侵扰那样,公开披露侵权并不依靠何时披露应当承担法律责任的中立或客观衡量标准。相反,该侵权利用的是调整现代社会信息流动的社会规范。而这些规范和那些界定私人空间的规范一样,都具有"由社会决定的变量",因而对诸如

---

[98] 492 A. 2d 580, 588 (D. C. 1985).

[99] 就此而言,以《侵权法重述》本身关于冒犯性要求评注的模糊性为例:"本条中的规则仅就不合理的公开提供保护,也就是在普通正常人看来非常具有冒犯性的那种公开。为原告的隐私利益提供的保护必然与时空的风俗、原告的职业、邻居以及其他公民的习惯有关。"Restatement (Second) of Torts § 652 D comment c (1977).

[100] 这种披露违反了伊丽莎白·比尔兹利(Elizabeth Beardsley)所谓"选择性披露的权利";比尔兹利称,"选择性披露构成了隐私规范的概念内核"。Elizabeth L. Beardsley, "Privacy: Autonomy and Selective Disclosure", in Privacy 56, 70 (J. Roland Pennock and John W. Chapman, eds., 1971) (Nomos 13).

"社会场合的特征"[101]、目的、时机、披露者的地位、披露受众的地位和目的等等因素非常敏感。关于债务人的信息虽然可能完全适于向雇主、银行家或妻子披露,但向邻居披露则不妥。在某些圈子中广为人知的信息,在其他圈子中进行披露可能就是不当的。

于是,我们可以将信息理解为限于通过规范的方式所确定的"界限"[102]。这些界限起到的作用,类似于界定戈夫曼所分析的空间领地的那些。而实际上戈夫曼明确指出,一种领地的形式就是"信息保留地",包括"个体希望控制接触的关于自己的一系列事实",这些事实"通常都是在'隐私'的标题下讨论"[103]。戈夫曼的意思是,正如个体期望控制特定的空间领地那样,他们也期望控制特定的信息领地。例如,在沃伦和布兰代斯著名的指责中,"新闻媒体在各个方向上都在逾越适当和得体的明确界限"[104],关于这种信息空间近乎物理的理解是显而易见的。因为个体信息空间的界限"与时空的风俗有关,而且……是由普通人的规范决定的"[105],可以说公开披露侵权维持的是那些文明规则,这些规则确立信息保留地的方式同侵扰侵权维持界定空间领地的文明规则相同。

信息保留地与空间领地一样,提供的都是发展个体人格的规范框架。正如当我们的卧室遭到干扰时我们会感觉受到侵

---

[101] Goffman, "Territories of the Self", at 31, 40.

[102] David J. Seipp, "English Judicial Recognition of a Right to Privacy", 3 *Oxford Journal of Legal Studies* 325, 333 (1983).

[103] Goffman, "Territories of the Self", at 38—39.

[104] Warren and Brandeis, "Right to Privacy", at 196. 关于这种几乎物理理解的另外一个例证,见 Brents v. Morgan, 221 Ky. 765, 774, 299 S. W. 967, 971 (1927).

[105] Wheeler v. P. Sorensen Mfg. Co., 415 S. W. 2d 582, 585 (Ky. 1967).

犯,我们同样会认为不当披露私人信息是"污染或玷污"[106]。尽管界定信息领地的社会规范关系到被告与第三方的交流,但我们仍会依赖那些规范,认为违反它们"就像在门后偷听那样粗暴且在道德上难以容许"[107]。因而执行公开披露侵权的法院,认为自己是在保护人们免于"下流和粗俗的"交流,这种交流"会给具有通常感受的人造成精神上的痛苦、羞愧或耻辱"[108],或是具有"通过将生活公之于众而败坏某人声誉"[109]的效果,或是有可能给原告造成"自我定位的真实损失"[110]。

界定信息保留地的文明规则因而必须被理解为,无论个体还是社会人格都不可缺少的尊重形式。它们属于共同体成员针对彼此的义务的重要组成部分。这一视角有助于阐明公开披露侵权一个令人困扰的特征。这种侵权看上去总是有些奇怪,因为原告只有通过正式的裁判过程方能获得公开披露"私人"事实的损害赔偿,而该过程则会以权威的方式广泛重新传播同样的"私人"事实。虽然作为医生通过电视宣告的结果,几乎没有什么人听说过瓦西里亚季斯女士的整形手术——事实上,瓦西里亚季斯只能确定两个人曾经看过播出——但她的手术整形现在却永远铭刻在法律典籍中了,而审判过程本身毫无疑问使她的手术为许多熟人知悉,而这些人否则就不会知道。如果公开披露侵权仅被理解为一种保护私人事实秘密性的机制,似乎完

---

[106] Ferdinand David Schoeman, "Privacy and Intimate Information", in *Philosophical Dimensions of Privacy*: *An Anthology* 403, 406 (Ferdinand David Schoeman, ed., 1984).

[107] Simmel, *Sociology*, at 323.

[108] Daily Times Democrat v. Graham, 276 Ala. 380, 382, 162 So. 2d 474, 476 (1964).

[109] Diaz v. Oakland Tribune, Inc., 139 Cal. App. 3d 118, 126, 188 Cal. Rptr. 762, 767 (Ct. App. 1983) (quoting Melville Nimmer, "The Right to Speak from *Times to Time*: First Amendment Theory Applied to Libel and Misapplied to Privacy", 56 *California Law Review* 935, 959 [1968]) (emphasis omitted).

[110] Briscoe v. Reader's Digest Ass'n, 4 Cal. 3d 529, 534, 483 P. 2d 34, 37, 93 Cal. Rptr. 866, 869 (1971).

全就是适得其反。[111] 但如果该侵权相反被理解为就侵犯信息保留地获得维护的一种手段，那么在司法诉讼中披露信息就是次要的，只要原告最终能够重新融入界定与接受共同体成员的礼仪链条。

这表明公开披露侵权实现的是我们前述侵扰侵权三项功能的前两项，通过领地主张保护个体应得的尊重，保护这种尊重得到社会表达的"礼仪方言"。[112] 不过，公开披露情境系争的方言似乎与侵扰系争的方言多少有些不同。侵扰规制的是双方关系，包括原告与被告直接互动的适当性，而公开披露规制的是三方关系，包括被告向第三方受众披露原告私人信息的适当性。

这一差别具有重要的意义。侵扰侵权规制的情形是，其中原告直接控制主张还是放弃相关的文明规则，这属于其社会存在最亲密的方面。另一方面，在公开披露中，相关文明规则具体控制的只是被告与听众的关系。因而很难说这些规则在本质上就是确立原告亲密生活的规范。因此公开披露系争的方言主要是尊重的体现，而通常不会按照侵扰保护文明规范的那种双重

---

[111] See, e.g., Anderson v. Fisher Broadcasting Co., 300 Or. 452, 462, 712 P. 2d 803, 809 (1986); Gavison, "Privacy and the Limits of Law", at 458.

[112] 这一结论意味着，像某些人建议得那样将侵权作为仅是保护保密的机制是重大的错误。See, e.g., Richard A. Posner, "The Right of Privacy", 12 *Georgia Law Review* 393, 393 (1978); George J. Stigler, "An Introduction to Privacy in Economics and Politics", 9 *Journal of Legal Studies* 623 (1980). 保密是以纯粹描述性的隐私概念为基础的，这与实际支撑侵权的规范性概念完全不同。这一差别在下述事实中十分明显，即侵权制度认为隐私权是"人身"权，"只有那些隐私遭到侵犯的、有生命的个体方能主张。"*Restatement (Second) of Torts* § 652I (1977). 因而公司虽然有秘密要保护，但无权提出社会尊重的请求权，就没有"人身性质的隐私权"，而且没有"诉由"要求执行这种权利。Id., at comment c. 关于这一理由，正如杰克·赫希莱弗(Jack Hirschleifer)所见，普通法中的隐私必须被解释为"某些比保密更宽泛的东西；意味着……一种特殊的社会结构形式连同支撑性的社会伦理。"Jack Hirshleifer, "Privacy: Its Origin, Function, and Future", 9 *Journal of Legal Studies* 649, 649 (1980). 通过维护界定一个共同体的文明规则，侵权不亚于"一种组织社会的方式"。Id., at 650 (emphasis in orginal).

方式发挥作用,这表示的就是尊重与亲密的界限。由此可以得出,公开披露侵权与我们归于侵扰侵权的第三项功能并没有系统的联系,即维持个体运用领地语言发展自己自主感觉的能力。由此观之,关于公开披露侵权的限制,具有的社会寓意就不如侵扰侵权的限制那么深刻。

(二)"公众合理关注"的概念:文明与公共责任之间的张力

公开披露侵权要求原告证明,被告的交流"并非公众合理关注的事项"。该要求有时候被称为"报道新闻的特权"[113],或是"公开具有新闻价值事项的特权"[114],所有已经承认公开披露侵权的普通法法院都承认这一要求。该要求是隐私侵权中侵扰和公开披露最重要的区别。[115] 如果前者试图规制的是非常具有冒犯性地侵犯空间领地,而如果系争的信息具有"新闻价值",后者就允许自由打破信息领地。

这一区分的理由并不模糊:即被视作物理空间的领地和被视作一系列信息的领地的差别。前者的保护,只要求规制个别形式的物理行为;然而后者的保护预示着不亚于控制信息在整个社会范围内的散布。普通法很早就开始承认这种散布对于维持社会秩序和团结的意义。例如,托马斯·斯塔基1826年关于诽谤法的专论,指出了规制有关个人信息所涉及的"难题",因为

> 该事项更加微妙和精致,并不容许就强制性伤害而言可以确立的那种宽泛且明显的限制和区分。例如,在殴伤他人的情形下,法律可以毫不迟疑地宣布最低程度的暴力

---

[113] Kalven, "Privacy in Tort Law", at 336.
[114] Virgil v. Time, Inc., 527 F. 2d 1122, 1128 (9th Cir. 1975), cert. denied, 425 U. S. 998 (1976).
[115] See, e. g., Fletcher v. Florida Publishing Co., 319 So. 2d 100, 111 (Fla. Dist. Ct. App. 1975), rev'd on other grounds, 340 So. 2d 914 (Fla. 1976), cert. denied, 431 U. S. 930 (1977).

都是违法的,并且赋予原告请求救济的权利;但是,有关名誉的交流则不可如此加以禁止;虽然经常要搭上个体名誉,但日常的便利要求应当可以就人和事进行讨论;而且赋予这种交流相当大的自由度,大体上对道德和良好秩序的目标、对社会的安全是有利的。对公众谴责和耻辱的担心不仅最有效,因此也最重要,而且在无数的情形下,也是社会关于保护体面以及履行私人生活义务的唯一措施。[116]

从个体的视角来看,尊重信息保留地是一个普通的得体问题。不过,从更一般的视角来看,如果个体可以在信息保留地的保密中隐藏不道德的行为,得体本身就会遭到破坏。再者,正如斯塔基所述,法律对信息保留地的保护还有其他社会成本,包括根据不完善的信息进行交易的成本。[117]

早在宪法与规制隐私侵权发生关系之前[118],普通法就对诸如信息散布等政策关注很敏感。例如,沃伦和布兰代斯毫不掩饰地主张,"隐私权并不禁止公开具有公共或普遍利益的事项。"[119]承认隐私权的第一案,也就是"帕维斯奇诉新英格兰人寿保险公司案"(Pavesich v. New England Life Insurance Co.)同样坚定地宣称:"关于所有具有公共性事项的真实性,都可以讨论、写作或发表,公众具有合理利益的私人事项也是如此。"[120]因此,从一开始,普通法的任务就要平衡维持个体信息保留地的重要性与公众对信息的普遍利益。

---

[116] Thomas Starkie, *A Treatise on the Law of Slander*, *Libel*, *Scandalum Magnatum*, *and False Rumours* at xx—xxi (1826).

[117] See Simmel, *Sociology*, at 323.

[118] 第一修正案并不适用于州法,直到1925年的"吉特洛诉纽约案"(Gitlow v. New York, 268 U.S. 652 (1925))。而直到1946年,第一修正案才被认为调整州的诽谤法。See New York Times Co. v. Sullivan, 376 U.S. 254 (1964)。美国最高法院将第一修正案适用于州隐私法的第一个判决是"时代公司诉希尔案"(Times, Inc. v. Hill, 385 U.S. 374 (1967))。

[119] Warren and Brandeis, "Right to Privacy", at 214.

[120] 122 Ga. 190, 204, 50 S.E. 68, 74 (1905).

在认识公众的主张时,法院往往会采取两种不同的考察形式。第一种针对原告的社会地位,第二种针对系争信息的社会意义。两种考察最终都会导向同一个问题:公众及其要求信息之权利的性质。

第一种考察通过公共官员或公职候选人的例证可以得到最好的体现。散布有关这种个体的完整信息具有明显的政治意义,这促使法院认为,他们仅拥有极弱的信息保留地请求权。[121] 尽管1988年早期围绕披露加里·哈特(Gary Hart)婚外情引发的骚动表明,这一观点在某种程度上仍存在争议[122],但法院显然不可能介入以确定就公共官员或候选人而言什么信息可以、什么信息不可以披露。[123] 这里潜在的比喻是剥夺私人财产,因为"就像过去那样,公务人员是公共财产"。[124] 公众对政治问责更普遍的要求,完全会压倒公共官员对"私人"信息保留地的请求权。

法院就"自愿性公众人物"亦得出了同样的结论。用《侵权法重述》的话来说就是:

> 通过从事公共活动,或者在具有普遍经济、文化、社会或类似公共利益的机构或活动中发挥重要作用,或者将自己或工作交给公众评判,从而自愿置身于公众视线当中者,即便令其不快,但当被给予他所追求的那种公开性时,也不能提出控告……公众对此等个体的合理利益会超越那些自

---

[121] See, e. g., Kapellas v. Kofman, 1 Cal. 3d 20, 36—38, 459 P. 2d 912, 922—924, 81 Cal. Rptr. 360, 370—371 (1969); Stryker v. Republic Pictures Corp., 108 Cal. App. 2d 191, 194, 238 P. 2d 670, 672 (Ct. App. 1952).

[122] See, e. g., Jack Nelson, "Soul-Searching Press Ethics", *Nieman Report*, Spring 1988, at 15.

[123] Sanford Levinson, "Public Lives and the Limits of Privacy", 21 *Political Science and Politics* 263 (1988); cf. Monotor Patriot Co. v. Roy, 401 U. S. 265, 273—275 (1971).

[124] Beauharnais v. Illinois, 343 U. S. 250, 263 n. 18 (1952); see also Mayrant v. Richardson, 10 S. C. L. (1 Nott and McC.) 347, 350 (S. C. 1818).

身公开的事项，而在某种合理的程度上包括诸如否则即属私人事项的信息。[125]

尽管《侵权法重述》的推理几乎完全是依据自愿公众人物放弃对信息保留地的权利，但这一逻辑从根本上来说是不完善的。因为几乎在所有情形下，公众人物都会因披露他没有自愿公开的信息而提起诉讼，在这种情形下，主张他"放弃"保护这一信息的请求权显然纯属虚构。因此，在这种情形下，法律拒绝保护公众人物的信息保留地，必须根据公众对系争信息的"合理利益"的实体分析予以证成。

法院用于解释"合理的公共关注"要求的第二种考察线路，包括的正是这种实体分析。这种考察关注的不是原告的社会地位，而是系争信息的性质。正如《侵权法重述》所述，"包括在合理公共关注范围内的就是通常被称作'新闻'的事项。"[126] 这种分析进路提出的问题是，为何公众对"新闻"的利益超越个体对自己信息保留地完整性的请求权。

阿尔文·古尔德纳的著作为这一问题提供了解释，他为"公

---

[125] *Restatement (Second) of Torts* § 652 D comment e (1977); see also Robert D. Sack, *Libel, Slander, and Related Problems* 410—411 (1980).

[126] Restatement (Second) of Torts § 652 D comment g (1977); see, e. g., Campbell v. Seabury Press, 614 F. 2d 395, 397 (5 th Cir. 1980); Virgil v. Time, Inc., 527 F. 2d 1122, 1128—1129 (9th Cir. 1975), ert. Denied, 425 U. S. 988 (1976); Logan v. District of Columbia, 477 F. Supp 1328, 1333 (D. D. C. 1978); Neff v. Time, Inc., 406 F. Supp. 858, 861 (W. D. Pa. 1976); Kapellas v. Kofman, 1 Cal. 3d 20, 36, 459 P. 2d 912, 922, 81 Cal. Rptr. 360, 370 (1969); Jacova v. Southern Radio and Television Co., 83 So. 2d 34, 40 (Fla. 1955); Cape Publications, Inc. v. Bridges, 423 So. 2d 426, 427 (Fla. Dist. Ct. App. 1982), petition denied, 431 So. 2d 988 (Fla. 1983), cert. denied, 464 U. S. 893 (1983); Bremmer v. Journal Tribune Publishing Co., 247 Iowa 817, 827—828, 76 N. W. 2d 762, 768 (1956); Fry v. Ionia Sentinel-Standard, 101 Mich. App. 725, 729—730, 300 N. W. 2d 687, 690 (Ct. App. 1980); Bruce W. Sanford, *Libel and Privacy: The Prevention and Defense of Litigation* 447 (1987 Supp.).

众"在社会学上的地位提供了理论说明:

> 当文化与社会互动模式存在衰减时就会形成"公众"。传统"群体"的标志是两种因素的联合以及相互支持;其成员彼此具有模式化的社会互动,这反过来会在他们当中培养共同的认识和利益,而这反过来会再次促进他们的互动;等等。"公众""就是面临同样的社会刺激的一群人,"即便彼此没有持续的互动也拥有某些共同的东西……"公众"就是不需要"同时出现"在"彼此视听范围内的"人们。[127]

古尔德纳分析的寓意是,在庞大且多样化的现代社会中,共同的个人互动与模式化的社会互动十分有限,新闻提供的正是那些将居民结为"公众"所需要的"同样的社会刺激"。[128] 古尔德纳写道,"新闻是一种公众(以及产生公众)的社会现象。"因而"大众媒体与'公众'的出现是彼此相长的发展。"[129] 限制新闻,因而就是同时限制公众。

然而,公众具有某些压倒性的主张以抵制这种限制。一种主张是政治性的,出现在公共官员的情境。就其选民的身份而言,美国法律认为公众最终对政治决定负责,因此公众就被推定有权获得基于可靠信息的治理所需要的全部信息。这一理论在

---

[127] Alvin W. Gouldner, *The Dialectic of Ideology and Technology* 95 (1976); see also John W. Bennett and Melvin M. Tumin, *Social Life: Structure and Function* 140 (1948).

[128] Harvey Molotch and Marilyn Lester, "News as Purposive Behavior: On the Strategic Use of Routine Events, Accidents, and Scandals", 39 *American Social Review* 101 (1974).

[129] Gouldner, *Dialectic*, at 106, 95—96. 正如托克维尔所述:"在公共结社与报纸之间存在必然的联系:报纸制造结社,而结合制造报纸。" 2 Alexis de Tocqueville, *Democracy in America* 112 (Philips Bradley, ed., 1945)(Henry Reeve, trans., 1st ed., 1840).

第一修正案的文献中得到了详细讨论[130],也是最高法院不断重申"关于公共问题的表达'在第一修正案的价值等级中总是居于最高层'"的原因。[131]

尽管将政治治理理论适用于公开披露侵权并不存在争议,但还远远不足以解释法院认为必须予以保护的"合理公共关注"的宽泛范围。这一点的精彩例证就是经典的"西迪斯诉弗莱施曼—罗斯出版公司案"(Sidis v. F-R Publishing Corp.),该案涉及一位名为威廉·詹姆斯·西迪斯(William James Sidis)的著名儿童天才,他 1910 年 11 岁的时候已经就四维物体给杰出的数学家做过讲座。他 16 岁从哈佛毕业时吸引了"大量的公共关注"。但不幸的是西迪斯从未实现他的前途。他在毕业后不久就淡出公众视线,1937 年他又被《纽约客》"他们现在何处?"栏目的传记素描猝然拉了回来。这篇素描"无情地剖析主人公私生活的隐秘细节,伴之详细说明西迪斯对隐私的狂热,以及为了避免公众监督,他所进行的可怜努力"。联邦第二上诉法院称该文"无情地暴露一位曾经的公众人物,此人一直追求私生活的独处,现在却遭到了剥夺。"不过法院得出的结论是,西迪斯不能就侵犯隐私取得赔偿,因为"公众获取信息的利益""超过了个体对隐私的要求"。[132]

法院支持公共利益而非西迪斯对信息保留地请求权的判决,无法通过完全政治性的公众理论加以解释。文章所包含的信息与国家治理并无关系。除了在纯粹同义反复的意义上,法院的判决也不能根据西迪斯的可悲状况属于"新闻"加以解释,

---

[130] See, e.g., Lillian R. BeVier, "The First Amendment and Political Speech: An Inquiry into the Substance and Limits of Principle", 30 *Stanford Law Review* 299 (1978); Alexander Meiklejohn, "The First Amendment Is an Absolute", 1961 *Supreme Court Review* 245.

[131] NAACP v. Claiborne Hardware Co., 458 U.S. 886, 913 (1982)(quoting Carey v. Brown, 447 U.S. 455, 467 [1980]).

[132] 113 F. 2d 806, 807—809 (2d. Cir.), cert. denied 311 U.S. 711 (1940).

因为到 1937 年,他已经完全淡出了公众的视野。那么,法院可以根据什么理由得出,公众有权获得该文所包含的信息呢?

法院的理由是,西迪斯"曾经是一位激发人们羡慕和好奇心的公众人物";该文章是"公众关注的问题",因为其含有"西迪斯是否实现了其早期的前途这一问题的答案"。[133] 因此,法院实际上将合理公共关注的观念等同于回答有关公共事项的合理问题。因而法院的分析最终以下述假设为基础,即公众有权考察公众人物和事件的意义。

这一假设具有深刻的历史和社会学根源。例如,古尔德纳指出,"让事情'公开'就是向那些甚至本人都不知道的人开放,向那些通常不会进入人们视听范围内的人开放。在典型的层面上,将事情公开就是将它们带到(或允许它们到)家庭以外,在这里,所有的事情都在他人的视听范围内。"因为家庭外的关系缺乏"感情、情感的依赖、圆通以及……对他人的直接控制力,因此就公众中可被质疑的内容方面殊少限制。"因为公开的行为"就是向陌生人的批评开放,这些人没有多少理据与合理根据方面的限制,"因此,这种行为通常必须"提出关于自身的解释,或者提供关于其行为的信息,或者提供理据"。总之,"公众是一个人人要问责的领域",而问责"指的就是可以强迫人们揭示其所作所为与原因。"[134]

当然,古尔德纳的主张并不是说,公共讨论必然以理性考察问责为标志。任何人,只要熟知我们诸多公共商谈的"不公平、无节制、粗俗和不负责任"[135]性质,或者商谈易被沃尔特·李普曼所谓"公关人"(publicity men)[136]操纵,都知道并非如此。实

---

[133] Id., at 809.

[134] Gouldner, *Dialectic*, at 101—103; see also Freeman and Mensch, "Public-Private Distinction", at 243.

[135] Desert Sun Publishing Co. v. Superior Court, 97 Cal. App. 3d 49, 51, 158 Cal. Rptr. 519, 521 (Ct. App. 1979).

[136] Walter Lippmann, *Public Opinion* 345 (1922).

际上,20世纪20年代所发现的我们公共商谈中存在许多非理性因素,为民主理论带来了一场严重的"危机"。[137] 古尔德纳的意思实际上是,评估公共现象本身就预示着"一个安全的空间",其中可以"质疑、否定和驳斥"不同评估的价值。换言之,公众对问责的追求,会确立一个本质上具有"批判性的"交流结构。[138]

古尔德纳的评论表明,公众作为由共同刺激结合起来的陌生人集合,是一种具有自己独特动态的社会构造。该动态的一个重要方面就是不断需要评估那些刺激的意义,这些刺激的公开散布会确立公众自身的持续存在。这种需要产生的是一种批判逻辑,其中没有任何给定的评价不会遭到反驳。这一逻辑的力量在"西迪斯案"法律意见的说理中十分明显。该案实际上确立的是"一个安全空间",其中关于公众人物和事件含义的对立解释可以进行竞争。"西迪斯案"的法院拒绝通过保留特定解释所需要的信息限制这一空间。

因而"西迪斯案"最终所依据的理论可以被称作规范性公共问责,依据的观念是,公众应当有权自由考察公众人物和事件的意义,而且该权利非常强大以至于压倒个体维持信息保留地的请求权。在现代判例法中,该理论非常有影响,促使法院将"合理的公共关注"要求解释为保护披露所有的信息,只要与"要解释的"公众人物或事件具有"理性且至少可以说非常密切的关

---

[137] Edward A. Purcell, *The Crisis of Democratic Theory: Scientific Naturalism and the Problem of Value* 95—114 (1973).

[138] Gouldner, *Dialectic*, at 98 (emphasis in original); see also id., at 96—97.

系"。[139]

公共问责理论为《侵权法重述》有关"自愿性公众人物"的规则提供了理据,因为这些人严格来说已经是公开的,因此要接受对立的解释性评估的自由竞争。因而即便自愿性公众人物不可能被认为"放弃"排除打听自己非公共生活方面的权利,但如果这些方面与评估公共行为的意义有关,公众仍有权进行考察。[140]

该理论同样可以解释《侵权法重述》对所谓"非自愿性公众人物"的处理。这些人是在没有他们同意或认可的情况下被卷入诸如犯罪、灾难或事故等公共事件。《侵权法重述》得出结论说,这类人

> 被认为完全要服从公共利益,而且允许出版者满足公众的好奇心……如同自愿性公众人物的情形,许可的公开并不限于引发公共利益的事件本身,在某种合理的程度上也包括公开否则纯属私人性质的个人事实。[141]

---

[139] Virgil v. Sports Illustrated, 424 F. Supp. 1286, 1289 n. 2 (S.D. Cal. 1976); see, e.g., Gilbert v. Medical Economics Co., 665 F. 2d 305, 308—309 (10th Cir. 1981); Campbell v. Seabury Press, 614 F. 2d 395, 397 (5th Cir. 1980); Dresbach v. Doubleday & Co., 518 F. Supp. 1285, 1290—1291 (D. D. C. 1981); Vassiliades v. Garfinckel's, Brooks Bros., 492 A. 2d 580, 590 (D. C. 1985); Romaine v. Kallinger, 109 N. J. 282, 302, 537 A. 2d 284, 294 (1988).

[140] See, e.g., Bilney v. Evening Star Newspaper Co., 43 Md. App. 560, 570—573, 406 A. 2d 652, 659—660 (Ct. Spec. App. 1979).

[141] *Restatement (Second) of Torts* § 652 D comment f (1977); see, e.g., Campbell v. Seabury Press, 614 F. 2d 395, 397 (5th Cir. 1980); Virgil v. Time, Inc., 527 F. 2d 1122, 1129 (9th Cir. 1975), cert. denied, 425 U.S. 998 (1976); Logan v. District of Columbia, 447 F. Supp. 1328, 1333 (D. D. C. 1978); Jacova v. Southern Radio and Television Co., 83 So. 2d 34, 37, 40 (Fla. 1955); Waters v. Fleetwood, 212 Ga. 161, 167, 91 S. E. 2d 344, 348 (1956); Bremmer v. Journal-Tribune Publishing Co., 247 Iowa 817, 827—828, 76 N. W. 2d 762, 768 (1956); Hofstadter and Horowitz, *Right of Privacy*, at 116.

因为同意和弃权的概念显然无法适用,《侵权法重述》就无法准确地解释为何非自愿性公众人物的信息保留地应服从"许可的公开"。不过,就评估这些人所卷入的公共事件的意义而言,公共问责理论可以证成传播所需要的信息。只有当与需要解释的公共事件"没有可识别的关系"时,公开才是可诉的。[142]

公共问责理论连带法律制度应允许批判性评价公共事件和人物的要求,显然与公开披露侵权的基本目的相悖,后者要公开交流服从文明规则。通过比较"西迪斯案"和"布里斯科案"就可以看到这一张力。在"西迪斯案"中,尽管时间流逝且成功地销声匿迹,但公众人物仍被认为要向公众调查的要求负责;在"布里斯科案"中,时间的流逝和成功实现隐姓埋名,被认为意味着公众人物已经"回到他人那种'波澜不惊的守法生活'",结果"他不再需要'满足公众的好奇心'"[143]。在"西迪斯案"中公共问责任意践踏文明;而在"布里斯科案"中,文明却阻止对公众人物和事件可能进行的评估,因而阻止公共问责的批判性过程。

调和这一张力是公开披露侵权的一个基本问题。"西迪斯案"本身容许下述可能性,即公众人物的公共问责在理论上可通过文明的要求加以限制,但其预计这些界限非常薄弱以至于实际上不存在:

> 就所发表的事项的新闻价值是否总会构成充分的辩护,我们不做评论。从受害者的角度来看,披露或许如此隐私,如此没有正当理由,以至于会践踏共同体关于得体的观念。但当集中于公共人物时,就衣着、言谈、习惯以及普通

---

[142] Howard v. Des Moines Register and Tribune Co., 283 N.W. 2d 289, 302 (Iowa 1979), cert denied, 445 U.S. 904 (1980); see also Sack, *Libel*, at 411—412.
[143] Briscoe v. Reader's Digest Ass'n, 4 Cal. 3d 529, 538, 483 P. 2d 34, 40, 93 Cal. Rptr. 866, 872 (1971) (quoting *Restatement of Torts* § 867 comment c [1939]).

方面的人格进行真实的评论，通常都不会超越这一界限。不管遗憾与否，邻人和"公众人物"的不幸和脆弱正是他人津津乐道的对象。而且当这成为共同体的道德习俗时，法院禁止在时下的报纸、书籍和杂志上表达这些内容就是不明智的。[144]

法律发展总的来说支持"西迪斯案"的预测。即便加利福尼亚最高法院都开始称自己的先例，即"布里斯科案""是更一般规则的例外情形，即'一旦某人成为公众人物或新闻，那么终其一生，他就一直是可以合理召回公众脑海的事项'"[145]。因此就公众人物或事件的讨论而言，公共问责的逻辑实际上具有压倒一切的力量。任何信息，只要与这种公共事件具有"可以识别的关系"，都有可能被认为是"合理的公众关注事项"，因而向公众散播就是不可诉的。[146]

不过，这并没有解决什么时候关于非公共人物或事件的信息，也可以作为"合理的公共关注事项"而得到保护的问题。该问题在"米茨诉联合出版公司案"（Meetze v. Associated Press）得到了极好的体现，在该案中，南卡罗来纳最高法院裁定，报道一位12岁的已婚母亲生下一名健康男婴的故事属于合理的公共利益，虽然该母亲请求不要"公开"。[147] 孩子的出生直到联合出

---

[144] Sidis v. F-R Publishing Corp., 113 F. 2d 806, 809 (2d Cir.), cert. denied, 311 U.S. 711 (1940).

[145] Forsher v. Bugliosi, 26 Cal. 3d 792, 811, 608 P. 2d 716, 726, 163 Cal. Rptr. 628, 638 (1980)(quoting William Prosser, "Privacy", 48 *California Law Review* 383, 418 [1960]); see also Drescach v. Doubledday & Co., 518 F. Supp. 1285, 1289 (D.D.C. 1981); Romaine. kallinger, 109 N.J. 282, 303—304, 537 A. 2d 284, 294—295 (1988); McCormack v. Oklahoma Publishing Co., 6 Media Law Reporter (BNA) 1618, 1622 (Okla. 1980).

[146] 就这等事项而言，法院已经表达了其对下述简单论点"说服力"的欣赏，"凡是在新闻媒体中出现的严格来说都是有新闻价值的，而媒体理所当然是新闻价值的最终裁判者。" Kalven, "Privacy in Tort Law", at 336.

[147] 230 S.C. 330, 334, 95 S.E. 2d 606, 608 (1956).

版公司将其公开才成为公共事件,因此,法院的裁定无法通过任何公共问责理论加以解释。该故事的公开无法根据公众理解公共事件或人物的需要加以证成。相反,法院对该故事的保护必须依据另外一种理论,也就是解决事件或人物在何时可以初次曝光的问题。

这种理论之一就是政治治理。因为我们认为,公众作为选民,是政治权威的最终来源,所以就可以得出,与基于可靠信息的治理相关的信息都应公开。正如沃尔特·李普曼在现代第一修正案时代刚开始时所述,"新闻是政府现在赖以继续下去的主要意见来源。"[148]但该理论尽管不存在争议,但却不足以解释诸如"米茨案"这样的案件,而南卡罗来纳最高法院也没有试图运用该理论。相反,该法院为解释"合理的公共关注"要求提供的辩护理由是,"12岁的女孩生子是很不寻常的。这是自然会激发公众兴趣的生物事件。"[149]

这一"自然"会激发公众兴趣的观念让人困惑。"米茨案"提出的准确问题是,是否应当迫使母亲的信息保留地让位于公众的好奇心。公众事实上好奇或许是真的,但这仅仅是复述问题而已。正如法院本身指出的那样,"就这一点来说,'公共或普遍利益'的短语并不意味着纯粹的好奇心。"[150]但这让我们回到了原点,因为没有某种标准评价何时将非公众事件拉入公众审查的视野是正当的,我们就无法区分"自然"和"纯粹"的好奇心。

---

[148] Walter Lippmann, *Liberty and the News* 12 (1920).

[149] 230 S. C. at 338, 95 S. E. 2d at 610. 法院就不能"给予米茨女士期望避免公开给予法律上的承认表示遗憾,但法院不能作为媒体风格的审查者。" Id., at 339, 95 S. E. 2d at 610.

[150] Id., at 337, 95 S. E. 2d at 609 (quoting 41 *American Jurist* "Privacy" § 14 [1942]).

在一份被广泛引用而且非常有影响的注释[151]中,《侵权法重述》第二版提供了这样一个标准。该标准表明,将非公众事项公开是否属于合理的公共关注这一问题,应当参照"共同体的风俗和习惯"决定:

> 归根结底,什么适当是一个共同体的习俗问题。这里的界限止于,公开不再是发布公众有权获得的那种信息,而是成为出于自身的缘故,病态且骇人听闻地刺探私生活,正常的公众根据得体的标准都会说他对此并不关心。换言之,界限就是共有的得体界限,适当考虑新闻媒体的自由以及在选择告知公众什么内容方面存在合理的偏差,同时适当考虑个体的感受以及因曝光给其造成的伤害。[152]

乍看起来,《侵权法重述》的解释似乎是要说明,例如为何在"米茨案"30年后,南卡罗来纳最高法院会在"霍金斯诉多媒体公司案"(Hawkins v. Multimedia Inc.)[153]中,维持要求报纸承担法律责任的裁定,该报在一篇有关未成年人怀孕的故事中公开披露了一位私生子未成年父亲的身份。可以说,这种故事比确定12岁已婚妈妈身份的故事更有可能触犯"共同体的习

---

[151] See, e. g., Gilbert v. Medical Economics Co., 665 F. 2d 305, 307—308 (10th Cir. 1981); Wasser v. San Diego Union, 191 Cal. App. 3d 1455, 1461—1462, 236 Cal. Rptr. 772, 776 (Ct. App. 1987); Bilney v. Evening Star Newspaper Co., 43 Md. App. 560, 572—573, 406 A. 2d 652, 659—660 (Ct. Spec. App. 1979); Montesano v. Donrey Media Group, 99 Nev. 644, 651, 668 P. 2d 1081, 1086 (1983), cert. denied, 466 U. S. 959 (1984).

[152] *Restatement (Second) of Torts* § 652 D comment h (1977).

[153] 288 S. C. 569, 344 S. E. 2d 145, cert. denied, 479 U. S. 1012 (1986).

106 宪法的领域

俗"。[154]

然而,经过进一步的思考,通过诸如"霍金斯案"这样的判决给《侵权法重述》带来的光彩是不当的,因为其实际上将确定非公开事项是否属于合理公共关注的"共同体风俗和习惯",等同于支撑"冒犯性"与"私人事实"这两个要求的社会规范。因此就将"合理的公共关注"标准坍缩为那种界定披露是否可诉的标准,因而使其显得多余。结果,新闻使人与事公开的能力就会完全服从公开披露侵权所执行的文明规则。

不过,大部分法院都拒绝将新闻置于这种服从地位。例如,在"凯利诉邮报出版公司案"(Kelly v. Post Publishing Co.)中,一家报纸因刊登一个小孩在致命车祸后严重变形的身体照片而遭到起诉。尽管展示这种照片可能超过共有的得体界限,但凯利案的法院裁定,不可因报纸刊登该照片而起诉,理由是任何相反的结论都会阻止"发布关于火车残骸或飞机失事的照片,倘若存在任何可以识别的受害者的尸体"。[155]

"凯利案"的说理以两个普遍接受且非常重要的前提为基础。第一个是我们希望公开像灾难这种事件的信息;第二个是,即便公开违反否则会通过侵权实施的文明规则,我们也希望传

---

[154] 因而在"米茨案"中,法院提供了"另外一项理由,说明相关的事实为何并没有表明非法侵犯隐私权。显然根本不能说遭到指控的文章是特意让原告感觉不爽或羞耻,或造成精神痛苦。尽管米茨女士结婚时只有 11 岁,但婚姻并非无效。"230 S. C. at 338, 95 S. E. 2d at 610. 尽管这一理由与系争的故事是否"非常具有冒犯性"似乎有关,但像"霍金斯案"这样的案件表明,就公众对米茨女士分娩的好奇心并非没有理由这一判断而言,缺少这种冒犯性同样也是密切相关的。

[155] 327 Mass. 275, 278, 98 N. E. 2d 286, 287 (1951).

播这些信息。[156] 显然,《侵权法重述》承认这些前提,因为其明确表明,"许可的公开包括发表下述有关内容,杀人与其他犯罪、逮捕、警察搜捕、自杀、结婚和离婚、事故、火灾、自然灾害……以及其他许多民众真正关注的类似事情,即便多少有些悲惨。"[157]

因而《侵权法重述》,而且实际上几乎所有法院,都将"合理公共关注"要求解释为,免除那些粗野且"悲惨的"新闻的法律责任。[158] 但这意味着,确定披露非公众事件是否属于合理公众关注的"共同体习俗",与确定交流是否"非常具有冒犯性"地披露"私人事实"的文明规则,不可能相同。《侵权法重述》告诉我们,"合理公共关注"标准所系争的共同体习俗,相反是确定"事项……通常被认为是'新闻'的那些"。[159] 因此正是这种界定新闻的习俗,限制着媒体"在选择告知公众什么内容方面存在合理偏差"的范围。[160]

尽管这种关于"合理公共关注"要求的解释具有内在一致性的优点,但同时会提出一个截然不同且迫切的公共政策问题:为什么应由"新闻"的习惯定义限制媒体?确实,正如现在我们所知,界定新闻搜集的习俗也界定着公共生活的界限,但为什么法

---

[156] 荷兰记者约普·斯沃特(Joop Swart)在世界新闻摄影大赛(World Press Photo Competition)优胜者博览会上的发言中可以找到这些前提表述精彩的例证:"这里你看到的某些照片可能会给你带来震撼。你们当中有些人可能会谴责他们耸人听闻、令人反感或侵犯个人隐私。但让我提醒你们,这些照片的摄影师选择的是现实,而不是逃避……让我们感谢他们,因为他们扩大了我们的世界。"John Morris,"In Press Photos, the World at Its Worst",*International Herald Tribune*, May 12, 1989, at 9, col. 3.

[157] *Restatement (Second) of Torts* § 652 D comment g (1977).

[158] See, e. g., Cape Publications, Inc., v. Bridges, 423 So. 2d 426, 427—428 (Fla. Dist. Ct. App. 1982); Waters v. Fleetwood, 212 Ga. 161, 91 S.E. 2d 344 (1956); Beresky v. Teschner, 64 Ill. App. 3d 848, 381 N. E. 2d 979 (App. Ct. 1978); Bremmer v. Journal Tribune Publishing Co., 247 Iowa 817, 827—828, 76 N.W. 2d 762, 768 (1956); Costlow v. Cusimano, 34 A. D. 2d 196, 311 N. Y. S. 2d 196, 311 N. Y. S. 2d 92 (App. Div. 1970).

[159] *Restatement (Second) of Torts* § 652 D comment g (1977).

[160] Id., at comment h.

律要阻止扩展那种生活的努力,尤其是公众期望获得构成这种扩展的信息?

当然,答案在于人或事一旦公开,公共问责的逻辑就会完全取代文明规则。在公共领域,所有人和事都要接受为寻找含义和意义而进行的坚定审查;在共同体的领域中,这种审查被认为是贬低性的,最终会破坏赋予人的尊严含义的习惯。[161] 这两个领域完全无法通约,而只能在某种不安的张力中共存。普通法因而抵制公共领域的扩展,因为其不符合社会人格的维持。因而在这种抵制中最终的问题就是,保护由文明规则建构的个体尊严与共同体认同不受公共问责逻辑侵犯。

在现代侵权中,这一逻辑的范围是一个实践问题,是通过将"合理公共关注"标准适用于非公共事项确定的。因而该标准承受着巨大的社会压力,普通法就其适用极其混乱且摇摆不定,这是毫不奇怪的。[162] 一个辖区将该领域抛给公共领域,拒绝实施共同体的文明规则[163],而另一个则完全听任"共同体的风俗和习惯"[164],第三个辖区则裁定"在两可的案件中,存疑的利益应当用来保护发表"。[165] 某些法院将合理公共关注的领域限于

---

[161] See Erving Goffman, *Asylums* 23—32 (1961).

[162] Compare Diane L. Zimmerman, "Requiem for a Heavyweight: A Farewell to Warren and Brandeis's Privacy Tort", 68 *Cornell Law Review* 291, 350—351 (1983), with Linda N. Woito and Patrick McNulty, "The Privacy Disclosure Tort and the First Amendment: Should the Community Decide Newsworthiness", 64 *Iowa Law Review* 185 (1979).

[163] Hall v. Post, 323 N. C. 259, 269—270, 372 S. E. 2d 711, 717 (1988); Anderson v. Fisher Broadcasting Co., 300 Or. 452, 469, 712 P. 2d 803, 814 (1986).

[164] Virgil v. Time, Inc., 527 F. 2d 1122, 1129 (9th Cir. 1975); cert denied, 425 U. S. 998 (1976)(quoting *Restatement (Second) of Torts* § 652 D comment f [Tent. Draft. No. 21, 1975]).

[165] Cordell v. Detective Publications, Inc., 307 F. Supp. 1212, 1220 (E. D. Tenn. 1968), aff'd, 419 F. 2d 989 (6th Cir. 1969).

古尔德纳所谓"去情境化的"信息[166],从而它们可以"区分小说化和戏剧化与新闻和信息发布"。[167] 其他法院则认定,"在确定发表在多大范围内享有豁免权时,要求法院区分出于获取信息的新闻和出于娱乐的新闻,既不可能,也不可取。"[168]

在这些有关"合理公共关注"标准各种相互冲突的解释中,人们可以在公共问责坚决的要求与共同体生活的表达性主张之间追溯这条摇摆的界限。和我们其他人一样,普通法系的法院都在寻找方法调和这两种必要但存在冲突的机制。因此,我们可以将公开披露侵权理解为照亮马克斯·韦伯1918年所谓我们"时代命运"的幽火烛光,当然就是"理性化和知性化,而且最重要的……就是'整个世界的祛魅'"。[169]

篇末的思考:隐私的脆弱性

我希望已经成功说明了最初的主张,即普通法的隐私侵权体现的是对当代社会结构复杂且有趣的理解。侵权维护的是个体维持文明规则方面的利益。这些规则使得个体能够获得或表达尊重,而且就此范围而言是人的尊严的基本组成部分。在侵扰的情形下,这些规则同样使个体能够获得或表达亲密关系,而

---

[166] Gouldner, *Dialectic*, at 95.
[167] Garner v. Triangle Publications, Inc., 97 F. Supp. 546, 550 (S. D. N. Y. 1951); see Hazlitt v. Fawcett Publications, Inc., 116 F. Supp. 538, 545 (D. Conn. 1953); Diaz v. Oakland Tribune, Inc., 139 Cal. App. 3d 118, 134—135, 188 Cal. Rptr. 762, 773 (Ct. App. 1983); Aquino v. Bulletin Co., 190 Pa. Super. 528, 536—541, 154 A. 2d 422, 427—430 (Super. Ct. 1959). 关于获取"事实"和获取"故事"的报纸之间的区别,见 Michael Schudson, *Discovering the News: A Social History of American Newspapers* 88—120 (1978).
[168] Jenkins v. Dell Publishing Co., 251 F. 2d 447, 451 (3d Cir.) (footnote omitted), cert denied, 357 U. S. 921 (1958); cf. Winters v. New York, 333 U. S. 507, 510 (1948).
[169] Max Weber, "Science as a Vocation", in *From Max Weber: Essays in Sociology* 129, 155 (H. H. Gerth and C. Wright Mills, eds. And trans., 1958).

且就此范围而言是人类自主的基本组成部分。无论在侵扰还是公开披露的情况下,侵权所维护的文明规则,体现的都是共同体成员彼此承担的义务,而且就此范围而言界定着共同体生活的内容与界限。

侵权维护文明规则最明确且限制最少的形式,体现在保护个体免受侵扰的侵权领域。但当文明规则试图控制交流,就像规制公开披露私人信息的侵权领域那样,普通法就必然面临这种规则与公共问责的张力。在维持我们在公共商谈中所期望的文明,与给予该商谈同样固有的批判性评估过程足够"自由度"[170]之间,普通法发生了分裂。

关于侵权的这种解释,就理解当代社会的隐私而言具有几个重要的寓意。第一,表明在日常生活中我们并不认为隐私是"中立"或"客观"的事实,而是本质上具有规范性的一系列社会实践,构成的是一种生活方式、我们的生活方式。普通法所保护的隐私并没有特殊的功能,像是保护私密性或维持功能的分离,不过其可以在或大或小的程度上实现这些目的。在侵权中,"隐私"只是一个标签,我们用其来确定我们藉以维持共同体的诸多尊重形式之一种。相较于维持其作为组成部分的共同体生活形式,维持这种标签的纯粹性并不那么重要。

第二,位于文明规则的礼仪方言中的隐私,只有当社会生活具有产生与维持这种规则的密度和强度时方能存在。不过,需要强调的是,社会生活并不总是具有这些特征。例如,某些形式的"全控机构"(total institutions)故意违反文明规则以贬低和羞辱同室者。[171]

在詹姆斯·鲁尔的著作中可以找到丧失文明规则不那么奇异但却更重要的例证,鲁尔对诸如消费者信用评级机构等大规模的监控组织进行了广泛研究。鲁尔发现,以隐私的名义限制

---

[170] Afro-American Publishing Co. v. Jaffe, 366 F. 2d 649, 654 (D.C. Cir. 1966).
[171] See Goffman, *Asylums*, at 14—35.

这种组织接触私人信息的努力，必然会被转化为它们确保这种信息的准确性以及手段上的适当运用的要求。这种转化最终以下述可靠的假设为基础，即组织在信息更多的情况下可以做出更好、更准确的决定，同时还有下述更有问题的假设，"无论组织还是个体在提高效率方面都具有共同的利益。"鲁尔发现，令人吃惊的是，没有任何强大的隐私请求权能限制这种组织可以获得的绝对信息数量。[172]

不过，鲁尔自己就"隐私"利益性质的说明可以对此做出解释，这种隐私利益在他看来不过就是"让私人领域保持私人性的'美学'满足感"。换言之，在庞大监控组织的工具性世界中，私人领地已缩小为"直觉"的领域。[173] 这有力地表明，个体与诸如信用评级机构等庞大组织的关系，其构造或密度并不足以支持关键的文明规则，结果，隐私就丧失了其社会和共同体性质。但如果隐私的价值只能根据私人或主观的方式认识，那么其价值尚未证明具有强大的政治力量就不足为奇。

第三，文明规则所调整的具体社会生活领域容易为外生的制度取而代之。公共领域典型的理性问责取代文明就是这种外来压力的例证之一。另外一个就是国家控制与规制共同体生活的主张。斯坦利·戴蒙德雄辩地证明，现代国家如何"残杀风俗中自发、传统、与人身有关且众所周知"的那些方面。[174] 国家权力的特权与共同体生活规范的这一张力，在第四修正案的法理中十分明显，该法理试图要求国家执法官员的行为遵守共同体

---

[172] James Rule, Douglas McAdam, Linda Stearns, and David Uglow, *The Politics of Privacy* 70—71 (1980).

[173] Id., at 71, 22. 在较早的一部著作中，鲁尔将隐私的价值称为前社会的"自主"物品。James Rule, *Private Lives and Public Surveillance* 349—358 (1973). 他表达了自己的希望，"个体自主和隐私的价值在这些情境下能够压倒集体理性的价值。"Id., at 354.

[174] Stanley Diamond, "The Rule of Law Versus the Order of Custom", 38 *Social Research* 42, 44—47 (1971).

在规范上认可的"隐私预期",而同时平衡这些预期与"政府需要有效的方法处理违反公共秩序的行为"。[175] 在这一平衡当中,国家的工具性需要压倒共同体规范的情形并不罕见。

于是,侵权给我们的最终教训就是,隐私规范在现代生活中极为脆弱。这种脆弱性不仅源自我们管理我们社会环境的贪婪愿望,也源自公共问责不可否认的特权。当与评估这种公共现象含义的强大需要进行对比时,恰巧构成我们并赋予我们隐私含义的那种生活方式,似乎完全就是随机的。因而这就促使我们试着将隐私的价值理性化,发现其功能和理由,以自主这种哲学语言美化,或者以信息成本这种经济学语言丑化。但这会错失下述朴素的事实,即隐私于我们而言之所以是活生生的现实,完全是因为我们享有某种特定的共同存在。我们的尊严本身就在于这种存在[176],如果不加承认或保护,这种存在就会消失,我们所珍视的隐私也是如此。

---

[175] New Jersey v. T. L. O., 469 U.S. 325, 337 (1985); see also United States v. Montoya de Hernandez, 473 U.S. 531, 537 (1985); Skinner v. Railway Labor Executive's Ass'n, 489 U.S. 602, 618—620 (1989).

[176] Richard Rorty, "Postmodernist Bourgeois Liberalism", 80 *Journal of Philosophy* 583, 586—587 (1983).

第三章

文化异质性与法律
——色情作品、亵渎与第一修正案

25年前,法学界还将有关淫秽的法律视作对性的规制。禁止淫秽的法律被认为源自"植根于我国宗教经历的传统观念,即政府负责共同体与个体的'体面'与'道德'"[1]。法律保护我们共同的文化"环境"[2]。因此,此等法律提出的宪法问题就是,第一修正案是否允许出于保护"共同体的纯净……'消费者'的救赎和福利"[3]而压制表达。

然而,在20世纪80年代,关于淫秽的这种看法发生了改变,很大程度上是因为凯瑟琳·麦金农和安德莉亚·德沃金的杰作。[4] 在麦金农和德沃金看来,问题既非体面也非共同体的道德,而是对妇女的压迫。她们用"色情作品"(pornography)一词表示她们对妇女在性上明显处于从属地位的关注,以区别于

---

[1] Louis Henkin, "Morals and the Constitution: The Sin of Obscenity", 63 *Columbia Law Review* 391, 391 (1963).
[2] Alexander Bickel, *The Morality of Consent* 74 (1975); see Paris Adult Theatre I v. Slaton, 413 U.S. 49, 58—61 (1973).
[3] Henkin, "Morals and the Constitution", at 395.
[4] See Catherine MacKinnon, *Feminism Unmodified: Discourse on Life and Law* (1987); Andrea Dworkin, *Pornography: Men Possessing Women* (1981).

纯粹的淫秽(prurience)。[5] 在她们看来,色情文学是一种"性别不平等的制度",不仅会造成针对个别妇女的性暴力这种零散的行为,而且还会从根本上伤害"个体,不是一次性意义上的个体,而是作为'妇女'群体一员的个体"。[6] 妇女作为一个群体遭到伤害,是因为"色情文学建构的是性别的社会现实",因而在深层意义上,"根据色情文学的界定方式"所有妇女在性别上都是不平等的。[7] 麦金农和德沃金的著作提出了一个非常重要的宪法问题:出于防止这种对妇女群体"地位"[8]的攻击,第一修正案是否允许压制表达。[9]

---

[5] Andrea Dworkin, "Against the Male Flood: Censorship, Pornography, and Equality", 8 *Harvard Women's Law Journal* 1, 15—17 (1985).

[6] MacKinnon, *Feminism Unmodified*, at 148, 156.

[7] Id., at 166; see also Id., at 161: "色情作品建构女和性,根据相互之间的关系界定什么是'妇女'和性行为。"强调社会对性别的建构有助于解释,为何麦金农和德沃金在她们色情作品的定义中包括"利用男人、儿童或变性人取代女人"。Id., at 146 n.1. 因为麦金农和德沃金主要关注女性社会角色的性质,相对来说,她们比较不关心该角色是由男人还是变性人填补的问题。当然就女人的角色通常由女人以外的人进行填补而言,主张该角色事实上是女性的角色就有问题了。

[8] Id., at 178.

[9] See, e.g., American Booksellers Ass'n v. Hudunt, 771 F. 2d 323, 328—332 (7th Cir 1985), summarily aff'd, 475 U.S. 1001 (1986); James R. Branit, "Reconciling Free Speech and Equality: What Justifies Censorship", 9 *Harvard Journal of Law and Public Policy* 429 (1986); Paul Brest and Ann Vandenberg, "Politics, Feminism, and the Constitution: The Anti-Pornography Movement in Minneapolis," 39 *Stanford Law Review* 607, 659—660 (1987); David P. Bryden, "Between Two Constitutions: Feminism and Pornography", 2 *Constitutional Commentary* 147, 152—153 (1985); Erwin Chemerinsky and Paul J. McGeady, "Outlawing Pornography: What We Gain, What We Lose", 12 *Human Rights Quarterly* 24 (no.3, Spring 1985); Thomas I. Emerson, "Pornography and the First Amendment: A Reply to Professor MacKinnon", 3 *Yale Law and Policy Review* 130 (1984); Caryn Jacobs, "Patterns of Violence: A Feminist Perspective on the Regulation of Pornography", 7 *Harvard Women's Law Journal* 5, 41—45 (1984); Barry W. Lynn, "'Civil Rights' Ordinances and the Attorney General's Commission: New Developments in Pornography Regulation", 21 *Harvard Civil-Rights-Civil Liberties Law Review* 27 (1986); Geoffrey R. Stone, "Anti-Pornography

这涉及很多问题，与政府试图规制辱骂特定少数族裔或种族文化的言论相同。[10] 就最一般的层面而言，倘若社会并非由单个统一的共同体组成而是异质性的、由多样化且具有竞争性的群体组成，这就会拷问法律秩序的责任。在本书中，我提出三种不同的方式理解这些责任。然后我通过考察英国和美国的亵渎罪（crime of blasphemy），探讨这些视角的历史和社会学基础。最后，我将这些视角应用于当代女性主义批评色情作品所带来的宪法挑战。

一、异质性社会中的法律

请思考由异质性群体组成的社会法律秩序所面临的选择。法律可以法律制裁的权威支持一个主流群体的文化视角；或可以培育一种机制，其中不同群体能够避免这种支配性并维持自己独特的价值；或完全忽略群体的价值与视角，只承认个体的主张。我分别称这三种选择为同化主义、多元主义和个体主

Legislation as Viewpoint-Discrimination", 9 *Harvard Journal of Law and Public Policy* 461 (1986); Cass R. Sunstein, "Pornography and the First Amendment", 1986 *Duke Law Journal* 589,591—592.

  英国最近类似发展线路的概括，见 A. W. B. Simpson, *Pornography and Politics：A Look Back to the Williams Committee* 72 (1983)："然而，在理论层面上，非常明确的是，尽管威廉姆斯委员会（Williams Committee）将色情作品视为主要是妨害公共利益的问题，危害在于其所造成的冒犯，但许多女性主义者并不接受这一点。色情作品被视作一个政治问题，因为是在社会中实现特定权力分配的一种机制，妇女在这当中是输家，而这种分配本身就是一种暴力行为；'色情作品是针对妇女的暴力'的口号否定下述观念，即色情作品造成的损害应当在色情作品的结果而非材料本身中寻找。"

[10] 关于这些问题最近两次的讨论，见 Donald A. Downs, *Nazis in Skokie：Freedom, Community, and the First Amendment* (1985); Richard Delgado, "Words That Wound：A Tort Action for Racial Insults, Epithets, and Name-Calling", 17 *Harvard Civil Rights-Civil Liberties Law Review* 133 (1982)。

义。[11] 大部分法律秩序,当然包括我们自己的在内,都包括这三种选项的因素,而且比如说,在某个问题上是个体主义性质,在另外一个问题上是同化主义性质。

同化主义法律以国家强力支持某个特定主流群体的文化视角。如果社会是比较同质性的,因此该群体的价值可以代表整个社会的价值,同化主义法律就可以说是共同体普遍规范的体现。但如果社会是异质性的,同化主义法律相反就可以被理解为将主流群体的价值适用于更大社会的努力,在性质上多少有些霸权性。[12] 同化主义法律的一个例证是联邦的反重婚法律,该法律在"雷诺兹诉合众国案"(Reynolds v. United States)得到了维持,理由之一就是,"一夫多妻制在北欧和西欧国家向来令人厌恶。"[13] 另外一个例子就是学童向国旗致敬的要求,该要求在"迈纳斯维尔校区诉戈比蒂斯案"(Minersville School District v. Gobitis)得到了维持,理由是州可以执行"一个民族的传统",因而"确立构成一个文明社会的珍贵共同生活的连续性"。[14]

在两个例证中,法律都被用来支持主流文化的价值,而无视边缘或从属群体的不同价值。从后面这些群体的角度来看,同化主义法律似乎往往植根于"文化沙文主义、社会伪善且鄙弃多

---

[11] 当然,这三种选项并未穷尽该领域。例如,某个法律秩序建立其法律的基础,可以既不是群体价值,也不是个体主张,而是工具理性。

[12] 关于在诽谤领域中,同化主义法律的表达与霸权功能相互关系的例证,见 Robert Post, "The Social Foundations of Defamation Law: Reputation and the Constitution", 74 *California Law Review* 691, 702—703(1986)。

[13] 98 U. S. 145, 164 (1978); see H. L. A. Hart, *Law, Liberty, and Morality* 39—43 (1963).

[14] 310 U. S. 586, 597 (1940). 三年后该要求在"西弗吉尼亚州教育委员会诉巴尼特案"(West Virginia State Bd. of Educ. v. Barnette, 319 U. S. 624 (1943))中被推翻。

样性"。[15] 然而,同化主义价值在美国历史中根深蒂固。[16] 例如,就新来的移民而言,我们"最盛行的意识形态"向来是"盎格鲁归同"(Anglo-conformity)概念,"要求移民彻底放弃祖传文化而支持盎格鲁—萨克逊核心群体的价值"。[17] 在我国,同化主义价值最好的体现或许就是 20 世纪早期盛行的"美国化"运动。[18]

与同化主义价值相对的是多元主义价值,其支持而非反对群体的异质性。法律学者有时候会将多元主义的概念与下述愿景联系在一起,"即政治是自利的社会群体争相获得稀缺社会资源的斗争",其中任何公共福祉的概念都"不一致,可能具有极

---

[15] M. R. Karenga, "The Problematic Aspects of Pluralism: Ideological and Political Dimensions", in *Pluralism, Racism, and Public Policy: The Search for Equality* 226 (Edwin G. Clausen and Jack Bermingham, eds., 1981); see Joseph R. Gusfield, "On Legislating Morals: The Symbolic Process of Designating Deviance", 56 *California Law Review* 54, 59 (1968). 当适用于诸如种族等不可改变的特征时,同化主义的法律尤其残酷。例如,第二次世界大战之前,在南部,诽谤法实施的是主流白人文化,规定称高加索人为黑人是诽谤,但不允许被贴上白人标签的黑人起诉诽谤。这一结果源于下述事实,即诽谤法认为自己要体现的是"白人和黑人之间的固有差异,"这种差异在于下述事实,"从社会的角度来看,黑人在观念和道德方面都要劣于高加索人。"Wolfe v. Georgia Ry. & Elec. Co., 2 Ga. App. 499, 505—506, 58 S. E. 899,901—902 (1907). 在这种极端的情况下,主流文化强加了一种不可改变的等级制度,称法律是同化主义的差不多都是用词不当,因为从属性的群体没有获得加入主流文化的选择。相反他们被要求服从该种文化的要求。
[16] See, e. g., Lawrence Friedman, *Total Justice* 111—120 (1987).
[17] Milton M. Gordon, *Assimilation in American Life: The Role of Race, Religion, and National Origins* 89, 85 (1964); see William M. Newman, *American Pluralism: A Study of Minority Groups and Social Theory* 53—62 (1973).
[18] See Gordon, *Assimilation*, at 98—101. 关于"美国化"运动的简要概括,见 Philip Gleason, "American Identity and Americanization", in William Petersen, Michael Novak, and Philip Gleason, *Concepts of Ethnicity* 79—96 (1982).

权主义性质,或兼而有之。"[19] 但多元主义具有一个更优先且更深层次的含义,明确承认和称赞多样性的积极价值。[20] 例如,1909 年,威廉·詹姆斯在题为"多元主义世界"(A Pluralistic Universe)的希伯特讲座中就是在此意义上使用该词。[21] 15 年后,詹姆斯的文学遗嘱执行者霍勒斯·卡伦新造了"文化多元主义"一词,表达的是"众多、多样和分化",与卡伦所谓美国化缺乏生气的统一性相对。在卡伦看来,"民主涉及的不是消除差异,而是差异的完善和保护。通过合众国,民主的目标不在于统一性,而在于多样性……其涉及极为不同类型的相互让步,以共

---

[19] Cass R. Sunstein, "Interest Groups in American Public Law", 38 *Stanford Law Review* 29, 32 (1985); see, e. g., William N. Eskridge and Philip P. Frickey, *Cases and Materials on Legislation* 46—65 (1988); Daniel A. Farber and Philip P. Frickey, "The Jurisprudence of Public Choice", 65 *Texas Law Review* 873, 875 (1987).

[20] See Richard Bernstein, "The Varieties of Pluralism", 5 *Current Issues in Education* 1, 14—16 (1985)。关于"多元主义"一词的历史,见 Rupert Breitling, "The Concept of Pluralism", in *Three Faces of Pluralism: Political, Ethnic, and Religious* 1—19 (Stanislaw Erlich and Graham Wootton, eds., 1980)。关于该词各种变化的用法,见 Charles E. Larmore, *Patterns of Moral Complexity* 23 (1987); David Nicholls, *Three Varieties of Pluralism* (1974); Religious Pluralism (Leroy S. Rouner, ed., 1984); Crawford Young, *The Politics of Cultural Pluralism* (1976); Marie R. Haug, "Social and Cultural Pluralism as a Concept in Social System Analysis", 73 *American Journal of Sociology* 294 (1967)。

[21] William James, *Essays in Radical Empiricism and A Pluralistic Universe* (1971). 詹姆斯指出:"多元主义世界因而更像是一个联邦共和国而非帝国或王国。" Id. at 274. 后来哈罗德·拉斯基引用这一评论,作为界定有别于"一元论的""多元主义"国家主权理论的部分内容。Harold J. Laski, *Studies in the Problem of Sovereignty* 10, 23—25 (1917).

识为基础的相互尊重和相互合作。"[22]

就像同化主义价值那样,多元主义价值在美国历史上同样具有很深的渊源。它们回溯到沃尔特·惠特曼将美国赞美为"现代的复合民族"、"许多民族的民族"[23]的诗歌以前,直到我们的联邦主义结构本身,这种结构试图在尽可能的范围内维持

---

[22] Horace M. Kallen, *Culture and Democracy* 43, 61 (1924). 关于卡伦思想的进一步解释,见 Horace M. Kallen, *Cultural Pluralism and the American Idea* (1956); Sidney Ratner, "Horace M. Kallen and Cultural Pluralism", in *The Legacy of Horace M. Kallen* (Milton R. Konvitz, ed., 1987)。卡伦的著作对美国的教育家产生了很深的影响。See, e. g., Donna M. Gollnick and Philip C. Chinn, *Multicultural Education in a Pluralistic Society* 22—30 (1986); Alfredo Castaneda, "Persisting Ideological Issues of Assimilation in America: Implications for Assessment Practices in Psychology and Education", in *Cultural Pluralism* 60—62 (Edgar G. Epps, ed., 1974); Nathan Glazer, "Cultural Pluralism: The Social Aspect", in *Pluralism in a Democratic Society* 3—21 (Melvin M. Tumin and Walter Plotch, eds., 1977); Andrew T. Kopan, "Melting Pot: Myth or Reality", in *Cultural Pluralism* 49—54 (Edgar G. Epps, ed., 1974).

社会学家和教育家已经为文化多元主义的概念引入了无数的变体。例如,迈克尔·诺瓦克(Michael Novak)为这一概念列举了五种可能不同的含义。See his "Cultural Pluralism for Individuals: A Social Vision", in *Pluralism in a Democratic Society*, at 34—36; see also Newman, *American Pluralism*, at 63—82. 文化多元主义经常与"融合"的观念(或者是通常的称呼,"大熔炉"的观念)形成对照(id, at 63)。See Gordon, *Assimilation*, at 115—131. 融合概念指的是不同的文化群体融合形成一种新的不同的文化实体。然而,从法律秩序的角度出发,给定的法律体现的或者是这种新实体的视角,在这种情况下法律是同化主义性质的,或者将新的实体视作只是多个不同文化群体组成的实体,在这种情形下法律是多元主义性质的。

[23] Walt Whitman, *Leaves of Grass and Selected Prose* 37, 518 (1950). 不过,惠特曼同样指出:"担忧冲突且不可调和的内心,缺乏共同的框架,所有都缠绕在一起,不断萦绕我心头。" Id., at 466. 人们可以说,他的担忧在当代政治科学家和法律学者所支持的价值无涉多元主义观念中得到了实现。

地方和地区分化所固有的异质性。[24]

如果同化主义的法律试图围绕单个主流群体的文化价值统一社会，那么多元主义的法律就试图确立基本规则，各种各样且可能具有竞争性的群体藉此可以保留其独特的认同并继续共存。[25] 这些基础规则的范围，从国家就不同宗教保持中立的要求，到执行相互尊重的规范，这在"博阿尔内诉伊利诺伊案"（Beauharnais v. Illinois）所维持的群体诽谤法律得到了体现。该法律为给予"任何种族、肤色、信条或宗教的公民蔑视、嘲笑或漫骂的"表达规定了刑罚。在"博阿尔内案"中，最高法院强调，有必要"促进一个多语种的都市共同体的自由、有序生活所需要的多方面调整"，这证明"为了个体利益而进行这种群体保护"的法律规定是正当的。[26]

多元主义的法律以两个前提为基础：维护多样性，而多样性存在于不同群体的各种视角当中。历史学家约翰·海厄姆曾经写道，"在一个多种族的社会中，同化主义者强调统一的意识形态，而多元主义者守护独特的记忆。"多元主义者之所以守护独特的记忆，是因为在他看来，"个体只有通过养育其生存的群体

---

[24] 例如，哈罗德·拉斯基认为美国联邦主义实现多元主义价值的方式是，实现"最高权力的……广泛分配"从而保护"各种……群体的生活"。See Laski, *Problem of Sovereignty*, at 275; see Andrzej Rapaczynski, "From Sovereignty to Process: The Jurisprudence of Federalism after Garcia", 1985 *Supreme Court Review* 341, 404—405. 卡伦清楚他的观点与联邦主义原则的类似性，指出"实际上美国正在变成一个联邦国家，不仅是地理和行政统一体的联合，而且也是文化多样性之间的合作，是民族文化的联邦或共和国。" Kallen, *Cultural Pluralism*, at 116.

[25] 多元主义被界定为期望实现"文化的多样性，其成员寻求和睦生活而且相互理解、相互合作，但维存各自独立的文化。" Robert J. Havighurst, *Anthropology and Cultural Pluralism: Three Case Studies, Australia, New Zealand, and USA* 3 (1974)。

[26] 343 U.S. 250, 251 (quoting Ill. Rev. Stat. ch. 38, para. 471[1949] [repealed 1961]), 259, 262 (1952)。

方能实现他们自身,变得完整。"[27]因此多元主义"强调种族群体的权利超过个体的权利"[28]。正如布莱克大法官"博阿尔内案"异议意见冷淡地指出得那样,相较于维护关于表达的"个体选择",最高法院实际上裁定提供群体保护的价值更重要。[29]

这种对群体权利的关注在美国一直存在争议,因为其似乎"根据个体的族群身份预定其命运"[30]。美国人传统上非常重视能够超越具体社会或种族背景的独立个体形象;"我们强烈维护我们自力更生和自治的价值。"[31]因而,如果多元主义法律保护的是群体维持独特认同的能力,那么以个体主义价值为基础的法律,关注的就是保护与群体相对的个体。如果多元主义称颂的是文化的多样性,那么个体主义喝彩的就是人的多样性。

这两种法律的区分可以通过"威斯康星诉约德案"(Wisconsin v. Yoder)得到体现,在该案中,美国最高法院裁定第一修正案的"信教自由条款"禁止威斯康星州要求阿米什人的子女在16岁前上公立或私立学校。[32] 在代表最高法院撰写的法律意见中,首席大法官伯格指出,此等要求会带来"破坏阿米什共同体和如今尚存的宗教习惯的真实威胁",而且会要求阿米什教徒"或者放弃信仰并被吸纳到社会整体,或者……迁到其他更宽

---

[27] John Higham, "Integration vs. Pluralism: Another American Dilemma", *Center Magazine*, July/Aug. 1974, at 68; see also Ronald R. Garet, "Communality and Existence: The Rights of Groups", 56 *Southern California Law Review* 1001, 1065—1075 (1983).

[28] James A. Banks, "Cultural Pluralism: Implications for Curriculum Reform", in *Pluralism in a Democratic Society* (Tumin and Plotch, eds.), at 228.

[29] 343 U.S. at 270 (Black, J., dissenting).

[30] Gordon, *Assimilation*, at 150; see also Isaac B. Berkson, *Theories of Americanization: A Critical Study, with Special Reference to the Jewish Group* 81—93 (1920).

[31] Robert N. Bellah, Richard Madsen, William M. Sullivan, Ann Swidler, and Steven M. Tipton, *Habits of the Heart: Individualism and Commitment in American Life* 151 (1985); see also David Riesman, *The Lonely Crowd* 240—260 (1961).

[32] 406 U.S. 205, 207 (1972). 阿米什人在他们的子女完成八年级的学业之后拒绝送他们上学。

容的地区。"[33]伯格因此将第一修正案解释为,保护阿米什共同体的认同,防止共同体被强迫吸纳到主流文化当中。

然而,道格拉斯大法官的异议意见指出,宪法保护的相反是个体阿米什子女的权利,即选择是否成为阿米什共同体一员。道格拉斯认为宗教是"个人的体验",因此将第一修正案解释为保障儿童"与阿米什传统决裂"的权利:

> 今天的判决危及学生而非父母的未来。如果父亲让孩子在小学以后不再上学,那么就会永远阻止这个孩子进入如今我们拥有的这个新奇且令人惊异的多样化世界。这个孩子可能决定那是首选的道路,或者可以反抗。如果我们赋予权利法案的内容以及学生成为自身命运主人的权利完整的含义,那么最重要的就是学生的判断,而非父母的判断。[34]

在伯格看来,所要保护的"令人惊异的多样化世界",就存在于阿米什共同体传统的持续;在道格拉斯看来,这种多样性相反是由个体接受或拒绝那些传统的决定构成的。伯格的法律意见以多元主义价值为基础,而道格拉斯的意见以个体主义价值为基础。[35]

个体主义和同化主义的对比也可以同样鲜明。后者支持主流群体的文化价值;而前者保护个体不赞同那些价值的权利。

---

[33] Id., at 218.
[34] Id., at 243—245 (Douglas, J., dissenting).
[35] 当然,在许多情形下,个体主义与多元主义的价值并不冲突。例如,在"布朗诉教育委员会案"(Brown v. Board of Education, 347 U. S. 483 (1954))后数年就是这种情形,当时取消种族隔离的教育目标无论与个体主义还是多元主义的价值都是一致的。然而,在后来,纠偏行动(affirmative action)的问题造成了分歧,一方认为反歧视的原则植根于保护个体,另一方认为植根于保护群体。Compare, e. g., Wygant v. Jackson Bd. of Educ., 476 U. S. 267, 281 n. 8 (1986)(Opinion of Powell, J.) with id., at 309—310 (Marshall, J., dissenting).

在"戈比蒂斯案"中,最高法院支持同化主义价值,维持多数人要求异议者向国旗及其代表的文化视角宣誓效忠的权利。[36] 但三年后,最高法院本身发生了戏剧性的转变,在"西弗吉尼亚州教育委员会诉巴尼特案"发表了对"思想个体主义"的经典辩护:"如果在我们的宪法星座中存在任何恒星,那就是任何官员,无论职位高低,都不得在政治、民族主义、宗教或其他意见中规定什么是正统的。""巴尼特案"依据的正是个体"就触及现有秩序核心的事项保持不同意见的权利"[37],该权利与同化主义法律完全不兼容。

因而我们可以在三种不同的法律之间做出大致的区分:即同化主义的、多元主义的和个体主义的。每一种假定的都是文化异质性与法律秩序存在不同的关系。同化主义法律通过强加主流文化群体的价值竭力追求社会统一性;多元主义法律则通过使竞争性的群体能够维持其独特的视角保护多样性;个体主义法律则完全拒绝群体价值,支持个体的自主选择。[38]

认为这三种法律截然不同且互相排斥很有诱惑力。但并非如此。在它们之间实际上存在微妙且有趣的关联。在下一节中,我将以亵渎罪为例探讨这些关联,无论在英国还是美国,这种犯罪都是法律上对宗教多样性的回应。通过考察个体主义、多元主义和同化主义法律的复杂关联,我希望提供一种理论上的结构,帮助分析女性主义对色情作品的批评。

---

[36] Minersville School Dist. v. Gobitis, 310 U.S. 586 (1940).
[37] 319 U.S. 624, 641—642 (1943).
[38] 尽管这三种选项决不能穷尽,但就源自周边社会的文化价值的法律而言,确实体现了其某种内在的逻辑。多元主义法律依靠的是两项前提,即多样性是有价值的,多样性的价值在于群体而非个体视角。取消第一项前提,法律就会变成同化主义性质;取消第二项前提,法律就会变成个体主义性质。

二、亵渎罪

在英国,亵渎是普通法上的犯罪,是刑事诽谤(criminal libel)的四个部分之一,其他三项是淫秽、煽动和诽谤(defamation)。[39] 所有四个部分的诽谤都试图确保言论不违反已有的尊重和礼仪规范。亵渎的具体范围是防止不敬上帝,根据布莱克斯通的看法,这可以体现为"否定上帝的存在或神佑,或侮慢责难我们的救世主"[40]。

(一)英国法上的亵渎:从同化主义到多元主义

尽管亵渎和淫秽最初关注的都是规制不敬神[41],但亵渎早年主要是和煽动联系在一起,因为抨击上帝和宗教被等同于抨击社会秩序。[42] 这一方面的经典阐述是由马修·黑尔(Matthew

---

[39] See Gary Spencedr, "Criminal Libel-A Skeleton in the Cupboard (1)", 977 *Criminal Law Review* 383. 英国法有时候会承认口头的亵渎罪和书面的亵渎性诽谤罪这种技术上的区分。然而,没有什么是以这种区分为依据的,我在这里将加以忽略。

[40] 4 William Blackstone, *Commentaries on the Laws of England* 59 (1769). 本杰明·诺顿·迪福(Benjamin Norton Defoe)将亵渎界定为"下流或粗野的语言,试图羞辱上帝。" Benjamin N. Defoe, *A Complete English Dictionary* n. p. (1835). 塞缪尔·约翰逊(Samuel Johnson)将其界定为"试图给上帝本身带来某种侮辱"。Samuel Johnson, *A Dictionary of the English Language* n. p. (1756).

[41] Leonard W. Levy, *Treason Against God: A History of the Offense of Blasphemy* 306—307 (1981). 在英国的观察者看来,"亵渎和淫秽的界限有时候并不充分。"Note, "Blasphemy", 70 *Columbia Law Review* 694, 701 (1970); see also Frederick F. Schauer, *The Law of Obscenity* 1—18 (1976); Comment, "Blasphemy and Obscenity", 5 *British Journal of Law and Society* 89 (1978).

[42] See The Law Commission, *Working Paper No. 79: Offences Against Religion and Public Worship* 5—6 (1981), hereinafter *Working Paper No. 79*; Levy, *Treason Against God*, at 303—306; Gerald Dacre Nokes, *A History of the Crime of Blasphemy* 67 (1928).

Hale)爵士在"泰勒案"(*Taylor's Case*)中做出的,在该案中,被告被控"讲出……种种亵渎神明的话,难以入耳,也就是耶稣基督是私生子、好色之徒,宗教就是欺骗;而他既不害怕上帝、魔鬼,也不害怕人。"黑尔裁定:

> 这种恶意亵渎神明的话不仅冒犯上帝和宗教,也是违反法律、国家和政府的犯罪,因此可以惩罚……因为说宗教是欺骗,就是要摧毁赖以保存市民社会、基督教的教义是英格兰法律组成部分的所有责任;因此责难基督教就是谈论颠覆法律。[43]

支撑"泰勒案"的是,"基督教的公共意义如此重大因而不允许任何人否定其真实性的朴素原则。"[44]根据这一原则,关于亵渎的法律被一位大臣、剑桥大学西德尼·苏塞克斯学院(Sydney Sussex College)的成员成功地用于检控发表诸如下述作品的人,托马斯·潘恩(Thomas Paine)的《理性年代》(*Age of Reason*)[45]、雪莱的诗歌"麦布女王"(Queen Mab)[46]以及一位早期自然神论者流行的布道,这些作品力陈《新约》记载的圣迹应按照寓言而非字面的方式加以解释。[47] 在1841年,英国刑法专员可以报告说,"英国普通法将任何全面否定基督教教义的真实

---

[43] 86 Eng. Rep. 189, 1 Vent. 293 (K. B. 1676). 关于"泰勒案"的讨论,见 Hypatia B. Bonner, *Penalties upon Opinion* 28—32 (1934); Levy, *Treason Against God*, at 312—314; Nokes, *History*, at 46—61; Courtney Kenny, "The Evolution of the Law of Blasphemy", 1 *Cambridge Law Journal* 127, 129—131 (1922); I. D. Leigh, "Not to Judge But to Save: The Development of the Law of Blasphemy", 8 *Cambrian Law Review* 56, 58—63 (1977).

[44] 2 James F. Stephen, *A History of the Criminal Law of England* 475 (1883).

[45] Id. at 471—473; Rex v. Williams, 26 Howell's St. Tr. 653 (K. B. 1797); Rex v. Carlile (Richard) 1 St. Tr. N. S. 1387 (1819); cf. Rex v. Carlile (Mary), 1 St. Tr. N. S. 1033 (1921).

[46] Regina v. Moxon, 4 St. Tr. N. S. 693 (1841).

[47] Rex v. Woolston, 94 Eng. Rep. 112, 1 Barn. K. B. 162 (1729); see Bonner, *Penalties upon Opinion*, at 34—35.

性作为违法行为加以惩罚,而不考虑表达这种否定的语言或情绪。"[48]

因此,直到非常晚近的时候,亵渎罪都是同化主义法律的典型例证。基督徒是英格兰的主流群体,而亵渎罪使得基督教的价值在英格兰成为"法律的组成部分"。基督教的价值以特定神学和教义学命题宣称的真实性为基础,而亵渎罪禁止反驳那些命题。正如根据报告,王座法庭在"国王诉伍尔斯顿案"(Rex v. Woolston)中简洁地宣称:"基督教在本王国已被立为国教;因此不允许撰写任何意图改变国教的著作。"[49] 不仅有关亵渎的法律没有为从属性的或少数派宗教提供保护[50],而且即便非英国圣公会的基督教宗派似乎也"仅在基本信仰与国教保持一直的范围内才受保护"[51]。

然而,大约在19世纪中期,亵渎罪开始发生变化。人们可以从登曼(Denman)勋爵在"女王诉赫瑟林顿案"(Regina v. Hetherington)中给陪审团的指示中察觉到这一转变:

> 就其是否亵渎神明这一问题,我总的看法是……该问题根本不是一个观点的问题,而必定在很大程度上是从事这等探究的语气、风格和精神问题。因为,观点的分歧不仅在不同的基督教宗派之间存在,而且就基督教本身的重大教义也存在;……即便就该主题的讨论也根本不可能是刑事检控的问题,但如果以一种清醒、温和且得体的方式进

---

[48] Commissioners on Criminal Law, *Sixth Report* 83 (1841); see also Nokes, *History*, at 70.

[49] 94 Eng. Rep. at 113, 1 Barn. K.B. at 163. 最近是在1867年,上议院裁定不可执行租借礼堂举行讲座"表明圣经和其他宗教典籍一样都非由神启"的契约,理由是契约被用于宣传亵渎的犯罪目的。Cowan v. Milbourn, 2 L. R. - Ex. 230, 235 (1867), overruled, Bowman v. Secular Society, Ltd. [1917] App. Cas. 406.

[50] Regina v. Gathercole, 116 Eng. Rep. 1140, 1157, 2 Lewin 237, 254 (1838).

[51] See *Working Paper No. 79*, at 82. 即便在当代英国的反亵渎法中,这种狭隘仍然存在。

行,即便前述那些讨论也是可以容忍的,可以进行而不会施之以刑罚;但如果语气和精神具有冒犯、侮辱和嘲笑,使得无法自由发挥判断力,因此不能被真正称为是诉诸于判断力,而是诉诸于人类头脑随意与不当的感觉,在共同体比较年轻的部分当中尤其如此,在此情形下,陪审团很难认为可以说,以这种方式表达的观点不应被赋予此控告所添附的亵渎性质。[52]

在登曼勋爵看来,亵渎罪与其说存在于所说的实体内容,不如说存在于表达这些内容的方式。否定"基督教的重大教义"并非亵渎,只要这种否定行为是以"清醒、温和且得体的方式"提出的。但如果以"具有冒犯、侮辱和嘲笑的语气和精神"抨击基督教的教义,那么这种抨击就是亵渎。不文明的抨击是非理性的;它们没有让"判断力真正……自由发挥",相反诉诸于的是"人类头脑随意与不当的感觉"。

1883年,科尔里奇(Coleridge)勋爵明确指出了亵渎观的这种变化。不论"过去的案件"怎么说,他解释道,"单纯否定基督教教义的真实性并不足以构成亵渎这种违法行为。"[53] 要成为亵渎性质的,表达相反就必须是"有意要侮辱我们生活于其中的大多数人的感觉和最深处的宗教信念。"[54] 因此在科尔里奇看来,有关亵渎的法律的意义,是要防止"伤害我们生活于其中的人们有关得体的普遍感觉"[55]。在他看来,结果是,"倘若争论的得体性有目共睹,即便抨击宗教的基本原理,其作者也不会被定为亵渎罪。"[56]

今天,英格兰的亵渎罪基本上就是重述科尔里奇的法律观

---

[52] 4 St. Tr. N. S. 563, 590—591 (1841).
[53] Regina v. Ramsay and Foote, 15 Cox C. C. 231, 236 (1883).
[54] Regina v. Bradlaugh, 15 Cox C. C. 217, 230 (1883).
[55] Id., at 231.
[56] *Ramsay and Foote*, 15 Cox. C. C. at 238.

点。[57] 这种观点一直被抨击建立在形式与内容非常脆弱的区分之上。[58] 然而,同化主义法律的概念有助于给予科尔里奇的观念更同情的理解,因为这一概念会吸引我们关注科尔里奇的观点试图保护的社会群体的性质。科尔里奇实际上改变了通过反亵渎法实施其价值的群体。该群体不再是忠诚特定神学和教义命题的基督徒;而是忠诚"争论的得体性"的基督徒。科尔里奇显然认为,后一个群体的成员由"我们生活于其中的大多数人"组成,他们并没有因为宗教分歧这一单纯的事实遭到侵犯[59],但当基督教没有受到他们认为应得的那种尊重时就受到了侮辱。他们认为这种尊重与理性的要求是一致的:只要以"诉诸判断力"的形式进行,亵渎就允许抨击基督教,但如果相反

---

[57] See *Working Paper No. 79*, at 14.

[58] 例如,彼得·琼斯(Peter Jones)敏锐地观察到,"科尔里奇在1883年希望他的裁定含有""事项与方式"的区分。Peter Jones, "Blasphemy, Offensiveness, and Law", 10 *British Journal of Political Science* 129, 141—142 (1980)。琼斯指出:

> 这一区分背后的目的显而易见。假设可能区分方式与事项,只限制表达形式的法律就无须防止任何实体观点的断言。因而在很大程度上就可以避免观点自由与防止冒犯通常存在的冲突……
>
> 事项/方式之分的弱点在于,其假定陈述能够以多少具有冒犯性方式进行阐述,而含义仍然保持一致。某种断言的形式被认为就像口头的包装纸,其特征对包裹的内容没有影响。在特定的情形下,这种假设不能说没有道理……不过,更常见的是,方式和事项密切相关,不可能区分某个陈述具有冒犯性的方式与具有冒犯性的事项。

[59] 詹姆斯·菲茨詹姆斯·斯蒂芬(James Fitzjames Stephen)在1883年写作时可以评论说:"当前的一代是首次许多严肃而且令人尊敬的人们公开否定基督教基本教义的时代。几百年来,主张甚至表达的意见,倘若被怀疑或认为包括笼统否定宗教的真实性,就像在世俗事物秩序中那样也会被认为是叛国罪……不相信基督或上帝的人就是将自己置于人类社会以外;在重要事项上与教会意见相悖的人,就是走在不相信基督和上帝的路上,因为对二者任何一个的信仰,最终都建立在对教会声明的信仰之上。在我们自己的年代,经常诉诸于的是法律的物理制裁,而且这些制裁往往比道德制裁更有效,结果我们要费一番努力方能理解先辈对持异见者所怀有的恐惧,在他们看来,这些意见不符合他们由衷赞同的、认为所有人类社会,无论精神的还是世俗的,都应当依靠的原则。" Stephen, *History*, at 438.

"诉诸于人类头脑随意与不当的感觉"而使"判断力实际上……无法自由发挥",就会惩罚这种抨击。

在现代人看来,显然支撑重新阐述反亵渎法的理性概念并不是普适的,而只是特殊文化习俗的产物。或许普遍来说更加真实的是,就像宗教(或性)等具有深刻人类含义的事项而言,什么是理性,什么是诉诸判断力而非"人类头脑随意与不当的感觉"[60],最终是由商谈的适当性决定的。这是为何科尔里奇所提出的形式/内容之分经受不住严密的逻辑考察:结果,这种区分依靠的根本不是逻辑,而是具体文化关于"争论的得体性"的感觉。

在事后看来,这些"得体性"意图体现哪些特殊群体的价值是十分明显的。1930年,在议会就取消普通法亵渎罪的法律草案进行辩论期间[61],不断有人称"其实际上就是,倘若有教养的人坚持观点,法律就不能触及那些观点的表达方式,而没有教养的人所表达的那些观点,只是因为没有教养,就会遭到法律的惩罚。"[62]于是,在科尔里奇之后,亵渎罪体现的就是有教养且"值

---

[60] 就工具理性而言并非如此,工具理性的成败多少普遍是由其预见和控制自然的能力决定的。关于工具理性和"交流行为"区分的简要讨论,见 Jürgen Habermas, *Toward a Rational Society* 91—94 (Jeremy J. Shapiro, trans., 1970)。关于更全面的讨论,见 Jürgen Habermas, *Knowledge and Human Interests* (Jeremy J. Shapiro, trans., 1971)。

[61] 该法律从未获得通过。See *Working Paper No. 79*, at 29.

[62] 234 Parl. Deb., H.C. (5th Ser.) 535 (1930) (remarks of Mr. Kingsley Griffith); see also id. at 499:"如果亵渎罪是对基督教的抨击,那么我们今天就有作者可以实施亵渎罪而免于责任。我们有诸如阿瑟·基思爵士(Sir Arthur Keith)、韦尔斯(Mr. H. G. Wells)、罗素(Mr. Bertrand Russell)、赫胥黎(Mr. Aldous Huxley)等可以抨击基督教而不用担心任何遭到检控风险的人,而穷人如果更直率和粗俗地表达同样的观点,就会使自己面临罚款和监禁。这是一种根本让人无法满意的法律状态。毕竟,如果人们承认抨击宗教的权利……就必须给予喜欢这样做的人选择做这种事情的方式。不同的情境、不同的听众需要不同的风格。我并不认为,在西伦敦一个精英圈子中流传的那种方式在东伦敦民主制度中会同样有效。"Remarks of Mr. Turtule; see also id., at 558, remarks of Mr. Lansbury.

得尊敬"的基督徒的价值。[63] 因为亵渎罪将这些价值强加于整个社会,其在性质和志向方面都是强烈同化主义式的。

在1922年和1977年之间,英国并没有成功检控亵渎的情形。[64] 不过,在20世纪70年代,人们对运用亵渎钳制令人讨厌的文化展示的可能性产生了兴趣。[65] 最终这种兴趣开始集中到一份名为《同性恋新闻》(Gay News)的杂志,该杂志于1976年发表了詹姆斯·柯卡普(James Kirkup)教授的一首诗,题为"敢于呼其名的爱"(The Love That Dares to Speak Its Name)。该诗以露骨的细节描述了在基督死后对其尸体的鸡奸和口交行为,并且认为基督终生与门徒及其他人进行同性恋的滥交。该诗伴有一幅基督受难图,特点是一位罗马百夫长怀抱基督的尸体。[66] 1977年,英国的一位道德改革者玛丽·怀特豪斯(Mary Whitehouse)女士,以亵渎为名对《同性恋新闻》的出版者同性恋新闻有限公司及其编辑丹尼斯·莱蒙(Denis Lemon)提起了自诉。[67] 莱蒙被定罪并判处9个月的监禁(缓期18个月执行),并处罚金500英镑,而同性恋新闻有限公司则被处罚金1000

---

〔63〕 Id., at 565, remarks of Mr. Scrymgeour。亵渎罪保护的仍是基督徒的感受而非犹太人、穆斯林或其他少数宗教群体的感受。过分地攻击犹太教或伊斯兰教并不属于亵渎。

〔64〕 See *Working Paper No. 79*, at 17.

〔65〕 Id., at 17—18; see Jones, "Blasphemy, Offensiveness, and Law", at 129.

〔66〕 Regina v. Lemon, 1979 App. Cas. 617, 632 (per Lord Diplock), 660 (per Lord Scarman).

〔67〕 关于曾参与反淫秽运动的玛丽·怀特豪斯(Mary Whitehouse)的传记,see Michael Tracey and David Morrison, Whitehouse (1979)。怀特豪斯称:"当柯卡普的诗送到我书桌时,我读了,我有一种无法抑制的感觉是,这是用20世纪的武器——用言辞,污言秽语——让基督的再次受难(recrucifixion),而如果我坐在那里无动于衷,我就是叛徒。事情就是那么简单。"Ingrid Anderson and Pamela Rose, "Who the Hell Does She Think She Is", 3 *Poly Law Review* 13, 15 (1980)(interview with Mary Whitehouse).

英镑。[68]

  该案吸引了广泛的关注[69],最终到达了上议院。[70] 上诉的实际理由以非常技术性的问题为根据,即是否控方应证明被告具有明确的亵渎意图。但真正潜在的问题则是,亵渎罪在1979年的英格兰是否应当加以阻止的尴尬之事。[71] 在1979年,上议院的大法官以3∶2维持有罪判决。[72] 其中决定性的而且在美国看来最有说服力的是斯卡曼(Scarman)勋爵的法律意见。不过,其法律意见与本文的讨论尤为相关,则是因为其根据多元主义而非同化主义的基础展望反亵渎法的有趣努力。

  斯卡曼乐于承认,莱蒙可以证明"他没有震撼基督信徒的意图",而发表"该诗不是要触犯基督徒,而是抚慰同性恋者,鼓励他们感觉在基督教当中也有他们的一席之地"。但斯卡曼认为莱蒙的目的并不重要,因为反亵渎法的全部意义在于"保护宗教

---

[68] 1979 App. Cas. At 660. 在下述著作中可以找到关于这次审判的描述,Nicolas Walter, *Balsphemy in Britain: The Practice and Punishment of Blasphemy, and the Trial of Gay News* (1977)。审判的法官要求陪审员回答下列关于该诗的问题结束了对陪审团的指示:"当你初次读到它的时候让你震惊吗?你的第一反应是什么?要是你写了这首诗,你会觉得骄傲还是羞耻?你会向一位基督徒大声朗诵吗,如果这样做你会脸红吗?你期望基督教的听众会有什么反应?" Id. at 16. 在做出裁定后,据报道审判的法官"已经表明了他的希望,作为该案的结果,'公共意见的钟摆会回到更健康的风气'"。Corinna Adam, "Protecting Our Lord", *New Statesman*, July 15, 1877, at 74, col. 1.

[69] See, e.g., Richard Buxton, "The Case of Blasphemous Libel", 1978 *Criminal Law Revie* 673.

[70] 在此过程中,上诉法院维持了罚金,但取消了刑罚,理由是"我们认为此案不适合判处监禁"。1979 Q. B. 10, 30.

[71] 关于后来对这一问题的评估,见 J. R. Spencer, "Blasphemy: The Law Commission's Working Paper", 1981 *Criminal Law Review* 810; "Blasting Blasphemy", 129 *Solicitor's Journal* 489 (1985).

[72] 1979 App. Cas. At 617. 欧洲人权委员会后来认定,定罪违反《欧洲人权和基本自由公约》。See Gay News Ltd. United Kingdom, 5 Eur. Comm'n H. R. 123 (1982).

情感不受伤害和侮辱"[73]。因此"重要的是所发表的文字的性质而非作者或出版者的动机"。如果在柯卡普的诗当中,"以'清醒且温和的……方式'提出在基督教信仰的友爱团体中接纳和欢迎同性恋者的论点,……也就不可能实施刑事犯罪。"但在斯卡曼看来,"陪审团'具有充足的理据'拒绝关于关于诗歌和图画的这种看法。"[74]

斯卡曼拒绝意图方面的要求,源自他对"当今社会中法律政策的"理解;在他看来,这种政策应努力找到"通向成功的多元社会的道路"。[75] 尽管作为法官,斯卡曼不可能扩展普通法的亵渎罪以保护非基督徒的宗教情感,但他希望利用"莱蒙案"作为平台,从而敦促通过立法改变普通法以保护所有宗教团体的感受。否定意图方面的要求是他这一雄心不可或缺的部分。他在法律意见的开篇就有力地表明了这一点:

> 大人们,我并不赞成普通法的亵渎性诽谤罪在现代法律中起不到什么作用的观点。相反,我认为,立法有必要将其予以扩展以保护非基督徒的宗教信仰和情感……在一个诸如现代英国这样日益多元的社会中,不仅有必要尊重所有人不同的宗教信仰、情感和习惯,还要保护他们免于辱骂、诋毁、嘲笑和蔑视……当19世纪麦考利(Macaulay)勋爵

---

[73] *Lemon*, 1979 App. Cas. At 660, 658. 斯卡曼拒绝了下述观念,即亵渎之所以是犯罪,是因为会造成破坏安宁的倾向。他说,"推测遭到激怒的基督徒是否会因为本案那种措辞和说明的刺激而破坏安宁,这是幼稚的做法。我希望且碰巧认为,大部分人都不会容许他们自己因此被激怒,就其基督教的原则来说也是如此。"Id., at 662.

[74] Id., at 665, 662 (citations omitted). 形式/实体区分的脆弱性在"莱蒙案"得到了鲜明的体现,正如琼斯在下述文章中正确指出得那样("Blasphemy, Offensiveness, and Law"(143)):"当观点的表达以文学著作表现出来时——正如同性恋新闻案那样——表达的模式对于该工作来说是非常重要的。说柯卡普应当模仿蒙蒂菲奥里主教(Bishop Montefiore)的方式,提出基督对同性恋行为看法的学术思考,无异说他不应该写诗。"

[75] 1979 App. Cas. At 664—665.

在议会中抗议当时实施反亵渎法的方式时,他补充说(Speeches, p. 116):"如果我是印度的法官,那么我会毫不迟疑地惩罚一位亵渎清真寺的基督徒"……当麦考利成为印度的立法委员时,他注意让法律保护所有人的宗教情感。在那时,印度是一个多元社会:今天的联合王国同样如此。我之所以容许自己在法律意见的开篇提出这些笼统的评论,是因为,大人们;它们会决定我对这一上诉采取的进路。就与亵渎性诽谤有关的法律而言,我不会支持会使其形同虚设或贬低其保护宗教情感免受伤害和侮辱效果的看法。我对普通法亵渎罪的批评并不在于其存在,而是因为其不足够全面,遭到了历史枷锁的束缚。[76]

斯卡曼提供的这幅令人赞赏的愿景,反亵渎法通过法律被转化为多元主义的工具。如果普通法亵渎罪保护的只是基督教的霸权地位,那么斯卡曼希望改变法律以确保不同且竞争的宗教群体以敏感的方式对待彼此。他认为,"在一个日益多元化的社会中"有必要运用法律实施对"所有人的宗教信仰、感受和习惯"的尊重。[77] 按照这种方式进行重构,反亵渎法就会成为旨

---

[76] Id., at 658.
[77] Id. 斯卡曼想的或许是 1970 年为北爱尔兰颁布的《禁止煽动仇恨法》(Prevention of Incitement to Hatred Act),该法规定:
根据该法,意在煽动仇恨或恐惧北爱尔兰公众中任何派别的人,都是有罪的:
(1) 出版或传播书面或其他威胁、谩骂或侮辱性的材料;
(2) 在公共场合或公共集会上运用具有威胁、谩骂或侮辱性的语言;
根据宗教信仰、肤色、种族、族群或族源,有可能煽动仇恨或恐惧北爱尔兰公众中任何派别的材料或语言。(N. Ir. Pub. Gen. Acts ch. 24 § 1 [1970])
下文讨论了该法的背景, Patricia M. Leopold, "Incitement to Hatred—The History of a Controversial Criminal Offense", 1977 *Public Law* 389, 399—402。关于国际范围内反亵渎法的考察,其中某些法律采取的是斯卡曼所建议的形式, see *Working Paper No. 79*, at 40—52。

在维持各种宗教群体完整性的多样主义法律框架的一部分。[78]

斯卡曼的法律意见代表的是一种重大而且彻底的努力,即根据多元主义而非同化主义的基础重建亵渎。然而,该法律意见最让人感兴趣的是这一努力的内在局限性。因为斯卡曼的法律意见必然以下述关键(但并不起眼)的假设为基础,即"多元社会"中所有的宗教群体都可以通过同样的"伤害与侮辱"标准加以衡量。不过,正如我们对19世纪中期反亵渎法的分析所见,斯卡曼运用的衡量标准本身就体现了特定的文化价值,没有理由认为在现代英国,就"争论的得体性"而言,各种不同的宗教群体在事实上分享同样的感觉。斯卡曼的法律意见因此隐含地预设,如果以温和且清醒的方式进行,那么宗教团体就应当容忍分歧。尽管斯卡曼的多元主义意图非常纯正,但吊诡的是,他的努力仍是以典型的同化主义价值为基础。

这表明,同化主义和多元主义可能不是互相排斥的概念。确立多元主义的努力总是会在这一点或那一点上逐渐变为同化主义。多元主义法律所依据的尊重多样性,很可能与某些群体的信念冲突;多元主义以容忍为基础建立法律框架的努力,最终也会变为将这种价值强加于并不承认这种价值的群体。即便不同的群体确实分享某些基本的尊重和容忍观念,但这些价值决定性的含义是由法律机构给予统一且权威性的解释,因而无法

---

[78] 正如斯卡曼所知,按照这种方式重新解释,反亵渎法符合最近颁布的《种族关系法》所体现的多元主义价值(The Race Relations Act of 1976, 2 Pub. Gen. Acts 1723, ch. 74, § 70),斯卡曼本身帮助提议制定该法,该法本质上为煽动种族仇恨规定了刑事惩罚。See I. A. MacDonald, *Race-Relations-The New Law* 137 (1977). 斯卡曼实际上在他关于亵渎的构想与《种族关系法》之间进行了明确的类比。Lemon, 1979 App. Cas. At 665.

体现这些价值对于异质性社会中不同群体具有的各种含义。[79] 实际上,就最根本的层面而言,在多元主义的法律框架内界定和认可谁与什么可以算作群体,必然要依靠同化主义的价值。例如,要是斯卡曼关于亵渎的看法成为英国的法律,那么英国的法官就会面临令人心烦的同化主义任务,即决定哪种习俗和信仰应当被作为宗教,因而也就是亵渎罪应当保护的是哪种感觉。

这一点最笼统的表达就是,多样性的含义本身必然反映和体现主流共同体的规范,从而尊重多样性的法律雄心本身必须实施这些规范。结果多元主义法律必然仍固定于同化主义的法律上;可以说,其区分取决于链条的长短,取决于多样性的特殊价值渗入法律的程度和方式。

然而,多元主义与个体主义存在某种更鲜明的界限,通过考察如果法律试图按照斯卡曼勋爵提议的方式界定亵渎罪在美国会发生的事情,就可以体现这一点。通过分析此等法律的前景缘何如此黯淡,就可以获知很多关于多元主义与个体主义的区别。

(二)美国法上的亵渎:个体主义的第一修正案

当然,人们的第一个想法就是,第一修正案的禁止立教条款完全禁止实施任何反亵渎法,无论是否为多元主义性质。[80] 例如,哈里·卡尔文写道,第一修正案的禁止立教条款提供了"一

---

[79] 这就是为什么人类学家保罗·博安南(Paul Bohannan)将殖民地法律界定为,源自具有两种或多种文化社会中的"单中心权力制度"的法律。Paul Bohannan, "The Differing Realms of Law", 67 *American Anthropologist* (special issue) 33, 38—39 (1965). 博安南的定义意味着多元主义法律总是霸权性质的。但这种寓意可能是真的,也可能不是,取决于异质性的社会在多大程度上经历约翰·罗尔斯所谓"重叠性的共识"。这种共识的存在允许支持多元主义互动的同化主义基础规则,在事实上发挥表达而非霸权性质的功能。See John Rawls, "The Idea of an Overlapping Consensus", 7 *Oxford Journal of Legal Studies* 1 (1987).

[80] 关于该问题广博且敏锐的讨论,见 Note, "Blasphemy"。

个首要共识原则"的基础:"美国既无离经叛道,也无亵渎上帝。"[81]不过,这种严格关注宪法语言的难题在于,忽略必然贯穿该语言解释中的假定与价值框架。通过考察反亵渎法20世纪20年代之前在各州的命运,就可以展现这一框架的重要性。尽管亵渎检控在此阶段因违宪而遭到起诉,因为各州对宗教自由的保障与第一修正案的形式惊人地相似[82],但法院一致将这些州的宪法保障解释为允许就亵渎规定刑事惩罚。[83]

第一个且最有影响的案件是"人民诉拉格尔斯案"(People v. Ruggles),在该案中,来自纽约州的一位被告被控亵渎,因为他说"耶稣基督是私生子,他的老妈肯定是妓女。"[84]当时的《纽约宪法》不仅"放弃了立教"[85],而且为了"防止精神压迫和不宽容,不坚定且邪恶的牧师和国王的偏执和野心藉此蹂躏人类",还保障"信教自由自此永远无差别或偏见地适用于本州所有的人。"[86]尽管如此,纽约最高法院在由首席法官肯特(Kent)撰写的法律意见中,毫不困难地就维持了定罪:

> 无论内容为何,都应当给予并保障自由、平等且不受干扰地享有表达宗教观点的自由,自由且得体地讨论任何宗

---

[81] Harry Kalven, *A Worthy Tradition*: *Freedom of Speech in America* 7 (1988)(emphasis in orginal).

[82] 当然,在20世纪20年代之前,第一修正案并不适用于各州。习惯上认为,第一个被认为指明相反结论的案件是"吉特洛诉纽约案"(Gitlow v. New York, 268 U. S. 652 (1925))。

[83] See Annotation, "Offense of Blasphemy", 14 *A. L. R.* 880, 883—885 (1921). 事实上,第一个推翻反亵渎法的公报案件发生在1970年。See State v. West, 9 Md. App. 270, 263 A. 2d 602 (1970). 不过,西奥多·施罗德(Theodore Schroeder)重印了1895年由肯塔基州一家下级法院发布的未公开的法律意见,根据州宪法支持对亵渎控告的抗辩。Theodore Schroeder, *Constitutional Free Speech Defined and Defended in an Unfinished Arguments in a Case of Blasphemy* 60—64(1919).

[84] 8 Johns. 290, 291 (N. Y. 1811)(emphasis in orginial).

[85] Id. at 296; N. Y. Const. art. 38 (1777).

[86] N. Y. Const. art. 38 (1777).

教问题；但心怀恶毒蔑视与亵渎，谩骂几乎整个共同体都宣称信仰的宗教，就是滥用这种权利。不像某些人强烈主张得那样，根据宪法中的表述，我们必定是要么完全不惩罚，要么就一视同仁地惩罚对穆罕默德或达赖喇嘛的宗教类似的抨击；因为这一显而易见的原因，该案设想的是，我们是一个基督教的民族，本国的道德嫁接在基督教上，而非那些招摇撞骗者的教义或敬仰上。[87]

肯特区分了通过国家的强制力量正式立教的情形，与"本州人民和全国人民一样自愿采纳基督教的一般教义作为信仰和习俗规则"的情形。"羞辱"基督之所以应当惩罚，不是因为其藐视所立的宗教，而是因为"公然违反得体和良好秩序"摧毁了"道德责任，削弱了社会纽带的安全。"[88]

"拉格尔斯案"确立的模式会持续一百一十多年。[89] 尽管存在宗教自由的宪法权利，但完全按照同化主义的方式检控亵

---

[87] 8 Johns. at 295.
[88] Id., at 294, 296.
[89] See, e.g., State v. Chandler, 2 Del. (2 Harr.) 553 (1837); State v. Mockus, 120 Me. 84, 113 A. 39 (1921); Updegraph v. Commonwealth, 11 Serg. & Rawle 394 (Pa. 1824). 除了"拉格尔斯案"，美国最著名的亵渎判决就是"马萨诸塞州诉尼兰案"（Commonwealth v. Kneeland, 37 Mass. (20 Pick.) 206 (1838)），在该案中，首席法官莱缪尔·肖（Lemuel Shaw）针对根据州宪法提出的质疑维持了关于亵渎的定罪。"尼兰案"在下述作品中有讨论：*Blasphemy in Massachusetts: Freedom of Conscience and the Abner Kneeland Case* (Leonard W. Levy, ed., 1973); Henry Steele Commager, "The Blasphemy of Abner Kneeland", 8 *New England Quarterly* 29 (March 1935)。"尼兰案"所争议的那部反亵渎法同样在1928年被用来指控贺拉斯·卡伦（Horace Kallen）亵渎。"Boston Judge Recalls Warrant for Arrest on Statements in Sacco Arrest", *New York Times*, Aug. 29, 1928, at 8, col. 1. 根据前文，卡伦在萨科（Sacco）和万泽蒂（Vanzetti）纪念会议的讲话中，"称'如果萨科和万泽蒂是无政府主义者，那么耶稣基督、苏格拉底等等也是如此'。"此前两年，马萨诸塞同一部反亵渎法也是臭名昭著地指控安东尼·宾巴（Anthony Bimba）的根据。See Zechariah Chafee, "The Bimba Case", in *The Inquiring Mind* 108 (1974); William Wolkovich, *Bay State "Blue" Laws and Bimba* (1973); Note, "Blasphemy", at 708—709.

渎是允许的。直到晚近的时候,法律人士方才确信,检控亵渎会违反此等宪法权利。例如,马里兰州1968年的一项亵渎罪宣判在两年之后被推翻,当时马里兰的一家上诉法院裁定,该州1723年的反亵渎法"有违第一修正案禁止法律立教或禁止信仰宗教自由"。[90] 在马里兰州做出判决时,特拉华则正以亵渎检控两位称耶稣基督为私生子的少年。两位少年被收监,在审判期间准许保释。鉴于马里兰州的判决,特拉华州司法部长决定撤回指控。1971年在宾夕法尼亚,两位店主因展示写有下列内容的海报而被控亵渎:"耶稣基督:因煽动、制造混乱罪、流浪以及阴谋推翻现政府遭到通缉。衣衫不整;据说就木匠业;营养不良;与普通劳动者、失业者和游民交游。外来户,据说是犹太人。"在美国公民自由联盟介入之后,县检察官向地方治安法官要求撤回指控。[91]

在所有这些案件当中,地方实施反亵渎法的努力都遭到了法律人士的制止,这些人认为法律有违第一修正案对宗教自由的保障。第一修正案的字面规定不可能提出这一信念,因为这些规定与各州宪法的规定没什么两样,而后者的规定则一贯被解释为允许惩治亵渎。[92] 相反,现在据以解释第一修正案宗教

---

[90] State v. West, 9 Md. App. 270, 276, 263 A. 2d 602, 605 (1970).

[91] 特拉华和宾夕法尼亚的案件在下述作品中进行了讨论,Levy, *Treason Against God*, at 337—338。

[92] 实际上,美国最高法院1897年就在附带意见中,以与各州法院解释州宪法相应条款相同的方式解释第一修正案,明白指出该修正案并未给予"发表……亵渎或不得体的文章、或其他有害公共道德或私人声誉的出版物"宪法保护。Robertson v. Baldwin, 165 U. S. 275, 281 (1897)。

最高法院的解释在当时符合权威评论者的意见。例如,托马斯·库利(Thomas Cooley)在1868年写道:"宪法上的言论和新闻自由……意味着自由表达和出版公民愿意表达和出版的任何内容,而且不对出版承担任何责任,除非这种出版因亵渎、淫秽或诽谤性质构成公开的冒犯。"Thomas Cooley, *A Treatise on the Constitutional Limitations Which Rest upon the Legislative Power of the States of the American Union* 422 (1868). 而约瑟夫·斯托里(Joseph Story)在解释第一修正案的宗教条款时,明确宣称:"就那些信仰基督教的真理是神

条款的前提和价值,迥异于贯穿此前解释各州宪法同样措辞的那些。因此,重要的是探讨我们带给当代宪法裁判的价值。这些价值在"坎特韦尔诉康涅狄格州"(Cantwell v. Connecticut)这一要案中得到了很好的展示,这也是最初将第一修正案的宗教条款适用于各州的最有影响的一个判决。

在该案中,耶和华见证人的一位信徒杰西·坎特韦尔(Jesse Cantwell)进入一个天主教社区,并且为两位天主教徒播放唱片,唱片中含有抨击所有组织化的宗教制度是"撒旦的工具且对人有害"的内容,而且进一步点名"罗马天主教会,大加指责,用语不仅必然会冒犯秉持该信仰的人,还会冒犯其他所有尊重其同伴虔诚持有的宗教信仰的人。"坎特韦尔遭到了指控,被判犯有普通法的煽动破坏和平罪。[93]

当然,首席法官肯特会认为坎特韦尔辛辣抨击组织化的宗教是"滥用"信教自由的权利。实际上,他在"拉格尔斯案"中说,将《纽约宪法》"行使和享有宗教信仰和崇拜自由"的保障解释为,"消除普通法禁止肆意、荒唐且不恭地抨击基督教本身的措施,是对其含义的巨大误解。"[94]而斯卡曼勋爵当然会认为,对于"成功的多元主义社会"来说,坎特韦尔的行为是难以容忍的,因为通过无端地侮辱和冒犯天主教徒,坎特韦尔表明了对其他人的宗教感受完全缺乏尊重。

因此,美国最高法院可以根据肯特的同化主义价值,或者斯

启的人而言,不可能怀疑在所有公民和臣民中促进和鼓励基督教是政府的特殊职责。这一点完全不同于私人关于宗教事项的判断权,也不同于根据个人良心的指示公开信仰的自由权。" 2 Joseph Story, *Commentaries on the Constitution of the United States* 661 (3d ed., 1858)。斯托里强调说,"在一个共和国中,似乎特别适合以基督教作为其重要的基础,共和国的支持和存续都有赖于此。"同上注,第 662 页。他得出结论说,"第一修正案的真正目的不是通过削弱基督教而支持,更不用说促进伊斯兰教、犹太教或不信教;而是要排除基督教宗派的所有对立,防止建立任何国教。"同上注,第 664 页。

[93]　310 U.S. 296, 309, 300 (1940)。
[94]　8 Johns. 290, 296 (N.Y. 1811)。

卡曼39年后试图用于重构普通法亵渎罪的多元主义价值,解释第一修正案。但最高法院没有采取任何一种路径。相反,它推翻了给坎特韦尔的定罪,并且就"不得禁止信教自由,不得限制交流信息与观点的自由这一所谓美国利益"做出了下述重要解释:

> 在宗教信仰领域以及政治信仰领域当中,会出现尖锐的分歧。在这两个领域中,一个人的原则对其邻人来说可能却是十足的错误。正如我们所知,为了说服其他人接受自己的观点,辩论者有时候会采取夸张的方法,贬低教会或国家当时或曾经显赫的人,甚至诉诸虚假的陈述。但本国的人民根据历史决定,尽管存在过度与滥用的可能,这些自由从长远来看,对于民主社会公民的文明观点与正确举止都是必不可少的。这些自由的基本特征是,在他们的保护之下,许多类型的生活、性格、意见和信仰都可以平安且不受阻挠地发展。在我们本国,对于一个由许多种族和宗教组成的民族而言,这种保护尤为必要。[95]

因此,根据"坎特韦尔案"的判决,第一修正案的解释方式应当符合社会的异质性。肯特用于解释《纽约宪法》的假设是,基督教的价值提供了"有助于将社会结合在一起的道德戒律……和德行原则"[96]。另一方面,最高法院用于"坎特韦尔案"第一修正案的解读的假设是,社会是由"许多信条"组成的,而且因为"尖锐的分歧"而分裂,其中"一个人的原则对其邻人来说可能是十足的错误"。支撑肯特同化主义愿景的社会统一性前提似乎从"坎特韦尔案"的解释中消失不见,后者在精神上与斯卡曼所描述的"多元"社会更为接近。但对斯卡曼来说,社会多样性意味着推行多元主义的价值,从而法律可以被用来保护宗教

---

[95] 310 U. S. at 307, 310.
[96] Ruggles, 8 Johns. at 294.

分歧不受"诋毁、嘲笑和蔑视"。另一方面,对"坎特韦尔案"来说,多样性的事实引向的是完全相反的方向,倾向于法律应当容忍"夸张"、"贬低"甚至"过度和滥用"的宪法要求。

理解区分"坎特韦尔案"与"拉格尔斯案"的界限并不难;但区分"坎特韦尔案"与斯卡曼多元主义愿景的是什么?关键在于下述事实,尽管"坎特韦尔案"的分析焦点在于宗教演讲者,但斯卡曼关注的是宗教听众所受到的冒犯。这些进路之间存在着十分重大的不对称:演讲者是孤立的,而听众的愤怒是共有的。在斯卡曼看来,法律回应的并非受到冒犯的个体的愤怒,而是群体认同遭到抨击的宗教群体成员的共同愤怒。"坎特韦尔案"明确否定这种对群体的关注,相反选择以法律"保护""许多类型的生活、性格、意见和信仰都可以平安而且不受阻挠地发展。"在本质上,"坎特韦尔案"要求已经形成独特性格和信仰的既有宗教组织,必须忍受冒犯从而能够诞生新的宗教群体。[97] 于是,支撑"坎特韦尔案"的是美国人对"唯意志论"[98]和"宗教是……个人选择问题"[99]的经典追求。

斯卡曼与"坎特韦尔案"的对比因而可以按照这种方式阐述:在斯卡曼勋爵看来,宗教异质性预设的社会世界是,各种宗教组织已经作为一种既有稳定社会结构的组成部分存在,而在"坎特韦尔案"中,宗教多样性预设的社会世界是,个体选择的动态会导致不断产生新的宗教群体。斯卡曼和"坎特韦尔案"都承认群体的存在,但是斯卡曼假定法律的功能是保护既有稳

---

[97] 1940年,也就是"坎特韦尔案"法律意见发布的那一年,耶和华见证人的历史只有68年,是由查尔斯·罗素(Charles Taze Russell)于1872年在宾夕法尼亚的阿勒格尼(Allegheny)创建的。Edwin S. Gaustad, *Historical Atlas of Religion in America* 115—116 (1962). 在20世纪30年代,耶和华见证人开始积极劝导入会以吸收新成员,而该派"在1940年后迅速发展,使其前60年的发展完全相形见绌。"Id. at 118.

[98] Perry Miller, *The Life of the Mind in America* 40—43 (1965).

[99] Bellah et al., *Habits of the Heart*, at 225.

定群体的完整性,而"坎特韦尔案"假定法律的功能是保护个体建立新的不同群体的能力。在"坎特韦尔案"中,个体是价值之所在;在斯卡曼看来,群体是价值之所在。简言之,二者的区分在于个体主义与多元主义。不像将多元主义与同化主义结合在一起的梯度,"坎特韦尔案"与斯卡曼的区分是十分明显的,因为多少取决于下述二分法,即法律应实施与个体相对的群体规范,还是相反保护个体针对群体的特权。[100]

根据个体主义的价值与假设解释宪法,"坎特韦尔案"代表的内容无疑已经成为第一修正案思想的重大传统。当然,在该传统中一直存在不同的声音,但完全可以将诸如"博阿尔内案"和"约德案"等描述为更深层次、更强大的个体主义判决潮流表面的涟漪而已。这里需要暂停一下,以便考察造成这些判决的社会学原因。为何在20世纪30年代,我们开始根据个体主义的原则解释我们联邦宪法的第一修正案(有别于我们各州的宪法)?是因为相较于地方,从全国的角度更容易看到美国社会天生的异质性吗?还是相反,就塑造旨在超越地方和地区认同的独特国家文化而言,联邦实施个体主义是这一过程不可或缺的?在这些问题的答案当中存在着我们自己宪法视角的根源,这些视角可以说明例如我们为何本能地拒绝斯卡曼勋爵运用反亵渎法的提议。

如果说个体主义与多元主义存在截然的区分,那么其与同化主义的关系就更加复杂。吊诡的是,个体主义和同化主义虽有中断,但却是相互依赖的。正如查尔斯·泰勒(Charles Taylor)所述,处于个体主义核心的"自治、自决的个体"概念,预设着一种特殊的"社会模型",而且其持续存在取决于"某种特定

---

[100] 关于多元主义与个体主义张力的讨论,见 Nathan Glazer, "The Constitution and American Diversity", *Public Interest*, Winter 1987, at 10—21; Gordon, "Models of Pluralism: The New American Dilemma", *Annals*, March 1981, at 179—188。

的文化":

> 这里的关键如下:既然自由的个体只能在某种特定的社会/文化当中维持其认同,那么他就必须关心这种社会/文化整体的形式。他无法……只关注个体的选择以及由此等选择所形成的联合,而忽略能够开放或封闭这种选择、选择丰富或贫乏的社会模型。对他来说,重要的是某些活动和机构在社会中会非常活跃。同样重要的是整个社会的道德状况如何(提出这个问题对自由至上主义者可能有些震惊),因为自由与个体的多样性只有在其价值获得普遍承认的社会中方能盛行。他们会因为偏执的蔓延而受到威胁,但同样也受到其他生活观念的威胁,例如鉴于效率、生产率或发展的需要,那些将原创、革新和多样性视为社会无法有效提供的奢侈品的观念。[101]

泰勒的分析表明,自主个体的要求在特定的时刻很可能与支撑自主个体主义所必需的那种一般文化发生冲突,而且在那些时刻,个体主义的法律实际上会被转化为同化主义的法律。

这一转变在"坎特韦尔案"中就可以看到,该案指出两种不同的、为个体言论自由施加限制的同化主义理据。第一项理据提到的是"有可能激发暴力、扰乱良好秩序的陈述"。"坎特韦尔案"表明,"当存在明显而即刻的骚动、混乱、干扰公共道路交通的危险,或其他对公共安全、和平或秩序的直接威胁时,州显然就有权加以防止或惩罚。"[102] 因而当能够规制个体表达会造成的伤害或行为从而保护公共安全和秩序的同化主义价值,就可加以防止与惩罚。通过唤起"明显而即刻的危险"标准,"坎特韦尔案"表明,只有在言论与随后的行为或损害存在严格的因

---

[101] 2 Charles Taylor, "Atomism", in *Philosophy and The Human Sciences: Philosophical Papers* 205—209 (1985).

[102] Cantwell v. Connecticut, 310 U.S. 296, 308—309 (1940).

果关系时,才可以惩罚言论。这种因果联系的严格性部分是为了最大化宪法上免受同化主义价值规制的言论数量。

"坎特韦尔案"对个体表达提出的第二种限制,指的是"针对听众人身的粗俗、下流或侮辱性的话"。"坎特韦尔案"称,"诉诸绰号或人身侮辱在任何严格的意义上都不是宪法所保障的信息或观点交流,根据该法将其作为犯罪行为予以惩罚不会出现任何问题。"[103] 在性质上,关于言论的这一限制有别于明显而即刻的危险标准,因为是以下述概念为基础的,即之所以可以规制言论,是因为言论在本质上就是不可取的,不管其与随后的伤害或行为是否存在因果关系。通过援引类似19世纪中期英国反亵渎法的类似区分,"坎特韦尔案"表达了关于言论的这种限制。英国法区分了诉诸"判断力"的、"清醒且温和"的表达,与诉诸"人类头脑随意与不当的感觉"、受"冒犯、侮辱和嘲笑"的口气感染的表达。"坎特韦尔案"在交流"信息或观点"的言论与"粗俗、下流或辱骂性的"言论之间做出了类似的区分。

正如英国反亵渎法的形式/实体之分并没有描述言论固有的属性,而是体现了与"争论的得体性"相关的文化价值,"坎特韦尔案"提供的区分也不应被理解为描述语言的固有属性,而应当是表达支撑个体主义的文化价值。[104] 就"坎特韦尔案"而言,维持自主个体主义所需要的一般文化,依靠的是人际尊重的规范,而这些规范反过来发挥着同化主义价值的作用,限制具体个体的自主言论。"粗俗、下流或侮辱性的"言论则违反这些规范。

不过,"坎特韦尔案"关于这些同化主义规范的理解,明显受到了支撑其法律意见的个体主义的影响。"坎特韦尔案"所承认的规范,与英国案件所隐含的同化主义规范,存在根本的差

---

[103] Id., at 309—310.
[104] 从严格逻辑的角度来看,"粗俗、下流或侮辱性的言论"和其他形式的陈述一样,也会传递观点和信息。

别。在英国的案件中，个体有权因侮辱其特殊身份的交流，比如信奉基督教而感到恼火。[105] 但"坎特韦尔案"所维持的尊重规范则十分不同，因为下述观念是该判决的基本组成部分，即宪法禁止康涅狄格仅仅因为杰西·坎特韦尔的言论损害听众的天主教信条就对其加以惩罚。相反，只有当那些陈述由"针对听众人身的辱骂"[106] 构成时，法律方能合宪地插手进行审查。就这些类型的陈述而言，听众具体的社会地位无关紧要，因为每个人都有权不遭到人身方面的侮辱。

因而即便明确承认能够直接规制言论的同化主义价值，"坎特韦尔案"的方式也是遵循其个体主义逻辑得出其自然的结论。"坎特韦尔案"坚持的是演讲者与听众构造上的对称性：只有当损害源于所有个体可能共有而非特殊社会或宗教群体所属的特征时，方允许法律矫正听众的损害。[107] 支撑"坎特韦尔案"的同化主义价值因而是真实且明显的，但同样是极为薄弱的，因为我们所有的美国人可能只共享这么多的东西。这些价值的抽象性与苍白性，就是我们为拥有一个植根于个体主义而非多元主义的第一修正案所付出的代价。

三、色情作品与多元主义

麦金农和德沃金对色情作品的批评，挑战的正是这些价值的抽象性。正如现在明显可以看到，淫秽作品的审查是同化主

---

[105] 斯卡曼关于反亵渎法的多元主义重构而言同样如此，这使得所有宗教群体中的个体都可以运用法律保护其宗教信仰不受侮辱。

[106] 310 U.S. at 309.

[107] 最高法院在对诽谤法的处理中展现了一种同样坚定的普适主义；其认为州的诽谤法是矫正给"每个人的基本尊严和价值"的伤害（Gertz v. Robert Wlech, Inc., 418 U.S. 323, 341 (1974) (quoting Rosenblatt v. Baer, 393 U.S. 75, 92 [1966] [Stewart, J., concurring])），而非仅仅伤害特定社会群体或角色荣誉的伤害。See Post, "Foundations of Defamation Law", at 699—719, 722—726.

义法律的典型表现,其中共同体的主流文化被释放出来限制个体的表达,从而实施"共同体的标准",并因而界定共同体生活的"格调"与"品质"。[108] 但第一修正案个体主义的压力迫使反淫秽的法律依据与该个体主义兼容的那种薄的价值。反淫秽法因而是以"淫秽"(prurience)的抽象语言表达的,[109] 这种罪恶可能是普遍的,而且对所有个体都同样危险。反淫秽法完全没有关注色情作品给妇女造成的特殊损害。

诸如德沃金和麦金农那样的女性主义者要求变革法律以承认这种损害。不过,问题在于这种损害源于具体群体(妇女)的特征;并非由无差别的个体组成的一般观众的损害。德沃金和麦金农希望法律承认色情作品贬低的是妇女而不只是人身,就这种抱负而言,她们像是"坎特韦尔案"要求矫正针对天主教的专门侮辱的两位天主教徒。换言之,女性主义者规制色情作品的要求之所以具有这么大的争议,是因为其中隐含着多元主义与个体主义的根本分歧。

根据多元主义与个体主义的张力表述色情作品争议具有若干优点。关注分析激发女性主义批评的实质不满;其方式会暴露与第一修正案原则的确切张力;提供智识工具以深化和改进争论的具体要点,从而说明系争的最根本的内容。通过简要讨论当前文献中其他三种关于该争论的著名宪法认识,可以比较的方式很好地说明前述第一个优点。

(一)规制色情作品的三个常见理据

压制色情作品的一个常见理据就是,其会造成针对个体妇女的零散性暴力行为。这一理据在理论上不存在问题,但其性

---

[108] Paris Adult Theatre I v. Slaton, 413 U. S. 49, 58 (1973); Miller v. California, 413 U. S. 15, 33 (1973). 当然,就此而言,反淫秽的法律一直是第一修正案个体主义传统的眼中钉。

[109] Miller, 413 U. S. at 30.

质和说服力完全取决于为其提供支持的经验证据。给予非常宽大的解释,当前可获得的系统证据也并未表明色情作品会自动导致性暴力,而是造成男人"态度方面的"变化,使其更有可能宽恕针对妇女的性暴力。[110] 该证据要证成对色情作品的审查,就必须主张这种态度的转变和随后行为的关系构成充分的因果关系,从而证成对色情作品的规制。

这正是传统上用来支持规制亵渎的那种论点。据称,亵渎诱使的针对宗教的态度变化,会导致人们同情反社会的行为:"公开侮辱和嘲笑主流宗教……通过削减道德规则戒律的力量,会危及公共安宁与秩序。"[111] 最高法院在闻名遐尔的"德布斯诉合众国案"(Debs v. United States)中运用的也是这种观点。在该案中,最高法院维持了因在俄亥俄社会主义党全州大会发表反战言论而对尤金·德布斯(Eugene Debs)的定罪,理由是,该言论的"自然倾向与相当可能的效果"是促使听众转变态度,使其更愿意阻挠招募参加第一次世界大战的美国部队。[112]

正如这些例证所示,如果授权政府审查任何可能导致听众就未来行为不友善的态度转变的言论,那么政府就会取得让人无法容忍的巨大审查权。为了避免这种审查的可能性,最高法院裁定,只有当言论"旨在刺激或造成迫在眉睫的不法行为或有可能刺激或造成这种行为"时,以诱使转变态度而导致未来可能

---

[110] See MacKinnon, *Feminism Unmodified*, at 187—189; Briant, "Reconciling Free Speech and Equality", at 456—457; Jacobs, "Patterns of Violence", at 10—11; Daniel Linz, Stephen Penrod, and Edward Donnerstein, "The Attorney General's Commission on Pornography: The Gaps Between 'Findings' and Facts", 1987 *American Bar Foundation Research Journal* 713, 719—723.

[111] 1 Christopher G. Tiedeman, *A Treatise on State and Federal Control of Persons and Property* 201 (1900); see State v. Mockus, 120 Me. 84, 94, 113 A. 39, 43 (1921); Updegraph v. Commonwealth, 11 Serg. And Rawle 394, 408—409 (Pa. 1822).

[112] 249 U.S. 211, 216 (1919).

出现伤害行为为由惩罚言论才是合宪的。[113] 色情作品显然并不符合这一标准。[114] 因此,鉴于当前的证据状况,主张因为与未来性暴力的因果关系而应当普遍规制色情作品,与第一修正案的基本原则,即约束政府限制言论的宽泛裁量,存在严重的冲突。[115]

有时用来压制色情作品的第二个理据是,色情作品并非言论而是"男性至上的行为"[116]。据称,"色情作品并非描述妇女从属地位的表达,而是从属性本身的实践。"[117] 通过回想 J. L. 奥斯丁"履行性表达"(performative utterances)的概念,就可以理解这种论点的力量和范围。有些情形会让我们认为某人的言论"是在做某些事情而非只是在说某些事情"。例如,在婚礼上宣称"我愿意"就是履行结婚的行为。履行性表达看上去像是行为,是因为根据一般"习俗",他们从事的行为被认为存在于言论当中。[118] 同样或许也可以说,根据一般习俗,特定类型的社会关系被理解为在很大程度上(不过并不完全是)是由言论构成的。例如,尊重关系本质上涉及交流,因此以不尊重的方式谈话就是从事不尊重的行为。从女性主义的视角来看,色情作品

---

[113] Brandenburg v. Ohio, 395 U. S. 444, 447 (1969) (per curiam).

[114] See Emerson, "Pornography", at 135.

[115] See Stone, "Anti-Pornography Legislation", at 475—476. 该结论同样适用于下述论点,即因为"难以确立行为与伤害关联的性质和程度,"而且因为伤害"有可能非常严重",因此色情作品与性暴力因果关联的"联想性证据"就应足以证明法律审查的合理性。See Sunstein, "Pornography", at 601. 该论点在"吉特洛诉纽约案"(Gitlow v. New York, 268 U. S. 652 (1925))中被最高法院采纳,被用来维持压制无政府主义言论的法律。最高法院注意到,很难确定这种言论与革命可能造成的严重危害之间的准确因果关系。同上注,第699页。当然,可以称,就色情言论而言,应当修改和放宽现在适用于大部分言论的严厉宪法标准。然而,问题是,在某种与宪法有关的意义上,为何色情作品"有别于"其他形式的言论。多元主义/个体主义区分寻求的就是提供一种可以有效处理该问题的分析框架。

[116] MacKinnon, *Feminism Unmodified*, at 154; see id. at 175—176, 193—194.

[117] Brest and Vandenberg, "Politics, Feminism, and the Constitution", at 659.

[118] J. L. Austin, *Philosophical Papers* 233—252 (3d ed., 1979), especially 235.

就是这样一种不尊重的行为。

通过指出优劣关系同样在很大程度上（不过并不完全是）是由言论构成的，可以拓展这一论点。社会优越者的地位是通过他们应得的尊重标志加以确立和巩固的；相反，社会低劣者的地位则部分在于可待之以不尊重。色情作品因此可以被视作是从属地位的实践，因为是对妇女无孔不入的不尊重对待。即便妇女作为一个群体藐视色情作品的耻辱性污名，但社会纵容其广泛传播表明，这种藐视在传统的、以色情作品的方式到处展示的低劣判断面前是软弱无力的。[119]

这一论点没有什么不合逻辑之处；其依据的是社会关系如何由言论以及有形行为构成的深邃见解。然而，就其纯粹的形式而言，这一论点与任何可行的表达自由观念都不兼容，因为社会关系普遍是由言论构成的。[120] 以下面只涉及尊重关系的三

---

[119] 我认为，应当在这种意义上理解麦金农反复强调的妇女软弱性的主题。"除了其他的以外，拥有权力意味着，当某人说'就是要这样'时，就被认为就是那样。"MacKinnon, *Feminism Unmodified*, at 164. 因而色情作品"建构妇女和性别"，尽管妇女有异议；"其异议是听不到的。"同上注，第 161、166 页。

[120] 例如，社会秩序的概念本身就可被理解为是由言论构成的。这一点可以通过弗朗西斯·霍尔特（Francis Holt）的话很好地体现出来。霍尔特是一位英国作者，他提出了下述论点支持早期亵渎中所存在的一种形式/实体区分：

即便就根本的主题来说，法律亦不禁止合理的争论，只要是以温和的口吻进行，表明论辩是唯一的目的；作者避免使用具有侮辱性的激烈语言和措词，因为就此而言对当局不雅，而且冒犯个体的良知。

可以论辩的内容最好以论辩的方式加以回应；但非常激烈的内容，就此而言扰乱国家的适当秩序，就不能如此放心地交由类似的工具进行防卫。——这样的宽容将是争吵的持续。当法律反对此等作者时，就不是迫害：而是保护公共安宁与得体。（See Francis Holt, *The Law of Libel* 70—71 [1816].）

在霍尔特看来，"公共安宁"严格来说在于公众遵守"得体"的规则；因而违反礼仪就等于是争吵。"激烈的"言论同行为是一样的，因为霍尔特认为社会秩序在于礼仪，而礼仪取决于文明的口头表达和冷静的理性。即便今天，《美国法律百科全书续编》（Corpus Juris Secundum）亦将"破坏安宁"一词界定为包括"所有破坏公共安宁、秩序或利益的情形"。11 C. J. S. "Breach of the Peace" §1(1938 and Supp. 1987).

种情形为例:作为一个文学批评者,我可以用不尊重且权威的方式谈论一部新小说;或者我可以作为被激怒的卫道士,以不尊重且有很影响的方式谈论一位熟人的行为;或者我可以作为政治党徒,以不尊重且有影响的方式谈论总统的性格。在所有这些例证中,我的行事都有失尊重,而且对我言论对象的社会地位可能具有破坏性的结果。我们可以争论在特定的情形下法律是否应当介入对我进行惩罚,但做出主张下述显然是有些太过了,即所有例证都与言论自由无关,因为每个涉及到的都是行为而非交流。

色情作品可被规制,因为它们是从属地位的实践而非言论,这一论点对第一修正案来说过犹不及。社会关系很大程度上存在于具有履行性表达性质的交流当中[121],整个将这种交流从第一修正案的范围取消也是与宪法的任何现代理解都完全不一致。

用于支持规制色情作品的第三个理据是,"色情作品更准确地说被视作身体而非精神上的体验,"因为并不包含"命题、情感或美学方面的内容"。[122] 色情作品缺少"智识上的吸引

尽管在社会秩序如何由言论构成的特定方式方面,我们现在的理解与霍尔特不同,但我们仍然继续将言论行为视作该秩序必备的组成部分。例如,在"恰普林斯基诉新罕布什尔案"(Chaplinsky v. New Hampshire, 315 U.S. 568 (1942))中,最高法院的结论是"挑衅性"的言论不受第一修正案保护,理由是这种话"出口即会造成伤害"。同上注,第 572 页。30 年后,在"科恩诉加利福尼亚案"(Cohen v. California, 403 U.S. 15 (1971))中,被告因为在夹克背后写有"操你妈的征兵"而被定罪,布莱克门大法官就能将"科恩荒谬且幼稚的滑稽表现"描述为"主要是行为,很少是言论"。同上注,第 27 页(Blackmun, J., dissenting)。不论人们是否同意布莱克门大法官的界定,他的观点显然依靠的是清楚的文化感觉。

[121] 奥斯丁本人清楚地认识到,履行性表达与其他表达形式的"对比"并不是那么鲜明的,而实际上"宣称某事就是履行某种行为,就像发布命令或警告那样。"Austin, *Philosophical Papers*, at 246, 251. 于是,奥斯丁最终得出结论,"行为……通常是一个习惯问题,至少部分如此。"同上注,第 237 页。
[122] Frederick F. Schauer, *Free Speech: A Philosophical Enquiry* 182—183 (1982).

力"[123]，而且"是非理性的，几乎完全是身体方面的……材料，纯粹为了激发性幻想，主要是作为自慰的手段"[124]。色情作品"因此根本就不包含严格意义上的'言论'一词所规定的任何属性，因而超出言论自由原则的范围。"[125]

　　这一论点似乎与前述主张，即色情作品之所以应被规制，因为它们是性别从属地位的实践，并不一致。如果完全不具有命题、情感或美学方面的内容，就很难理解色情作品如何表达对妇女的不尊重态度。如果必须在色情作品的这两个特征之间选择，我认为更准确地是说，色情作品确实会传递针对妇女的具体态度，其方式与任何故意的交流行为没有什么两样。在我看来，"硬"（hard-core）色情电影可能根本缺乏内容的观念都只是幻想，因为至少该电影会被理解为试图表达创作者关于观众认为什么东西激发性欲的看法。当然，激发性欲的概念是一个复杂的实体问题，对于社会认识性别具有丰富的寓意。

　　然而，就支持色情作品根本不具有观念内容这一论点的人而言，公平地说，应当指出的是，该论点最初提出是要证成规制淫秽而非色情作品。尽管该论点声称分析的是言论的固有属性，但实际上其所依据的同化主义价值与支撑禁止淫秽的那些价值相同。该论点对言论的分析可能是错误的，但其对这些价值的把握则更令人钦佩。

　　就像英国19世纪的反亵渎法那样，该论点展现的是理性与文明的融合；其所依据的区分类似于下述两种言论的对立，即诉诸"判断力"的言论和诉诸"人类头脑随意与不当的感觉"的言论。该论点最明显的形式是，"淫秽与观念、理性、智识内容和追

---

[123] Id., at 183.
[124] E. M. Barendt, *Freedom of Speech* 263 (1985).
[125] Schauer, *Free Speech*, at 183.

求真理的领域无关,而是与激情、欲望、渴求和愉悦有关。"[126] 这一区分的含义是,淫秽可以被规制,因为自主个体主义的文化依靠的是理性,而会遭到激情的破坏。按照这种方式重新阐述,该论点就是要认真努力阐述必然构成第一修正案个体主义基础的同化主义价值。[127] 但这样一来,该论点就会忽略德沃金和麦金农对色情作品的批评所提出的那些具体关注。

(二)色情作品与第一修正案

就当前文献所存在的某些更有力的论点而言,这三个规制色情作品的理据是一个很好样本。然而它们似乎都让人很不满意,或者是因为与第一修正案的基本原则存在冲突,或者是因为错失女性主义批评的基本意思。似乎评论者们正在寻找某种适当的方式,以便认识抨击色情作品所提出的大胆新主张。[128] 然而,这些主张的结构事实上应当不陌生,因为它们与"博阿尔内案"所处理的群体诽谤问题非常类似。[129]

在"博阿尔内案"中,最高法院裁定州的法律可以惩罚旨在使种族或宗教群体遭受"蔑视、嘲笑或谩骂"的言论,理由是"一个人的工作、教育机会和赋予他的尊严,不取决于他自身的功

---

[126] John M. Finnis, "'Reason and Passion': The Constitutional Dialectic of Free Speech and Obscenity", 116 *University of Pennsylvania Law Review* 222, 227 (1967); see Paris Adult Theatre I v. Slaton, 413 U.S. 49, 67 (1973).

[127] 关于具有这个意思的鲜明论点,见 William A. Stanmeyer, "Keeping the Constitutional Republic: Civic Virtue vs. Pornographic Attack", 14 *Hastings Constitutional Law Quarterly* 561, 585—590 (1987)。政治家们则一直承认该论点的力量。See, e.g., Richard Nixon, "Statement About the Report of the Commission on Obscenity and Pornography, Oct. 24, 1970", in *Public Papers of the Presidents of the United States: Richard Nixon* 940—941 (1971).

[128] 这种寻找在某些时候十分清楚。See, e.g., Sunstein, "Pornography", at 602—608.

[129] Beauharnais v. Illinois, 343 U.S. 250 (1951); see William E. Brigman, "Pornography as Group Libel: The Indianapolis Sex Discrimination Ordianance", 18 *Indiana Law Review* 479 (1985).

绩,还取决于他所属的(不管他是否愿意)种族或宗教群体的荣誉"[130]。最高法院的推理结构不仅适用于宗教或种族群体的身份,也同样适用于性别身份。如果色情作品通过将"支配与从属关系情欲化或以贬低的方式将妇女描述为性剥削和操纵的对象",从而使"妇女"群体遭到蔑视和嘲笑[131],那么不管个人的功绩如何,每个妇女的尊严都会遭到损害。

当然,作为一个严格先例的问题,"博阿尔内案"是以受损物品的面目出现的。该案的推理被"《纽约时报》公司诉沙利文案"(New York Times Co. v. Sullivan)严重削弱[132],而其裁定无疑也被"费城报业公司诉案黑普斯案"(Philadelphia Newspapers, Inc. v. Hepps)撤销。[133] 更重要的是,"博阿尔内案"依据的论点是,群体诽谤只是个体诽谤的一种变体,而该论点要求赋予群体诽谤案被告机会以证明其出版物的真实性。[134] 不过,在女性主义对色情作品的批评当中,系争的并非断言妇女是性剥削对象的谬误,而是当以某种特定方式做出该断言时,所表达的侮辱

---

[130] 343 U.S. at 251, 263.
[131] Jacobs, "Patterns of Violence", at 24.
[132] 376 U.S. 254 (1964)。法兰克福特(Frankfurter)"博阿尔内案"法律意见的前提是,群体诽谤是一种诽谤的形式,因而完全不在第一修正案的范围内。343 U.S. at 258。"沙利文案"推翻了这一前提,裁定"对诽谤的规制不能主张不受宪法限制,而是必须根据满足第一修正案的标准加以衡量。"376 U.S. at 269。
[133] 475 U.S. 767 (1986)。在"博阿尔内案"中,证明责任通过积极抗辩被加于被告身上,不仅要证明"言论中所有事实"都是真实的,343 U.S. 254 n.1,"而且言论的发表'具有善良动机并且出于正当目的'"。同上注,第 265(quoting Ill. Const. art II, §4)。另一方面,"黑普斯案"裁定,当诽谤涉及公众关心的事项时,第一修正案要求"原告承担表明存在错误的责任"。475 U.S. 776.
[134] 343 U.S. at 254—256, 258. 10 年前,戴维·里斯曼(David Riesman)也强调了群体诽谤与个体诽谤的这种类似性。David Riesman, "Democracy and Defamation: Control of Group Libel", 42 *Columbia Law Review* 727, 777—778 (1942)。这种类似性在下述文章中遭到了批评,Hadely Arkes, "Civility and Restriction of Speech: Rediscovering the Defamation of Groups", 1974 *Supreme Court Review* 281, 299—302。

与蔑视。以色情作品的方式进行表达,该断言就是一种"人身侮辱"的形式,不过是针对群体而非个体受众的侮辱。

因为反对色情作品的女性主义运动旨在抑制具体的侮辱信息,所以某些人否认该运动的目的是"观点歧视"[135]或"思想控制"[136]。在某个层面上,这一不同意见很容易应对。反色情立法的起草方式,实际上能够在形式上保持性别中立,禁止对男人或女人的性侮辱。这样的重构更符合维护竞争性群体之间的尊重这一多元主义的目标,在此情形下就是男人和女人群体。

不过,在更深的层面上,就反色情作品立法的这一重新阐述仍容易遭到观点歧视的指责,因为立法仍然会惩罚性别侮辱的信息,仍然包含"一种'公认的'女人观,她们如何回应性接触、男女如何交往的看法"[137]。但当以这种方式运用时,观点歧视的指责同样可以适用于"坎特韦尔案"从第一修正案的保护中排除"针对听众人身的粗俗、下流和侮辱性的话"[138]。"坎特韦尔案"同样确立了一种"公认的"观点,即人们彼此应当如何相处,如何回应私人、宗教乃至政治方面的分歧。

因此,关键的问题不是观点歧视是否存在,而是这种歧视的理据。体现其个体主义假设的是,第一修正案的法律一直坚称,如果观点歧视只涉及那些被普遍认为具有侮辱性的面对面的信息,那么其社会成本就是可以容忍的;第一修正案的法律将这些信息说成是,"作为通往真理的一步,其社会价值如此微不足道,结果社会秩序与道德的利益显然超过可以从它们当中获得的收

---

[135] See Stone, "Anti-Pornography Legislation", at 467.
[136] American Booksellers Ass'n v. Hudnut, 771, F. 2d 323, 328 (7th Cir. 1985), aff'd mem. 475 U. S. 1001 (1986).
[137] Id.
[138] Cantwell v. Connecticut, 310 U. S. 296, 309 (1940)。当然,如果人们解释"坎特韦尔案"的规则取决于言论的方式而非内容,那么就色情作品的规制而言也可以这样说。

益"[139]。但如果歧视针对的只是那些对特殊群体具有侮辱性的信息,第一修正案的法律就不包含这么确信的断言。正如司法机关对女性主义反色情作品运动的回应所示[140],或许因为一种直觉,即群体间的斗争是我们政治文化的一个核心方面,这种歧视更有可能被理解为不可容忍的观点歧视。

区分多元主义与个体主义的优点在于,其迫使我们明确这些不同的评价,并进行适当的检验。就多元主义与我们表达自由制度之间的关系而言,实际上存在两种担忧的理由。第一种与美国文化中群体认同的微妙性有关,第二种与支撑多元主义与个体主义的独特同化主义价值有关。

很早以前,当泽卡赖亚·查菲(Zechariah Chafee)观察到最终反对群体诽谤的是其扼杀公共讨论的潜能时,他就注意到了第一种不安的理由:"一旦启动群体诽谤的法律,每个有影响的人类组织都会强烈主张拥有获得此等立法平等保护的权利。而保护愈是宽泛,不受阻碍地讨论公共事务的领域就变得愈狭小。"[141]查菲的评论所依据的假设类似支撑"坎特韦尔案"的那些;他认为美国的群体生命是动态的,不稳定的。因为群体不断演进,群体身份的含义也是模糊的,因此对于要求群体保护的主张就没有自然的制动。[142] 这或许就是为何英国人在运用多元主义原则规制言论方面比我们感觉更自在:在英国,群体身份的类别因为历史和传统要明确得多。

美国的群体身份观念可通过我们关于种族的矛盾观念得到

---

[139] Chaplinsky v. New Hampshire, 315 U.S. 568, 572 (1942).
[140] See American Booksellers, 771 F. 2d 323.
[141] Zechariah Chafee, *Government and Mass Communications* 125 (1965).
[142] 在这一方面,我禁不住要指出,当我写作此文时,地毯商的一个行业协会——美国东方毛毯零售商协会(Oriental Rug Retailers of America)正要求前办公厅主任唐纳德·里根(Donald Regan)道歉,因为后者在国会委员会调查伊朗反对派军售丑闻时有贬低"地毯商素质"的话。该协会的主席称:"你的话有欠考虑,而且意味着对所有地毯商的不信任,尤其是我们的会员。"*San Francisco Chronicle*, Aug. 7, 1987, at 9, col. 4.

体现,对我们来说,这种观念是群体身份因历史和传统而不同的典型例证。一方面,我们怀疑不同的群体种族身份是否真的存在;我们真诚地认为种族不应重要,而法律应当无视肤色(color-blind)。另一方面,倘若我们承认存在这种身份,我们的方式会把种族的独特性磨平为一种族群文化,在功能上与其他美国族群的文化没有什么差别,就像爱尔兰人、意大利人、斯堪的纳维亚人等等。换言之,当我们按照多元主义的方式思考时,甚至种族这一独特的类别都会消解为一连串的群体,每一个都会强烈坚持被承认是有价值的族群身份的承载者。查菲的说法是正确的,即如果法律被用来规制表达从而在所有这种潜在的群体当中实施尊重,第一修正案就会遭到损害。

但这一结论并没有解决色情作品的问题。相反其带来的问题是,是否存在区别性别群体与所有其他群体的根据,或换种方式说,是否存在原则性的方式将多元主义的价值限于色情作品而不是普遍适用于表达。凯瑟琳·麦金农写道:"妇女的处境与其他任何东西都不完全相同。"[143] 从宪法的视角来看,大量的内容都取决于这一主张的证实。我们已经相当成功地将根据平等保护条款所进行的严格审查限于少数潜在的群体。问题在于,我们能否在表达自由领域取得同样的成功。

担心第一修正案与多元主义关系的第二个、最终也是更重要的理由,取决于支撑多元主义法律的那种同化主义价值。正如"坎特韦尔案"的例证所示,个体主义严格限制能够用来将言论描述为本质上有害因而不受保护的同化主义价值。在第一修正案的个体主义领域,同化主义价值是薄的,而且是普适的,因为他们必须可能适用于所有的人。这种价值往往也是脆弱的,因为要促进自主个体主义的一般文化,就有必要最小化对自主个体表达的干预。在边缘地带,与第一修正案相关的同化主义

---

[143] MacKinnon, *Feminism Unmodified*, at 166 (emphasis in original).

价值会授权审查"挑衅性言论"、"人身侮辱"或"淫秽"。但在绝大多数情形下,这些价值努力容忍个体的差异。因而在第一修正案的领域中,我们说因为"一个人的粗话却是另外一个人的抒情诗"[144],所以只有通过悬置文明与人际尊重的普通同化主义规范[145],方能实现"不受限制、强健且完全开放地"[146]讨论公共问题。另一方面,多元主义法律预设的同化主义价值更加丰富,更具有侵略性。这些价值使得多元主义法律不仅能确定哪些群体应得到法律保护,还能够明确在这些群体之间应用的文明和尊重规范。在此意义上,相较于个体主义,多元主义所设想的同化主义法律的作用更广,而且更有影响。麦金农和德沃金规制色情作品的提议,要求法律不仅界定和实施性别领域中的群体身份观念,还要规定性别之间的尊重和文明规范。相形之下,个体主义法律强调的是个体选择的价值,让个体就性别身份的形式和含义自由争斗,从而"许多类型的生活、性格、意见和信仰都可以平安且不受阻挠地发展"[147]。

如果说麦金农和德沃金的多元主义视角与第一修正案存在张力,那是因为我们本能地将该修正案与自 20 世纪 30 年代以来发展形成的个体主义传统相提并论。对我们来说,很难想象一种表达自由的制度最终不是体现"确保个体自我实现"[148]的价值。然而麦金农和德沃金质疑的正是这种价值。因此,要评估她们的批评的宪法寓意,我们就必须对第一修正案的根本目标做出实体的解释,考察我们重视表达自由是因为其促进个体还是群体生活。正如英国的例证所示,每一个进路都可以与一

---

[144] Cohen v. California, 403 U. S. 15, 25 (1971).
[145] See Post, "Foundations of Defamation Law", at 731—739; Robert Post, "Defaming Public Officials: On Doctrine and Legal History" (Review Essay), 1987 *American Bar Foundation Research Journal* 539, 553—557.
[146] New York Times Co. v. Sullivan, 376 U. S. 254, 270 (1964).
[147] Cantwell v. Connecticut, 310 U. S. 296, 310 (1940).
[148] Thomas I. Emerson, *The System of Freedom of Expression* 6 (1970).

种表达自由制度兼容。我们选择哪一个的问题,取决于我们希望运用第一修正案帮助构造的那种社会世界的形式。

　　选择多元主义这一选项并不是要放弃第一修正案,而是要放弃支撑当前之第一修正案法律的个体主义假设。全面评估能够合宪地规制色情作品的主张,因而应当促使我们更彻底地考察这些假设。我们需要重新检验我们所追求的主要贯穿着个体主义原则的第一修正案。

第二编

民主与人的自由

第四章

宪法上的公共商谈概念
——过分的观点、民主审议与《皮条客》杂志
诉福尔韦尔案

政治应当被理解为"审议的过程"[1],这一观点最近的"复兴"为第一修正案的法理提出了重要的问题。这要求重新考察宪法保护公共言论的功能与范围。例如,这场复兴中的一位敏锐的参与者弗兰克·米歇尔曼令人信服地指出,如果公共审议被"认为或体验为强制性的、冒犯性的或以其他方式侵犯人们的认同或自由"[2],那就无法实现其目的。

尽管美国最高法院不断围绕其所谓"公共商谈"[3]的概念塑造第一修正案的原则,但其发展这一概念的方式似乎与米歇尔曼的观点完全不一致。具有代表性的是最高法院1988年"《皮条客》杂志诉福尔韦尔案"(Huster Magazin v. Falwell)的法律意见,在该案中,首席大法官伦奎斯特(Rehnquist)采用"公共商谈"的观念,以此为因为严重冒犯与损害认同的言论提供宪法豁免。[4] 最高法院多次明确有力地重申这一进路:在公共辩论

---

[1] Cass Sunstein, "Beyond the Republican Revival", 97 *Yale Law Journal* 1539, 1541 (1988).
[2] Frank Michelman, "Law's Republic", 97 *Yale Law Journal* 1493, 1527 (1988).
[3] See, e. g., Hustler Magazine v. Falwell, 485 U. S. 46, 55 (1988); Bethel School Dist. No. 403 v. Fraser, 478 U. S. 675, 682—683 (1986); Cornelius v. NAACP Legal Defense & Educ. Fund, 473 U. S. 788, 802 (1985).
[4] See *Falwell*, 485 U. S. at 52—55.

中,我们自己的公民必须容忍粗野甚至过分的言论,以便"为第一修正案所保护的自由提供充分的'呼吸空间'"[5]。

　　本章的目的就是要评估支撑这些强有力结论的公共商谈概念的理据与结构,这里以"福尔韦尔案"的判决作为具体的分析中心。第一部分"《皮条客》杂志诉福尔韦尔案"评估诸如诽谤和故意造成精神痛苦等侵权行为,这些行为正是"福尔韦尔案"的基础,说明其如何调整交流以实施某种特殊的共同体生活。"福尔韦尔案"援引的第一修正案原则禁止在公共商谈领域这样实施。第二部分"第一修正案和公共商谈"探讨证成这种禁止的公共商谈理论。简单地说,这种理论取决于界定一种独特的言论领域,在此范围内在宪法上悬置通过法律适用共同体生活的普通规范。这种悬置确保在美国的异质性文化环境中,公共辩论可以在法律就特定共同体的规范保持中立的情境下进行。这种做法同样会创造一个领域,可以在其中展示和鼓吹新的共同体生活规范。在这种功能身上,我们就能开始确定第一修正案强烈追求个体主义价值的源头。不过,共同体规范的悬置在观念和社会方面都是不稳定的,因为侵犯这些规范的言论被体验为冒犯或侵犯人们的认同,因而与建设性的公共辩论不相容。

　　第三部分"公共商谈与福尔韦尔案的法律意见"展示如何从公共商谈的观念得出"福尔韦尔案"的法律意见所运用的第一修正案原则。公共商谈和共同生活在宪法上的分离表明,为何"福尔韦尔案"拒绝以"过分"和不当动机作为规制公共言论的基础。[6] 这同样表明为何"福尔韦尔案"依靠事实和观点(fact and opinion)这一古怪且模糊的区分[7],我认为事实陈述是不考

---

[5] Boos v. Barry, 485 U.S. 312, 322 (1988) (quoting Falwell, 485 U.S. at 56); see also Texas v. Johnson, 491 U.S. 397, 411—412 (1989).

[6] See *Falwell*, 485 U.S. at 53—55.

[7] See id., at 51—57.

虑界定共同体生活的标准就可以主张为真的东西,而观点陈述则是根据特定共同体的标准主张为真的东西。

本章最后的部分将讨论最高法院用于区分公共商谈和其他言论的各种标准。人们通常承认这些标准是不充分的。我会探讨这种不足的缘由,然后重构这些标准,试着发掘将言论归为公共商谈时系争的价值。

一、"《皮条客》杂志诉福尔韦尔案"

"《皮条客》杂志诉福尔韦尔案"是经典的第一修正案案件。[8] 案件的对手就像是演员选角部门挑选的,用来表现无政府的自我表达与严格的公民道德之间根本的宪法张力。原告杰里·福尔韦尔(Jerry Falwell)是一位著名的宗教原教旨主义者,也是试图将传统价值注入美国公众生活的政治组织"道德多数派"(Moral Majority)的领导人。被告则是《皮条客》杂志及其出版商拉里·弗林特(Larry Flynt),二者都以致力于露骨且变态的色情作品著名。这一争端的主题是一篇恶毒且愚蠢的讽刺作品,自称描述福尔韦尔与母亲在厕所的一次乱伦遭遇,而弗林特证实,目的是要"破坏"福尔韦尔的正直。[9]

迈克尔·桑德尔曾说过,"自由主义者往往以为其所反对的东西进行辩护为傲。"[10] 果真如此,那么"福尔韦尔案"的法律意

---

[8] "福尔韦尔案"的判决被称作"影响深远"、"具有深刻意义的第一修正案案件"。Rodney Smolla, "Emotional Distress and the First Amendment: An Analysis of Hustler v. Falwell", 20 *Arizona State Law Journal* 423, 442 (1988). 关于本案的背景,见 Rodney Smolla, *Jerry Falwell v. Larry Flynt: The First Amendment on Trial* (1988)。

[9] Deposition Testimony of Larry Flynt, reprinted in Joint Appendix at 91, 141, *Falwell* (No. 86—1278).

[10] Michael Sandel, "Morality and the Liberal Ideal", *New Republic*, May 7, 1984, at 15.

见就有很多可引以为傲的内容。即便坚称《皮条客》的拙劣模仿受宪法保护的人亦承认其让人"深恶痛绝"。[11] 然而,最高法院面对这种厌恶,却断然支持首席大法官伦奎斯特撰写的一份法律意见,以响亮的第一修正案的声音,裁定无论讽刺作品多么"过分",无论动机多么恶毒或结果多么让人痛苦,倘若无法证明存在"出于'实际恶意做出的虚假事实陈述'"[12],像福尔韦尔这种公众人物的损害就无法获得救济。"福尔韦尔案"的法律意见因而完全符合"科恩诉加利福尼亚案"(Cohen v. California)[13]的传统,是对第一修正案挑衅权(right to give offense)的重要表述。

(一)案件背景

拉里·弗林特和杰里·福尔韦尔两人之间的敌意似乎再自然不过。在福尔韦尔看来,弗林特是一个"道德败坏的商人"[14],正是福尔韦尔试图消除的那种道德腐化的传播者。在弗林特看来,福尔韦尔是一个伪君子、"大话王",就像堕落的福音派教士史华格(Jimmy Swaggart)和金贝克(Jim Bakker)那样,应当加以"揭露"[15]。多年来,弗林特在其色情出版物的淫秽旗

---

[11] Falwell v. Flynt, 805 F. 2d 484 (4th Cir. 1986) (Wilkinson, J., dissenting from denial of rehearing en banc).

[12] *Falwell*, 485, U.S. at 56.

[13] 403 U.S. 15 (1971).

[14] Stuart Taylor, "Court, 8-0, Extends Right to Criticize Those in Public Eye", *New York Times*, Feb. 25, 1988, at A22, col. 2.

[15] David G. Savage, "Justices Void Award Falwell Won from Flynt", *Los Angeles Times*, Feb. 25, 1988, pt. 1 at 23, col. 1.

舰《皮条客》的版面上批判福尔韦尔是"可恶的伪君子"[16]。1983年11月达到了顶点,《皮条客》在封二刊登了模仿堪培利开胃酒广告的作品。堪培利开胃酒的广告具有一种公认的著名格式。特点是名人谈论他们的"第一次",指的是他们第一次喝堪培利酒,但显然语带双关他们的第一次性经历。

《皮条客》版本的标题是"杰里·福尔韦尔谈他的第一次"。后面的夸张模仿采取的是常见的堪培利酒格式;展示了一幅福尔韦尔的沉思照片,底下则是下述"采访":

福尔韦尔:我的第一次发生在弗吉尼亚林奇伯格(Lynchburg)外的一间户外厕所。

采 访 者:那岂非有些局促?

福尔韦尔:我把山羊踢出去就好了。

采 访 者:原来如此。愿闻其详。

福尔韦尔:我从未真的想到会跟老妈搞,但在她给予城里所有其他男人如此销魂的时光之后,我想:"管他呢!"

采 访 者:但是和你妈?不是有点奇怪吗?

福尔韦尔:我不这样认为。在我看来,女人的相貌并不重要。

采 访 者:继续。

福尔韦尔:恩……那时我们已经喝得头重脚轻,喝的是被叫做"干柴烈火"的堪培利、姜汁汽水和苏打水。老

---

[16] See Plaintiff's Trial Exhibit 11 (excerpting Feb. 1980 issue of *Hustler* magazine), reprinted in Joint Appendix, at 209. 1980年2月,《皮条客》将福尔韦尔命名为"当月屁眼儿"。See generally Plaintiff's Trial Exhibits 11—15 (excerpting Feb. 1980, Nov. 1981, Dec. 1981, Feb. 1982, and Mar. 1983 issues of *Hustler* magazine), repinted in Joint Appendix, at 204—224. 这里将福尔韦尔描述为狂热者、骗子、自大狂,而且想象在道德多数派体制下对经典艺术作品的审查和破坏。

妈看上去比捐100块的浸礼会妓女强多了。

采 访 者：堪培利、茅房、老妈……真有意思。恩，结果怎样？

福尔韦尔：堪培利很棒，但老妈在我爽之前就晕过去了。

采 访 者：你后来还试过吗？

福尔韦尔：当然……很多次。但不是在厕所里。夹在老妈和屎溺之间，苍蝇多到无法忍受。

采 访 者：我们的意思是堪培利酒。

福尔韦尔：噢，是的。在走上布道坛之前，我总是把自己搞得醉醺醺的。你不会认为我在清醒的时候能够将那些混账话讲出来吧，是不是？[17]

在模仿广告的底下，用小号字体印有免责声明："模仿广告，请勿当真。"[18]

福尔韦尔可没有被逗乐，事实上他被"激怒"了。[19] 他最初是在飞机上读到这一模仿广告的；当飞机降落后他打电话给律师，"告他"。福尔韦尔希望"'保护自己以及对母亲的怀念'，结束'拉里·弗林特代表的那种道德败坏的商业'"[20]。几乎与此同时，他在西弗吉尼亚美国地方法院提起诉讼，声称诽谤、侵犯

---

[17] *Hustler*, Nov. 1983, reprinted in On Petition for a Writ of Certiorari to the United States Court of Appeals for the Fourth Circuit at E1, *Falwell* (No. 86-1278).

[18] Id.《皮条客》的目录将该讽刺作品列为"虚构；广告与人物模仿"。485 U.S. at 48.

[19] Stuart Taylor, "Sharp Words in High Court on Huster Parody of Falwell", *New York Times*, Dec. 3, 1987, at A30, col. 1.

[20] Id.

隐私且故意造成精神痛苦。[21]

福尔韦尔的法律策略体现的趋势是,原告越来越多地在单个诉讼中将三个所谓"尊严型侵权或集中保护'人格'的侵权"[22]的两个或多个结合在一起。这一策略对福尔韦尔来说是有利的。因为弗吉尼亚并没有侵犯隐私的普通法诉由[23],福尔韦尔不得不根据弗吉尼亚禁止在未经同意的情形下将某人的姓名或肖像用于贸易或广告的法律,提出其隐私权请求。[24] 然而,在证据展示结束后,地区法院裁定作为法律问题,弗林特使用"福尔韦尔的姓名和肖像的行为……并非该法所规定的贸易

---

[21] See 485 U. S. at 48—49. 管辖的依据是多元管辖。诉讼列举的被告有拉里·弗林特、《皮条客》杂志、弗林特发行公司。See Complaint, reprinted in Joint Appendix, at 4—5.

根据"皮条客杂志诉道德多数派案"(Hustler Magazine v. Moral Majority, 796 F. 2d 1148, 1149—1156(9th Cir. 1986)),1983年11月15日,福尔韦尔发出了两份邮件请求捐助,"以帮助……在法院维护其母亲的名声"。第一份邮件发往约50万道德多数派的"普通成员",描述了《皮条客》的模仿作品;第二份邮件则发送给大约2.69万位"主要捐助者",包括一份模仿作品的复件,其中8个字被涂黑。11月18日,福尔韦尔向大约75万"古老福音时刻"(Old Time Gospel Hour)的支持者请求捐助。在他的邮件中,他附上了一份模仿作品的复件和一封信,"强调有必要维持福尔韦尔的宗教电视台以便与诸如拉里. 弗林特那样的人做斗争"。这些请求带来了大约70多万美元的捐助。12月4日和12月11日,福尔韦尔还在"古老福音时刻"全国性的布道期间展示了模仿作品。弗林特则通过在1984年3月号的《皮条客》杂志上重印模仿作品进行报复,并以福尔韦尔运用模仿作品请求捐助起诉侵犯版权。不过,第九上诉法院裁定,根据合理使用原则,这些邮件和电视台的展示是允许的。

[22] George H. Mead, "Suing Media for Emotional Distress: A Multi-Method Analysis of Tort Law Evolution", 23 *Washburn Law Journal* 24, 29, 43 (1983).

[23] See Brown v. ABC, 704 F. 2d 1296, 1302—1303 (4th Cir. 1983) (applying Virginia law).

[24] See Complaint, reprinted in Joint Appendix, at 16. 福尔韦尔起诉的根据是1984年《弗吉尼亚法典注释本》(Va. Code Ann.)第8.01编第40条,该条的部分规定是:"任何人,倘若未经本人书面同意,其姓名、肖像、图片……被用于广告或贸易……可以提起衡平诉讼……也可以就因此造成的任何伤害提起诉讼并请求救济。"

目的"[25]。福尔韦尔的诽谤请求同样被驳回,陪审团做出了一项专门的裁定,《皮条客》的模仿不能"被合理地认为描述有关原告的事实或原告参与的真实事件"[26]。自 1974 年以来,在诽谤诉讼中,"格尔兹诉罗伯特·韦尔奇公司案"(Gertz v. Robert Welch, Inc.)的附带意见一直被认为确立了发表与虚假事实相对的观点拥有绝对的宪法特权[27],陪审团的裁定意味着堪培利酒的模仿属于观点范畴。[28]

因此,福尔韦尔剩下的请求只有故意造成精神痛苦这一项。弗吉尼亚的法律明确规定,原告要胜诉必须存在四个要素:

> 第一,侵权者的行为是故意或粗心大意的。如果侵权者具有造成精神痛苦的特定目的或其行为是有意做出的且知道或应当知道可能造成精神上的痛苦,就可以满足这一要素。第二,该行为过分且难以容忍,因为违反普遍接受的礼仪和道德标准。这一要求旨在限制有关琐事的案件,避免在只涉及行为不当且仅仅伤害感情的情形下提起诉讼。第三,侵权者的行为和精神损害存在因果关系。第四,精神上的痛苦非常严重。[29]

福尔韦尔证明弗林特故意给他造成痛苦的证据,是根据弗林特的证言,即他希望"扰乱"福尔韦尔,他希望"报复"因为福

---

[25] Falwell v. Flynt, 797 F. 2d 1270, 1273 (4th Cir. 1986). 第四上诉法院维持了这一裁定,主要是根据《纽约公民权利法》第 51 条的解释,而且认为弗吉尼亚的法律与其"基本类似"。See id. at 1278; N. Y. Civ. Rights Law § 51 (McKinney Supp. 1989).

[26] Petition for Writ of Certiorari, at C1.

[27] 418 U. S. 323, 339—340 (1974). 关于对"格尔兹案"法律意见影响的简要考察,见 Philip Gleason, "The Fact/Opinion Distinction in Libel", 10 *Hastings Communications and Entertainment Law Journal* 763, 775—792 (1988).

[28] See *Falwell*, 797 F. 2d at 1275—1276.

[29] Womack v. Eldridge, 215 Va. 338, 342, 210 S. E. 2d 145, 148 (1974), cited in *Falwell*, 797 F. 2d at 1275 n. 4.

尔韦尔诽谤他私生活"丑陋",他期望"破坏"福尔韦尔的正直。[30] 福尔韦尔证明《皮条客》的模仿造成严重精神痛苦的证据,主要是他的证词,即读到这一讽刺造成了"深深的个人痛苦、伤害和折磨,自我成年以来史无前例"[31]。陪审团接受了这一证据,认同福尔韦尔的观点,即《皮条客》的模仿"过分且难以容忍",给予福尔韦尔 10 万美元的损害赔偿,裁定弗林特和《皮条客》各自承担 5 万美元的惩罚性赔偿。[32]

---

[30] Deposition Testimony of Larry Flynt, repinted in Joint Appendix, at 136, 113 and 141. 弗林特在作证期间显然失去了理智,而且精神很不正常。他不断向整个房间的律师发出控制不住的污言秽语,称自己的律师是"白痴"和"骗子",而且让他"闭嘴"。他称福尔韦尔的律师是"屁眼儿"。弗林特称他的生命"垂危",他有一张福尔韦尔与羊乱搞的照片,他有亲见福尔韦尔与母亲乱伦者的书面证词,模仿堪培利酒的作品并不"意图模仿或夸大任何事情,而是要表达真相"。

弗林特后来请求取消证词,理由是他无法理解誓言的义务或就事件做出准确描述,就此他提出了两位精神病专家的书面证词作为支持,证词表明在作证期间,弗林特处于一种精神错乱的躁狂状态。See Declarations in Support of Defendant's Motion to Exclude Deposition Testimony of Larry Flynt, repinted in Joint Appendix, at 180—185. 法院最初同意了弗林特的请求,不过后来在审判的第一天,自行撤销了这一决定,允许一份经过改编的证词作为证据。See Falwell, 797 F. 2d at 1273.

[31] Testimony of Jerry Falwell, reprinted in Joint Appendix, at 38. 福尔韦尔作证说:"我一生中从未就个人问题向精神病专家或心理学家请求帮助。我不确定,但我认为作为一位基督徒和牧师,我这样做不是错误的,我不确定……我并未削减我的日程安排;我并未停止我正在从事的任何事情,但我可以告诉你,其造成了我一生中最为困难的工作年份,身体上、精神上和情感上都是如此。那些在我身边工作的人可以告诉你们,我集中于手头工作的能力遭到了极大地破坏。"福尔韦尔的一位行政助手戈德温(Dr. Ron Godwin)在审判中作证称,福尔韦尔的日程安排极其繁忙,而作为《皮条客》模仿作品的结果,福尔韦尔既没有以任何方式削减他的日程安排,也没有失去演讲的活力。See Testimony of Ronald Godwin, repinted in Joint Appendix, at 52—53. 戈德温称,在阅读模仿作品后不久,福尔韦尔似乎"更烦恼,更严肃,更担忧,我从未见他就任何其他事情,无论危机还是什么这样过,"而且此后"我作为一位管理人员更难引起福尔韦尔博士的注意,更难以让他关注我们管理的组织的细节"。Id. , at 53, 54.

[32] See Petition for Writ of Certiorari, at C3—C4.

弗林特与《皮条客》提起上诉,提出两项宪法主张。[33] 第一,他们辩称,因为《皮条客》的模仿属于观点,在诽谤诉讼中享有宪法特权,因而在故意造成精神痛苦的诉讼中也应享有特权。第二,他们辩称,即便这一模仿并不享有绝对的特权,福尔韦尔公认的公众人物地位也意味着,"只有满足'《纽约时报》公司诉沙利文案'(New York Times Co. v. Sullivan)的实际恶意标准……福尔韦尔方才能够就精神上的痛苦获得补救。"[34]

不过,联邦第四上诉法院驳回了这两项主张,维持了陪审团的裁决。上诉法院驳回第一项主张的理由是,诽谤侵权诉讼本质上与虚假的事实陈述有关,而"故意造成精神痛苦的诉讼关心的则是过分且直接造成严重精神痛苦的、故意或粗心大意的行为,而非陈述本身"。因而,该案系争的问题是被告公开发布的内容是否过分,而非发布的内容属于事实还是观点。因此,被告的主张"在这种侵权的情形下并不适用"[35]。

上诉法院基于类似的理由驳回了第二项主张。法院指出,尽管诽谤侵权诉讼本质上与虚假的陈述有关,然而"《纽约时报》案"的"实际恶意"标准"并未改变这种侵权诉讼的任何要素;只是提高了被告要获得补救必须证明的过错标准"。另一方面,将实际恶意标准适用于故意造成精神痛苦的侵权会为这种侵权"增加新的要素",而且从根本上将其关注从所发布的内容的过分性转向真假。第四上诉法院将"《纽约时报》案"的标准解释为关注的是"可责难性",裁定弗吉尼亚造成精神上的痛苦

---

[33] See Falwell v. Flynt, 797 F. 2d 1270, 1273—1274 (4th Cir. 1986). 弗林特和《皮条客》还主张,法院误解了弗吉尼亚法律的某些规定,而且做出了许多错误的、证据上存在偏见的裁决。See id., at 1277—1278.

[34] Id., at 1273—1274 (citing New York Times Co. v. Sullivan, 376 U. S. 254 [1964])。"纽约时报案"的实际恶意标准要求原告证明,被告发表系争的消息时"知道是虚假的或者草率地不予考虑是否虚假"。*New York Times*, 376 U. S. at 280, quoted in 797 F. 2d at 1274 n. 2.

[35] 797 F. 2d at 1276.

必须出于"故意或粗心大意的"要求,体现的正是同样的关注。"第一修正案并不保护故意或粗心大意损害声誉的不当行为,也不保护诸如导致严重精神痛苦的不当行为。"[36]

(二)最高法院的法律意见

最高法院撤销了上诉法院的判决。首席大法官伦奎斯特代表最高法院撰写了法律意见,所有大法官都接受他的意见,除了没有参与该案的肯尼迪大法官,以及撰写了短短一段协同意见的怀特大法官,他主要是不赞成首席大法官伦奎斯特强烈重申"《纽约时报》案"实际恶意标准的立场。[37] 首席大法官伦奎斯特的法律意见措辞老练,触及第一修正案所有"正确的"观点,而且雄辩地再现了美国删除政治讽刺作品的传统。但该意见的论证结构让人费解,难以辨识出一个简明的推理线路。

不过,本质上,"福尔韦尔案"法律意见的逻辑基础在于驳斥第四上诉法院关于"《纽约时报》案"的解释。"福尔韦尔案"的法律意见明确,"《纽约时报》案"关注的与其说是设定"可责难

---

[36] 第四上诉法院的意见立即引起了争论,招致了大量的评论,而且主要是否定性的。See e. g., Jonathan L. Entin, "Privacy, Emotional Distress, and the Limits of Libel Law Reform", 38 *Mercer Law Review* 835, 853—858 (1987); Note, "*Falwell v. Flynt*: First Amendment Protection of Satirical Speech", 39 *Baylor Law Review* 313, 322—332 (1987); Note, "Emotional Distress When Libel Has Failed: The Faulty Logic of Falwell v. Flynt", 16 *Colonial Lawyer* 115 (1987); Note, "Falwell v. Flynt: Intentional Infliction of Emotional Distress as a Threat to Free Speech", 81 *Northwestern University Law Review* 993, 1004—1008 (1987); Note, "*Falwell v. Flynt*: An Emerging Threat to Freedom of Speech", 1987 *Utah Law Review* 703, 719—726. But see Note, "Constitutional Law-Satire, Defamation, and the Believability Rule as Bar to Recovery-Falwell v. Flynt", 22 *Wake Forest Law Review* 915, 922—929 (1987). 尽管威尔金森(Wilkinson)法官撰写了非凡且尖刻的反对意见,第四上诉法院还是以 6:5 否定了全体重新听审该案的请求。See 805 F. 2d 484 (4th Cir. 1986).

[37] 大法官怀特在"邓白氏公司案"(Dun and Bradstreet, Inc. v. Greenmoss Builders, Inc., 472 U. S. 749, 765—774 (1985))的赞同意见中有力地表达了对"纽约时报案"实际恶意标准的不满。

性"的程度,不如说是践行下述宪法命令,即设计规则以促进"居于第一修正案核心"的"就公共利益与公众关心的问题自由交流观点与意见"。[38] 最高法院认为,必须根据这种宪法命令评估弗林特和《皮条客》造成的损害。因此,并不足以像第四上诉法院那样,简单地得出结论,说诽谤与故意造成精神痛苦的侵权具有不同的功能与要素。具有决定性的问题实际上是,这些因素如何影响宪法所保护的"公共事务辩论领域"[39]。

"福尔韦尔案"的裁定最终以关于该领域的三个不同命题为基础。第一,某一交流对"公共商谈"的宪法价值与其动机无关。例如,美国政治讽刺传统代表的言论形式,"往往就是为了伤害描述对象的情感,""从历史的角度来看,倘若缺少之,我们的政治商谈会变得更加贫乏。"因而,规制不当的意图,对于民事法律上的侵权尽管重要,"在关于公共人物的公共辩论领域"[40]却并不具有宪法上的适当性。

第二,在第一修正案所保障的公共辩论领域,"虚假的事实陈述之所以毫无价值",是因为"它们会干扰观念市场追求真理的功能"。另一方面,"保障个人意见的表达免受政府的惩罚"尤其重要,特别是那些涉及批评"公众人物和公共措施"的意见或观点。这种自由"对共同追求真理以及社会整体的活力极为重要"[41]。"福尔韦尔案"系争的夸张手法因而应获得特别的宪法关照,不仅是因为其表达了一种意见,还因为其涉及对一位公众人物的批评。

第三,在公共商谈中,非事实性的交流不能因为"过分"就可以在宪法上予以惩罚:

---

[38] *Falwell*, 485 U. S. at 50.
[39] Id., at 53.
[40] Id., at 54—55.
[41] Id., at 52, 51 (quoting Bose Corp. v. Consumers Union of United States, Inc., 466 U. S. 485, 503—504 [1984]).

政治和社会商谈领域的"过分"本质上具有主观性,容许陪审团根据陪审员的爱好、观点或讨厌某种特定的表述而规定责任。"过分"标准因而与我们长久以来的传统存在冲突,即拒绝因为系争的言论可能会对公众产生逆反的情绪影响就给予损害赔偿。[42]

尽管坦承这种"拒绝"存在例外——例如"挑衅性的言论"[43]或通过电子宣传工具传播"粗俗"、"冒犯性"和"令人憎恶"[44]的言论——最高法院在"福尔韦尔案"完全不予理会这种显而易见的不一致。最高法院漫不经心地说道,"在我们看来,本案所涉及的这种表达并不属于第一修正案基本原则的例外情形"[45],"言论并不能仅因为可能使其他人尴尬"[46]或"社会认为具有冒犯性"[47]……就失去受保护的性质。

这三个关于"公共事务辩论领域"的命题,每一个都深深地植根于传统的宪法原理,而"福尔韦尔案"法律意见不容置辩的力量很好的一个指示就在于,其真正再现第一修正案法理的核心论题的能力。尽管法律意见甚至并没有试图探讨这些主张的逻辑地位和相互关系,但三个命题总的来看,就公共商谈领域提供了一个强有力的规范意象,显然与陪审团"福尔韦尔案"的裁定并不一致,因而要求撤销第四上诉法院的判决。

最高法院在"福尔韦尔案"法律意见最后两段改弦易辙,提出了一项严格的预防性规则:

---

[42] Id., at 55.
[43] See Chaplinsky v. New Hampshire, 315 U. S. 568, 572 (1942):就宪法而言,"挑衅性的言论"被界定为"出口即会造成伤害,或往往引发当即破坏安宁"的言论。
[44] See FCC v. Pacifica Found., 438 U. S. 726, 747 (1978).
[45] *Falwell*, 485 U. S. at 56.
[46] Id., at 55 (quoting NAACP v. Claiborne Hardware Co., 458 U. S. 886, 910 [1982]).
[47] Id., at 55—56 (quoting *Pacifica*, 438 U. S. at 745).

倘若没有进一步表明相关出版物包含出于"实际恶意"做出的虚假事实陈述,即知道该陈述是虚假的或粗心大意地不予考虑是否真实,公众人物和公共官员不能由于本案系争的这种出版物而获得故意造成精神痛苦方面的侵权赔偿。

最高法院并未称这种小心翼翼守护的规则自身是公共商谈规范性质的体现。相反,最高法院提出该规则显然是工具性的机制,旨在确保法律制度的运作不会不当地限制正当的公共讨论。最高法院以下述人们熟知的理论证成这一规则,即有时候必须保护没有什么宪法价值的表达,从而演讲者无须进行自我审查以致减少"确实具有宪法价值的、与公众人物有关的言论"。最高法院坚持不得不将该规则适用于故意造成精神痛苦的侵权,以便"给予第一修正案所保护的自由充分的'呼吸空间'"[48]。

"福尔韦尔案"的法律意见因而将一项具体且特别严格的裁定与极其模糊的推理结合在一起。由于拒绝调和"福尔韦尔案"与此前关于冒犯性或侮辱性言论判决的不一致,这一法律意见未能触及这种言论与表达自由的张力,该张力对"福尔韦尔案"与笼统意义上的第一修正案法理都是最重要的。宪法是否

---

[48] Id., at 56, 52, 56. 不过,应当指出,最高法院提出的规则是一个技术问题,其阐述有些随意而让人难以接受,因为未能详细说明规定的虚假事实与可诉的精神痛苦的联系。其并没有明确是否虚假的事实本身必须造成随后的精神痛苦,还是虚假的事实必须只能包含在会以其他方式造成这种痛苦的出版物中。如果是后者,该规则并未明确是否必须是特定类型的虚假事实,或者是否任何虚假的事实,无论多么无害,都会使整个出版物不受宪法保护。不过,除非严格加以解释,也就是要求以实际恶意表达的虚假事实同样旨在而且事实上因为过分而造成了剧烈的精神痛苦,否则该规则似乎就无法履行保护某种观念"呼吸空间"的功能。

保护私下传播而非在全国发行的杂志上发表的过分交流[49],是否保护旨在伤害非公众人物或使其感到尴尬的过分交流[50],是否保护同样伤害故意造成精神痛苦侵权所保护的那种精神安宁但同时违反诸如侵犯隐私等类似侵权的交流[51],就这些问题,这一法律意见几乎什么也没有告诉我们。如果唯一可行的法律标准就是"第一修正案的一般原则",即不能因言论造成冒犯或尴尬就加以规制,那么这些问题都很容易得到回答:所有这些假设的情形在宪法上都与"福尔韦尔案"的实际情形难解难分。

但这一结论听起来是错误的;太过轻易地超越了"福尔韦尔案"判决的特殊情形。不过,如果"福尔韦尔案"的寓意不是这么宽泛,那么该判决就必须以某种隐含的、比首席大法官所宣示的理论远为复杂的宪法理论为基础。[52]

---

[49] 设想弗林特不是在"诸如本案系争的"出版物中印刷相关的模仿作品,而是打电话给福尔韦尔并且(十分恶毒)地说出他《皮条客》上所发表的一模一样的话,弗林特是否还会获得同样的宪法保护?

[50] 设想弗林特不是发布关于公共官员或公众人物的模仿作品,而是从电话目录中随机挑选某位私人并在《皮条客》上发表同样的堪培利酒模仿作品。弗林特是否还会获得同样的宪法保护?

[51] "福尔韦尔案"的裁定显然只适用于"故意造成精神痛苦侵权"诉讼。485 U. S. at 56. 但隐私侵权的目的,就像故意造成精神痛苦侵权的目的一样,往往被认为是向"原告情感及精神痛苦的伤害"提供救济。Froelich v. Adair, 213 Kan. 357, 360, 516 P. 2d 993, 996 (1973); see Time, Inc. v. Hill, 385 U. S. 374, 384, n. 9 (1967). 最高法院事实上一直为第一修正案的权利与保护隐私的张力困扰。See, e. g., Florida Star v. B. J. F., 491 U. S. 524, 530—534 (1989). 实际上,在"福尔韦尔案"后短短4个月,最高法院就解决了这一张力,其方式可以说与"福尔韦尔案"所包含的某些更广泛的原理并不一致。See Frisby v. Schultz, 487 U. S. 474 (1988).

[52] 正如罗德尼·斯莫拉(Rodney Smolla)所述,"福尔韦尔诉讼提出的智识挑战,并非如何建构令人信服的驳斥其请求的原理,而是如何表述该原理的界限。" Smolla, "Emotional Distress", at 427; see Paul A. Lebel, "Emotional Distress, the First Amendment, and 'This Kind of Speech': A Heretical Perspective on Hustler Magazine v. Falwell," 60 *University of Colorado Law Review* 315 (1989).

(三)"福尔韦尔案"法律意见的意义:文明与故意造成精神痛苦

只有当从历史与功能的角度加以考察,方能显现"福尔韦尔案"法律意见的全部意义。故意造成精神痛苦的侵权只是包括诽谤和侵犯隐私在内的诉讼的一种,旨在保护法律认为人们有权获得的尊重。不过,在实现这一功能时,这些侵权也会实施那些"公认的得体与道德标准"[53],对我们来说这些标准界定着"文明社会"中生活的含义。[54] 尽管我们自身关于人性尊严的体验存在于履行这些标准,但"福尔韦尔案"的法律意见禁止在公共商谈中加以实施,至少在缺少虚假事实陈述的情形下如此。

这种禁止性的规定极大地偏离了普通法的传统视角。数百年来,像《皮条客》模仿作品那样的嘲弄都受普通法的诽谤侵权调整。如果某一交流使个体遭到"憎恶、蔑视或嘲笑"[55],就会被视作诽谤。这种侵权的目的是保护声誉,也就是一个人在其他人眼中的名望。但正如斯图尔特大法官雄辩且富有影响的说法所述,法律保护声誉的重要原因是为了维护"每个人的基本尊严和价值"[56]。

尊严和声誉的关系非常复杂,但基本的看法是,我们的尊严和"价值"感在相当大的程度上取决于其他人如何看待我们。[57] 因为个体的认同从社会互动的形式演化而来,我们会将制度化的价值和同化我们的规范纳入我们的人格,纳入我们的自尊和

---

[53] Womack v. Eldridge, 215 Va. 338, 342, 210 S. E. 2d 145, 148 (1974).

[54] *Restatement (Second) of Torts* § 46 comment d (1977). 关于诽谤侵权情境下这一功能的详细讨论,见 Robert Post, "The Social Foundations of Defamation Law: Reputation and the Constitution", 74 *California Law Review* 691, 710—719, 732—739 (1986). 关于在隐私侵权情境下这一功能的详细讨论,参见本书第二章。

[55] Parmiter v. Coupland, 151 Eng. Rep. 340, 342 (Exch. of Pleas 1840).

[56] Rosenblatt v. Baer, 383 U. S. 75, 92 (1966) (Stewart, J., concurring).

[57] 下面三段中的论点在下文中得到了相当详细地阐述:Post, "Foundations of Defamation Law", at 707—719.

尊严感。[58] 乔治·赫伯特·米德非常敏锐地阐述了这一见解，称"构成有组织自我的是相关群体共有观点的组织化。人之所以具有人格，是因为他属于一个共同体，因为他将共同体的习俗融入自身的行为。"[59]

更近一些的时候，社会学家埃尔温·戈夫曼证明，人格的稳定性本身取决于通过规定文明的形式不断重申共同体的价值和观点，戈夫曼称这些文明的形式是"尊重与举止"规则。[60] 例如，在他最著名的作品中，戈夫曼描述了特定的"全控机构"（total institution），例如精神病院、监狱或军队，如何有意识地违反普通的尊重与举止规则，以扰乱或改变新成员的认同。[61] 这一策略之所以起作用，是因为倘若不允许一个人参与其社会化所预期的互相尊重，就会"否定"其"自我"。[62] 人格的尊严和完整因而在相当的程度上取决于维持这种尊重。

诽谤性交流可以被界定为内容不文明的交流，因为其含义侵犯我们期望从彼此获得的尊重。因而它们不仅会危及被诽谤者的自我（例如造成"人身羞辱和精神痛苦"[63]等征兆），还会危及被违反的文明规则的持续有效性。这些规则体现的是"共同体成员对彼此有别于对其他人的特殊要求"[64]，因而是共同体生活内容和界限的具体化。这些界限的界定和实施确立了每

---

[58] See, e. g., A. Irving Hallowell, *Culture and Experience* (1955); Tamotsu Shibutani, *Society and Personality* 239—247 (1961); John L. Caughey, "Personal Identity and Social Organization", 8 *Ethos* 173 (1980).

[59] George H. Mead, *Mind, Self, and Society* 162 (Charles W. Morris, ed., 1937).

[60] See Erving Goffman, *Interaction Ritual* 47—91(1967).

[61] Erving Goffman, *Asylums*: Essays n the Social Situation of Mental Patients and Other Inmates (1961).

[62] Goffman, *Interaction Ritual*, at 51.

[63] Gertz v. Robert Welch, Inc., 418 U. S. 323, 350 (1974).

[64] Joseph R. Gusfield, *Community*: A Critical Response 29 (1975).

个共同体"特定的形态、独特的认同"[65]。普通法对诽谤的规制很多都是为了维持这些文明规则的完整,因而不仅保障被诽谤者的尊严和人格,也保障共同体的认同和价值。[66]

在此规制过程中,真实(truth)这一概念起到的作用奇特而又模糊。在传统的普通法中,诽谤的受害者有两种"救济措施可以选择,一种是告发,另外一种是诉讼"[67]。如果原告选择刑事检控的方式,那么诽谤内容的真假被认为无关紧要[68],也"不允许被告通过证成的方式主张内容为真"[69]。诽谤罪因而完全旨在维持文明规则的完整。不过,如果原告选择提起民事赔偿诉讼,被告就可以通过"证成"真实性进行积极的辩护。如果被告能够证明自己不文明的交流是真实的,那么原告就不能获得赔偿。

然而,传统的普通法规则存在一个重大的扭曲:"诽谤性的陈述被推定为虚假的"[70],被告只有推翻这一推定方能免除责任。因而在像《皮条客》模仿作品这样难以或不可能证明真实的案件中,因为诽谤性的交流并不包含事实陈述,所以被告就会被判承担责任。因而私人原告,甚至公共官员,都可以因发表包

---

[65] Kai Erikson, *Wayward Purtians*: A Study in the Sociology of Deviance 10—13 (1966).

[66] See Post, "Foundations of Defamation Law", at 711—715, 735—739.

[67] 3 William Blackstone, *Commentaries* 125.

[68] See De Libellis Famosis, 77 Eng. Rep. 250, 251 (K. B. 1605).

[69] See 3 Blackstone, *Commentaries*, at 126. See 2 James Kent, *Commentaries on American Law* 18—24 (2d ed., 1832). 在早期普通法看来,"真相越清楚,诽谤越严重。"David Riesman, "Democracy and Defamation: Control of Group Libel", 42 *Columbia Law Review* 727, 735 (1942) (quoting Lord Mansfield). 随后在刑事诽谤控告中,以事实作为辩护的发展,见 Laurence H. Eldredge, *The Law of Defamation* § 64, at 324—327 (1978); Marc A. Franklin, "The Origins and Constutitionality of Limitations on Truth as a Defense in Tort Law", 16 *Stanford Law Review* 789, 790—805 (1964); and Roy Robert Ray, "Truth: A Defense to Libel", 16 *Minnesota Law Review* 43, 43—49 (1931).

[70] Eldredge, *Law of Defamation* § 63, at 323.

含诽谤性嘲弄的讽刺而获得赔偿。[71]

这一传统主要是以侵权规制不文明的交流,勒尼德·汉德(Learned Hand)在一份维持诽谤判决的法律意见中对此进行了绝好地总结,在该案中一张照片并未就原告做出任何真实或虚假的说明,然而仍然使其遭到"大大的嘲弄"。汉德称,"只要不能以真实作为辩护,就不可能存在诽谤,这是一个不合逻辑的推论;这会颠覆关于整个主题的恰当路径。"侵权的功能是要为不文明的交流提供救济,这些交流会让人们遭到"嘲弄、流言、谴责、轻蔑、侮辱"。汉德写道,"法律规定以真实作为辩护的唯一原因,不是因为诽谤必然是虚假的,而是因为表达真实在任何情形下都比声誉重要。"[72]

约在世纪之交的时候,普通法认知真实的传统进路开始改变。法院开始谈到原告证明虚假的责任,而非被告证明真实的责任。按照这种方式转换证明责任,主要是为了缩小侵权的关注点,从内容不文明的交流转向因虚假事实陈述而致内容不文明的交流。侵权焦点的改变在第一次《侵权法重述》的诽谤诉由要素中得到了体现,"当未经授权发表虚假且具有诽谤性的事项时,需要承担诽谤的责任。"[73] 不过,《侵权法重述》并未完全放弃传统普通法的关注点,因为还明确保留了一条,规定可诉的

---

[71] See, e. g., Doherty v. Kansas City Star Co., 144 Kan. 206, 59 P. 2d 30 (1936); Brown v. Harrington, 208 Mass. 600, 95 N. E. 655 (1911); Ellis v. Kimball, 33 Mass. (16 Pick.) 132 (1834); Donald Serrell Thomas, *A Long Time Burning*: *The History of Liberary Censorship in England* 56—61 (1969). 有必要对正文的观点做两项附加说明。第一,责任取决于普通法"公允评论"特权的适用。第二,普通法通常拒绝仅根据"辱骂"或卑鄙的"言辞"规定责任。See Rodeny Smolla, *Law of Defamation* § 4.03 (3d ed., 1989).

[72] Burton v. Crowell Publishing Co., 82 F. 2d 154, 156, 154 (quoting Complaint, *Burton* [No. 258]), 156 (2d Cir. 1936).

[73] *Restatement of Torts* § 558 (1938).

交流"可以由观点的陈述组成"[74]。尽管承认观点的法律特征取决于"是否适当"而非"真实或虚假",《侵权法重述》仍然认为,"通过贬损性的形容词、绰号以及事实陈述,都可以进行诽谤性的交流。"[75]《侵权法重述》甚至以包含政治批评的例证说明这一点:

> 甲在发表政治言论的时候,准确地说明其对手阻碍甲所支持的政治改革措施的某些具体行为。在辩论的过程中,甲称任何这样做的人都堪比谋杀犯。甲这就诽谤了其对手……[76]

第一次《侵权法重述》因此包含两种不同的诽谤侵权[77],一种是传统的,关注对不文明交流的规制,一种是较新的,关注因虚假事实陈述因而不文明的交流。这一双重关注在第二次《侵权法重述》的试拟稿中也很明显。它们不仅包括诽谤性陈述应是"虚假的"[78]要求,还包括仅只是观点的表达即构成可诉性诽谤的规定。[79] 实际上,最近在1974年5月23日,美国法律学会(American Law Institute)批准在第二次《侵权法重述》新加入名

---

[74] Id., § 566. 有关的评注(comment a)指出,如果某交流"就所讨论的行为表达的是非常贬损性的观点,那么就是诽谤性的,除非作为公允的评论豁免,否则就是可诉的"。

[75] Id., § 566 comment a.

[76] Id., § 566. comment a illustration. 不过,《侵权法重述》还指出,甲的批评可能作为"公允评论"而豁免。

[77] 乔治·克里斯蒂(George Christie)很好地探讨了这种不一致。See George C. Christie, "Defamatory Opinions and the *Restatement (Second) of Torts*", 75 Michigan Law Review 1621, 1625—1628 (1977).

[78] See *Restatement (Second) of Torts* § 558 (Tent. Draft No. 20, 1974). 起草者在1975年4月5日强化了相关的要求。See *Restatement (Second) of Torts* § 558 (a) (Tent. Draft No. 21, 1975). 最终的第558条规定:"要承担诽谤的责任必须存在:(a)关于他人的虚假且诽谤性的陈述……"

[79] See *Restatement (Second) of Torts* § 556 (Tent. Draft No. 20, 1974). 不过,试拟稿确实增加了下述评论:"即便表达的某贬损性的观点是诽谤性的,如果涉及公共或普遍利益问题,宪法就会限制提出诽谤诉讼。"Id., § 556 comment a.

为"嘲讽"的一条,规定"以言辞或其他方式嘲讽另外一个人即可构成诽谤性交流"。[80] 这一条的评注称:

> 诽谤的一种常见形式即嘲讽,实际上是表达一种原告很可笑的观点,因而使其遭受蔑视、嘲弄或其他贬损性的感受。带有刺激且造成敌对而非同情或中性玩笑的幽默作品、诗歌、卡通或漫画,也可以是诽谤性的。[81]

一个月后,1974 年 6 月 25 日,最高法院在"格尔兹诉罗伯特·韦尔奇公司案"(Gertz v. Robert Welch, Inc)发布了关于宪法保护观点的著名意见:

> 我们首先从共同的立场出发。根据第一修正案,并不存在虚假观念这种东西。不过,无论一个观点看上去多么有害,我们也不是依靠法官和陪审团的良心加以矫正,而是其他观念的竞争。但虚假的事实陈述没有宪法价值。[82]

"格尔兹案"的法律意见明确取代了传统普通法对真实的理解,断然将侵权的焦点转到因为虚假事实陈述而不文明的交流。[83] 普通法对其他形式不文明交流的规制,诸如因为真实的

---

[80] Id., §567A (Tent. Draft No. 20, 1974); see also 51 *ALI Proceedings* 302—339 (1974)(报道了最终放弃 567A 条的讨论);Christie, "Defamatory Opinions", at 1628—1630(描述了 567A 条的提议以及最初对其的支持)。作为报告人,普罗瑟(Prosser)院长最初在 1965 年引入了这一条;他称:"在《重述》中似乎找不到嘲讽,既然是一种常见的诽谤形式,显然就应当规定在某处。" 42 *ALI Proceedings* 404 (1965)。

[81] *Restatement (Second) of Torts* §567A comment a (Tent. Draft No. 20, 1974)。

[82] 418 U.S. 323, 339—340 (footnote omitted)(1974)。

[83] See Randall P. Bezanson, "The Libel Tort Today", 45 *Washington and Lee Law Review* 535, 540—541 (1988)。

事实陈述或嘲讽而有违得体的情形,因此被诸如侵犯隐私[84]或故意造成精神痛苦的侵权取而代之。

当然,在杰里·福尔韦尔诉弗林特的案件中,发生在他身上的也正是如此。因为"格尔兹案"的法律意见明确给予《皮条客》模仿作品这种贬损性嘲弄豁免,福尔韦尔就其案件不得不提出,以相对晚近的故意造成精神损害侵权作为责任的基础。尽管后者的侵权要素完全不同于诽谤侵权,仍然具有非常类似的社会学结构。

在彻底进入 20 世纪前,"悠久的普通法规则"并不承认"纯粹的精神损害"请求。[85] 不过,到 1939 年,也就是大约诽谤侵权将关注点转移到虚假事实陈述的同时,普罗瑟院长就可以写到:"现在应承认法院确立了一种新的侵权"规制"以极端形式故意造成过度的精神损害。"[86] 1948 年,第二次《侵权法重述》的起草者承认了这种新的侵权[87],现在则被普遍接受。[88] 尽管

---

[84] See *Restatement (Second) of Torts* § 652 D (1977). 早期的隐私案件认为在刑事诽谤的真相理论("真相越清楚,诽谤越严重")与隐私侵权的原理之间存在明确的联系。See, e.g., Roberon v. Rochester Folding Box Co., 171 N.Y. 538, 555—556, 64 N. E. 442, 447 (1902); see also Eldredge, *Law of Defamation*, § 66 at 330—331 and n. 41; Calvert Magruder, "Mental and Emotional Distrubance in the Law of Torts", 49 *Harvard Law Review* 1033, 1061 (1936). ("'隐私权'是对下述原理的侧面抨击,即在口头诽谤(libel)和书面诽谤(slander)诉讼中,真相是绝对的辩护。")

[85] Southern Express Co. v. Byers, 240 U. S. 612, 615 (1916).

[86] William Prosser, "Intentional Infliction of Mental Suffering: A New Tort," 37 *Michigan Law Review* 874 (1939); see generally Magruder, "Mental and Emotional Disturbance" (描述了广义侵权原则的出现,为更过分情形中的精神痛苦提供救济)。

[87] See Willard H. Pedrick, "Intentional Infliction: Should Section 46 Be Revised", 13 *Pepperdine Law Review* 1, 2—5 (1985).

[88] 关于各个州故意造成精神苦侵权的考察,见 *Libel Defense Resource Center, 50-State Survey 1988: Current Developments in Media and Invasion of Privacy Law* 926—967 (Henry R. Kaufman, ed., 1988).

弗吉尼亚法律确立的四项侵权要素非常具有代表性[89]，"尽管显然具有众多的因素，这一侵权在实践中往往简化为单一的要素，即被告的行为过分。"[90]

这种简化的发生，是因为有一种强烈的趋势认为，"被告行为的极端和过分本身就是痛苦存在的重要证据"[91]，结果原告只要简单重复他为之困扰通常就可以满足"严重的"精神痛苦这一要素。"福尔韦尔案"本身即体现了这一趋势，至少可以这样说，福尔韦尔精神痛苦的独立证据少的不能再少。[92] 过分的行为必然会导致精神痛苦这一隐含的假设，同样可以满足"致害者的行为与精神痛苦存在因果关系"[93]的要求。结果就像"福尔韦尔案"那样，原告简单的证言往往就可以满足因果关系的因素。最后，被告"应当知道"过分的行为会造成精神痛苦这一观念即可满足故意或粗心大意的因素。问题因此就变为被告的行为本身是否是故意的。

侵权的四项要素"坍缩"[94]成为被告行为过分的单一问题，在社会学上具有重要意义。过分的行为正是"有违公认的得体与道德标准"[95]，因而用第二次《侵权法重述》富有影响的言辞

---

[89] 第二次《侵权法重述》第46条现在规定："以极端且过分的行为故意或轻率地对他人造成严重精神痛苦者应承担责任……"

[90] Daniel Givelber, "The Right to Minimum Social Decency and the Limits of Even-handedness: Intentional Infliction of Emotional Distress by Outrageous Conduct", 82 *Columbia Law Review* 42, 42—49 (1982); see Note, "Threat to Free Speech", at 1004—1008.

[91] *Restatement (Second) of Torts* § 46 comment j (1977).

[92] 罗德尼·斯莫拉敏锐地指出了《皮条客》模仿作品的过分与福尔韦尔的痛苦之间固有的相互关系，他说"这种广告怎么会不造成痛苦……"Smolla, *Jerry Falwell v. Larry Flynt*, at 158.

[93] Womack v. Eldridge, 215 Va. 338, 342, 210 S. E. 2d 145, 148 (1974).

[94] See Givelber, "Minimum Social Decency", at 49. 关于法院有意识地抵制这一"坍缩"的罕见例证，见 Kazatsky v. King David Memorial Park, Inc., 515 Pa. 183, 197—198, 527 A. 2d 988, 995 (1987).

[95] *Womack*, 215 Va. At 342, 210 S. E. 2d at 148.

来说,"在文明社会中是完全无法容忍的。相关情形是这样的,向该共同体的普通成员重述有关事实就会导致其憎恶行为者,并惊呼'过分!'。"[96]因为"文明社会"具有良好教养的成员已将侵权所保护的"公认的得体和道德标准"纳入自己的认同,他们就会认为违背这些标准的行为严重侮辱人格、不敬而且痛苦。强烈地感到对这种行为将产生自然且否定的情绪反应,所以《侵权法重述》(以及大部分法院)以此界定所要规制的行为。陪审团愿意这样行事亦不足奇。

133　　　人格与文明的相互依赖因而削弱了侵权的正式结构,导致其截然不同因素的"坍缩"。即便作为原理问题,侵权遵循的是过失诉讼的模式,即当且仅当被告不可接受的行为真正造成明显的伤害才承担责任,侵权的实际结构反而类似诽谤或侵犯隐私的诉讼,没有原告主张或证明实际伤害的独立要求。[97] 从社会学的角度来看,就像后面这些诉讼那样,侵权的作用是惩罚那些违反文明规则的被告,而不考虑其行为可能的结果。

因此,正如普通法的诽谤和侵犯隐私诉讼,故意造成精神痛

---

[96] *Restatement (Second) of Torts* § 46 comment d (1977). 关于这一评注巨大影响的抽样, see Teamsters Local 959 v. Wells, 749 P. 2d 349, 357 n. 13 (Alaska 1988); Watts v. Golden Age Nursing Home, 127 Ariz. 255, 258, 619 P. 2d 1032, 1035 (1980); Haldeman v. Total Petroleum, Inc., 376 N. W. 2d 98, 104—105 (Iowa 1985); Roberts v. Auto-Owners Ins. Co., 422 Mich. 594, 602—605, 374 N. W. 2d 905, 908—910 (1985); Dominguez v. Stone, 97 N. M. 211, 214, 638 P. 2d 423, 426 (1981); Breeden v. League Servs. Corp., 575 P. 2d 1374, 1376 (Okla. 1978); and Contreras v. Crown Zellerbach Corp., 88 Wash. 2d 735, 739—740, 565 P. 2d 1173, 1176 (1977).

[97] 当然,在普通法中,发表诽谤性的说明本身就带有不容置疑的伤害推定。See Post, "Foundations of Defamation Law", at 697—699. 在"格尔兹诉罗伯特·韦尔奇公司案"(Gertz v. Robert Welch, Inc., 418 U. S. 323(1974))中,最高法院认定这种不容置疑的伤害推定不合宪,相反要求某种"实际伤害"的表现,包括"个人羞辱、精神痛苦与损害"的证据。11年后,最高法院认定,如果原告是私人且争的交流并不涉及"公众关心的问题",那么这种普通法的推定就是合宪的。Dun and Bradstreet, Inc. v. Greenmoss Builders, Inc., 472 U. S. 749, 761 (1985) (plurality opinion).

苦的侵权在实践中至少可以满足两种不同的目的。其不仅为那些人格遭到不文明行为威胁的人提供救济,还可以保障那些为我们界定"文明社会"生活含义的、"公认的得体与道德标准"。

当然,这些标准许多都存在于交流规范中,即界定文明讨论条件的规范。正如最高法院在"伯特利403校区诉弗雷泽案"(Bethel School District No. 403 v. Fraser)强调得那样,这些规范就维持"公共商谈"而言尤为重要,因为"文明的习惯和举止对于共同体和国家的自治不可或缺。"[98] 弗兰克·米歇尔曼大意也是如此,认为公共讨论不可能"创生于法律"(jurisgenerative),除非"不被认为或体验为强制性的、冒犯性的或以其他方式侵犯人们的认同或自由"[99]。然而在没有明知虚假陈述事实的情况下,"福尔韦尔案"的法律意见禁止故意造成精神痛苦的侵权实施的正是下述规范,这些规范界定什么是文明因而限制可能被体验为强制性且侵犯认同的言论。

再者,正如这一讨论所示;该法律意见这一禁止性要求的确切理据显有不足。最高法院称,"在政治和社会商谈领域",过分和不过分言论的区分并不具有"原则性",因而在宪法上并不适当,因为"其固有的主观性"会使得仅根据"品味"或偏好规定责任。[100] 尽管这一说理准确地捕捉到第一修正案法理的中心

---

[98] 478 U. S. 675, 681—682 (1986) (quoting Charles Austin Beard and Mary Beard, New Basic History of the United States 228 [1968])。最高法院指出:"'维持民主政治制度所必需的基本价值'并不赞成运用对其他人具有严重冒犯性或威胁性的辩论方式。" Id. at 683 (quoting Ambach v. Norwick, 441 U. S. 68, 77 [1979])。

[99] Michelman, "Law's Republic", at 1527.

[100] See 485 U. S. at 55. 最高法院1月后在"布斯诉巴里案"(Boos v. Barry, 485 U. S. 312 (1988))中重申了这一推理,在该案中,最高法院否定了一项规制冒犯外交人员"尊严"言论的法律,称"这种'尊严'标准,正如我们在'《皮条客》案'中否定的'过分'标准一样,本质上都是主观的。" Id., at 322.

186 宪法的领域

134 论题[101],然而似乎被错误地置于诉诸主体间性而非私人判断标准的侵权情境。过分行为是违反共同体价值的行为,而非只是私人或特异的偏好。[102] 最高法院对"品味"的援引未能认识到,品味诉诸的是社会共同的评价标准,因而"品味就其本质而言并非私人性的,而是一种社会现象"。[103] 伊曼纽尔·康德关于这一点的经典现代阐述与品味形成对比,即"要求"其他人愉快或高兴地同意,即"每个人都同意,他建立在私人感受上的判断以及藉此他就让自己感到愉悦的客体的看法,都应仅限于他自身。"[104]

主张言论过分,不仅意味着私人意义的不高兴或不爽;还主张相关言论之所以不可取,是因为不符合共同的得体标准。这种主张可能存在争议,但却既非专断,也非主观的。这一点甚至在严格的第一修正案原理范围内亦可以得到承认,后者划分宪法保护和不保护言论界限的依据是这种在结构上类似的主张,诸如言论"激发性欲"(根据"当前社会的标准"[105])因而"是淫秽的",或言论属于"出口即会造成伤害"因而构成"挑衅性言论"[106],或言论"粗俗、具有冒犯性且令人憎恶",因而不适合日间播送。[107]

于是,推动"福尔韦尔案"法律意见的,显然并非过分与不过

---

[101] See, e.g., Cohen v. California, 403 U.S. 15, 21, 25 (1971).

[102] 关于这一区分清晰的讨论,见 Mark Sagoff, "Values and Preferences", 96 *Ethics* 301 (1986)。

[103] Hans-George Gadamer, *Truth and Method* 34 (Garrett Barden and John Cumming, tras., 2d ed., 1975).

[104] Immanuel Kant, *Critique of Judgment* 46 (J. H. Bernand, trans., 1968). 康德接着说:"因而他可以相当满足地说:'金丝雀酒不错。'另外一个可以矫正他的表述,提醒他应该说,'就我而言是不错。'"Id., at 57 (emphasis in original).

[105] Miller v. California, 413 U.S. 15, 24 (1973) (quoting Kois v. Wisconsin, 408 U.S. 229, 230 [1972] [quoting Roth v. United States, 354 U.S. 476, 489 (1957)]).

[106] Chaplinsky v. New Hampshire, 315 U.S. 568, 572 (1942).

[107] FCC. v. Pacifica Found., 438 U.S. 726, 747 (1978).

分言论的区分是否主观或专断,而是在宪法上不适合作为法律规制公共商谈的标准。当然,问题正是在于,这一区分缘何不适当,而"福尔韦尔案"的法律意见就此并未做出说明。

不过,就宪法保护特定的"公共事务讨论领域"而言,"福尔韦尔案"法律意见的这一关注是明确的[108],建构一种充分的解释理论就必须从这一关注开始。

二、第一修正案与公共商谈

通常第一修正案的法理与"公共"的概念存在很强的亲和力。"最高法院已经强调说,,第一修正案'至少包括公开讨论……公众关注的所有问题的自由。'"[109] 最高法院不止一次称,"关于公共问题的表达'永远属于第一修正案价值序列的最高层级'"[110],关于"公共关注"问题的言论"有资格获得特殊保护"[111] 有关"公众人物"的言论同样如此,公众人物即"那些拥有政府公职的人"以及"因成就卓著或追求公众关注的活力与成功,因而在严格的意义上被归为公众人物的人"。[112]

就第一修正案的原理而言,公共的概念具有数个不同的含义。一个重要的含义就是言论地点的选定被认为在宪法上不受国家机构管理权干涉。在当代"公共论坛"原理中,"公共"的概念就是这一含义。但在诸如"福尔韦尔案"的情境中,公共概念

---

[108]　*Falwell*, 485 U.S. at 53.
[109]　Consolidated Edison Co. v. Public Serv. Comm'n, 447 U. S. 530, 534 (1980) (quoting Thornhill v. Alabama, 310 U. S. 88, 101 [1940]).
[110]　NAACP v. Claiborne Hardware Co., 458 U.S. 886, 913 (1982) (quoting Carey v. Brown, 447 U.S. 455, 467 [1980]).
[111]　Connick v. Myers, 461 U.S. 138, 145 (1983); see Philadelphia Newspaper, Inc. v. Hepps, 475 U.S. 767, 775 (1986); Thornhill v. Alabama, 310 U.S. 88, 101—102 (1940).
[112]　Gertz v. Robert Welch, Inc., 418 U.S. 323, 342 (1974).

表达的含义完全不同。相反,其指的是保护言论免于通过故意造成精神痛苦的侵权所实施的共同体规范控制。本节就是要讨论这种保障的理据与后果。

(一) 公共商谈与共同体

诸如"福尔韦尔案"判决所系争的"公共商谈"概念,在很多方面都是非常独特、反直觉的。或许比较第一修正案的公共商谈概念与 19 世纪普通法"公允评论"(fair comment)特权所形成的一个对立观念,可以最明显地看到这些属性。大致来说,前述特权尽管有很多局部和时代的变化,起到的作用是豁免就公众关心的问题发布真诚但诽谤性的观点,这些观点是公允的且以没有恶意的方式表达。[113]

这一特权被追溯到 1808 年的一个判决,该判决涉及对三部旅游书籍的尖锐批评。[114] 尽管相关的批评就其他方面而言具有诽谤性质,但法官指示陪审团道:"出版书籍的任何人都要接受公众的评判,任何人都可以就其表现发表评论……无论价值如何,其他人都有权品头论足,如果可以审查就进行审查,如果可笑就进行嘲讽。"[115] 这位法官说,任何其他的结论,都会使得书籍的作者"专享尊重此书的情感与观点"[116]。

随着这种特权获得承认,而且扩展到包含纯粹政治性的讨

---

[113] See, e. g., *Restatement of Torts* § §606—607 (1938); 1 William Blake Odgers, *The Law of Libel and Slander* 34—68 (1887); Ralph E. Boyer, "Fair Comments", 15 *Ohio State Law Journal* 280 (1954); Charles Cooper Townsend, "The English Law Governing the Right of Criticism and Fair Comment", 30 *American Law Register* 517 (1891).

[114] Carr v. Hood, 170 Eng. Rep. at 983, 1 Camp. at 355 (K. B. 1808); see John E. Hallen, "Fair Comment", 8 *Texas Law Review* 41, 43—44 (1929).

[115] Carr, 170 Eng. Rep. at 985, 1 Camp. at 358; see also Van Vechten Veeder, "Freedom of Public Discussion", 23 *Harvard Law Review* 413, 414 (1910)(关于文学批评是最先获得公允评论特权的商谈)。

[116] Carr, 170 Eng. Rep. at 985, 1 Camp. at 357.

论,这种特权的要素也获得了更强烈地关注。尽管不同时期不同的法官有不同的表述,这些要素包括的要求有:享有特权的评论体现的是演讲者真诚的信念[117];评论陈述的是观点而非事实[118];评论关注的是"公共利益"问题而非诸如只是作者或政治家等公众人物的"私人品质"[119]。要想成功援用这一特权,还要求评论没有恶意[120],意思是评论应出于"严格的公共目的"而非"某种隐秘、不当的目的"[121],评论的方式不是过于激烈。[122]

乍看起来,公允评论的特权与"福尔韦尔案"形成的宪法特权类似:两项特权都试图界定一种明显"公共"的商谈领域,而且其原理都以观点与事实的区分为基础。但这种类似只是表面上的,因为事实上这两种特权预设着迥然不同的公共商谈概念。

公允评论特权界定的"公共事务讨论领域"在各个方面都是规范性的,即关注的是公共交流"的情境是否恰当,动机是否恰当,方式是否恰当以及……是否具有合理或确实的理由。"[123]因而公允评论特权设想的公共辩论充斥着最高法院在"伯特利

---

[117] See Veeder, "Freedom of Public Discussion", at 425—426.
[118] See Dix W. Noel, "Defamation of Public Officers and Candidates", 49 *Columbia Law Review* 875, 878—880 (1949); Titus, "Statement of Fact Versus Statement of Opinion—A Spurious Dispute in Fair Comment", 15 *Vanderbilit Law Review* 1203, 1203—1205 (1962). 少数美国法院认定这一特权同样应扩展到虚假的事实陈述,条件是还要满足该特权的其他条件。See Noel, "Defamation", at 891; Robert Post, "Defaming Public Officials: On Doctrine and Legal History", 1987 *American Bar Foundation Research Journal* (Review Essay) 539, 552—553.
[119] See Note, "Fair Comment", 62 *Harvard Law Review* 1207, 1207—1211 (1949).
[120] See Charles H. Carman, "Hutchison v. Proxmire and the Neglected Fair Comment Defense: An Alternative to 'Actual Malice'", 30 *De Paul Law Review* 1, 11 (1980); Thayer, "Fair Comment as a Defense", 1950 *Wisconsin Law Review* 288, 306—307.
[121] Veeder, "Freedom of Public Discussion", at 425.
[122] See Note, "Fair Comment", at 1216.
[123] Bausewine v. Norristown Herald, 351 Pa. 634, 645, 41 A. 2d 736, 742, cert. denied, 326 U. S. 724 (1945); see Preveden v. Croation Fraternal Union of America, 98 F. Supp. 784, 786 (W. D. Pa. 1951).

403校区诉弗雷泽案"所颂扬的"文明习惯与举止",而且受其控制。[124] 尽管适用这一特权的法院运用的原理标准各异,诸如事实与观点的区分、恶意的性质或正当公共利益的范围,最终这些标准只是法院能够分析下述规范问题的工具,在公共商谈中认为公众人物具有卑鄙的动机[125]、审查公众人物的私人品质或生活[126]、以"轻蔑的影射、挖苦的语句蓄意羞辱……而且完全没有公允评论的表现"表达关于公众人物的评价[127]是否文明和适当。

换言之,公允评论特权的作用是解释和维持文明的规范,方式与潜在的诽谤侵权相同。尽管这一特权的存在表明,就普通法而言,公共商谈拥有自己不同的文明规则,与私人生活领域相比,容许更自由地发表观点,但普通法仍然要公共商谈服从共同体的适当与得体观念。与这种服从一致的是,普通法交由陪审团,即共同体的代表,决定是否使用公允评论的特权。[128] 通过这种方式,普通法牢固地将公共商谈的范围置于由文明和尊重规则所界定的共同体当中。

然而,第一修正案原理所界定的公共商谈范围则恰好相反。自20世纪30年代以来,最高法院就不断表达一种"公共事务讨论领域"的特定宪法愿景,超越任何特定共同体的范围与视角。这一愿景早期的经典表述体现于"坎特韦尔诉康涅狄格州案"

---

[124] 478 U.S. 675, 681 (1986).
[125] See Boyer, "Fair Comment", at 290—292; Hallen, "Fair Comment", at 74—81; Noel, "Defamation", at 881—887; Note, "Fair Comment", at 1209—1210.
[126] See Boyer, "Fair Comment", at 290—292; Hallen, "Fair Comment", at 81—86; David Reisman, "Democracy and Defamation: Fair Game and Fair Comment II", 42 *Columbia Law Review* 1282, 1289—1290 (1942); Note, "Fair Comment", at 1210—1211.
[127] Williams v. Hicks Printing Co., 159 Wis. 90, 102, 150 N.W. 183, 188 (1914); see also Balzac v. Porto Rico, 258 U.S. 298, 314 (1922).
[128] See Philip Lewis, *Gatley on Libel and Slander* 748—750 (8th ed. 1981); *Restatement of Torts* §§ 618—619 (1938). 不过,法院保有决定"诽谤性批评"是否包含"公众关心事项"的权力。Id., §618 (1).

(Cantwell v. Connecticut),在该案中,一位耶和华见证人的信徒被判犯有普通法上的破坏安宁罪,因为其对天主教听众发表无疑非常具有冒犯性的言论。最高法院认定该言论受宪法保护:

> 在宗教信仰领域以及政治信仰领域,会出现尖锐的分歧。在这两个领域,一个人的原则对其邻人来说却可能是十足的错误。正如我们所知,为了说服其他人接受自己的观点,辩论者有时候会采取夸张的方法,贬低教会或国家当时或曾经显赫的人,甚至诉诸虚假的陈述。但本国的人民根据历史决定,尽管存在过度与滥用的可能,这些自由从长远来看,对民主社会公民的文明观点与正确举止都必不可少。
>
> 这些自由的基本特征是,在它们的保护下,许多类型的生活、性格、意见和信仰都可以平安且不受阻挠地发展。在我们本国,对于一个由许多种族和宗教组成的民族而言,这种保护尤为必要。[129]

这一段的内容特别丰富和委婉,值得认真关注。该段落勾勒的宪法豁免权的范围,适用于关于公共话题的言论,诸如"宗教信仰"或"政治信念"或"著名"人物,即便这种言论有违反对"夸张"、"贬低"、"过度和滥用"等最基本的文明规则。这种豁免的理据在于,美国包含"许多"不同的共同体,经常发生尖锐的冲突。如果国家实施这个共同体的文明规则,例如天主教的,反对另外一个共同体的规则,例如说耶和华见证人的,国家实际上是在运用其权力和权威支持某些共同体,压制其他共同体。但第一修正案禁止国家这样行事,以便"许多类型的生活、性格、意见和信仰都可以平安且不受阻挠地发展"。

"坎特韦尔案"因而拒绝在一个由宪法界定的公共商谈范围

---

[129] 310 U.S. 296, 310 (1940)。"坎特韦尔案"的裁定部分还基于第一修正案的表达自由条款。

实施文明规则，因为其认为共同体不稳定且不断演化。如果普通法的公允评论特权体现和实施的是一个固定且普遍接受的共同体的文明规则，共同体自身即包含着某种独特的公共商谈范围，那么自"坎特韦尔案"以来，第一修正案原理维持的公共商谈范围却是，共同体本身通过竞相获得个体追随者忠诚的方式发展。"坎特韦尔案"所确立的宪法"庇护"确保这种竞争在同一水平上进行，没有哪个特定的共同体可以获得不正当的优势，运用国家的权力实施自己的特殊规范或文明规则从而预断竞争的结果。这种特殊的中立性体现于下述事实，宪法将作出判决的主要场所由代表共同体标准的陪审团转到法官，后者代表的是中立的、全面的公共秩序，进行"独立审查"以确定"宪法事实"问题。[130]

这一分析表明，由"坎特韦尔案"阐述的、人们熟悉的宪法中立性的意象，实际上以共同体的生活由成员自愿选择的假设为基础。正因为这一假设，"坎特韦尔案"认为第一修正案的功能是保障做出新的、更令人满意的选择的可能。[131] 不过，这种社会生活的愿景，从根本上有别于普通法诽谤侵权和故意造成精神痛苦侵权所假定的愿景，后者认为自我是由共同体规范构成的。这些侵权之所以惩罚违反文明规则的言论，是由于认为这种言论侵害共同体成员的认同本身；另一方面，第一修正案的原理则以运用此等言论确立新的认同的可能性为基础。

于是最终"坎特韦尔案"的逻辑是要宪法坚定地支持那些试

---

[130] See Harte-Hanks Communications, Inc. v. Connaughton, 491 U.S. 657, 685—686(1989); Bose Corp. v. Consumers Union of United States, Inc., 466 U.S. 485, 498—511 (1984).

[131] 这种可能对美国人情感的重要性再怎么强调也不过分。例如，它构成了约翰·杜威断言的基础，"民主是一种生活方式，受有效信任人性的可能性支配"，这一断言几乎已经是老生常谈了。John Dewey, "Creative Democracy-The Task Before Us", in *Classic American Philosophers* 389, 391 (Max Harold Fisch, ed., 1951).

图运用言论改变共同体生活条件的个体。这是第一修正案原理强大的"思想个体主义"(intellectual individualism)的一个重要来源。[132] 这种个体主义最雄辩的表述或许就是"科恩诉加利福尼亚州案"(Cohen v. California),在该案中最高法院否定加州有权惩罚"不得体的"言论,以便维持"政治体内适当的商谈水准":

> 在我们这种多样且人口稠密的社会中,表达自由的宪法权利是一剂有效的良药。其旨在取消政府对公共讨论领域的限制,将应当表达什么观点的决定主要交在我们每个人手中,希望这种自由的运用最终会形成更有能力的公民群体、更完美的政治体,相信其他任何进路都不符合我们政治制度所依据的个人尊严与选择的假定。[133]

源自这种追求个体主义的中立公共商谈范围的概念,就普通法故意造成精神痛苦侵权所实施的文明规则具有强大的寓意。例如,"福尔韦尔案"系争的具体"过分"标准,只有在特定共同体公认的规范内方有意义。但公共商谈的宪法概念禁止国家在"公共事务讨论领域"实施这种标准[134],因为这样会使某具

---

[132] West Va. State Bd. Of Educ. v. Barnette, 319 U. S. 624, 641 (1943).

[133] 403 U. S. 15, 23—24 (1971) (citing Whitney v. California, 274 U. S. 357, 375—377 [1977][Brandeis, J., concurring]). 第一修正案原理的个体主义与民主最深处的逻辑联系在一起。就人格与社会结构相互依赖而言,就民主是一种人们必须在其中不断选择他们的价值和追求的社会结构而言,民主在本质上必然预设足以创造共同体而不是被共同体所创造的自主公民。因此惠特曼称颂美国政府以"通过自愿标准和自力更生发展和完善的理论"为基础,以"完善的个体主义理念"为前提。Walt Whitman, "Demoractic Vistas", in *Leaves of Grass, and Selected Prose* 460, 471 (John Kouwenhoven, ed., 1950). 民主的概念因而本身包含着十分激进的寓意,相较于证成规制诽谤或故意造成精神痛苦的自我,其所指向的自我意象是迥然不同的。这些寓意在有别于第一修正案原理情境下的尝试性发展,体现在布莱克门大法官"鲍尔斯诉哈德威克案"(Bowers v. Hardwick, 478 U. S. 186, 199(1986) (Blackmum, J., Dissenting))的异议中。See Jed Rubinfeld, "The Right of Privacy", 102 *Harvard Law Review* 737, 783—799 (1989).

[134] *Falwell*, 485 U. S. at 53.

体的共同体拥有特权,损害个体说服其他人需要加以改变的能力。过分的言论使共同体的认同在实践和认知的层面都遭到了质疑,因而拥有集中注意力、打乱以往的假设且震动听众从而承认陌生生活形式的独特力量。

当然,根据这一解释,"过分"标准之所以不可接受,不是因为"固有的主观性"[135],而是因为其使得单个的共同体能够运用国家的权威将言论限于自身的适当观念范围内。[136] "福尔韦尔案"本身倾向于这后一种解释,根据下述"再三重复"的假设为裁定进行辩护,"第一修正案的核心原则是政府必须在观念市场中保持中立。"[137] 然而,就像大部分的现代评论那样,这种倾向的困难在于,只是设想观念层面的中立性,而非在确立共同体生活更一般的结构层面。我们或许可以矫正这一困难,称公共商谈的概念要求国家在"共同体市场"保持中立。

重要的是,这种中立性并没有且不可能普遍适用于公共生活,在此领域中,法律以实施这个或那个具体共同体认同的方式规制行为,这非常自然和普遍。我们禁止滥用毒品或种族歧视,是因为我们认为这种行为不符合我们希望成为的人。但现代第一修正案原理的要旨,是禁止以这种方式规制言论。这种禁止的结果是确保公法所确立的各种认同仍要接受言论的反复评

---

[135] Id., at 55.

[136] 就最高法院拒绝在"布斯诉巴里案"(Boos v. Barry, 485 U. S. 313, 322 (1988))中实施"尊严"标准同样也可以这样说。尽管在本质上并非主观性的,"尊严"标准与具体共同体的特定规范存在固有的联系。正如理查德·罗蒂(Richard Rorty)所称:"'固有的人性尊严'是人们藉以识别自身群体的相对尊严。由此看来,国家、教会或团体是杰出的历史典型,不是因为他们折射散发自更高源泉的光芒,而是因为对比的效果,即与相较于其他更糟糕的共同体而言。人们拥有尊严并不是内在的荧光,而是因为他们分享这种对比的效果。"Richard Rorty, "Postmodernist Bourgeious Liberalism", 80 *Journal of Philosophy* 583, 586—587 (1983). 因此,国家根据"尊严"标准规制言论就会施加特殊共同体的"榜样"。

[137] 485 U. S. at 56 (quoting FCC v. Pacifica Found., 438 U. S. 726, 745—746 [1978]).

价,就此有限的范围而言是脆弱且临时的。[138] 因而建立独立于任何特定共同体规范的独特公共商谈领域的宪法志向,已经严厉地迫使第一修正案原理将行为与交流分开。然而,普通法的公允评论特权通过让公共商谈像其他任何举止那样服从共同体的规范,抹掉了言论和行为的这一区别。

因此,宪法和普通法从根本上体现了不同的公共商谈概念。[139]

(二)公共商谈的结构

商谈可以脱离普通共同体生活的规范而进行这一观念,会提出某种谜题。"科恩案"告诉我们,第一修正案所确立的"公共讨论领域"旨在形成"更完善的政体"[140]。但如果那些参与该领域的人在造成美国共同体彼此分裂的鸿沟两边对话,这怎么可能实现? 我们完全可以提出,这样的人如何发现共同的基础支持对他们相互都有利的讨论。

不同寻常的是,大约在最高法院塑造其特殊的公共商谈概念的同时,美国社会学家也在发展一种惊人类似的公众观念,他们将其视作一种社会组织形成,超越具体的共同体,而且只在面临着不同且冲突的共同体生活形式时才存在。例如,在1933年的文章"公众的概念"(The Concept of the Public)中,卡罗尔·克拉克指出,"在某个群体成为公众之前,必然存在不同观点的冲突,包括设定行为模式、确定后果判断的默示或明示规则。"只有

---

[138] 正如哈罗德·拉斯韦尔(Harold Lasswell)在1941年写道,当时公共讨论在全世界都在消退:"当提出具有争议性的集体行动要求时,社会就是以公众的身份行事,""只要主题不在讨论范围时",就是以群众的身份行动。Harold D. Lasswell, *Democracy Through Public Opinion* 20 (1941). 塔尔德(Gabriel de Tarde)最先在1910年《舆论与大众》(*L'Opinion et la Foule*)中引入了公众(public)和群众(crowd)的区分。

[139] 为了避免术语的混淆,本章其余内容谈到的"公共商谈"仅是宪法原理所界定的那种公共对话。

[140] Cohen v. California, 403 U. S. 15, 24 (1971).

"当社会组织通过导致不一致群体行为方案的经济与文化分化得到扩大和复杂化"时,"公众才会产生。"但什么能够作为一种可行的社会形成过程跨越这种文化分化从而将公众结合起来呢?克拉克的回答没有什么特别,但从第一修正案原理的角度来看仍然十分突出:"公众事实上是根据商谈的领域形成的……"[141]

换言之,公众正是通过人们跨越不同文化界限彼此对话的能力建构而成的。当然,从这一角度来看,第一修正案原理的社会功能随着20世纪30年代和40年代的重构,已经变得足够明确:即确立可以进行这种交流的保护空间。不过,从社会学的角度来看,这一空间的持续存在至少取决于五个前提条件。

第一,社会必须包括多元的文化和传统。倘若社会只有一个共同体的规范,就会缺乏动力将公共商谈从那些规范的规制中解放出来。至少在美国,承认"丰富的文化多样性"[142]刺激公共商谈与任何单个共同体的价值分离。自"坎特韦尔案"以来,承认这些竞争性的传统一直是第一修正案法理的连续主题。

第二,即便文化上具有异质性的社会也无法维持公共商谈,除非社会珍视且希望维持这种异质性。正如杰里·福尔韦尔试图将自己对过分的理解强加于拉里·弗林特的讽刺作品那样,强大的共同体也会试图利用国家的权威将自己的规范普遍强加于言论。普通法的诽谤和隐私侵权,代表的正是以法律要求交流服从号称"普适的"文化标准。[143] 因此,缺少多样性的追求,

---

[141] Carroll D. Clark, "The Concept of the Public", 13 *Southwestern Social Science Quarterly* 311, 314, 315, 313 (1933) (quotng Robert E. Park and Ernest W. Burgess, *Introduction to the Science of Sociology* 254 [1924]); see C. A. Dawson and Warren E. Gettys, *An Introduction to Sociology* 621—622 (3d ed. 1948). 关于根据"商谈领域"界定"公共"的影响的例证,见 Kenneth Ewart Boulding, *The Image* 132—147 (1956)。

[142] West Va. State Bd. Of Educ. v. Barnette, 319 U. S. 624, 642 (1943).

[143] See Post, "Foundations of Defamation Law", at 714—715.

异质性的事实就很可能被湮没于法律追求统一性的倾向。第一修正案法理致力于多样性,是因为方法论上的个体主义,我认为这最终源自其唯意志论的共同体生活观念。[144] 这一观念将个体转化为社会行动的特许单位。[145]

第三,只有存在共同讨论的内容时,那些参与公共商谈的人才会彼此交流。因而除非人们"面临同样的社会刺激"[146],否则不可能构成公众。在公共商谈中,这些刺激一个首要且持续的来源就是新闻。正如沃尔特·李普曼很久以前指出的那样,新闻"源自距离"[147],源自我们恰巧生活于其中的"自足共同体"[148]之外。新闻的作用是共同信息的媒介,将具有不同传统和文化的人们带到一起。因而"新闻是一种公共(而且形成公共)的社会现象"。[149] "大众媒体与'公众'的出现是彼此相长的发展"。[150] 因此,第一修正案保护的不仅是观念的表达,还有"信息的自由交流"。[151]

第四,人们必须有理由进入公共商谈领域,以便与自己共同体以外的人进行交流。[152] 克拉克以市场的公共领域作为例证。来自不同文化背景的个体共同参与一个市场,根据可以普遍获得的"事实和新闻"而非"风俗"或"传统"做出决定。[153] 然而,重要的是要认识到,由市场所建立的公共空间的持续存在取决

---

[144] 就个体主义作为"美国信条的价值"之一,见 Samuel P. Huntington, *American Politics: The Promise of Disharmony* 14 (1981)。

[145] 例如,这种个体主义有别于英国言论规制中渗透的更具有社团主义的价值。

[146] John W. Bennett and Melvin M. Tumin, *Social Life: Structure and Function* 140 (1948).

[147] Walter Lippmann, *Liberty and the News* 38 (1920).

[148] Walter Lippmann, *Public Opinion* 263—275 (1922).

[149] Alvin W. Gouldner, *The Dialectic of Ideology and Technology: The Origins, Grammaer, and Future of Ideology* 106 (1976).

[150] Id., at 95.

[151] Schneider v. California, 308 U.S. 147, 163 (1939).

[152] See John Dewey, *The Public and Its Problems* 27—28 (1927).

[153] See Clark, "Concept of the Public", at 316.

于追求利润的共同动机。就第一修正案所确立的"公共讨论领域"而言,这种共同动机必须被理解为民主自治与共同的政治命运。因为我们的政府回应的是"作为公众的全体人民"[154]的期望,来自不同传统和共同体的个体,如果希望参与最终指引整个国家行动的对话,就必须试着彼此交流。

第五,交流不仅要求共同的信息,还要求公认的含义与评估标准。不能在最低程度上共享这套标准的人们完全无法理解彼此;他们无法参与共同的"商谈领域"。这些标准的必要性表明,公共商谈的出现取决于一种微妙的平衡:如果公共商谈的人们共享的内容太多,如果他们都是同一个共同体的成员,那么就不存在形成公共商谈所必需的多样性。但另一方面,如果这些人共享的内容太少,如果他们完全没有评估含义的共同标准,公共商谈也就无法维持。[155]

换言之,公共商谈的实施要求人们共享标准,但不是那种将其融为一个共同体的标准。但是,"没有根据具体共同体的传统定义进行的互动"[156],公共商谈的人们可以共享什么呢?社会学家说,人们可以共享参与"思想过程"的能力,他们因此将"公

---

[154] *Cato's Letters*, No. 32 (as reprinted in the New-York Weekly Journal, Feb. 25 and Mar. 4, 1734), reprinted in *Freedom of the Press from Zenger to Jefferson* 15 (Leonard W. Levy, ed., 1966).

[155] 例如,罗伯特·帕克(Robert Park)指出,"在任何政治社会中,只要藉以解释新闻的利益与观点极其多样,以致不可能再进行讨论,那么就不再会有任何的公共意见……在这种情形下,只有这种或那种形式的暴力才能够维持足够的秩序,至少使得必要的(如果不是正常的)社会过程继续下去。在这种情形下,谈论言论自由或公共意见的作用是徒劳的。" Robert Park, "News and the Power of the Press," 47 *American Journal of Sociology* 1, 6 (1941); see A. Lawrence Lowell, *Public Opinion and Popular Government* 34—36 (1913). See generally W. Phillip Davison, "The Public Opinion Process," 22 *Public Opinion Quarterly* 91, 102 (1958)(认为公众的定义并不"包括那些……认为与其没有利益共同体的人")。

[156] E. B. Reuter and C. W. Hart, *Introduction to Sociology* 502 (1933).

众"界定为"通过批判性互动实现共同一致的……任何群体"。[157] 据说,"在公众中,互动采取的是讨论的形式。个体以批判性的方式相互影响……观点碰撞,因而彼此改变与节制。"[158] 用比较当代的一位理论家阿尔文·古尔德纳的话来说,公共商谈的存在本身就意味着"一个安全的空间",诸如新闻等共同刺激的解释在其中可以"批判性的"方式进行,"意味着所说的内容可以遭到质疑、否定与反驳。"[159]

公共商谈与"批判性互动"形式的联系取决于一种非常抽象的逻辑。如果某个共同体的成员身份"是认同……的构成要素"[160],通过公共商谈与那些并不享有该认同的人进行对话的努力,必然需要不断让自我疏远界定自我及共同体的假设与确信。[161] 公共商谈通过"批判性"与"思想性",可以努力将诉求推而广之,从而影响来自不同文化和传统的人们。

然而,问题在于,这种公共商谈的观念高度程式化,而作为经验性描述的价值可能遭到质疑。即便十分随意地考察一下美国的公共审议,都会得出下述结论,公共商谈只是有时是"思想性"和"批判性"的,而各种文化和传统则不断试图控制公共讨

---

[157] Id., at 501—502.
[158] Robert E. Park and Ernest W. Burgess, *Introduction to the Science of Sociology* 869 (1921). 帕克和伯吉斯(Burgess)认为,因为"公共意见是通过冲突与讨论确定的……问题的两个方面都会得到考虑",而"主张遭到拒绝则是因为他们经不住批评。"Id., at 794—795. 因而,"公众……多少总是理性的。正是冲突这种事实,体现为讨论的形式,将理性与事实因素引入了公共意见所施行的控制中。"See also Dawson and Gettys, *Introduction to Sociology*, at 621—622:"分歧性的意见通过公众内部的交流,往往会彼此进行约束与修正,直到相关问题多少以冷静的方式得到思考,并且达成共同的定义。这种共同的意见就被界定为公共意见。"
[159] Gouldner, *Dialectic*, at 98 (emphasis omitted).
[160] Michael J. Sandel, *Liberalism and the Limits of Justice* 150 (1982).
[161] See generally Clark, "Concept of the Public", at 314—315(讨论了具有共同认同的"初级社会"与具有经济和文化多样性的"次级社会"的公共商谈的区别)。

论,并且让其服从特殊的共同体价值和标准。[162] 但作为一种描述,即面临显然具有充分依据的根本文化分歧的情况下如何进行有意义的公共讨论,这一观念确实具有相当的力量。可以说,在这种情形下,人们应当努力参与一种批判性互动的交互过程,因为否则就不可能实现非强迫性的共识。[163]

第一修正案的原理试图保护这样一种批判性互动过程的领域。以高度尊重美国生活典型的"明显分歧"为基础,第一修正案的原理致力于维护"就触及现有秩序核心的事情保持不同意见的权利"[164]。因而会确立一个"安全的空间",其中就公共问题可以进行"不受束缚、毫不妥协、完全开放的"[165]讨论,而只有拒绝让主流文化传统获得法律的效力从而使不同视角的冲突失声,才会形成这种讨论。当代的宪法原理依靠这一讨论建立"商谈的领域",从而公共意见因而也是民主政策可以从中形成。

不过,为了更全面地认识这一原理,就必须稍微精确地分析其所依据的"批判性互动"观念。

(三) 公共商谈中批判性互动的性质

批判性互动的一般观念十分简单。公共讨论必须促进来自非常不同传统与文化的人们之间的交流。因而,在公共商谈中,"一个人的原则在其邻人看来却可能是十足的错误"[166];"一个

---

[162] 关于提供丰富信息的目录,见 Times Film Corp. v. Chicago, 365 U. S. 43, 69—73 (1961) (Warren, C. J., dissenting)。

[163] 米歇尔曼表达了同样的意思,他指出,公共审议要求"相关过程的参与导致某些或全部参与者相关认识的某种转变或调整"。Michelman, "Law's Republic", at 1526; see also Seyla Benhabib, *Critique, Norm, and Utopia: A Study of the Foundations of Critical Theory* 312—313 (1986)。

[164] West Va. State Bd. Of Educ. V. Barnette, 319 U. S. 624, 642 (1943)。

[165] New York Times Co. v. Sullivan, 376 U. S. 254, 270 (1964); see also Watts v. United States, 394 U. S. 705, 708 (1969) (per curiam)。

[166] Cantwell v. Connecticut, 310 U. S. 296, 310 (1940); see Hannegan v. Esquire, Inc., 327 U. S. 146, 158 (1946)。

人的粗话是另一个人的抒情诗"[167]；"一个人的娱乐,传授的则是另一个人的教义"[168]。在这种情形下,公共辩论的参与者必须容忍；他们不能因为预先存在的关于什么合理或适当的假设就让言论失声,因为任何这种假设都会预断相关辩论的结果与实施。

因此,在本质上,批判性互动的概念建立在超越被视作理所当然的内容的无限可能性之上。如果像诽谤与故意造成精神痛苦的侵权所示,共同体内的言论通常受假定有效并实施的规范标准限制,那么批判性互动就可以界定为这种标准不再规定界限的情形,因为它们本身可能遭到质疑。第一修正案体现的就是这种批判性商谈的观念,发挥的是完全否定的、保护演讲者免于实施共同体标准的功能。

然而,倘若被悬置的标准是文明规则,宪法的干预可能很成问题,因为遵守文明规则维持和界定着共同体当中的人格。因此,正如亚历山大·比克尔所述,"出口即会造成伤害"[169]的十分不文明的言辞,这种交流"几乎等同于身体上的侵犯"[170]。因此,我们可能会说,区分适当与不当言论方法的文明规则,也往往会界定某个言论逐渐变为行为的时刻(不过当然并非唯一的时刻),此时共同体会要求言论服从普遍施加于行为的那种规制方案。[171] 就故意造成精神痛苦的侵权而言尤其如此,其实施的标准根本没有区分言论与行为；但其他尊严型侵权通常也是如

---

[167] Cohen v. California, 403 U.S. 15, 25 (1971).
[168] Winters v. New York, 333 U.S. 507, 510 (1948); see Miller v. California 413 U.S. 15, 40—41 (1973) (Douglas, J., dissenting).
[169] Chaplinsky v. New Hampshire, 315 U.S. 568, 572 (1942).
[170] Alexander Bickel, *The Morality of Consent* 72 (1975); see Thomas Emerson, *The System of Freedom of Expression* 496 (1970).
[171] 这里我依据的是奥斯丁(J. L. Austin)的见解,即言论与行动的区分"通常至少部分是一个习惯问题"。J. L. Austin, *Philosophical Papers* 237 (3d ed., 1979); see id., at 245—247, 151.

此,具有很强烈的被告运用"言辞作为挑衅和人身攻击工具"[172]的味道。因此,禁止实施文明规则与其说像是开放辩论此前无可置疑的话题,不说是许可此前不可接受的行为模式。

这一事实对公共商谈的宪法概念具有重要意义,因为这种商谈的最终目的是在一个文化异质性的社会中塑造真实、不受强制的公共意见。尤尔根·哈贝马斯的著作就此进行了当代最彻底的考察,他将"公共"视作建立现代国家正当性基础的"领域",提供空间"通过交流的方式塑造、以商谈的方式阐明共同意志"。目标在于"在公共领域通过交流的方式形成合意"。[173] 但这种合意只有在下述情况下方具有正当性,即国家为公共讨论规定"理想言论情形"的规制结构,其中言论"不受压迫",而且"除了更好主张的说服力"以外排除"所有的强力"。[174] 在理想的言论情形中,商谈发挥的纯粹是交流的作用,"与经历和行为的情境无关,"完全由"同等有效的主张、建议或警告"[175]构成。

这一视角的深远意义在于,在公共领域内,国家必须将言论视作独立于常规评估社会行动的一般情境。这意味着,最终源自前述情境的许多言论评价标准,都必须被置于一边。正如阿尔文·古尔德纳所述,"'公共'商谈的理性……取决于是否可能预先将演讲者与其在更大社会尤其等级制度中的正常力量与特权分离,取决于成功地规定这些力量与特权与其商谈的品质无关。"[176]

---

[172] Time, Inc. v. Hill, 385 U. S. 374, 412 (1967) (Fortas, J., dissenting).

[173] 2 Jürgen Habermas, *The Theory of Communicative Action* 81—82 (Thomas McCarthy, trans., 1987).

[174] 1 id., at 25—26 (Thomas McCarthy, trans., 1984). See generally Benhabib, *Critique, Norm, and Utopia*, at 282—283.

[175] Jürgen Habermas, *Legitimation Crisis* 107 (Thomas McCarthy, trans., 1975).

[176] Gouldner, *Dialectic*, at 98.

当然，所有的言论同时都是交流和社会行动[177]，在日常生活中，很难且很少区分这两个方面。在大部分情形下，我们就像对待演讲者交流的基本内容那样，也会同样认真关注其社会地位，关注其言辞的社会情境。[178] 因此我们不能将哈贝马斯和古尔德纳关于公共领域讨论的刻画理解为描述性的，而是必须被理解为阐述关于公共商谈法律结构的规制理念。例如，这一理念体现在以匿名方式参与公共商谈的第一修正案权利，从而演讲者可以将他们的言论与社会情境分离，关于他们身份的理解必然会在听众的头脑中造成前述的情境。[179]

因而，乍看起来，公共商谈倾向于"审议、反思和批判性精神"[180]的状况，这一志向似乎可以补充批判性互动的结构，这种结构还将言论作为与社会情境剥离的纯粹交流加以规制。但经过更细致地考察，这种一致性就会消失，因为我们的理性反思与审议观念本身以遵守文明规则为基础。与这些规则不一致的言

---

[177] 维特根斯坦提醒我们，"语言就是行为"。Ludwig Wittgenstein, *Culture and Value* 46e (Peter Winch, trans., 1980).

[178] See Reisman, "Democracy and Defamation", at 1306—1307.

[179] See Talley v. California, 362 U.S. 60 (1960). "塔利案"(Talley)涉及的是洛杉矶的一项条例，该条例要求散发传单的人标明他们自己与作者的身份。最高法院的裁定有时被严格地理解为以下述必要性为依据：即避免标明身份的一般要求给"言论自由造成的阻碍效果"。See id., at 67 (Harlan, J., concurring). 但"塔利案"系争的条例表面上被推翻了，而且正如克拉克(Clark)在其异议中指出的那样："记录并没有主张更不要说证明，塔利会因为把自己的名字写在传单上而遭到任何损害……没有任何辩解或证据表明，塔利或任何赞助他的群体会遭受'经济报复、丧失工作、物理强制的威胁或其他公开敌意方面的表现。'"Id., at 69 (Clark, J., dissenting)(quoting NAACP v. Alabama, 357 U.S. 449, 462 [1958]). "塔利案"裁定的适用范围因而可以通过正文所讨论的原则得到更好地证成，同样的原则也促使著名的科学杂志将拟发表的文章匿名转交同行评议。这里的期望是，通过隐瞒手稿作者的身份，杂志就会获得对文章内容的公正评价而非体现作者的地位。

[180] Emile Durkheim, *Professional Ethics and Civic Morals* 89 (Cornelia Brookfield, tran., 1957). 在迪尔凯姆(Durkheim)看来，政府越民主，"交付集体辩论的……的事项就越多，"这一辩论必须"受反思支配"，促使"摆脱风俗和传统。"Id., at 87—88.

论,很容易被视作非理性或没有价值[181],就像《皮条客》堪培利酒模仿作品在某些读者心中唤起一种具有优越感的厌恶那样。[182] 更重要的是,不符合文明规则的言论有可能被体验为粗暴和强制。[183] 约翰·杜威在下述段落表明了这一点,他称他的"民主信念"在于:

> 引导争执、辩论和冲突成为合作性工作的可能性,其中双方通过给予另外一方表达自己的机会而进行学习,而非通过强有力的压制另外一方使一方得胜;当这种压制通过嘲弄、辱骂、恫吓等心理手段而非公然的监禁或集中营进行

---

[181] 这一趋势在弗雷德里克·绍尔(Frederick Schauer)和其他人否则就无法解释的观点中得到了体现,即淫秽"被更准确地作为身体而非精神上的体验",因为没有包含"观点、情感或艺术的内容"。Frederick Schauer, *Free Speech: A Philosophical Enquiry* 182—183 (1982); see E. M. Barendt, *Freedom of Speech* 248 (1985); Cass Sunstein, "Pornography and the First Amendment", 1986 *Duke Law Journal* 589, 603. 关于司法文献中的例证,见 Texas v. Johnson, 491 U. S. 411, 430—432 (1989) (Rehnquist, C. J., dissenting); and Cohen v. California, 403 U. S. 15, 27 (1971) (Blackmun, J., dissenting)。

[182] 关于可作为例证的回应,见 Bruce Fein, "Hustler Magazine v. Falwell: A Mislitigated and Misreasoned Case" (Book Review), 30 *William and Mary Law Review* 905, 910 (1989) (认为该模仿作品缺乏"与头脑活动任何可能的关联")。

[183] 这一经验至少已经导致一位评论者强烈批评"福尔韦尔案"法律意见的结论:

> 在故意造成精神痛苦和殴打侵权进行的这种类比,会在根本上质疑《皮条客》的宪法逻辑。我们大部分人都不会乐于将任何拳打或脚踢归入第一修正案所说的"言论"……即便……拳打可能就是人们对其激烈反对的政治言论的回应或"答复"……
>
> 但如果拳打……并不构成宪法意义上的言论,那为什么"书面言论"必须被视作宪法所谓的言论,倘若"书面言论"不过就是拳打的替代而已?(R. George Wright, "Hustler Magazine v. Falwell and the Role of the First Amendment", 19 *Cumberland Law Review* 19, 23 [1988])

因为违反文明规则而被视作"不过就是拳打的替代"的言论,用米歇尔曼的话来说,不可能真正"创生于法律"。Michelman, "Law's Republic", at 1502.

时,其粗暴程度不相上下。[184]

理性审议有赖文明规则,这表明我们必须将理性反思理解为本身是一种社会行动的形式,其实现取决于具体的规范结构。[185] 公共商谈因而必然带来两种不同且不一致的要求。首先是否定性的要求,即免于共同体期望和规范限制的自由。这一要求引入的是公共商谈的可能性,将其区别为能够超越任何单个共同体限制的纯粹交流。这就是批判性互动的要求。但还必须存在第二个要求,即理性审议的要求,要求考量和评估批判性互动空间使其成为可能的各种观点。公共商谈的宪法目的要求理性审议是文明的、非强制的,也就是说必须符合批判性互动所否定的那种规范。

因而公共商谈的两个要求是矛盾的。不受既有共同体规范限制(因而实现由此带来的纯粹交流的状况)的志向,与理性且非强制审议的志向存在张力。第一个志向得到了中立、多样与个体主义价值的支持;第二个则是得到了民主自治的审议事业的支持。尽管公共商谈的成功要依靠这两个要求,但现代第一修正案法理的首要追求,毫无疑问是批判性互动根本的否定性特征,这种否定性规定着最初不同的公共商谈时刻。[186] 结果,

---

[184] Dewey, "Creative Democracy", at 393. 杜威关于文明必要性的信念,体现了他思想中没有得到解决的张力。杜威习惯上会将两种方法进行对比,"形成政治问题意见的民主方法",藉此他指的是"通过公共讨论进行说服",和他所谓的"形成其他主题信念时所共同采用的方法",藉此他指的是依赖"拥有'权威'的人或群体"。John Dewey, *Freedom and Culture* 128—129 (1939)。杜威认为,"诉诸家长、教师或教科书的'权威'解决思想与道德问题的""常见程序",根本不符合"民主的方法"。然而,在缺乏某种形式的社会"权威"的情形下,就区分正当说服与强制性"嘲讽"和"辱骂"的文明规则而言,他从未提出民主过程的参与者如何界定、灌输和维持这些规则。

[185] See Benhabib, *Critique, Norm, and Utopia*, at 316.

[186] 因而第一修正案的原理从未支持亚历山大·米克尔约翰(Alexander Meiklejohn)用来作为公共审议例证的市民"市镇会议"的理想。Alexander Meiklejohn, *Political Freedom: The Constitutional Powers of the People* 24—26 (1948). See Post, "Defaming Public Officials", at 555—556.

调整公共商谈领域的宪法结构,拒绝实施政治公共商谈事业的成功所要依赖的那种规范。

　　这一矛盾令人甚为困扰。正如萨拜娜·拉维邦德最近提醒我们说,"通过共同体惩罚离经叛道的个体,共同体社会实践所隐含的规范在相当重要的意义上得以'保持'。"[187]法律可用来支持文明规则的惩罚措施独一无二,与其说是因为垄断物理力量,不如说是因为本身意图以具有普适性的口吻规定社会规范。当然,这些规范仍然是通过私人与社会压力实施的。但在当代文化的异质性中,只有法律可以为界定理性审议这一共同理想的规范进行辩护。只有法律可以超越具体社会群体的特殊性,而且权威地阐述那些不可化约的、最低的得体限制,违反这些限制"在文明社会是完全不可容忍的"[188]。就宪法追求批判性互动,从而阻止法律阐述和支持共同尊重使得理性审议理想成为可能的文明规则而言,公共商谈会侵蚀自身存在的基础。

　　这可以被称作"公共商谈的悖论"。总的来说,我们对这一悖论太过习以为常,以至于很少注意。但是诸如"福尔韦尔案"的判决则是不可能避免的,在该案中,第一修正案以批判性互动自由的名义,削弱规定共同体生活中理性与尊严要素的文明规则。当然,我们告诉自己,拉里·弗林特的模仿作品不可能是理性审议的东西;然而宪法为其提供的保护会削弱我们的确信。在没有法律支持的情况下,我们对于这种模仿作品的谴责以及支持这种谴责的价值,变得多少相对化,而且丧失权威。[189] 我们剩下的只是弗林特的商谈概念与我们自己的商谈概念的冲突,没有居中的裁判者。就此而言,诸如"福尔韦尔案"那样的判决会危及我们对理性审议概念本身的把握。

---

[187] Sabina Lovibond, *Realism and Imagination in Ethics* 61 (1983).
[188] *Restatement (Second) of Torts* § 46 comment d (1977).
[189] See Fein, "*Hustler Magazin v. Falwell*", at 910:"最高法院拒绝在'福尔韦尔案'的模仿作品和政治漫画间划出第一修正案的界限,表明了社会道德信念的腐败。"

"福尔韦尔案"所造成的内在紧张因而很大程度上可以下述方式解释,公共商谈对其所否定的那种共同体规范存在复杂的依赖关系,而且我们不安地认识到,没有客观的法律权威,那些规范就根本无法得到维持。最高法院本可以否定批判性互动的前提为代价支持福尔韦尔的看法,要求互动服从植根于共同体价值的"压制"和"强力"。最高法院只有以切断维系共同体生存的另外一股脉络为代价方能驳回他的看法,因而最终维持理性审议的可能性。[190] 最高法院规制冒犯性言论先例的坎坷不平路,只不过是理性审议和批判性互动这一甚为困扰的张力在法律上的体现,而这两者都是公共商谈不可或缺的关键要素。

(四)第一修正案、共同体与公共商谈

正如通常所述,第一修正案的法理包括许多不同的主题。[191] 我已经提出,其中一个重要的主题就是将公共商谈与共同体规范的规制分开,这会遭到两方面的反对。第一,可以说自1930年以来,宪法就被解释为要求容忍和个体主义的规范,也就是本身属于某个具体共同体的规范[192],因此在公共商谈和共同体生活之间不可能存在一致的区分。第二,可以说(或许前后有些不一致)因为共同体的概念太难以捉摸,不具有分析上的价值,因此不可能详细说明第一修正案禁止在公共商谈领域实施的那种规范。

---

[190] 诸如迈克尔·桑德尔(Michael Sandel)等"社群主义者"也持这种观点,他们主张:"在生活形式混乱、根基未立、传统瓦解的情形下,不宽容最盛行。在我们的时代,极权主义的冲动更多地来自于原子化、错位、失意的自我,在一个共同含义已失去效力的世界中茫然不知所措,而较少地源于自信情形的自我信念。"Sandel, "Morality", at 17.

[191] See, e. g., Steven Shiffrin, "The First Amendment and Economic Regulation: Away from a Gerneral Theory of the First Amendment", 78 *Northwestern University Law Review* 1212 (1983).

[192] See Lee Bollinger, *The Tolerant Society* (1986); Charles Taylor, *Philosophy and the Human Sciences* 205—209 (1985).

尽管在我看来第一项反对意见的前提非常正确,但其结论则否。确实,我们解释第一修正案是为了确立一个独特的公共商谈领域,因为我们相信诸如中立、个体主义和多样性等价值。我们对这些价值的理解和实施界定着该领域的界限,因此,这些界限的位置最终必然取决于这种共同体价值,至少部分如此,我在后面"界定公共商谈领域"的一节中会进行更详细的讨论。但在为公共商谈所确立的界限范围内,第一修正案希望法律悬置实施这些以及共同体的其他价值。因而在公共商谈的领域内,即便国旗这种个体主义和多样性的典型象征,都可以焚烧和践踏。[193] 通过豁免有悖理性、尊重和容忍规范的言论——即证成建立我们宪法上公共商谈形式的那种规范——"福尔韦尔案"的判决本身展现了这种根本的否定性。

第二项反对意见的前提同样是有道理的。尽管共同体的概念是"最基本和最广泛的社会学思想单位"[194],然而也是极其"难以界定"[195]。在本章中我将共同体界定为将规范灌输到成员认同当中的社会构成。[196] 但这种理解很容易遭到的批评是,灌输共同的规范是一个程度问题,有些人可以共享某些规范,但不能共享其他的,即便在一个共同体内部,共同规范的含义和适用也会导致争论和分歧等等。当然,这一批评很有道理、非常准确。发挥到逻辑的极致,其似乎会完全消除共同体的观念,因为我们没有原则性的方式抽象地决定在哪一时刻,充足的规范足够具体、得到灌输与共享因而构成一个共同体。但前述批评无需推进到这一地步,因为程度的差别往往成为类型的差别。因此,这一批评更具有破坏性的冲击在于,在实践中极难准确区分

---

[193] See Texas v. Johnson, 491 U.S. 431 (1989).
[194] Robert A. Nisbet, *The Socilogical Tradition* 47 (1966).
[195] Thomas Bender, *Community and Social Change in America* 5 (1978).
[196] See Sandel, *Liberalism*, at 150; cf. Josiah Royce, "The Nature of Community", in *Classic American Philosophers* 201, 208—210 (Max Harold Fisch, ed.)(主张共同体由认同中包含共同合作事件的成员组成)。

特定的规范什么时候属于共同体生活的组成部分。

这种观点是有道理的。不过,幸运的是,对于鼓动第一修正案原理的共同体与公共商谈的辩证关系而言,这并不致命。在我们所考虑的那种情形中,第一修正案的作用主要是阻止施加国家已决定在法律上实施的那些规范。因而,界定这些规范、承认它们重要且普遍共享的决定,首先是由国家本身做出的。在这种情形下,需要宪法裁判的准确问题是,法律实施相关的规范与公共商谈的要求是否不兼容。

这种不兼容性可能是由数个不同原因造成的。在许多情形下,需要决定的问题很有可能是,国家试图实施的规范与公共商谈所必需的中立是否一致。这等问题的分析并不取决于特定案件系争的规范真的得到充分灌输或共享从而构成一个真实的共同体。

然而,这一分析确实取决于相关规范是否属于下述类型,即如果确实社会化为人们的认同,就会建立具有"特定形态、独特认同"[197]的共同体。因此,第一修正案法理的一项重要挑战,就是要区分两类社会标准:即有可能构成具体共同体生活形式的标准与不可能的。相较于后者,前者的实施会与公共商谈的中立性发生冲突。二者的区分,是"福尔韦尔案"判决某些最重要否则就令人费解的方面的基础,我在下一节将试着加以说明。

三、公共商谈与"福尔韦尔案"的法律意见

"福尔韦尔案"的意见运用三个命题界定第一修正案所保护的"公共事务辩论领域"。第一个命题是,"过分标准"在宪法上不能用来惩罚言论,因为这"会允许陪审团根据陪审员的爱好或观点施加义务"。第二个命题是,"第一修正案禁止"以"动机恶

---

[197] See Erikson, *Wayward Puritans*, at 11.

劣"作为标准"规定关于公共人物的公共辩论领域……的侵权责任"。第三个命题是,在公共商谈中,"虚假的事实陈述尤其没有价值,"而"第一修正案根本不承认'虚假'观念的东西"。[198]我认为,所有这些命题最好在下述情境下理解,即宪法禁止实施那些有可能界定具体共同体认同的标准。

(一)"过分"标准

"福尔韦尔案"所否定的"过分"标准是运用法律维持特定共同体"认同"概念[199]的典范,因为这一标准旨在惩罚"超越得体所有可能限度"且"被认为在文明社会完全不可容忍的"[200]言论。因而法律执行过分标准就会将公共商谈限于该标准所界定的具体"文明社会"的"限度"内。这会使公共商谈失去在各异的共同体认同定义中保持中立的地位。

"福尔韦尔案"法律意见证成否定过分标准的理由是,"我们一直拒绝因为系争的言论可能对公众产生逆反的情绪影响就给予损害赔偿。"[201]法律给予损害赔偿从而保护个体"人格"免于因言论造成情绪损害的主要手段是三种尊严型侵权。这些侵权惩罚违反文明规则的言论的理论根据是,对于完全社会化的个体的情感健康而言,遵守这种规则是必要的。但正是这些文明规则同时会将共同体的认同确定为"文明的",方式也与"福尔韦尔案"系争的过分标准完全相同。最高法院提到的"一直拒绝"因而起到的作用就是,不断努力使公共商谈免于实施这种普遍用于确立共同体认同的规范。

"福尔韦尔案"体现了最高法院深度追求保持公共商谈的中立性以免被施加这种规范。尽管最高法院认定《皮条客》的模

---

[198] 485 U. S. at 55, 53, 52 (citing Gertz v. Robert Welch, Inc., 418 U. S. 323, 339 [1974]).
[199] See id., at 50.
[200] *Restatement (Second) of Torts* § 46 comment d (1977).
[201] 485 U. S. at 55.

仿作品,"在大多数人眼里无疑都是粗俗且令人厌恶的"[202],但仍然拒绝对其进行惩罚。这一结果与"坎特韦尔案"的说理是一致的:如果公共商谈在宪法上受到保护,是因为它是形成未来共同体的中介,那就必须保证其在结构上独立于所有的文明规则,即便这种规则事实上为当代所有共同体接受也是如此。"共同体市场"因而必须被理解为时间以及空间方面的延伸。第一修正案原理的个体主义方法最终意味着,个体在公共商谈中必须免于实施所有的文明规则,从而能够在他们的言论中鼓吹和举例说明建立新式的共同体生活。

(二)言论与动机的区分

"福尔韦尔案"直接以下述前提否定第四上诉法院的推理,即在公共商谈中,不可以以言论动机的正直性衡量言论的价值。"福尔韦尔案"的法律意见得出了有力的结论,"尽管就其他法律领域的侵权责任而言,动机不良可被认为具有决定性,但我们认为第一修正案禁止在关于公众人物的公共辩论领域出现这种结果。"[203]

乍看起来,"福尔韦尔案"法律意见的说理与第一修正案的传统原理一致。自《纽约时报》案以来,最高法院就再三坚持言论与意图的区分,认定即便"出于私人恩怨、恶意或伤害欲"[204]而表达的虚假诽谤言论也不能失去宪法的保护。这一区分非常引人注目,因为在日常生活中,我们对言论意义和价值的评判往

---

[202] Id., at 50.
[203] Id., at 53.
[204] Beckley Newspapers Corp. v. Hanks, 389 U.S. 81, 82 (1967) (per curiam) (quoting from trial court's jury instructions); see also Harte-Hanks Communications, Inc. v. Connaughton, 491 U.S. 657, 666—667 (1989); Greenbelt Coop. Publishing Ass'n v. Bresler, 398 U.S., 10 (1970); Garrison v. Lousiana, 379 U.S. 64, 73 (1964).

往取决于我们对演讲者目的或意图的理解。[205]

在"福尔韦尔案"判决的情境下,这一区分的理据现在应该非常清楚。故意造成精神痛苦侵权的意图因素,实施的是一种关于人们如何与其他人相处的文明规则。将言论用于给其他人造成精神伤害的主要目标,就是以不文明的方式行事,因而会使人们的行为接受尊严型侵权的规制。因为意图因素实施的是文明规则,所以"福尔韦尔案"系争的意图因素维持的就是一种特殊的共同体生活愿景,因而不符合公共商谈所必需的中立性。

不过,这一说理并不意味着在宪法上根本不可以意图规制公共商谈,而"福尔韦尔案"的这种寓意显然是错误的。例如,"福尔韦尔案"本身所适用的《纽约时报》案的实际恶意标准,就允许惩罚虚假的诽谤言论,条件是有"足够的证据得出结论,被告事实上对其所发表内容的真实性抱有严重的怀疑。"[206]因而该标准最终取决于"被告的精神状态"[207]。因此,"第一修正案禁止"动机不良"支配"公共商谈中法律对言论的描述,这不可能是真的。

在宪法上,故意造成精神痛苦的侵权采用意图的要求不可

---

[205] See, e.g., Kenneth Burke, *A Grammar of Motives* (1945). 亚里士多德很早就指出,言论的说服能力在相当的程度上取决于我们对"演讲者人格"的认识 [2 *The Complete Works of Aristotle* 2155 (Jonathan Barnes, ed., 1984)],这反过来在很大程度上取决于我们的信念,即演讲者"对听众抱有正确的态度"。亚里士多德说,"当言论的表达方式使我们认为演讲者可信时,说服就是通过演讲者的人格实现的。相较于其他人,我们会更充分、更容易地相信好人;不管问题如何,通常都是如此,而当不可能做到绝对肯定且意见分歧时,则是绝对如此。"演讲者性格的展现"几乎可以被称作他拥有的最有效的说服手段"。

对于言论的评估来说,动机显然非常重要,因此在大部分法律领域中,我们不会梦想将言论与其目的或意图的情境割裂。See, e.g., United States v. American Livestock Comm'n Co., 279 U.S. 435, 437—438 (1929) (Holmes, J.)["当试图证成什么是恶时(除非有正当理由),动机就非常重要。"]例如,以欺诈或伪证领域为例,法律对言论的评估就直接以意图为据。

[206] St. Amant v. Thompson, 390 U.S. 727, 731 (1968).
[207] Herbert v. Lando, 441 U.S. 153, 160 (1979).

接受,而实际恶意标准则可以接受,原因在于后者并未采用意图标准实施文明规则。在阐述实际恶意标准时,最高法院一直强调不要将意图标准与诸如"私人恩怨、恶意或伤害欲"[208]等充满道德情感的观念混淆。实际上,第四上诉法院在"福尔韦尔案"的根本错误在于将实际恶意标准与"可责性"[209]的伦理概念相提并论。实际恶意标准不是要划分"道德上可接受与不可接受的政治讨论模式的界限"[210];而是要塑造"一种政策工具,实现将正当言论所遭到的严寒降到最低的具体目标"[211]。实际恶意标准的意图因素实现这一目标的方式是,让被告在最大可能的范围内控制自己言论的合法性。因此,在实际恶意标准中,意图因素起到的作用不是施加理想共同体的规范,而是实现期望的政策结果。因而是否允许根据意图标准规制公共商谈,取决于这一与共同体规范有关的标准的确切用途。

(三)事实与观点的区分

"福尔韦尔案"判决在公共商谈的事实交流与意见或观念交流之间进行了明确的区分,前者的真假可以受法律监督,而后者在宪法上则不受这种监督。尽管这一区分可能司空见惯,然而同样也是非常费解,而且很难通过严格的分析加以说明。在这一节中,我认为,通过援引宪法上实施的共同体规范与公共商谈

---

[208] Beckley Newspapers Corp. v. Hanks, 389 U. S. 81, 82 (1967) (per curiam).
[209] Falwell v. Flynt, 797 F. 2d 1270, 1275 (4th Cir. 1986).
[210] See Post, "Defaming Public Officials", at 553.
[211] Id. ; see LeBel, "A Heretical Perspective", at 331—332. "福尔韦尔案"的法律意见明确表明了这一点,称运用《纽约时报》案"的标准"体现的是我们深思熟虑的判断,即这样的标准对赋予第一修正案所保护的自由充分的'呼吸空间'是必要的。" *Falwell*, 485 U. S. at 56.

的区分,大致可以令人信服地说明这一区分的要旨。[212]

1. 当代关于事实与观点区分的认识

多年来,事实与观点的区分构成了公允评论特权的支柱,然而无论法院还是评论者都不能就其理论根据提出原则性的或令人信服的解释。正如一位作者所述,"事实"与"观点"的词汇被"认为似乎具有某种自我说明的'魔力'",因而"主要"被用作"含混随意的术语,为了做出特定的结论,人们可以为其注入任何所期望的含义"[213]。最高法院在"格尔兹案"宣告诽谤性的观点享有宪法特权时[214],这一混乱有增无减。尽管法院承认,"通常很难确定某一出版物构成事实还是观点陈述"[215],但缺乏令人满意的理论,使得法院必须背上循环论证而没有助益的原理

---

[212] 最高法院 1990 年判决了"米尔科维奇诉洛兰杂志公司案"(Milkovich v. Lorain Journal Co.案,最高法院在该案中不仅明确重申了事实/观点区分的先例,同时拒绝"对可能被标榜为'观点'的内容确立全盘的诽谤豁免"。最高法院称,"格尔兹案"的附带意见应被解释为"仅仅是重申霍姆斯大法官经典的'观念市场'概念",最高法院还担心,为观点塑造一个更加明确的特权可能造成的趋势是,"忽略'观点'的表达往往意味着主张客观事实。"有理由把"米尔科维奇案"描述为一个有些不太清楚的判决,用布伦南大法官持异议的话来说,该判决裁定"现有第一修正案的原理要求保护纯粹观点的陈述。" Id., at 24 (Brennan, J., dissenting). 按照这种方式理解,"米尔科维奇案"不会影响本节的分析。该案至多表明,倾向于保护非事实性"观念"的法院应当谨慎做出结论。

[213] See Titus, "Statement of Fact", at 1205—1206.

[214] 关于当代评论的节录,见 Alfred Hill, "Defamation and Privacy Under the First Amendment", 76 *Columbia Law Review* 1205, 1227—1244 (1976); W. Page Keeton, "Defamation and Freedom of the Press", 54 *Texas Law Review* 1221 (1976); Comment, "Statements of Fact, Statements of Opinion, and the First Admendment", 74 *California Law Review* 1001 (1986); Note, "The Fact-Opinion Determination in Defamation", 88 *Columbia Law Review* 809 (1988); Note, "The Fact-Opinion Distinction in First Amendment Libel Law: The Need for a Bright-Line Rule", 72 *Georgetown Law Journal* 1817 (1984); and Comment, "The Fact/Opinion Distinction: An Analysis of the Subjectivity of Language and Law", 70 *Marquette Law Review* 673 (1987)。

[215] Information Control Corp. v. Genesis One Computer Corp., 611 F. 2d 781, 783 (9th Cir. 1980).

标准,诸如敦促法官"考虑所运用的所有语词"或"关于相关陈述的所有情形,包括传播陈述的媒介与所针对的受众"[216]的标准。这等标准无法以具有理论裨益的方式明确,法院在所采用的"语词"或"媒介"中应当寻找什么。

(1)修辞上的夸张。法院面临的部分困难在于,在诽谤法中,观点的概念一直与"修辞上的夸张"这一概念混淆,严格来说,后者与事实和观点的区分没有任何关系。关于这一主题的现代判例法,以最高法院在"格林贝尔特联合出版协会诉布雷斯莱案"(Greenbelt Cooperative Publishing Association v. Bresler)的判决为起点,在该案中,一家报纸报道了某市与房地产开发商查尔斯·布雷斯莱的谈判,并将布雷斯莱的谈判策略描述为"敲诈"。布雷斯莱以诽谤为由起诉,初审法院判决给予损害赔偿,理论依据显然是相关文章"将他归名为敲诈罪"。最高法院否定了关于报纸措辞的这种解释:

> 人们根本不可能认为,在两篇文章中看到"敲诈"一词的读者不会准确理解其含义:该词指的是布雷斯莱正遭到批评的、公开且完全合法的谈判提案。没有读者会认为,集会的演讲者或报道他们发言的报纸文章,是在指控布雷斯莱实施刑事犯罪。相反,即便最粗心的读者也必然会认识到,该词不过是修辞上的夸张,是那些认为布雷斯莱的谈判立场极不合理的人所运用的强烈表达形式。[217]

因此,在"布雷斯莱案",最高法院强有力地控制着对交流含义的解释,而且明确认定"敲诈"指责指的不是敲诈罪,而是极不合理的行为。最高法院采用"修辞上的夸张"一词表示被告语词的"字面"含义与最高法院对其"真正"含义的解释所存在的这一差距。但在法律上确定交流的"真正"含义后,法院仍必

---

[216] Id., at 784.
[217] 398 U.S. 6, 8, 14 (footnote omitted) (1970).

须确定该含义是属于事实还是观点方面的主张。因而修辞上的夸张仅仅意味着法律上可以确定的、字面含义与真实含义的区分,其所考察的内容在逻辑上先于具体的含义属于事实还是观点。

然而,糟糕的是,最高法院在与"格尔兹案"同日宣布的一项判决中,似乎将修辞上的夸张与"格尔兹案"认为拥有宪法特权的那种"观点"联系在一起。在"全国邮递员协会弗吉尼亚第496分会诉奥斯丁案"(Old Dominion Branch No. 496, National Association of Letter Carriers v. Austin)中,最高法院审查了针对将三位原告称为"工贼"的工会做出的诽谤判决,该工会曾经引用杰克·伦敦(Jack London)对工贼的著名定义,"背叛上帝、国家、家庭和阶级的人"。尽管该案在技术上取决于联邦劳动法对地方劳动纠纷的适用,但最高法院特意引征"格尔兹案"和"布雷斯莱案",总结说该工会的出版物"不能被解释为事实的描述",因为"只是修辞上的夸张"。[218] 自"奥斯丁案"以来,就存在一种将宪法所保护的观点与修辞上的夸张相提并论的糟糕趋势[219],而不是考察修辞上的夸张这一概念所呈现的实际含义属于事实还是观点。

这种观点与修辞夸张的混淆甚至体现在"福尔韦尔案"本身

---

[218] 418 U. S. 264, 268 (emphasis omitted), 284—286 (1974).

[219] See, e. g., Palm Beach Newspapers v. Early, 334 So. 2d 50, 53 (Fla. Dist. Ct. App. 1976), cert. denied, 354 So. 2d 351 (1977), cert denied, 439 U. S. 910 (1978); Lawrence A. Epter, "The Clash of Outrage and the First Amendment: The Protection of Non-Mainstream Opinion", 27 *Duquesne Law Review* 437, 438 n. 6 (1989); Note, "*Hustler Magazine, Inc. v. Falwell*: Laugh or Cry, Public Figures Must Learn to Live with Satirial Criticism," 16 *Pepperdine Law Review* 97, 112—113 (1988); Note, "Fact and Opinion After *Gertz v. Robert Welch, Inc.*: The Evolution of a Priviledge", 34 *Rutgers Law Review* 81 (1981); cf. Harriette K. Dorsen, "Satiric Appropriation and the Law of Libel, Trademark, and Copyright: Remedies Without Wrongs", 65 *Boston University Law Review* 923, 929—937 (1985)(诽谤案件中修辞夸张的分析类似普通的事实/意见决定).

的结构中。该案陪审团做出的判断是,堪培利酒的模仿作品不能"被合理地认为是对原告实际事实或原告参与的实际事件的描述"。[220] 该案的所有参与者,包括最高法院在内,都根据这一判断认定模仿作品涉及观点而非事实的陈述。但结论并非如此。[221] 修辞上的夸张这一概念要求我们承认,即便传统的讽刺性夸张不允许我们将《皮条客》模仿作品的陈述在字面上理解为福尔韦尔真的与母亲在厕所里发生关系,然而这些陈述仍可被理解为要传递不同的信息。在致最高法院的答辩书中,弗林特明确讲到他希望模仿作品表明,"福尔韦尔的启示是'狗屁'……这一令人畏惧的公众人物的布道是胡说八道。"[222] 如果理性的读者同意弗林特的看法,模仿作品传达的是这种意思,那么准确的问题就是这一信息是观点还是事实。

(2) 判断与偏好表达的区分。只要分析观点所享有的宪法特权,都必须区分两种非常不同的陈述。根据前述康德的区分,只是表达或描述演讲者私人感受的陈述,必须与就演讲者之外的世界面相做出判断的陈述分开。[223] 这一类陈述,我称之为"偏好表达",基本上是对演讲者内心状况的报告,而唯一与真实可能有关的主张在于报告的实际准确性。"我不喜欢杰里·福尔韦尔"就是偏好表达的例证。尽管这一句话并没有主张是真的,但至多局限于实际描述人称代词"我"的有效性。[224] 第二

---

[220] *Falwell*, 485 U.S. at 49 (quoting Appendix to Petition for Certiorari at C1).

[221] 通过下述例证即可表明这一点。假设弗林特将福尔韦尔描写为"像鱼一样豪饮"。陪审团很可能会断定,该陈述并不是描述关于福尔韦尔的"真实"情形,意思是福尔韦尔不可能真得说成是像鱼那样饮酒。不过,这一结论并不意味着,弗林特陈述的比喻含义不是对事实的陈述,即福尔韦尔是一个酒鬼。

[222] Reply Breif of Petitioner at 20, *Falwell* (No. 86—1278).

[223] 感谢伯纳德·威廉姆斯(Bernad Williams)帮我澄清这一区分。

[224] 某些偏好表达,例如粗鲁的种族侮辱,可能仅仅是表明或表达而非描述私人情感。严格来说,这种偏好表达根本不含有观点的内容,因而不能被说成是真实或虚假。不过,这种类别的偏好表达的存在,不影响本节的观点。

类陈述,我称之为"判断",并不只是表达演讲者的私人感受或态度,而是表达独立于演讲者的主张,而且在性质上似乎并不纯粹是事实性的。"杰里·福尔韦尔是个伪君子"就是判断的例证。这句话的主张是否真实,并不取决于演讲者的态度,而我们在直觉上会认为该主张包括评价而非纯粹事实描述。

在普通法中,偏好表达很少会构成诽谤诉讼的根据。"侮辱和谩骂的名称","除了表明运用这些名称的人对于其所针对的对象具有强烈的心理厌恶感之外没有什么真实的含义",通常被认为"本身不可以诽谤为由起诉"。[225] 因此,绝大多数赋予交流观点特权的诽谤案都与判断有关。例如,"福尔韦尔案"的堪培利酒模仿作品,表达的正是这种对福尔韦尔"布道"的否定性判断。

偏好表达与判断的区分迫使我们更深刻地理解"福尔韦尔案"判决所援用的观点特权。该判决区分"尤其没有价值的""虚假事实陈述"和观点陈述。后者享有特权是为了保护"观念市场追求真理的功能":因为"真理的最佳检验标准就是其使自己在市场竞争获得接受的思想力量","第一修正案并不承认存在'虚假'的观念这种东西。"[226]

这一原理可以证成赋予判断特权的地位,判断并不就能够作为讨论和批评主题的世界表达事实上真实的主张。但这一原理不能证成赋予偏好表达特权的地位,偏好表达只是做出事实

---

[225] Curtis Publishing Co. v. Birdsong, 360 F. 2d 344, 348 (5th Cir. 1966); see *Restatement (Second) of Torts* § 566 comment e (1977). 不过,某些法院将观点的主张称作只是体现个人对"某种情形的主观评价"。Fleming v. Benzaquin, 390 Mass. 175, 185, 454 N. E. 2d 95, 102 (1983); see also Johnson v. Delta Democrat Publishing Co., 531 So. 2d 811 (Miss. 1988).

[226] *Falwell*, 485 U. S. at 52, 51 (quoting Abrams v. United States, 250 U. S. 616, 630 [Holmes, J., dissenting]).

上真实的主张,根本不可能构成观念市场。[227] 因此,如果偏好表达要获得宪法上的特权地位,就必须依据完全不同于"福尔韦尔案"判决所提出的理论。因为偏好表达代表的是一种特殊的边缘情形,我在下文讨论的是赋予判断宪法特权,我采用的"观点"与"观念"的术语专指判断。[228]

(3) 主观性。显然,赋予判断宪法特权的理据不可能像有关文献通常断定的那样,是观点具有特异性与主观性[229],因而不能够"描述为真实或虚假"。[230] 如果判断不能被说成真实或虚假,那么观念市场就不可能起到"追求真理的功能",而最高法院保护观点的整个宪法原理就会崩溃。

再者,判断与偏好表达的区分表明,在日常经验中,判断似乎根本不包括纯粹个人或主观性的陈述。在日常生活中,我们是根据判断的真假做出重大决定,而不管这种判断存在于医生的医疗诊断、学校成绩单的打分还是法律咨询的备忘录。在许多法律领域,诸如法律和医疗失职行为,国家可以根据对观点真

---

[227] 关于处理由粗俗且具有冒犯性的种族侮辱组成的偏好表达的案件汇总,见 Dean M. Richardson, "Racism: A Tort of Outrage", 61 *Oregon Law Review* 267 (1982)。至少有一家法院支持公共官员提起这种诉讼。See Dominguez v. Stone, 97 N.M. 211, 638 P. 2d 423 (1981).

[228] 在这种情况下,我忽略了另外一种陈述,法院有时候会将其归入观点一类。约翰·瑟尔(John Searle)称它们是"虚构的陈述",而且指出它们"之所以可能,是因为存在一系列的习惯悬置了将表意行为与世界联系起来的规则的正常操作"。John R. Searle, *Expression and Meaning* 67 (1979). 虚构的陈述根本不会(在普通的意义上)涉及世界,因而与任何人或任何事都"无关"。作为一个法律问题,主张陈述是虚构的因而不可提起诽谤诉讼,应取决于相关陈述是否与原告"有关"。不过,有些法院错误地将虚构陈述这一问题认定为观点问题。See, e.g., Pring v. Penthouse Int'l, 695 F. 2d 438 (10th Cir. 1982), cert. denied, 462 U.S. 1132 (1983).

[229] See Lewis v. Time, Inc., 710 F. 2d 549, 554—556 (9th Cir. 1983).

[230] Marc A. Franklin and Daniel J. Bussel, "The Plaintiff's Burden in Defamation: Awareness and Falsity," 25 *William and Mary Law Review* 825, 868—880 (1984); see Smolla, "Emotional Distress", at 450. 关于提到这一路径的一起判决,见 Mr. Chow v. Ste. Jour Azur S.A., 759 F. 2d 219, 227—229 (2d Cir. 1985).

假的评估任意规定民事制裁。[231] 如果判断在本质上是主观性的且不能够被描述为真实或虚假,国家就不能这样做。

(4)可验证性。就事实与观点的区分而言,影响法院最大的理论是,观点"不适于进行验证,因而不能被视作事实"[232]。观点因而是那些不能被"证明真假"[233]的陈述。然而,倘若仅以这种方式表述,该理论就会面临两项致命的反对。第一,将观点界定为不可验证的陈述使得宪法保护观点的原理毫无意义。"市场竞争"根本不可能确定本质上不可证明之陈述的有效性,因而这种陈述的市场并不能起到重要的、"追求真理的功能"。

第二,有些陈述尽管不可验证,但通常都会被视作事实陈述。例如,如果我声称南极洲某点的温度在1497年10月17日下午两点是100度,因为缺乏数据或证据,这一主张是无法验证的,然而在所有人看来,显然我是在做出事实陈述。[234]

不过,关于可验证性标准还有一种更复杂的表述,考察的不

---

[231] See, e.g., William Lloyd Prosser, Dan B. Dobbs, Robert E. Keeton, and David G. Owen, *Prosser and Keeton on the Law of Torts* § 32, at 185—189 (5th ed., 1984).

[232] Immuno, A.G. v. Moor-Jankowski, 145 A.D. 2d 114, 143, 537 N.Y.S. 2d, 129, 147 (1989).

[233] *Mr. Chow*, 759 F. 2d at 229; see, e.g., Janklow v. Newsweek, 788 F. 2d 1300, 1302—1303 (8th Cir.) cert. denied, 479 U.S. 883 (1986); Keller v. Miami Herald Publishing Co., 778 F. 2d 711, 718 (11th Cir. 1985); Ollman v. Evans, 750 F. 2d 970, 981 (D.C. Cir. 1984), cert denied, 471 U.S. 1127 (1985).

[234] 最高法院在"费城报业公司诉案黑普斯案"(Philadelphia Newspapers, Inc. v. Hepps, 475 U.S. 767 (1986))中的讨论明确承认存在这种无法证明的事实陈述,在该案中最高法院考虑的是,当系争的言论涉及公众关心的问题时,原告或被告是否应证明事实的诽谤性陈述的虚假性。最高法院的所有大法官都认为,该案提出的问题是,谁应当承担特定的事实陈述可能"不可知真实或虚假"的风险。See also id., at 785 (Stevens, J., dissenting)。尽管最高法院认定,在这种情形下,可以在宪法上要求原告证明虚假,然而又完全承认,这一裁定会使"某些无法证明错误的言论不承担责任",因而阻止"在某种抽象的意义上……具有价值的"诉讼。See 475 U.S. at 776. 如果言论仅因为不可证明,就可以在宪法上被作为观点加以豁免,那么这一推理就没有任何意义。

是陈述是否可以验证,而在于是否可以"客观"验证[235],是否"受经验证据支配"[236]。这种表述具有两个重要优点。第一,将分析焦点从具体陈述是否可以证明转向如何证明的问题。后一个问题要求我们认识包含在陈述中的具体主张形式。第二,这种表述提供了两种可能的"验证"模式大致的类型分析:某些陈述的真实性可以通过"经验"或"客观"的方式加以确定,而其他陈述的有效性则只有通过"观念市场"不受限制的讨论方能决定。

当然,除非我们能够为诸如"经验"或"客观"等语词规定某种明确的含义,否则这种形式的检验标准不可能发挥作用。这些语词并非不证自明的,而在提出定义的时候,我们需牢记这一工作的目的。最高法院在"福尔韦尔案"告诉我们,"虚假的事实陈述"没有宪法价值,是因为"妨碍观念市场追求真理的功能,而它们对个人名誉造成的损害不容易通过反驳的言论加以修补,无论这种言论如何具有说服力或有效。"[237]或许可以以下述方式适当概括最高法院的观点:就宪法而言,特定种类陈述(观点)的真实性只能通过观念市场典型的言论与反驳言论的自由交锋加以确定。但观念市场的作用取决于其他种类陈述(事实性陈述)的准确性,后者的真实性必须通过独立于纯粹讨论过程的方式确定。

以这种方式解释最高法院的分析,困难在于其似乎认为事实的真实性独立于讨论和交流的社会过程。这一观念让人想起的是长久以来名声不佳的逻辑经验主义的意象,其中事实的"验证"被说成取决于"'天然的材料'……而通过提供另外一种解释或理解则不可能质疑这些材料的有效性",而且"通过进一步的推理也不可能确立或破坏其可信性"[238]。司法机关运用"经

---

[235] See *Mr. Chow*, 759 F. 2d at 229; *Ollman*, 750 F. 2d at 981; Hollander v. Clayton, 16 Media Law Reporter (BNA) 1447, 1448 (N. Y. App. Div. 989).

[236] *Keller*, 778 F. 2d at 718 (emphasis added).

[237] 485 U. S. at 52.

[238] Charles Taylor, *Philosophy and the Human Sciences* 19 (1985).

验"与"客观"的措辞指的无疑就是这些意象。但现在人们已经多少理所当然地认为这种粗糙的经验主义具有脆弱性,因为即便存在诸如"天然的材料"这种东西,那些材料的含义也必然取决于推导的过程,这些过程本身还要接受进一步的解释或推理。[239] 因而所有的知识最终都在这种或那种程度上依附于讨论的社会过程。[240]

2. 重构事实与观点的区分

不过,可以在重构时考虑下述两种陈述"公认的对比"从而理解最高法院的分析,即"被认为十分多样且并不期望也不要求集中于一点"的陈述,与"存在集中到一点的确定预期"的陈述。[241] 例如,在"科学考察"领域,"理想状态下就应集中到一个答案,这种集中最好的解释就包括相关答案体现了情况如何的观念,而在伦理领域中……则不可能存在这种连贯的期望。"[242]

我们期望科学假设最终集中到一个答案,是因为用吉尔伯特·哈曼的话来说,这样的假设是"根据世界进行检验的"[243],而世界独立于我们对世界的认识。这种抽象地诉诸"世界",影响的只是我们理解科学陈述做出的那种主张;并没有影响单纯

---

[239] "观察总是'带有理论的'"。Gilbert Harman, *The Nature of Morality* 4 (1977).

[240] 这种依附性正是威格摩尔(Wigmore)不满证据法中事实/观点区分的原因。See 7 John Henry Wigmore, *Evidence* § 1919, at 14—16 (James H. Chadbourn, rev. ed., 1978); see also Beech Aircraft Corp. v. Rainey, 109 S. Ct. 439, 449 (1988); Ralph Slovenko, "The Opinion Rule and Wittgenstein's Tractatus", 14 *University of Miami Law Review* 1 (1959).这种依附性也支撑着弗雷德里克·绍尔对诽谤法中事实与观点区分某些非常著名的批评。See Frederick Schauer, "Language, Truth, and the First Amendment: An Essay in Memory of Harry Canter", 64 *Virginia Law Review* 263 (1978).

[241] Stuart Hampshire, "Morality and Conversion", in *Utilitarianism and Beyond* 145, 146 (Amartya Sen and Bernard Williams, eds., 1982).

[242] Benard Williams, "The Scientific and the Ethical", in *Objectivity and Cultural Divergence* 209, 212 (S.C. Brown, ed., 1984).

[243] Harman, *Nature of Morality*, at 6.

地依靠"天然的材料"所做出的主张的本体。因而,如果一项主张声称以独立于科学调查者的方式描述某物,如果时间和投入足够,我们期望通过调查者都同意的方式肯定或否定相关的主张,那么我们就会承认主张是科学的。这种思考方式的源头可以回溯到查尔斯·皮尔斯的著作,他将科学真实界定为"所有调查者最终注定都会同意的观点",而他将现实界定为"在观点中得到体现的客体"。在皮尔斯看来,现实因而"总体上并不必然独立于思想,而只是独立于你、我或任何其他有限数量的人关于现实的思考。"[244]

如果有关"世界"的观念使我们预料科学思想集中到关于自然的单一描述,那么伦理思想就完全不是这么一回事,伦理思想最终是"一个属于特定文化的问题"[245],是一个"群体惯例"[246]的问题。只要存在不同的群体或文化,我们就没有什么特别的理由期望就任何特殊的伦理主张形成合意。例如,如果我主张,食用猪肉或与寡嫂结婚在道德上不正确,那么我最终就不得不诉诸在我的文化或共同体中已经被接受的规范。倘若你不认同那些规范,我就没有什么特别的理由期望你赞同我的看法(当然,你可以被说服,但那是另外一个问题)。[247] 因此,就伦理问题的集中不存在任何"一贯的期望"最终就是以群体和文化的多样性为基础。

因而我们可以区分两类陈述,第一类陈述的主张有效性号称独立于任何限定人群的标准或看法,第二类陈述的主张以"约

---

[244] Charles S. Peirce, *Philosophical Writings* 38, 39 (1955).
[245] Williams, "The Scientific and the Ethical", at 220.
[246] Harman, *Nature of Morality*, at 113.
[247] 正如威廉姆斯强调的那样,集中与非集中主张的区分并没有预言集中是否"真的会发生";相反,"这一对比的意义在于,即便就伦理问题出现集中,要是认为其产生是因为受事物的实际运作引导也是错误的,而在科学中,如果产生集中,则可以按照这种方式解释。这意味着除了其他内容之外,在这两种情形下,我们对存在集中或说未能产生集中的认识是不一样的。"Williams, "The Scientif and the Ethical", at 212.

束我们共同体成员的义务综合体为基础,从而维持提供我们集体生活结构的制度"。[248] 判断在本质上属于后一类陈述。这是因为"判断必然存在人类以作出判断的共同体成员的身份共享的潜在根据,而且这些根据在交流中甚至会团结那些持不同意见的人(以及可能激烈反对的人)……判断意味着提供人们据以做出决定的共同根据或标准的共同体"。因而"要知道判断如何进行,我们就需要一个关于共同体的定义。"[249]

于是,具有集中性与不具有集中性主张的区分,与第一修正案公共商谈与共同体的区分有莫大的关系。因为只有通过特定共同体的标准,才可以确定判断的真实或虚假,政府惩罚公共商谈中虚假判断的任何努力,实际上都会运用国家的强力规定具体共同体的标准。这当然会违反公共讨论领域就共同体标准保持中立的宪法原则。因此,完全可以说,从宪法的角度来看,这种陈述的评价必须交给言论与反驳言论的自由交锋,共同体藉此在公共商谈领域竞相获得个体的忠诚。

但因为事实陈述的真假在理论上要通过皮尔斯所说的、超越所有可能共同体的标准加以确定,所以政府惩罚虚假事实陈述在理论上符合对于任何具体共同体标准保持中立的立场。汉娜·阿伦特生动地表明,"事实调查者、证人和记者的独立性"使得他们"超越我们所属的共同体以及我们同侪的交往"[250]。确实,惩罚虚假的事实陈述乍看起来并不符合理想言论情形的要求,即排除"更好主张的说服力"[251]以外所有的强力。但事实陈述并非主张,而提出主张的能力本身就预设着准确的事实。阿伦特指出,"除非能够保证真实的信息且事实本身不存在争论,否则观点自由就是一场闹剧。换言之,事实真实给予政治思

---

[248] Lovibond, *Realism and Imagination*, at 65.
[249] Ronald Beiner, *Political Judgment* 142—143 (1983).
[250] Hannah Arendt, *Between Past and Future* 259—260 (1968).
[251] See 1 Habermas, *Theory of Communicative Action*, at 25.

想活力。"[252] 因而公共商谈本身的正直取决于事实的准确性，"福尔韦尔案"诉诸的就是这一点。[253]

然而，如果皮尔斯是正确的，任何关于世界事实描述的有效性最终都取决于无数视角的集中，因为任何特定的视角都可能存在偏见，体现的只是具体共同体的特定标准。只要国家试图最终确定具体事实陈述的真假，就会删减可能无限的调查过程，因而存在巨大的不准确风险。[254] 所以尽管法律上的事实认定在理论上是中立的，但在实践中，我们可以预计其往往并不准确，而且会受到具体共同体的情感与偏见影响。任何令人尊敬的第一修正案理论都会考虑到这一现象；这无疑可以部分解释为何最高法院在"福尔韦尔案"并不允许无条件地规定虚假事实陈述的责任，而是规定了"实际恶意"这一额外的要求，从而"赋予第一修正案所保护的言论足够的'呼吸空间'"。[255]

因而我们可以为"福尔韦尔案"所采取的立场提供大致的理据，虚假的事实陈述在公共商谈领域不具有宪法价值，而虚假的观点则只受观念市场调整。这一理据依据以下述方式重构事实与观点的宪法区别。事实陈述是关于独立世界的主张，其有效

---

[252] See Arendt, *Between Past and Future*, at 238.

[253] See *Falwell*, 485 U. S. at 52; Dun and Bradstreet, Inc. v. Greenmoss Builders, Inc., 472 U. S. 749, 769 (1985) (White J., concurring).

[254] 因而，就威廉·威斯特摩兰(William Westmoreland)将军是否命令情报官员在越战期间低估敌军的力量，是否阿里埃勒·沙龙(Ariel Sharon)真得与贾梅耶家族讨论过报复巴勒斯坦人的必要性等问题，我们当然宁愿相信无数代历史学家的意见，而非任何特定的陪审团的裁定。See Sharon v. Time, Inc., 599 F. Supp. 538(S.D.N.Y. 1984); Westmoreland v. CBS, 596 F. Supp. 1170 (S.D.N.Y. 1984).

[255] *Falwell*, 485 U.S. at 156. See Time, Inc. v. Hill, 385 U. S. 374, 406 (1967) (Harlan, J., concurring in part and dissenting in part). ["任何将'斯科普斯案'(Scopes)作为其遗产的民族，都不可能轻易让观念根据陪审团所认定的虚假遭到惩罚。"] 因而，实际恶意标准为被告提供了双重的保护余地。该标准不仅提供保障措施，反对国家作为事实认定者可能出现的扭曲或错误，还会通过赋予被告对自己言论合法性最大可能的控制，减少对被告言论可能造成的寒蝉效应。

性在理论上无需诉诸任何特定共同体的标准就可以确定,就此我们有权期望最终形成集中或合意。另一方面,观点陈述是关于独立世界的主张,其有效性取决于具体共同体的标准或惯例,在文化异质性的条件下,我们不能期望形成集中。[256] 如果这一重构是正确的,就意味着"福尔韦尔案"事实与观点的区分,与指引"福尔韦尔案"关于公共商谈的其他描述相同,都源于第一修正案的核心关注:保持公共商谈的中立性免于共同体道德观念的支配。

这一重构使得法院能够在宪法上区分事实与观点,方法是确定具体陈述主张的有效性。例如,如果一位文学批评者称某位小说家不配获得诺贝尔奖,只有参照该批评者援引的具体审美判断标准,这一陈述才有意义。因为这些标准界定的是一个特定的群体,该陈述就应被描述为观点。但如果批评者称该小说家付给某些瑞典官员5万美金,她所做出的主张,任何人只要面对相关的证据,不管属于哪一个具体的共同体,在理论上最终就应当会接受,因而应当被作为事实陈述。

有时同一个陈述可以被作为或者是事实,或者是观点,取决于如何解释所作出的主张。例如,如果一位餐馆评论者称一家中餐馆的蛋卷是"结冰的",如果评论者指的是蛋卷低于水的结冰温度,这一陈述就应被作为事实陈述,原则上任何人都应当可以确定这一标准。但更有可能的是,如果评论者指的是,只要能够恰当理解正确供应蛋卷的适当温度,任何人都会认为它们是

---

[256] 当然,只有在人类学上将自身视作一种独特文化(有可能成为不同的形式)的社会中,这一区分才是有意义的。例如,一种文化,倘若将伦理视作"除了实际存在的思维之外,尚具有本质方面的立足点或寄托",也会将伦理主张视作集中性的,而就此而言,与事实陈述没有什么两样。See William James, "The Moral Philosopher and the Moral Life", in the *Will to Believe and Other Essays in Popular Philosophy and Human Immortatliy* 184, 197 (1956). 因而事实/观点区分的法律解释最终体现的是就我们文化与其他文化的分离的认识。Cf. Robert Post, "A Theory of Genre: Ramance, Realism, and Moral Reality", 33 *American Quarterly* 367 (1981)(追溯了本体论伦理学在美国的衰落)。

凉的，是不可接受的，那么她陈述的有效性就取决于恰当的中式烹饪标准，因而应当被理解为观点。

陈述所作出的主张的有效性往往取决于陈述的表达风格。餐馆评论者的例证体现的就是，在许多情形下，具体风格的内在动态实际上会迫使就陈述主张的有效性作出特定的解释。[257]这就是为什么法院在适用事实/观点的区分时，往往会将分析集中于交流的"媒介"与情境。

不过，这种关注最终只是与陈述的意思是什么的次要问题有关；国家规制陈述的宪法权力，这一更根本的问题取决于我们是否愿意通过法律实施借以判断观点真假的文化标准。在公共商谈领域外，显然有的情形很有理由以这种方式运用法律。举一个极明显的例子，外行往往必须依靠专家的意见，就像律师或医师，因而对外行人来说，这些观点并不是真的可以讨论。因而，法律要求这样的专家在特定范围内为观点的真假负责是有道理的。当法律这样规定的时候，其实就是以支配性的方式确立人们能够依赖的权威文化标准。[258]

不过，这种标准的确立正是公共商谈的中立性所禁止的。因此，我们赋予公共商谈领域的界限显然就会影响宪法对观点的规制。

163

---

[257] 关于这一过程的一个特别清楚的例证，见 Myers v. Boston Magazine Co., 380 Mass. 336, 403 N. E. 2d 376 (1980)。

[258] See Alfred C. Aman, "*SEC v. Lowe*: Professional Regulation and the First Amendment", 1985 *Supreme Court Review* 93, 93—95. 商业言论或许是另外一种情形，其中第一修正案的原理允许对观点的真假进行规制。该原理当然是严重倾向这一方向的，因为其允许并非公共商谈的商业言论被进行规制，如果"具有误导性"或'更有可能欺骗而非告知公众'。Central Hudson Gas and Elec. Corp. v. Public Serv. Comm'n, 447 U. S. 557, 563—564 (1980). 该原理并没有区分观点与事实。

四、界定公共商谈的领域

如果第一修正案通过使公共商谈免于执行共同体的规范而赋予其特别的宪法保护[259],就有必要区别公共商谈与其他言论。不过,在当代原理中,这一区分的设计十分糟糕且不可靠。[260] 事实上,人们普遍认为,最高法院在这一方面的努力导致极端的混乱。[261] 不过,在试图冒险重新描述具体的公共商谈领域前,重要的是评估这一失败的原因。要进行评估,首先必须从当代原理试图大致以两种方式划分公共商谈领域的界限开始。第一种关注的是言论的内容,第二种关注则是散播的方式。

(一)当代原理中公共商谈的领域

1. 言论的内容:公众关心的问题

当代原理首先通过评估言论的内容描述公共商谈的领域。最高法院就这一进路有一个标准的说明:"我们承认,第一修正案体现的是'国家深刻追求''关于公共问题的辩论应当不受限制、强健且完全开放'的原则,而且一直就保护关于公共问题的言论的核心意义进行评论。"[262] 因而,作为一个原理问题,最高法院非常综合地通过区分言论与"公众关心的问题"有关还是

---

[259] 当然,我并没有暗示第一修正案只保护公共商谈。See Marc A. Franklin, "Constitutional Libel Law: The Role of Content", 34 *UCLA Law Review* 1657, 1671—1673 (1987).

[260] See R. George Wright, "Speech on Matters of Public Interest and Concern", 37 *De Paul Law Review* 27 (1987). 关于公私区分难题更一般的讨论,见 Duncan Kennedy, "The Stages of the Decline of the Public/Privae Distinction", 130 *Universityof Pennsylvania Law Review* 1349 (1982).

[261] See e.g., Franklin, "Constitutional Libel Law", at 1657.

[262] Boos v. Barry, 485 U.S. 317, 318 (1988) (citations omitted) (quoting New York Times Co. v. Sullivan, 376 U.S. 254, 270).

与"纯粹私人关心的问题"有关,从而界定公共商谈。[263]

---

[263] Dun and Bradstreet, Inc. v. Greenmoss Builders, Inc. 472 U.S. 749, 758—759 (1985) (plurality opinion); see Philadelphia Newspapers, Inc. v. Hepps, 475 U.S. 767, 775 (1986). 十多年来,这一区分仍然模糊不清。最高法院在"《纽约时报》案"中推理说,第一修正案体现的是"国家深刻追求"强健的公共辩论,从而确保"不受束缚的思想交流,以带来人民所期望的政治和社会变革"。376 U.S. at 270, 269 (quoting Roth v. United States, 354 U.S. 476, 484 [1957]). 最高法院因而提出,民主自治所必需的言论应免于通过普通法诽谤侵权所实施的共同体文明标准,除非演讲者以具有"实际恶意"的方式发表虚假的事实陈述。"《纽约时报》案"将这种豁免延伸到对公共官员"公职行为"的批评,因为这种批评显然是民主自治的核心。为了与该原理保持一致,最高法院很快就将实际恶意规则的适用扩展到"任何可能触及官员是否称职的问题"[Garrison v. Lousiana, 379 U.S. 64, 77 (1964)]以及候选人是否适合当选公职[Monitor Patriot Co. v. Roy, 401 U.S. 265, 271—272 (1971)]。这种分析线路的巅峰是布伦南大法官在"罗森布卢姆诉大都会传媒公司案"[Rosenbloom v. Metromedia Inc., 403 U.S. 29 (1971)]中的相对多数意见,提议将"《纽约时报》案"的实际恶意要求适用于所有涉及"公共或普遍利益"问题的言论。

然而,这一推理的清晰性在1974年变得模糊,当时最高法院在"格尔兹诉罗伯特·韦尔奇公司案"[Gertz v. Robert Welch, Inc., 418 U.S. 323 (1974)]中推翻了一种折中的立场,即只有当诽谤案的原告是"公共人物"时才适用实际恶意标准,指的是公共官员或公众人物,但同时也将某种宪法保护扩展到所有的言论,而不管这种言论是否被描述为公共商谈。"格尔兹案"认定,在缺少实际恶意的情况下,各州不能执行普通法关于诽谤言论的推定惩罚赔偿规则,而且宪法要求原告证明被告"存在过错"才能获得赔偿。尽管相较于"《纽约时报》案"的实际恶意标准,这些宪法限制对共同体文明规则的运作干预不是那么深,但是这些干预仍然非常显著。See Post, "Foundations of Defamation Law", at 713—714, 738—779. 不过,这些限制的原理并不明确,因为就其适用于无关民主自治的言论而言,他们无法通过支撑《纽约时报》案"的推理加以证成。到目前为止,最高法院一直都无法或不愿意提供替代性的原理。

因而近年来,最高法院开始重构"格尔兹案"的折中,以便使得公共商谈与其他言论的区分可以确定实施共同体文明规则的宪法限制的范围。例如,在"邓白氏公司案"中,最高法院重新解释了"格尔兹案",只要诽谤言论涉及的只是私人原告且与"纯粹私人关注的事项"有关,就取消宪法对普通法的推定惩罚赔偿规则的限制。Dun & Bradstreet, 472 U.S. at 759—760 (plurality opinion). 尽管最高法院并未明确讨论是否也会取消这种情形下宪法对"过错"的要求,然而给人的明确印象是,"在私人原告的诽谤案件中,只有当诽谤性假话的主题与'公众关心'的事项有关时,才适用宪法对过错的要求。"

尽管"公众关心"标准依靠的是明晰且表面上很有吸引力的原理,但最高法院实际上并没有提供任何分析以发展其逻辑。[264] 实际上,现在的事实是,"公众关心"标准"差不多就等于是告诉法官和律师,任何标准都没有必要,因为公众关心的问题一看便知。"[265] 要理解这种失败的原因,就必须注意"公众关心"中的形容词"公众"。有时候该形容词意味着系争的言论与实践民主自治的人感兴趣的事项有关。我称这是"规范性的"公众关心观念。不过,有时候该形容词意味着系争言论关系到的是许多人已经知道的事项,因而是纯粹经验意义上的"公众"。我称这是"描述性的"公众关心观念。

"福尔韦尔案"法律意见用来区分公共商谈与其他言论的原理标准,就是在这两类公众关心观念间游移。根据"福尔韦尔案"提出的规则,该规则遵循的是传统诽谤领域的第一修正案原理,《纽约时报》案的实际恶意标准适用的条件是,原告是公众人物或公共官员。[266] 这一原理"公共官员"的部分直接源自规

Cox v. Hatch, 761 P. 2d 556, 559 (Utah 1988).

在 1986 年的"费城报业公司诉案黑普斯案"(Philadelphia Newspapers, Inc. v. Hepps, 475 U. S. 767 (1986))中,最高法院认定,只要言论"属于公众关心的内容",原告就必须承担证明虚假的责任,即便原告是私人也是如此。最高法院并未表明,如果原告是私人而被告的言论则"完全是私人关心的内容"时,谁承担这一责任,不过最高法院确实模棱两可地说,在这种情形下,"宪法的要求并不必然强迫改变普通法情形某些方面的特征。"一位评论者总结说,"'邓白氏公司案'的逻辑"会得出的结论是,在这种情形下,第一修正案并不要求改变"原样的普通法规则"。Smolla, "Emotional Distress", at 471.

[264] See Stephen Allred, "From *Connick* to Confusion: The Struggle to Define Speech on Matters of Public Concern", 64 *Indiana Law Journal* 43, 75, 81 (1988); Toni M. Massaro, "Significant Silences: Freedom of Speech in the Public Sector Workplace", 61 *Southern California Law Review* 1, 25—27 (1987).

[265] Arlen W. Langvardt, "Public Concern Revisited: A New Role for an Old Doctrine in the Constitutional Law of Defamation", 21 *Valparaiso University Law Review* 241, 259 (1987).

[266] See *Falwell*, 485 U. S. at 56.

范性的公众关心概念,体现的是《纽约时报》案要保护关于民主自治事项的言论这一核心目的。但"公众人物"的部分则比较模糊,部分是通过关于公众人物的言论在规范上与民主自治有关这一观念证成的[267],部分是通过下述观念证成的,即关于公众人物的言论与纯粹描述意义上引起"公众关注"的"臭名昭著"的事项有关。[268] 因此,最终公共官员/公众人物的标准必须援引规范性或描述性的公众关心观念加以证成。[269] 理解当代原理潜在的弊端就必须从分析这两种不同的公众关心观念开始。

(1) 规范性的公众关心观念。最高法院最能轻松面对规范性的公众关心观念,在大部分情形下,其运用该短语都意味着系争言论的内容涉及的事项在实质上与民主自治的过程有关。但不难发现,为何这种公众关心的观念会直接导致原理上的僵局。民主自治假定人民以公众的身份控制政府的议程。他们有权只

---

[267] See, e.g., Time, Inc. v. Firestone, 424 U.S. 448, 454 (1976); Curtis Publishing Co., v. Butts, 388 U.S. 130, 146—155 (1967) (plurality opinion); id. at 163—165 (Warren, C.J., concurring).

[268] Gertz, 418 U.S. at 342. 例如,最高法院将杰里·福尔韦尔描述为"公众人物"时所存在的模糊性。See Falwell, 485 U.S. at 57 and n.5. 最高法院引征了《美国名人录》(Who's Who in America),大意是福尔韦尔是"全国同步播出电视节目的主持人,此前名为道德多数派的政治组织的创立者和主席。他还是弗吉尼亚林奇伯格(Lynchburg)自由大学的创立者,若干著作与出版物的作者"。

[269] 赋予关于公共人物的言论的宪法保护,与赋予关于公众关心的私人的言论的宪法保护,这两者的差别表明,公共商谈的领域并非毫无分化的领域。相反,其包含着不同类别的言论,这些言论可能会获得不同形式的宪法保护。因而关于公共人物的言论与关于公众关心的私人的言论的区分,并非公共商谈与其他形式交流的区分,而是公共商谈领域本身内在的差别。事实上,相较于涉及公众关心事项而与私人有关的言论,赋予关于"公众人物"的言论更大程度的宪法保护,最高法院这样做的理据几乎完全依靠个别衡平的考虑,这些考虑与界定和保护民主自治所需要的言论没有什么太大的关系。See Gertz, 418 U.S. at 344—346; David J. Branson and Sharon A. Sprague, "The Public Figure-Privae Person Dichotomy: A Flight from First Amendment Reality", 90 *Dickinson Law Review* 627, 634—637 (1986).

是通过他们利益的指引确定公共事项的内容。这意味着每一可能让公众不安的事项,也都有可能与民主自治有关,因而可能是公众关心的事项。规范性的公众关心观念,就其被用来从公共商谈中排除言论而言,与其试图促进的民主自治概念本身并不一致。

最高法院完全认识到这一难题。这是最高法院下述坚定且正确的信念的基础,"绝对不能允许政府选择'哪些事项值得讨论或辩论'……要是允许政府选择准予公共辩论的主题,就是允许政府控制寻找政治真理的活动"[270]。这一困难同样也是"格尔兹案"最高法院最初拒绝布伦南大法官"罗森布卢姆诉大都会传媒公司案"(Rosenbloom v. Metromedia, Inc.)相对多数意见的根据,后者提议将《纽约时报》案的实际恶意标准适用于所有涉及"公共或普遍利益"[271]问题的言论。最高法院否定这一提议,因为怀疑将确定"什么信息与自治有关"的任务"交由法官的良心判断是否明智。"[272]

当然,显然可承认某些言论与民主自治存在实质上的关系。与公共官员有关的大部分言论都属于这一范畴。但从这一事实并不能得出,可以信心满满地将较难识别的言论排除在公众关心的问题之外。例如,罗伯特·博克曾经提议将宪法所保护的言论限于"与政府行为、政策或人事有关的"[273]那些。博克的提议之所以有吸引力,是因为其似乎完全直接源自民主自治的逻辑,而且会就与公众关心的问题有关的言论提供一个明晰且精

---

[270] Consolidated Edison Co. v. Public Comm'n, 447 U. S. 530, 538 (1980) (citations omitted) (quoting Police Dep't v. Mosley, 408 U. S. 92, 96 [1972]); see Thomas v. Collins, 323 U. S. 516, 545 (1945) (Jackson, J., concurring).

[271] 403 U. S. 29, 43 (1971).

[272] *Gertz*, 418 U. S. at 346 (quoting *Rosenbloom*, 403 U. S. at 79 [Marshall, J., dissenting]).

[273] Robert H. Bork, "Neutral Principles and Some First Amendment Problems", 47 *Indiana Law Journal* 1, 27 (1971).

确的定义。

然而,经过更严格的考察,博克的提议也是不足的,因为其遗漏的基本观点是,第一修正案保护公共商谈不只是因为其赋予政府决定活力,还因为其使文化异质性的社会能够锻造共同的民主意愿。这种意愿的形成,取决于公共商谈维持我们作为一个民族以及我们具体希望政府做什么进行审议的能力。这是为什么大多数人会毫不迟疑地将下述问题的公共讨论作为公共商谈,诸如母亲的适当角色、年轻人的叛逆、美国公民身份的含义,即便这种讨论并非发生在任何建议的或实际的政府具体行为情境。[274]

汉纳·皮特金雄辩地指出,公共领域就是"人们在人类力量允许的范围内决定他们集体采取什么行动、解决他们如何共同生活、决定他们的未来"的地方。然而,要决定这些东西,就要参加"集体自我界定"的过程,参加确定"我们应当是谁,我们代表什么"[275]的过程。将言论归类为公共商谈,实际上就是认为其与这种自我定义和确定的集体过程有关。显然,要完成这些没有理论上中立的方式。只有以特定民族认同的实际愿景的名义,言论才可以被认为与国家的自我界定无关。如果通过法律的权威实现这一点,就会排除民主发展的可能选项。

塞缪尔·沃伦和路易斯·布兰代斯发表于1890年的著名文章"隐私权"可以说明这一问题,该文实际上创立了普通法的隐私侵权。[276] 该文的起源据说是因为沃伦这位真正的波士顿

---

[274] 在此情形下,请回想"坎特韦尔诉康涅狄格案"(Cantwell v. Connecticut(310 U.S. 296(1940))),该案本身将"宗教信仰领域"的辩论视作完美的公共商谈。See id., at 310.

[275] Hanna Pitkin, "Justice: On Relating Private and Public", 9 *Political Theory* 327, 343, 346 (1981).

[276] Samuel D. Warren and Louis D. Brandeis, "The Right to Privacy", 4 *Harvard Law Review* 193 (1890).

上流对报纸报道他的私人娱乐感到愤怒。[277] 沃伦和布兰代斯认为,这种流言蜚语并不是公众关心的内容,侵占了"对共同体真正重要的问题可以获得的版面"[278]。然而事后看来,在世纪之交,公众对富人和上层社会所作所为的迷恋,显然可以在创建福利国家以及累进税和其他财富分配工具这一总体趋势方面发挥必要的作用。尽管关于塞缪尔·沃伦具体晚会的报道可能真得没有什么意义,但它们是这一更大过程的组成部分,作为公众的人们据此开始改变他们对国家的幻想。结果,沃伦和布兰代斯将这种流言蜚语斥为纯属"无聊"且只是"琐事"的传递工具,在我们看来,完全是只顾自己私利、讨厌的阶级偏见。[279]

诸如沃伦和布兰代斯等设定应当与塑造共同民主意愿有关的内容界限的作者,他们所面临的基本理论难题在于,任何在实质上限定公共商谈的努力,都因为转移其试图促进的民主过程本身而必然弄巧成拙。

(2)描述性的公众关心观念。描述性的公众关心观念有可能为这一僵局提供出路。这种观念似乎可以为法院提供一种维持公共商谈界限的手段,而且在各种与民主治理问题有关的竞争性言论主张间保持中立。这种描述性的观念将"涉及公众关心的问题的言论",界定为与下述事项有关的言论,即实际上恰好是公众,也就是"数量众多的人"感兴趣的事项。[280] 因而这一观念源自纯粹经验性的公众概念;事实上将确立公众存在的共

---

[277] See Alpheus Thomas Mason, *Brandeis: A Free Man's Life* 70 (1946); Don Pember, *Privacy and the Press: The Law, the Mass Media, and the First Amendment* 20—25 (1972).

[278] See Warren and Brandeis, "Right to Privacy", at 196.

[279] Id. 例如,唐·彭博(Don Pember)写道,"沃伦—布兰代斯的提议基本上是富人要求新闻媒体停止八卦和打探的请求。"Pember, *Privacy and the Press*, at 23.

[280] Bernard C. Hennessy, *Public Opinion* 8—9 (3d ed., 1975).

同刺激的表达归为公共商谈。[281]

在最高法院根据原告的"公众人物"身份规定宪法保护的原理中,就可以看到这种描述性观念的影响。[282] 这些努力促使某些法院采取下述方式界定言论是否公共商谈,即"调查统计"是否表明原告在"很大一部分消息灵通的市民"中享有"知名度"。[283]

然而,以纯粹描述性的方式界定公共商谈的努力会遭到涵盖过宽与涵盖不足两方面的不同意见。这一定义之所以涵盖过宽,是因为其将宪法保护适用于似乎与民主自治无关紧要的事项的言论。[284] 这一定义会将关于名人的言论归为公共商谈,哪怕这些人物"对公共政策问题的参与或影响"[285]无足轻重。这会让人立刻想起诸如约翰尼·卡森(Johnny Carson)和卡罗尔·博内特(Carol Burnett)的例证。[286] 这一定义之所以涵盖不足,是因为其排除了与尚不知名、但显然与民主自治过程相关的事项

---

[281] 现代政治学家已在总体上放弃了20世纪30年代社会学典型的公众定义,相反倾向于将公众作为纯粹经验性的现象考察其概念。关于这一倾向的例证,见 W. Lance Bennett, *Public Opinion in American Politics* 12—63 (1980),其所采取的是一种"情境化的视角",将公众作为"在特定时刻就具体问题实际形成与表达观点的个体集合";and V.O. Key, *Public Opinion and American Democracy* 8—17 (1961),该书在广义上界定公共意见,包括"政府需要慎重加以注意的"个体所秉持的所有观点。

[282] See Franklin, "Constitutional Libel Law", at 1665.

[283] Waldbaum v. Fairchild Publications, Inc., 627 F. 2d 1287, 1295 and n. 20 (D.C. Cir.) cert denied, 449 U.S. 898 (1980); see Harris v. Tomczak, 94 F. R.D 687 (E.D. Cal. 1982).

[284] 最高法院发展有限公众人物原理可以被理解为是对这种涵盖过宽的回应。该原理认为,个体被卷入显著的"公共争论"这一事实本身,不足以使她成为公共人物;相关的争论必须属于特定的"类型",即与"公共问题的解决"有关的那种,Time, Inc. v. Firestone, 424 U.S. 448, 455 (1976) (quoting Gertz v. Robert Welch, Inc., 418 U.S. 323, 351 [1974]).

[285] Frederick Schauer, "Public Figures", 25 *William and Mary Law Review* 905, 917 (1984).

[286] See Branson and Sprague, "Dichotomy," at 636—637; Franklin, "Constitutional Libel Law", at 1665.

的言论。此前政府隐秘的不当行为的曝光，或讨论高得离谱但却未引起注意的青少年自杀率，都是与应当广为知悉的问题有关，即便事实上并非如此；任何可接受的公共商谈定义都必须包括它们在内。

反对描述性公众关注观念的这两种意见依据的假设是，公共商谈的真正检验标准必然在于言论的内容与自治是否有关的实体评价。认为描述性的观念涵盖过宽的观点，认定可以用原则性的方式识别显然无关的事项的言论。认为这一定义涵盖不足的观点，认定可以确定明显相关的事项的言论。因此，倘若认为这些反对意见有分量，而且在我看来分量还不轻，那么我们就兜了一个圆圈，回到了最初的情形，即缺少原则性的方法确定哪种问题应当从公共商谈领域排除。

无论如何，描述性的公众关心观念仍然具有一定的吸引力，因为其把注意力放在维持公共商谈的社会前提条件。这些前提条件之一就是公共审议的参与者面临共同的刺激。关于知名事项的言论，关心的正是使公共商谈成为可能的材料。这种言论因而会加强和放大公共生活的纽带。尽管在很多方面，有关约翰尼·卡森的言论都有别于关于明确的政府政策的言论，但公众审议政府政策的能力则取决于公众成员共有的经验储备，而与人们普遍熟悉的事项有关的言论会增加这种经验的深度。关于名人的言论因而会以微妙和间接的方式影响公众对公共政策的审议：可以为辩论提供共同的参照点，或使共同的关注具体化，或塑造共同的理解比喻。就药物滥用这一社会问题而言，获悉著名的运动员或艺人与毒品或酒精做斗争，很可能会将公众引向不同的且可能更多（或更少）同情性的理解。讨论职业棒球联赛则会促使改变对国民性格的认识。

主张关于知名问题的言论作为公共商谈获得宪法保护，因而就取决于公共言论不可分割的假设，出于诸如八卦目的的交流也会影响其他诸如自治的目的。这一假设是下述"压倒一切的"辩证法的基础,哈里·卡尔文曾预测这种辩证法会导致公共商谈的定义"从公共官员、政府政策、公共政策直到公共领域的问题"。[287]

但各种公共言论相互依赖的程度是一个经验问题,而没有经验数据,只要共同体文明标准的实施会减少关于知名问题的言论,那么就只能说公共商谈可能在某种难以明确的程度上遭到削弱。从这当中不能得出,有关知名但似乎琐碎问题的言论必须被包括在公共商谈中。但这的确告诫在将这种言论排除于公共商谈时要极其谨慎。

2. 言论散播的方式:媒体、非媒体的区分与其他谜题

如果试图根据言论内容界定公共商谈的当代原理脉络,最终存在不足且自相矛盾,但其至少具有明确的司法主题这一优点。当代原理的第二股脉络关注的是言论如何散播而非内容,相比较而言更为模糊,因而必须从最高法院法律意见的犄角旮旯进行汇总。尽管最高法院尚未试图以正式规则的形式阐述这第二股原理,但其对最高法院判决的影响仍然显而易见。

例如,第一修正案原理中"公众关心的问题"这一短语源自1940年"桑希尔诉阿拉巴马州案"(Thornhill v. Alabama)的重要判决。在"桑希尔案",最高法院考虑的问题是工人纠察行动是否属于宪法所保护的表达。最高法院以下述前提开始分析:"宪法所保护的言论与出版自由,至少包括公开与真实地讨论所有公众关心问题的自由,而没有事先限制或随后遭到惩罚的担心。"[288] 最高法院因而不只是根据系争言论的内容,也是根据言论散播的方式界定公共商谈。这里的基本观点是,言论必须以"公开的方式"进行交流方可被说成是公共商谈。

这种对散播方式的关注显然在"福尔韦尔案"的法律意见也

---

[287] Harry Kalven, "The *New York Times* Case: A Note on the Central Meaning of the First Amendment", 1964 *Supreme Court Review* 191, 221.

[288] 310 U.S. 88, 101—102 (1940).

可以看到,该案提到的是"关于公众人物的公共辩论领域"[289]。尽管这一短语所运用的第一个"公众"涉及的是言论的内容,第二个关系到的则是言论表达的方式。这种方式指向的是言论散播的"风格"应当可以被理解为"公共"辩论。"福尔韦尔案"在其结论所阐述的预防性规则中再次提到了这一风格。"福尔韦尔案"明确将该规则限于矫正"因诸如此案系争的出版物"[290]所造成的那种故意造成精神痛苦的侵权。尽管从未明确,这里的意思显然是弗林特是以公开而非私人信件或深夜电话的方式表达对福尔韦尔的辱骂。最高法院关于该规则的表述意味着,如果弗林特以私下的方式传递与《皮条客》模仿作品完全相同的内容,那么就不包括在公共商谈的领域,而且不会获得同样程度的宪法保护。最高法院引征哈兰大法官在"斯特里特诉纽约案"(Street v. New York)中措辞谨慎的结论以强化这一寓意:"根深蒂固的是……不能仅由于观念本身会冒犯某些听众就禁止公开表达。"[291]

因此,公共商谈的界限在某种程度上取决于言论散播的方式。尽管言论是以"公开"方式表达的,这种判断最终取决于具体交流行为的特定情境,但至少有三项总体因素影响着最高法院认知这一问题的进路:演讲者的意图、演讲者听众的规模、听众的身份。最高法院对演讲者意图将其言论作为"公共商谈"[292]的内容很敏感,这可以在最高法院"运用复写纸或油印机的孤独檄文作者"[293]的意象中得到体现。即便檄文作者只试图向很少一部分人散播信息,最高法院仍会将其努力作为"信息向公众流动"[294]的一部分。这里的理由不可能是檄文作者的信息

---

[289] 485 U. S. at 53.

[290] Id., at 56.

[291] Id. (quoting Street v. New York, 394 U. S. 576, 592[1969]).

[292] See In re *Primus*, 436 U. S. 412, 426—431 (1978).

[293] Branzburg v. Hayes, 408 U. S. 665, 704 (1972).

[294] Id., at 705.

事实上被多数公众所接收。相反,理由必然是,倘若演讲者以这种方式"普遍"散播信息,就意味着她希图自己的言论得到广泛传播,而且构成公共辩论的内容。

就这些问题而言,最高法院有时候会受到一种相当特别的意图概念影响,这种概念依赖的并非某具体的人的实际目的或动机,而是可以赋予特定交流形式的通用意图(generic intent)。可以说,在大街上散布檄文的行为本身具有自身推定的意图。这种通用意图的观念可以在鲍威尔(Powell)大法官"邓白氏公司案"(Dun & Bradstreet)的相对多数意见得到体现,鲍威尔大法官的意见认定,信用报告不属于公共商谈领域,部分是因为报告"只是出于演讲者及其具体商业客户的个人利益",而且"只是出于追求利润的动机"。[295] 鲍威尔大法官关于动机的评估,并不取决于邓白氏公司撰写信用报告的雇员的实际精神状态,档案中并没有这方面的证据。实际上,这是按照通用的方式赋予特定种类言论意图。鲍威尔大法官的说理因而可以被理解为指向的是一个普遍的法律结论,撰写商业信用报告主要是出于追求利润的目的,这一目的不利于将其归为公共商谈。

"米勒诉加利福尼亚州案"(Miller v. California)同样可以体现最高法院运用这种通用意图的概念,在该案中最高法院将淫秽言论排除于公共商谈领域,部分是因为淫秽言论"出于自身的利益以及随后的商业利益描述赤裸裸的性行为"[296]。最高法院归于淫秽类言论的意图,不可能构成对个别作者或电影工作者具体动机的经验描述。相反必须被解释为归于整个类型言论的具体社会目标。最高法院明确对比了这一目的与其认为适当的公共商谈的目的,后者的意图是要带来"人们所希望的政治与社

---

[295] 472 U. S. 749, 762 (1985) (plurality opinion).
[296] 413 U. S. 15, 34—35 (1973).

会变革"[297]。

与确定言论是否以公共方式散播相关的第二个因素是听众的规模。这一因素的重要性源自公共商谈的社会基础。传播非常广泛的言论本身会变成确立公共商谈所需要的那种共同刺激;因而"大众媒体与'公众'的出现是彼此相长的发展"[298]。如果关于知名事项的言论深化公众的经验,那么广泛传播的言论就会使此前秘密的事项为众人所知,因而扩展公众经验的范围。而审查任何一种言论,同样有可能削弱公共商谈。

这一事实连同通用意图的概念,或许可以阐明最高法院就如何区分宪法所保护的媒体与非媒体被告所面临的难题。[299] 严格来说,通过大众媒体散播的言论即广泛传播的,因而本身就具有"形成公众的作用"[300]。再者,可以赋予这种言论的通用意图至少推定是期望有助于公共商谈的意图。[301] 因而仅根据散播的方式,媒体言论就会提出表面上有力的主张,要求被归为公共商谈。[302] 当然,这种主张可以宣告无效。例如淫秽言论也可以通过大众媒体的形式传播。但这种主张的存在和力量使得很

---

[297] Id. (quoting Roth v. United States, 354 U. S. 476, 484 (1966)). 普通法的隐私权制度也含有类似的张力,即关于商业公司的意图与关于公共商谈的意图。See Tellado v. Time-Life Books, Inc., 643 F. Supp. 904 (D. N. J. 1986).
[298] See Gouldner, *Dialectic*, at 95.
[299] 最近关于这些难题的两个说明,见 Rodney Smolla, "*Dun & Bradstreet*, *Hepps*, *and Liberty Lobby*: A New Analytic Primer on the Future Course of Defamation", 75 *Georgetown Law Journal* 1519, 1561—1564 (1987); Katherine W. Pownell, "Defamation and the Nonmedia Speaker", 41 *Federal Communications Law Journal* 195, 210—215 (1989)。
[300] Gouldner, *Dialectic*, at 106.
[301] 关于这一假设在普通法中如何运作的明确例证,见 Arrington v. New York Times Co., 55 N. Y. 2d 433, 434 N. E. 2d 1319, 449 N. Y. S. 2d 941 (1982), cert denied, 459 U. S. 1146 (1983).
[302] 关于司法机关承认这一主张的说服力的例证,见 Denny v. Mertz, 106 Wis. 2d 636, 318 N. W. 2d 141, cert. denied, 459 U. S. 883 (1983); and Harley-Davidson Motorsports Inc. v. Markley, 279 Or. 361 366, 568 P. 2d 1359, 1362—1363 (1977)。

难从公共商谈排除媒体的言论,而且存在争议。

媒体言论因而是独特的,因为其具有这种构成公共商谈的表面主张,这一主张完全以其散播的方式而非内容为基础。这种特性说明为何最高法院持续关注媒体与非媒体被告的区分。[303] 但经过严格考察,媒体言论的独特性仅在于确立其主张为公共商谈的特殊方式,而这种主张的内容与其他许多形式的交流都是相同的。最高法院的五位大法官因此可以一致宣称,"机构媒体的权利与其他从事同样活动的个体或组织没有什么两样。"[304]

第三个影响最高法院确定言论是否以公开方式散播的因素是,言论所针对的听众的身份。广泛散播的言论被认定针对的是公众。同样的假定也适用于实际上只针对少数人的言论,只要是向"一般"陌生人传播的。因而,听众问题只在言论专门针对少数具体人的情形才会出现。在这种情境下,最高法院暗示,同样的言论如果是向这个人交流可能是公共商谈,向另外一个人交流则可能不受宪法保护。[305] 即便向一个人"私下交流的"[306]言论也可能是公共商谈,例如,如果此人是政府官员[307]而非仅与演讲者存在契约相对关系(contractual privity)的人。[308]

3. 当代原理的失败

当代原理的失败源自两个不同的原因。首先,"公众关心"的标准缺乏内部一致性。其次,最高法院赋予散播言论情形的

---

[303] See, e. g., Philadelphia Newspapers, Inc. v. Hepps, 475 U. S. 767, 779 n. 4 (1986); Smolla, "New Analytic Primer", at 1564.
[304] Dun & Bradstreet, Inc. v. Greenmoss Builders, Inc., 472 U. S. 749, 784 (1985)(Brennan, J., dissenting); see also id. at 773 (White, J., concurring in the judgment).
[305] See Connick v. Myers, 461 U. S. 138, 148 n. 8 (1983).
[306] Id., at 146.
[307] See id.; Givhan v. Western Line Consol. School Dist., 439 U. S. 410, 415—416 (1979).
[308] Cf. *Dun & Bradstreet*, 472 U. S. at 762 (plurality Opinion).

重要性,给具体、情境化的判断造成额外的压力。即便"公众关心"的标准可以被赋予一致且明确的含义,将言论归为公共商谈仍然取决于具体交流情境所存在的大量特殊变量。尽管规范性的和描述性的公众关心概念非常重要,但言论情形复杂的情境化力量,有时候会将内容显然与民主自治和知名人士有关的言论排除于公共商谈。

"恰普林斯基诉新罕布什尔州案"(Chaplinsky v. New Hampshire)就是这种现象一个极端的例证,该案的被告公开称一位市司法官是"该死的法西斯"和"敲诈者"。被告这番言论的具体情境使得最高法院相信,系争的交流是一种"人身攻击"而非公共商谈,因而不享有宪法保护。[309] "恰普林斯基案"之所以著名,正是因被告言论的主题是一位公共官员的职务行为,这一事实通常会初步将言论归为公共商谈。因而,"恰普林斯基案"说明了言论情境在分类方面的强大力量。假设弗林特私下将堪培利酒的模仿作品寄给福尔韦尔的母亲,或在半夜给福尔韦尔打电话把模仿作品的内容读给他听,同样可以得出这一结论。在这种情形下,尽管弗林特交流的内容没有变化,也没有法院会把这种言论归为公共商谈。

因而与公共商谈言论归类相关的诸多因素很难以清晰、统一且有用的原理规则加以表述。最高法院塑造简单的原理标准,无疑是由于下述要求,即阐述明确且可预测的宪法指引从而演讲者不会面临法律不确定性的空间而导致自我检查。因而愈发突出的是,最高法院的原理显然应当被情境化的压力淹没。因为这一压力,最高法院解释考察言论是否涉及"公众关心的问题"究竟是什么意思的努力,已经瓦解为下述结论,即考察"必

---

[309] 315 U.S. 568, 572 (1942) (quoting Cantwell v. Connecticut, 310 U.S. 296, 309—310[1940]).

须根据整个档案所揭示的……表达的内容、形式与情境加以确定"[310]。

(二) 替代性的公共商谈领域观念

倘若我们想起第一修正案建立一个独特的公共商谈领域是要实施我们对诸如中立、多样性以及个体主义等价值的共同信念,这一导向情境化的压力潜在的原因就会变得清楚。结果,公共商谈的领域只能延伸到这些价值超越其他竞争性追求的范围,诸如社会情境中的自我的尊严[311]、群体认同的重要性[312]或共同体权威的必要运用[313]所带来的那些追求。公共商谈领域的界限正是位于这些竞争性价值的张力最为剧烈因而随后必须达成某种协调的地方。

公共商谈的界限因而界定着我们民族价值的相对优先次序。它们标明我们的追求从这一组目标转向另一组目标的位置。在确定这些界限时,我们采用宪法促进体现我们价值等级性的社会状况,而且通过这种方式发挥"我们人类自我建构的能力"[314]。因为我们的价值不是以抽象的方式而是通过对我们文化遗产的批判性理解出现在我们面前,这种自我建构的过程同样也是一种自我发现的过程。因此,"我们能够如何建构自己与我们已如何被自己独特的历史建构密切联系在一起。"[315]

---

[310] *Dun & Bradstreet*, 472 U. S. at 761 (plurality opinion) (quoting Connick v. Myers, 461 U. S. 138, 147—148 [1983]).

[311] See Florida Star v. B. J. F., 491 U. S. 527, 533 (1989); id., at 550—552 (White, J., dissenting); Frisby v. Schultz, 487 U. S. 474, 484—485 (1988); *Dun & Bradstreet*, 472 U. S. at 757—761 (plurality opinion).

[312] See Beauharnais v. Illinois,343 U. S. 250, 263 (1952).

[313] See, e. g., Miller v. California, 413 U. S. 15 (1973) (在涉及淫秽的案件中,授权事实的审查者适用"当前共同体标准")。

[314] Hanna Pitkin, "The Idea of a Constitution", 37 *Journal of Legal Education* 167, 168 (1987).

[315] Id., at 169.

当法院试图通过援引为我们创造公共商谈"风格"的社会规范,从而确定公共商谈领域的界限时,就会体现它们对这一独特历史的尊重。这些规范是我们文化遗产的一部分;它们确定着我们何时会本能地将言论视作公共的。普通法的隐私侵权体现的就是这些规范的力量,该制度依靠"共同体的风俗和习惯"决定言论是否与"具有正当公共利益"[316]的事项有关。这种风俗和习惯与所有共同体的规范那样,都是高度情境化的。它们具有"由社会确定的可变性"[317],这要求判决"考虑形势的要求,而非抽象概念的要求"。[318] 它们的认识与适用要运用格奥尔格·西美尔所谓"道德触觉"(moral tact)。[319]

正是通过运用这种"触觉",在"恰普林斯基案"中,墨菲(Murphy)大法官"知道"被告进行的是私人吵闹而非公共辩论。[320] 这一触觉所解释的规范,体现的是公共商谈与共同体生活不同需要的默示调和。法律只有以下述代价才能忽略这些规范,即运用抽象概念解决价值冲突,而这些概念则是从赋予日常经验含义的习惯剥离出来的。

然而,有两个理由表明不可能完全忠于这些规范。首先,任何这样的忠实都会要求通常与普通法尊严型侵权有关的那种极端情境化,而这种情境化会与下述需要发生冲突,即第一修正案的规则应清晰与可预期,从而将自我审查降到最低。其次,更重

---

[316] *Restatement (Second) of Torts* § 652 D comment h (1977); see Virgil v. Time, Inc., 527 F. 2d 1122, 1129 (9th Cir. 1975), cert denied, 425 U. S. 998 (1976).

[317] Erving Goffman, *Relations in Public* 40 (1971).

[318] Phillip Selznick, "The Idea of a Communitarian Morality", 75 *California Law Review* 445, 460 (1987).

[319] See Georg Simmel, *The Sociology of Georg Simmel* 324 (Kurt H. Wolff, trans., 1950).

[320] 同样地,最高法院正是通过运用这种策略,阐述了商业言论与公共商谈的"'常识性'区别"。See Zauderer v. Office of Disciplinary Counsel, 471 U. S. 626, 637 (1985) (citing Ohralik v. Ohio State Bar Ass'n, 436 U. S. 447, 455—456 [1978]).

要的是，纯粹的道德触觉方法与公共商谈的宪法功能存在冲突，公共商谈旨在确立"一个安全的空间"，可以在其中塑造共同的民主意愿。因而要确定社会规范是否真的起到这一功能，就必须不断对其适用进行检查。

然而，民主政治的逻辑本身不可能为原理的阐述提供无限指引。规范的公众关心概念缺乏一致性，正是因为所有的言论都可能与民主自治有关，因而根据民主逻辑，所有的言论都应当被归为公共商谈。但这一结论是不能接受的，因为我们对公共商谈价值的追求并不会自动且总是超越其他竞争性的追求。从内部来说，这一结论同样也是不一致的，因为公共商谈的悖论要求必须在某一点对批判性互动加以限制。批判性互动会悬置使得理性审议成为可能的文明规则。因此如果批判性互动的界限太过宽泛，那就有可能危及到理性审议的可能性本身。批判性互动不受限制的扩张，有可能破坏我们建立公共商谈的目的本身。

在诸如"伯特利403校区诉弗雷泽案"这样的判决就可以看到对这种可能动态的敏感，在该案中，最高法院允许一所学校审查"下流言论"，理由是"公立学校教育一个非常恰当的功能，就是禁止在公共商谈中使用粗俗和冒犯性的措辞"，从而"灌输文明的习惯与举止"。[321] 这种敏感在"联邦通讯委员会诉太平基金会案"（FCC v. Pacifica Foundation）中也显而易见，最高法院在该案中允许联邦通讯委员会执行"当代共同体的标准"，以禁止在"一天当中儿童很有可能成为听众的时间"广播"显然具有冒犯性的"言论。[322] 在做出这一结论时，最高法院的理由是，"广播特别容易影响儿童"，因而会破坏"政府保护青少年'幸福'"

---

[321] 478 U. S 675, 683, 681 (1986) (quoting Charles Austin Beard and Mary Beard, *New Basic History of the United States* 228 [1968]).

[322] 438 U. S. 726, 731—732 (1978) (quoting In re *Pacifica Found. Station*, 56 F. C. C. 2d 94, 98 [1975]).

"以及支持'家长'在自己家里主张权威"的利益。[323] 因此,在这两起案件中,最高法院都拒绝以下述方式扩张批判性互动的领域,即有可能严重损害共同体使年轻人社会化且促使他们认同最高法院认为理性审议所需要的共同体规范的过程。[324]

因此,正如道德触觉的运用本身不足以指引划定公共商谈的界限,民主自治的逻辑也是如此。事实上,这些界限的安置似乎要求适应三种迥然不同的关注与司法方法。民主自治逻辑导向的解决方案会最大化公共商谈的领域。公共商谈的悖论则要求就批判性互动与理性审议动态的相互关系进行社会与功能的分析。而调和公共商谈的价值与共同体生活价值的需要,施加的压力则是针对具体和情境化的判断。

当代原理的真正问题,并不在于无法在这些相互对立的考量中实现某种综合性的调和,因为怀疑在理论上是否可能实现这种调和,而是在于无法足够清楚地阐述公共商谈的定义中真正重要的是什么。我们需要确立一个足以满足民主自治需要的公共商谈领域,但还会对竞争性的价值追求、界定公共言论风格的现有社会规范以及公共商谈悖论所蕴含的社会后果保持适度敏感。原理的阐述应当有助于法院评估这些考量,而非以晦涩的措辞和标准加以掩盖。

这一结论隐含的命题是,不可能以中立的方式确定公共商谈的界限。从民主自治逻辑的角度出发,任何对公共商谈领域的限制都必然造成强迫打断可能的民主发展进程。因为这种打断最终必然通过共同体的价值确定,所以通过摆脱意识形态一

---

[323] Id., at 749 (quoting Ginsberg v. New York, 390 U.S. 629, 640, 639[1968]); see Sable Communications, Inc. v. FCC, 492 U.S. 115, 126—128 (1989).

[324] 关于这种过程的讨论,见 Spence E. Cahill, "Childern and Civility: Ceremonial Deviance and the Acquisition of Ritual Competence", 50 *Sociological Psychology Quarterly* 312 (1987)。

致的方式界定的商谈界限,本身则是通过意识形态的假设界定的。[325] "弗雷泽案"、"太平基金会案"、"恰普林斯基案"和"米勒案"都是这种在意识形态上界定公共商谈领域界限的例证。

这种关于言论的意识形态规制令人非常讨厌,而且最好仍然如此。如果此等规制成为规则而非例外,就很容易挫伤民主自治的元气。不过,我们不能无视意识形态的规制这一最终的事实。最终,就公共商谈领域的界限因而不可能存在最终的解释。[326] 我们可以且确实对该领域的核心具有信心,但其边界仍是模糊的,且具有意识形态性质,要在民主与共同体生活之间不断协商。

五、结语

公共商谈是民主自治的核心,其保护是第一修正案法理的一个重要主题。本章追溯了该主题对"《皮条客》杂志诉福尔韦尔案"的寓意,考察了该主题可能给第一修正案原理某些棘手的重要方面带来的启发。这些方面包括冒犯性言论的保护、事实与观点的区分以及以动机作为规制言论的标准。就所有这些原理领域而言,潜在的主要动力都是分离公共商谈与界定共同体认同的文明规则的控制。第一修正案维持着公共商谈的独立性,从而在文化异质性的国家中可在中立条件下形成民主意志,从而个体可以运用公共商谈的媒介说服其他人试验新式的共同体生活。不过,公共商谈最终对共同体生活的依赖表明,这种中立性和自由永远是有限的,因为公共商谈界限本身的确定方式,

---

[325] 因此,最高法院被促使确定"不属于观念阐述必要组成部分"的"言论类型"就决非偶然,"社会秩序与道德方面的利益显然压倒了"对这些言论的容忍。Chaplinsky v. New Hampshire, 315 U. S. 568, 571—572 (1942).

[326] 用法国政治学家克洛德·勒福尔(Claude Lefort)的话来说,在民主社会中,"公共空间""总是不确定的"。Claude Lefort, *Democray and Politicla Theory* 41 (David Macey, trans., 1988).

必须对确保灌输理性审议理想的共同体规范的持续存在保持敏感。

因此,我们可以说,作为当代第一修正案原理的对象,公共商谈就像赫尔曼·梅尔维尔描述的风那样,"反向旋转"。[327] 其天生就不稳定,事实上可能是一种短暂的现象。现在所谓"公民共和主义传统"实际上会带来"一个普遍的共同体",以"共同追求某种道德理解"为基础[328],而这种道德理解会将公共商谈转变为通常受普通法公允批评特权所保护的那种公共审议。面对那种社群主义式团结一致的拉扯,确实很难坚持当代第一修正案原理所要求的那种彻底的否定性。最终,只有时间和我们最终的信念才能讲清楚。

---

[327] Herman Melville, "The Conflict of Convictions", in *Battle Pieces and Aspects of the War* 14, 17 (1960) (facsimile of 1866 ed.).

[328] William M. Sullivan, *Reconstruting Public Philosophy* 159, 170, 161 (1982). 例如,约翰·杜威认为公众只是形成"伟大共同体"的序曲。See Dewey, *The Public*, at 211.

第五章

在民主与共同体之间
——社会形式的法律构造

在本章中,我要从美国法律制度的具体视角讨论"民主共同体"的概念。用罗纳德·德沃金简洁且准确的表述来说,这一视角需要不断努力把握社会制度的内核(internal point)。[1] 这一工作既不纯粹是描述性的,也不完全是规范性的。相反,它涉及对社会实践的诠释性认识,这种认知被认为独立于观察者,然而却又存在于目的性的结构当中,这种结构的要求则反复接受辩论和确定。通过原理(doctrine)的媒介,美国的法律制度期望发现社会实践的含义,并将其转化为支配性的行为原则。

简而言之,我认为在过去 60 年中,美国宪法一直将民主共同体视作两种截然对立又相互依赖的社会组织形式间的复杂对话,我称这两种社会组织形式为"回应性民主"与"共同体"。我根据法律诠释学的方案界定这些社会组织形式。倘若法律试图根据人们在社会上依存且深嵌其中的原则组织社会生活,体现的就是共同体的社会形式。倘若法律试图根据人们自主且独立的不同原则组织社会生活,体现的就是回应性民主的社会形式。我的论点是,回应性民主与共同体之间的张力具有特定的形式。尽管回应性民主与共同体的原则就具体案件的结果而言经常发

---

[1] Ronald Dworkin, *Law's Empire* 49—65 (1986).

生冲突,美国宪法仍然承认,要维持一个健康且有活力的民主就必须维持一个健康且有活力的共同体。[2] 因此,"民主共同体"的概念尽管并不牢靠且可以争论,却仍然在我们的宪法学中具有令人肃然起敬的重要地位。

本章的结构很简单。第一部分"共同体"考察我所谓共同体的社会组织形式的法律视角。第二部分"民主"讨论我们宪法上对回应性民主的认识。最后一部分探讨民主共同体独特且存在争议的领域。

一、共同体

尽管"共同体"的概念是"最基本且最广泛的社会学思想单位"[3],但却极其"难以界定"[4]。诱惑在于认为共同体体现为特定的文化,具有具体的内容,而且实际上处于时空当中。当滕尼斯描述从"礼俗社会"(Gemeinschaft)向"法理社会"(Gesellschaft)[5]转变时,想的肯定就是这个东西。在 20 世纪 60 年代,现代化理论展示了类似的假设,运用的是塔尔科特·帕森斯更复杂(但基本类似)的模式变量维度。[6]

然而,试图以经验的方式定位历史"共同体"的工作已经陷入无望的困境。例如,托马斯·本德在关于美国编年史的有趣研究中,记录了历史学家如何发现共同体总是不断在解体。如果"将重要的著作连排……就会提供一幅共同体不断在 1650

---

[2] 我并不讨论法律上如何处理相反的问题,即维持健康与有活力的共同体是否必然需要维持民主。在我们的宪法传统中,民主总是作为首要的基本前提。

[3] Robert A. Nisbet, *The Sociological Tradition* 47 (1966).

[4] Thomas Bender, *Community and Social Change in America* 5 (1978).

[5] See Ferdinand Tönnies, *Community and Society* (Charles P. Loomis, trans., 1963).

[6] See Bender, *Community*, at 21—33. See Talcott Parsons, *The Social System* 58—77 (1951).

年、1690年、1740年、1780年、1820年、1850年、1880年和1920年各个年代重复瓦解的图像。"[7]

显然,无论何时观察,我们肯定都会发现共同体正在悄然消逝。因此本德建议我们放弃占据"特定空间"的共同体概念,而将共同体设想为"一种基本且持续的社会互动形式"。[8] 故而,方法上的考察就会从具体的文化是否体现共同体的问题,转向共同的社会互动形式如何得到体现,如何与其他社会组织形式交织的问题。在本质上,这一转变要求我们放弃具有确定内容的共同体概念,取而代之的共同体概念需要实体上空洞而形式上具体的社会制序结构。

根据本德的建议且以迈克尔·桑德尔的著作为基础,我将"共同体"界定为一种社会组织形式,这种社会组织为成员提供的"不仅是作为公民所具有的东西,还有公民是什么,不是他们(像以自愿结社的方式)所选择的关系,而是他们所发现的归属,不仅仅是一个属性,还是认同的组成部分。"[9] 因此,在共同体内,社会秩序通过在社会成员中灌输深刻且对应的个人认同形式加以维系。这一阐述使得我们可将共同体置于最初社会化的经验进程当中。例如,乔治·赫伯特·米德令人信服地表明这些进程如何在个体人格中建立共同的认同结构:

> 构成有组织自我的是相关群体共有观点的组织化。人之所以具有人格,是因为他属于一个共同体,因为他将共同体的习俗融入自身的行为。他以共同体的语言作为获得自己人格的媒介,然后通过承担所有其他人提供的不同角色这一过程,他就会获得共同体成员的看法。在某种意义上,这就是人格的结构……因此,建立自我的结构就是这种所有人共有的回应,因为一个人只有成为共同体的一员才能

---

[7] Bender, *Community*, at 45—53.
[8] Id., at 43.
[9] Michael J. Sandel, *Liberalism and the Limits of Justice* 150 (1982).

成为自我。[10]

埃尔温·戈夫曼的著作表明,这些共同认同结构的确立与维持,不仅发生在社会化的早期和初期,也可以在共同体成员一生当中通过日常社会互动的形式进行。通过遵循"尊重与举止"(deference and demeanor)规则,共同体的成员不仅肯定他们生活于其中的社会秩序,而且还会建立他们自身"仪式性"和"不可冒犯的"面相。他们因而不断而且不可避免地"依靠其他人"完成他们自己的认同:

> 每个人都为他自己的举止形象以及他人的尊重形象负责,因而要表现为一个完整的人,个体就必须通过礼仪的链条结合在一起,每个人都将所获得的、这一边的人尊重地表达的东西,以恰当的举止尊重地传递给另一边的人。尽管个体确实具有完全属于自身的独特自我,但具有这种自我的证据则完全是联合的礼仪性工作的结果,通过个体举止所体现的部分,重要性不会超过其他人对他的尊重行为所表达的部分。[11]

在戈夫曼归类为"礼仪性的"社会互动形式中,人们通过诉诸共同的社会期待或规范确立共有的认同。因为共同体存在于"共同体成员对彼此有别于对其他人的特殊要求。"[12],这些规范综合起来也就会为共同体界定"特殊的形态、独特的认同"[13]。这就是为何理查德·罗蒂可以将不道德的行为界定为"即便会做,也只是动物会做的那种事情,或其他家族、部落、文化或历史时期的人会做的那种事情。如果我们当中有人做出或反复做出

---

[10] George Herbert Mead, *Mind, Self, and Society* 162 (Charles W. Morris, ed., 1962). See also Sandel, *Liberalism*, at 152—164.

[11] Erving Goffman, *Interaction Ritual*: *Essays on Face-To-Face Behavior* 47, 84—85 (1967).

[12] Joseph Gusfield, *Community*: *A Critical Response* 29 (1975).

[13] Kai Erikson, *Wayward Puritans*: *A Study in the Sociology of Deviance* 11 (1966).

这种事情,那么此人就不再是我们当中的一员。她就成为被社会遗弃的人。"[14]

因此,我们可以将共同体界定为一种社会组织形式,其竭力在个体与社会认同之间确立一种基本的相互关系。二者都是在社会规范中得到体现,这些社会规范起先是通过最初的社会化过程传播的,此后则不断通过日常的交流得到重申。正是因为这个原因,桑德尔才可以说,共同体所具有的归属是被发现而非只是选择的。在这一发现的社会特殊性和历史偶然性当中,则存在着帕斯卡如此动人地谈到的"神秘基础":"习惯是衡平法的全部,只因为被人们所接受;这就是其权威的神秘基础。任何试图追溯到其首要原则的人都会破坏习惯。"[15] 帕斯卡看法的基本真理以当代伦理学说的形式得到了体现,其最微妙的适用形式追求的并非封闭的演绎制度,而是反思性的均衡,这种均衡最终扎根于我们特定视角所具有的偶然特性当中。

然而,我并没有这样的意思,即共同体中的人都是机器人,是被编好程序遵循固定社会规范的自动装置。如果我们从个体的角度认知社会规范的运作,我们或许就能设想一种可以传达各种信息的、微妙且不可避免的语言。例如,我可以通过小心保持距离且遵守适当的隐私规范来表达尊重。或者,在同样的情形下,相反我可以通过违反这些规范且不当地侵入一位同伴的私人空间表达蔑视。尽管选择是我的,但选择之所以有意义,完全是因为存在共享的规范。反过来,我的选择所传递的信息会影响受众的认同。用查尔斯·泰勒的话来说,"我们的'尊严'……就是博得(态度上的)尊重的自我感觉。"[16] 这一点可以得到社会学著作的有力支持,这些著作表明了传递大大小小侮辱、

---

[14] Richard Rorty, *Contingency, Irony, and Solidarity* 59 (1989).
[15] *Pascal's Pensées* 72 (Martin Turnell, trans., 1962).
[16] Charles Taylor, *Sources of the Self: The Making of Modern Identity* 15 (1989).

反复违反社会规范的行为会在多大程度上深刻地扰乱认同。[17]

同样,我也没有这样的意思,即共同体是静止不变的。社会规范通常都是可以争论的,要进行解释和重新解释。[18] 在这种争论中至关重要的是我们的尊严、我们共同的认同、我们共同体的形态。尽管不可能主张我们能够完全重新界定自己,但显然在某种难以确定的程度上,我们可以重新设想构成我们的某些规范。我们可以逐渐改变我们是什么,而且因此影响我们共同体的性质。这种重新设想的发生可能是缓慢、无形且渐进的。或者也可能是跳跃式的,例如当特定群体从一个共同体分离出来的情形。在这种情境下,共同的社会组织形式只有在下述情况下才能继续存在,即存在诸如国家教育制度等权威的文化机构,阐述相互界定个体与社会认同的规范,而且以跨越社会分裂的方式灌输这些规范。这就是为何当社会分裂足够尖锐时,群体通常就会努力掌握(或保持控制)权威的文化机构。

法律形式上的普适性使其成为这些斗争中尤为重要的战利品,这种普适性表现为维持控制国家管辖范围内的所有文化群体。人们普遍承认,法律起到的作用就是宣布可以接受的最低标准,国家所有的公民不论文化归属,都必须遵守。不那么明显的则是,数百年来,英国与美国普通法起到的作用还包括界定和实施属于共同社会组织形式的规范,也就是同时确立个体与共同体认同的规范。当然,普通法没有实施所有这样的规范,而只是那些控制着法律的人认为极其重要的规范;我称这些规范是"文明规则"。法律履行这一任务的程度,当然需要进行历史的考察,但我认为,至少普通法的诽谤[19]、侵犯隐私、故意造成精

---

[17] Erving Goffman, *Asylums: Essays on the Social Situation of Mental Patients and Other Inmates* (1961).

[18] 例如参见罗纳德·德沃金关于礼仪规范解释的比喻。Dworkin, *Law's Empire*, at 46—49.

[19] See Robert Post, "The Social Foundations of Defamation Law: Reputation and the Constitution", 74 *California Law Review* 691 (1986).

神痛苦等"尊严型"侵权的原理结构,显然最好根据文明规则的法律界定与实施加以解释。

所有这些侵权都是根据下述假设惩罚不文明的交流,即这种言论受众的自我会受到根本的损害,或者丧失基本的尊严和尊重,或者造成精神的痛苦和伤害。交流之所以被认为会造成这种伤害,是因为普通法的原理认为自我有赖于遵守文明规则以维持其完整。通过这种方式,法律将文明规则设想为共同认同的一种度量标准。通过实施这些规则,法律还可以确定哪种言论"在文明社会中是完全不可容忍的"[20],并因而界定共同体生活的界限和含义。因此,在文化异质性的情况下,就阐述共同体生活的权威性愿景而言,普通法可以且已经作为一种强大的支配性力量发挥作用。

二、民主

美国宪法关于民主的描述很丰富。民主显然蕴含着弗兰克·米歇尔曼所说的"自我统治"(self-rule),即"美国人民在政治上是自由的因为他们由自己集体统治"的信念。[21] 这种自治的追求有时候被等同于多数主义。[22] 甚至如弗雷德里克·绍尔这样有影响的宪法学者都认为,"对多数派权力任何明显的限制,诸如言论自由的原则,就其本质而言都是反民主、反多数主

---

[20] *Restatement (Second) of Torts* §46 comment d (1977).
[21] Frank Michelman, "Law's Republic", 97 *Yale Law Journal* 1500—1501 (1988).
米歇尔曼指出,"任何真诚的、不制造混乱的美国宪法辩论的参与者,都不能随意否定这一信念。"Id., at 1500.
[22] Robert Alan Dahl, *A Preface to Democratic Theory* 67 (1956).

义的。"[23] 但宪法的精髓在于其规范性的原则,而如果多数主义被理解为这样的原则而非纯粹的程序规则,那么其基础十分自然地就是以某种功利主义的偏好最大化为基础。有力的证据表明,美国宪法明确否定了那种理想。[24]

关于美国宪法方案更有说服力的一种解释首先"区分自治与他治:民主的政府形式是制定法律的人与法律所适用的人相同的那种(因此法律属于自治规范),而在专制的政府形式下,法律的制定者有别于法律所适用的对象(因此法律属于他治规范)。"[25] 简单的多数主义难以契合自治的价值,因为其设想的是以他治的方式将多数派的意志强加给少数派。[26] 这一困境的解决方案,显然是由卢梭设想的,在于假定先于多数决定的社会过程以某种方式将整体上的民主制度与公民整体的自治意志联系起来。

许多现代理论工作者都是以这种方式理解民主。例如汉斯·凯尔森将民主界定为以"自决原则"为基础、实施自治价值的理想政府类型。在解释集体到底如何实现个体成员的自治时,凯尔森先是思考卢梭《社会契约论》的表述,但很快就给予了这种表述明显现代性的转身:

只要主体的个体意志与社会秩序所体现的"集体"(或

---

[23] Frederick Schauer, *Free Speech: A Philosophical Enquiry* 40 (1982). 绍尔写道:"我们越是接受源自民主的观点的前提,就越是无法通过限制多数派的权力侵犯自治的权利。如果源自民主的观点允许表达'人民'并不希望听到的内容,与其说是基于人民意志的主张还不如说是反对人民意志的主张。"Id., at 41.

[24] See, e.g., Cass Sunstein, "Naked Preferences and the Constitution", 84 *Columbia Law Review* 1689 (1984).

[25] Norberto Bobbio, *Democracy and Dictatorship* 137 (Peter Kennealy, trans., 1989).

[26] 关于解决这一问题最真诚但却不成功的努力,见 Carol C. Gould, *Rethinking Democracy: Freedom and Social Cooperation in Politics, Economy, and Society* 236—238 (1988).

"普遍")意志一致,那么在政治上就是自由的。只有社会秩序是由其所调整的个体所创造的,"集体"与个体意志的这种一致才能得到保证。社会秩序意味着个体意志的确定。政治自由,即社会秩序下的自由,是个体通过参与创造社会秩序所进行的自决。[27]

因为设想个体意志在政治时刻的所有事项上都可以与普遍意志"一致"难以令人信服,凯尔森最终将自决的价值定位于人们参与创造社会秩序过程的能力。这种社会秩序因而被设想为先于具体的多数决定行为。社会秩序的建立本身向所有人的参与开放,因为显然是通过交流过程进行的:

> 在民主制度中,共同体的意志总是通过多数派和少数派连续的讨论、通过自由讨论支持或反对规制某个事项的观点确立的。这一讨论不仅发生在议会中,而且主要发生在政治集会、报纸、书刊以及其他公共意见传播手段中。没有公共意见的民主制度在术语上是矛盾的。[28]

于是,在凯尔森看来,民主有助于自决原则,因为民主将政治和社会秩序诉诸于公共意见,而公共意见本身是对所有人开放交流的产物。因而民主的规范性实质就在于灌输自决意识所需要的交流过程,在于政治决定遵守这些过程。

这一逻辑得到了广泛的认同。例如,这促使本杰明·巴伯得出,"没有不断的讨论就不存在强大的民主正当性。"[29] 这促

---

[27] Hans Kelsen, *General Theory of Law and State* 284—286 (Anders Wedberg, trans., 1961). 当然,凯尔森的视角之所以具有独特的现代性,是因为从实体转向了过程。卢梭假定普遍意志的内容与个体意志的内容在实体上是一致的。相形之下,凯尔森假定的只是个体意志与形成普遍意志的过程一致。

[28] Id., at 287—288.

[29] Benjamin R. Barber, *Strong Democracy: Participatory Politics for a New Age* 136 (1984). See Hanna Fenichel Pitkin and Sara M. Shumer, "On Participation", *Democracy* 43—54 (Fall 1982).

使约翰·杜威称,"民主在交谈中开始。"[30] 这促使迪尔凯姆称,"审议、思考和批判精神在公共事务的进程中发挥的作用越大,国家就越民主。"[31] 这促使克洛德·勒福尔主张,"现代民主要求我们以下述观念取代法治体制与正当权力的观念,即以什么正当、什么不正当之辩论的正当性为基础的体制——这一辩论必然没有什么保障者,也没有尽头。"[32]

事实上,民主自决取决于维持对所有人开放的交流结构,这一观念得到了广泛的赞同。尤尔根·哈贝马斯称该结构是通过实现"共同意志的努力塑造的,而共同意志则是在政治公共领域中通过交往的方式加以塑造而以商谈的方式加以阐明的"[33]。约翰·罗尔斯认为其是一个"通过公共理性达成一致"[34] 的过程。弗兰克·米歇尔曼认为这是通过"对话的方式'调节'参与者前政治理解"的"创生于法秩序的政治"(jurisgenerative politics)实践。[35] 在这所有三位思想家看来,该结构的目标是要推动"公民以符合他们自由与平等人的方式达成不受强制的""合意"。[36]

强制被排除在公共辩论之外,因为辩论的目的本身即自决的实践。这里的目标是"合意"(或达成"共同意志"),因为在这种情形下,个体意志被假定完全符合普遍意志。然而,很重要的是要认识到,这一目标纯粹是愿望性的,康德可能称之为"调整

---

[30] *Dialogue on John Dewey* 58 (Corliss Lamont, ed., 1959).
[31] Emile Durkheim, *Professional Ethics and Civic Morals* 89 (Cornelia Brookfield, trans., 1958).
[32] Claude Lefort, *Democracy and Political Theory* 39 (David Macey, trans., 1988).
[33] Jürgen Habermas, *The Theory of Communicative Action* 81 (Thomas McCarthy, trans., 1987).
[34] John Rawls, "Justice as Fairness: Political Not Metaphysical", 14 *Philosophy and Public Affairs* 230 (1985).
[35] Michelman, "Law's Republic", at 1527.
[36] See Rawls, "Justice as Fairness", at 229—230; Michelman, "Law's Republic", at 1526—1527; Jürgen Habermas, *The Theory of Communicative Action* 25—26 (Thomas McCarty, trans., 1984).

性理念"(regulative idea)。[37] 事实上,正是因为根本不可能真正达成绝对的合意,所以构成民主的辩论必然"没有尽头",因而必须被作为一种持续的交流结构单独加以维持。采用美国最高法院的术语,我称这种交流结构为"公共商谈"[38]。

没有公共商谈,绍尔将其与民主相提并论的那种简单多数主义规则,就会丧失自决原则方面的基础,而仅是体现少数派以他治的方式服从多数派的强制命令。即便多数派和少数派的地位是通过灵敏的投票程序准确决定的亦不例外。[39] 另一方面,倘若具有公共商谈的结构,无论多数派还是少数派都可以被理解为有机会自由参与一种交流"系统"[40],所有政治安排的正当性都以该系统为依据。这种机会是否真的会为多数派和少数派双方确立自主性自决的价值,则是一个视情况而定的复杂问题,取决于具体的历史情境。但缺少这种机会,在现代国家特有的条件下,会排除自主性自决价值的实现。[41]

到现在为止应该明确的是,我正在描述的所谓"回应性民主"概念与描述性社会科学通常的行头没有多大的关系。这一概念并没有专门讨论代表制度、投票机制、利益机关等等。相反,其实质在于关于我们民主制度含义的诠释性认知。我认为,在过去60年中,美国宪法一直在运用回应性民主的理想塑造美国的政治景象。

这一点最明显的就是最高法院的第一修正案法理,后者与民主愿望的表达最直接相关。如果绍尔将民主与多数决定相提

---

[37] See J. N. Findlay, *Kant and the Transcendental Object: A Hermeneutic Study* 241 (1981).
[38] Hustler Magazine v. Falwell, 485 U. S. 46, 55 (1988).
[39] See Barber, *Strong Democracy*, at 136—137.
[40] Owen Fiss, "Foreword: The Forms of Justice", 93 *Harvard Law Review* 38 (1979).
[41] 我并没有排除在个人魅力领导或认同传统权威的特殊条件下,没有公共商谈的交流结构也可能实现自决的价值。我指的只是,在现代理性的官僚制国家中这样的条件通常不会具备。

并论是正确的,那么第一修正案限制多数派的立法确实就是反民主的。但从第一修正案时代最初起[42],最高法院就不断将第一修正案视作"我们民主的守护者"[43],而且认为表达自由对于"维持民主制度至关重要"[44]。通过明确援引自决原则的方式,最高法院已将第一修正案所表达的民主价值作为主题:

> 我们宪法制度的一项基本原则就是,维护政治自由讨论的机会,从而政府可以回应人民的意志,而且可以通过合法手段进行变革,这种机会对于美利坚合众国的安全必不可少。[45]

简单回顾回应性民主概念四个重要的寓意,就可以表明其对美国宪法结构的核心意义及其与共同体概念的复杂关系。

第一,回应性民主的功能是尽可能调和个体意志与普遍意志。回应性民主因而最终以尊重作为"自由与平等人"[46]的个体为基础。用让·皮亚杰的话来说:

---

[42] 就实践而言,有效运用第一修正案保护言论自由只能回溯到"斯特龙伯格诉加利福尼亚案"(Stromberg v. California(283 U.S. 359 (1931)))。

[43] Brown v. Hartlage, 456 U.S. 45, 60 (1982). See Buckley v. Valeo, 424 U.S. 1, 93 n. 127 (1976); Richmond Newspapers, Inc. v. Virginia, 448 U.S. 555, 587—588 (1980) (Brennan, J., concurring); Saxbe v. Washington Post Co., 417 U.S. 843, 862—863 (1974) (Powell, J., dissenting).

[44] Schneider v. State, 308 U.S. 147, 161 (1939). See Virginia Pharmacy Bd. v. Virginia Consumer Council, 425 U.S. 748, 765 n. 19 (1976); Thomas v. Collins, 323 U.S. 516, 530 (1945).

[45] Stromberg v. California, 283 U.S. 359, 369 (1931). 支撑"纽约时报公司诉沙利文案"(New York Times Co. v. Sullivan(376 U.S. 254 (1964)))尖锐批评煽动性诽谤的显然就是自决原则。该案的判决取决于麦迪逊美国与英国政府形式的区分:在英国,"国王是主权者,而人民是臣民,"而在美国,"人民而非政府拥有绝对的主权"。因此,在美国,"审查的权力在于人民对政府的审查,而非政府对人民的审查。"

[46] Rawls, "Justice as Fairness", at 230. 关于"自治"价值是"美国民主宪政的构成性规范要素"的一般说明,见 D. A. J. Richards, "Autonomy in Law", in The Inner Citadel: Essays on Individual Autonomy 246—258 (John Christman, ed., 1989)。

民主的实质在于其倾向于将法律视作集体意志的产物,而非源自超验意志或神权所确立的权威。因而以自主意志的互相尊重取代对权威的单方尊重就是民主的实质所在。[47]

因而回应性民主的基本方案针对的是弥漫于美国宪法的个体主义。[48] 所以该方案必然预设迥然有别于共同体所预设的人的形象。回应性民主从独立公民的假设出发,这些公民渴望以体现自己价值与追求的方式塑造其社会秩序。另一方面,共同体则是从相反的公民假设出发,这些公民的认同本身要求维持具体的社会秩序形式。回应性民主假定的人具有自主性的自我;共同体假定的人则具有社会嵌入性的自我。回应性民主竭力开放社会选择的领域,而共同体则要加以限制。

这些差别在比较共同体与回应性民主规制公共商谈时最明显。共同体将公共商谈视作借以展示和规定具体生活价值的媒介。普通法因而自由规制违反文明规则的公共言论。[49] 另一方面,回应性民主将公共商谈视作个体借以选择共同生活形式的交流媒介。因而回应性民主抵制通过实施体现既有社会追求的文明规则所带来的媒介封闭性,要求"在公共辩论中,我们自己的公民必须容忍粗野甚至过分的言论。"[50] 这里的意思是,正如最高法院在"坎特韦尔诉康涅狄格州"(Cantwell v. Connecticut.)这一里程碑案件中所述,第一修正案要求的是"许多类型的

---

[47] Jean Piaget, *The Moral Judgment of the Child* 366 (Marjorie Gabain, trans., 1948).

[48] 关于宪法中个体主义影响的著名例证,见,e. g., City of Richmond v. J. A. Croson Co., 488 U. S. 469 (1989); Zablocki v. Redhail, 434 U. S 374 (1978); Weber v. Aetna Casualty and Surety Co., 406 U. S. 164 (1972); Reynolds v. Sims, 377 U. S. 533 (1964).

[49] See, e. g., Robert Post, "Defaming Public Officials: On Doctrine and Legal History", 1987 *American Bar Foundation Research Journal* 539, 552—554; Dominguez v. Stone, 97 N. M 211, 638 P. 2d 423 (1981).

[50] Boos v. Barry, 485 U. S. 312, 322 (1988).

生活、性格、意见和信仰都可以平安且不受阻挠地发展"的社会秩序。[51] 这种不稳定且不断演化的社会生活观念，直接源于回应性民主的个体主义前提，而且导致最高法院严格将第一修正案解释为限制在公共商谈实施诸如诽谤、侵犯隐私和故意造成精神痛苦等强化共同体的侵权。[52]

第二，回应性民主的个体主义假设必然意味着某种形式的公私区分。这是因为，就国家强制塑造回应性民主试图调和为公共意见的"自主意志"而言，这会削弱其自身事业存在的理由。这种公私区分的意义最典型的体现是第一修正案宗教条款为个人良知所提供的保护，保障"每个人自愿决定信仰什么（与不信仰什么）而不受国家任何强制的权利"[53]。"在良知领域，道德的力量高于国家"[54]。在确立所谓宪法"隐私权"的实体正当过程原理领域中，也可以看到这种公私区分，这一原理保护的是"一个人界定对于任何自由概念而言都至关重要的认同

---

[51] 310 U. S. 296, 310 (1940).

[52] See, e.g., New York Times Co. v. Sullivan, 376 U. S. 254 (1964); Philadelphia Newspapers, Inc. v. Hepps, 475 U. S. 767 (1986); The Florida Star v. B. J. F., 491 U. S. 524 (1989); Cox Broadcasting Corp. v. Cohn, 420 U. S. 469 (1975); Hustler Magazine v. Falwell, 485 U. S. 46 (1988). 关于第一修正案观点的典型说明，见 Cohen v. California, 403 U. S. 15 (1971)。

[53] Grand Rapids School Dist. v. Ball, 473 U. S. 373, 385 (1985). See Lyng v. Automobile Workers, 485 U. S. 360, 369 (1988); Wallace v. Jaffree, 472 U. S. 38, 50—53 (1985); Abood v. Detroit Bd. of Educ., 431 U. S. 209, 235 (1977); Cantwell v. Conecticut, 310 U. S. 296, 303 (1940).

[54] Girouard v. United States, 328 U. S. 61, 68 (1946). 一般讨论，见 D. A. J. Richards, *Toleration and the Constitution* 67—164 (1986)。

的能力"。[55]

当然,这里的公私区分必须被理解为本质上不稳定且问题重重,因为所有的政府规制都会多少影响个体的认同。[56] 因此,从回应性民主的角度来看,这一区分必须被视作确定自我下述面相的实用工具,这些面相被认为对于行使政治和道德自主而言必不可少,因而超越国家强制性塑造的范围。[57] 在确立这一庇护天堂的时候,美国宪法不仅限制民主国家的范围,还限制共同体运用法律强力要求个体服从共同体规范的能力。

第三,回应性民主在本质上是不完善的。这是因为民主理论所要求的"自主意志"不是且不可能凭空出现。一个人拥有能够做出自主选择的人格的唯一原因,在于该人已将"共同体的制度内化为自身的行为"。[58] 这一社会化的过程是个人认同的前提,本身并不是独立选择的事项。相反是可以归因于出生和同化的事件。通常,这主要是通过诸如家庭和小学实现的。在这些情景下,儿童的认同首先是通过完全非民主的方式确立的;

---

[55] Roberts v. United States Jaycees, 468 U.S. 609, 619 (1984). 早期一个承认这种权利的著名判决是"迈耶诉内布拉斯加州案"(Meyer v. Nebraska, 262 U.S. 390 (1923)),其中最高法院推翻了内布拉斯加禁止向年少的学生教授外语的法律。麦克雷诺兹(McReynolds)大法官写道:"为了吞没个体、培育理想的公民,斯巴达在男孩 7 岁的时候就将其集中到营房,将他们随后的教育和训练托付给官方的监护人。尽管这种措施是由具有巨大天赋的人有意通过的,其有关个人与国家关系的理念,与我们的制度所依据的理念迥然有别;而且很难证明立法机关可以在不损害宪法文字和精神的情况下,给一国的人民规定这样的限制。"

[56] See, e.g., Cass Sunstein, "Legal Interference with Private Preferences", 53 *University of Chicago Law Review* 1138—1139 (1986).

[57] 除了"罗伊诉韦德案"(Roe v. Wade)最终的实体是非,这一分析进路就约翰·伊利(John Ely)对"罗伊案"隐私权的著名批评具有重要的意义,他认为这种权利与"宪法所规定的任何特殊价值"都没有关系。John Hart Ely, "The Wages of Crying Wolf: A Comment on Roe v. Wade", 82 *Yale Law Journal* 949 (1973).

[58] Mead, *Mind, Self, and Society*, at 162.

是"通过将事实上威吓与执行的制裁内部化产生的。"[59] 因而回应性民主必然预设社会领域的重要方面(甚至可以说基本方面)是以非民主方式组织的。

回应性民主的不完善意味着其稳定性本身取决于维持适当的共同体生活形式。[60] 回应性民主预设着全力追求自决的价值。[61] 尽管回应性民主必须认定这种追求植根于自主同意的集体行为,但显然这种同意主要是虚构的。[62] 因而这种追求,我们必须理解为相反源自当人们社会化到共同体价值中时向其灌输的原则。[63] 这就造成与公私区分明显的张力,这在强制的公共教育机构中得到了充分体现。该张力实际上(如果不是完全令人满意的话)在必须学习的儿童与可选择的成人这一概念区分中得到了调和。[64]

美国宪法如何承认回应性民主吊诡地依赖共同体生活形式,在实体正当过程原理领域可以找到一个很好的例证,实体正

---

[59]　Habermas, *Theory of Communicative Action*, at 38.
[60]　关于这一观点的理论说明,见 Charles Taylor, *Philosophy and the Human Sciences: Philosophical Papers* 205—209 (1985)。
[61]　Joseph Raz, "Lilberalism, Skepticism, and Democracy", 74 *Iowa Law Review* 779—784 (1989)。
[62]　David Hume, *A Treatise of Human Nature* 534—553 (2d ed., L. A. Selby-Bigge, ed., 1978)。即便宪法的批准可以令人信服地类比为明确的集体同意行为,仍然不能得出,与批准者时隔两百年的我们也是同意的。
[63]　就美国是一个文化上异质性的国家而言,共同追求回应性民主的价值必然原则诸如约翰·罗尔斯提出的"重叠性共识理念"。John Rawls, "The Idea of an Overlapping Consensus", 7 *Oxford Journal of Legal Studies* 1 (1987). See Dahl, *Preface to Democratic Theory*, at 76—81. 关于教育在实现合意方面的作用,见 Amy Gutmann, *Democratic Education* (1987)。
[64]　就民主自治的公民依赖不断进行的规训性社会化形式所带来的更普遍的张力而言,具有启发性的分析,见 Peter Fitzpatrick, "'The Desperate Vacuum': Imperialism and Law in the Experience of Englightenment", in *Post-Modern Law: Enlightenment, Revolution and the Death of Man* 90—106 (Anthony Carty, ed., 1990)。

当过程原理将"深深植根于本国历史和传统的"[65]基本制度与多数决定隔离开来。不像宪法上的隐私权要求共同体的规范服从个人权利,这股实体性正当过程原理的脉络使得极为重要的共同体安排能够约束回应性民主的能力。[66] 作为最初的社会化场所,这一原理在保护家庭不受"国家主义"的干预方面尤为有力。[67]

第四,回应性民主与其他所有政府形式一样,最终必须能够实现治理的任务。正如亚历山大·米克尔约翰所述,"除非进行统治的'自我'能够且决意使其意愿生效,否则自我统治就毫无意义。"[68]民主政府因而必定有权规制行为。但因为公共商谈被理解为藉以建构民主"自我"本身的交流媒介,所以在很多重要的方面,公共商谈仍必须免除民主的规制。我们采用言论/行为的区分来标明这一豁免的界限。所有的"言词都是行动"[69],所以这一区分纯属实用的考虑。我们将维持集体自决原则所需要的交流过程称为"言论",因而使其与多数的干预隔离。

---

[65] Moore v. East Cleveland, 431 U. S. 494, 503 (1977) (plurality opinion). See Bowers v. Hardwick, 478 U. S. 186, 192 (1986).

[66] 关于这两股实体正当原理差别的讨论,见 Robert Post, "Tradition, the Self, and Substantive Due Process: A Comment on Michael Sandel", 77 *California Law Review* 553 (1989)。

[67] Parham v. J. R., 442U. S. 584, 603 (1979). 因此"皮尔斯诉姐妹协会案"(Pierce v. Society of Sisters, 268 U. S. 510, 535 (1925))称:"本合众国所有政府所依据的自由基本理论不准政府享有下述普遍的权力,即强迫儿童只接受公立学校教师的教育从而将其标准化。儿童并非纯粹国家的创造物;那些养育他且指引其命运的人,拥有权利也有高度的义务承认且让他为其他的义务做好准备。"see also, e. g., Hodgson v. Minnesota, 497 U. S. 417, 445—447 (1990) (opinion of Stevens, J.); Moore v. East Cleveland, 431 U. S. 494 (1977); Planned Parenthood of Central Missouri v. Danforth, 428 U. S. 52 (1976); Stanley v. Illinois, 405 U. S. 645 (1972); Griswold v. Connecticut, 381 U. S. 479 (1965); Poe v. Ullman, 367 U. S. 497, 551—552 (1961) (Harlan, J., dissenting).

[68] Alexander Meiklejohn, *Political Freedom: The Constitutional Powers of the People* 14 (1948).

[69] Ludwig Wittgenstein, *Culture and Value* 46e (Peter Winch, trans., 1980).

这一隔离,连同公私划分和回应性民主依赖存在必要的共同体制度,都表明宪法限制在相应的程度上是回应性民主的必然含义。无论这些限制是否载入书面文件或由独立的司法机关实施,如果回应性民主要忠于自身的规范前提,这些限制就必须作为多数决定的实际约束。故而,由于著名的"反多数难题"[70]就将司法审查打上反民主的烙印,是过分简单化的。尽管一代又一代的美国宪法工作者采取的都是这一视角,但美国司法审查的传统最好被解释为本身即是追求回应性民主原则的表现。

三、民主共同体

在一定层面上,设想一个毋庸置疑的"民主共同体"概念的解释还是比较容易的。如果民主被界定为多数决定程序,我们就可以设想一种政府,按照这种程序将共同体的价值规定为法律。我们可以称这样的政府为民主共同体,而且我们可以准确地将这一地位赋予大多数现代的民主国家。甚至我们自己的政府也够格,因为在美国,按照多数主义程序通过的法律通常起到的作用都是以国家的强力作为民族共同体规范的后盾。一个很好的例证就是源自民权运动的许多反歧视法律,栩栩如生地表达了我们对平等主义理念的共同追求。

但如果我们的民主指的不是决定程序的外部机制而是回应性民主的规范方案,那么关于"民主共同体"的这一解释就无法令人满意。因为在很多重要的方面,这一方案似乎都与共同体的目标存在抵触。因而如果我们将自己置于立法者的地位,必须塑造法律以创造社会秩序的形式,我们就会面临不断的选择,即设计法律原理以维持公民在社会上深嵌其中的共同认同,还

---

[70] Alexander Bickel, *The Least Dangerous Branch: The Supreme Court at the Bar of Politics* 16—17 (1962).

是相反,设计原理以保护自主公民独立创造他们自己的社会安排的空间。具体地说,如果我们是法官,我们必须确定在宪法上是否允许检控焚烧国旗者。[71] 选择前者,就是要使法律能够用来维持大众认同我们具体的共同体观念;选择后者,相反就是要清除一个公共空间,其中可以展示我们共同体具有刺激性与冒犯性(因而也是完全不同)的观念而不受惩罚。或另举一例,我们必须确定是否允许人们因为公共商谈无意的过分言论造成的精神伤害而提起诉讼要求赔偿。[72] 如果法律的功能是要维持相互界定个体与共同体认同的规范,那么就应当允许提起这种诉讼。然而,如果相反,法律的功能是要使得能够鼓吹独立的人、示范新的生活形式,那就应禁止提起这种诉讼。

这样的例证还可以无限增加;它们是日常宪法裁判的材料。它们表明的回应性民主与共同体的愿景是深刻对立的社会秩序形式。可以说,这种愿景是美国法律秩序独有的特征,无疑应归功于我们巨大的文化多样性与塞缪尔·亨廷顿恰如其分界定为我们"美国信条"[73]的个体主义的核心地位相互强化的影响。这种愿景清晰的两极性就像一条鸿沟纵贯我们的宪法传统,在当代将大法官分为"自由"与"保守"两个阵营。[74]

但这种两极性具有误导性,因为尽管其意味着在具体案件的层面共同体与回应性民主存在真正的张力,但会模糊下述事实,即在更一般的系统层面,回应性民主实际上要求维持健康且有活力的共同体生活形式。确实如此,原因有三。第一,正如我已经讨论过的,回应性民主有赖于追求自决的价值,这就会预设

---

[71] See, e.g., United States v. Eichman, 496 U.S. 310 (1990); Texas v. Johnson, 491 U.S. 397 (1989).
[72] See, e.g., Hustler Magazine v. Falwell, 485 U.S. 46 (1988).
[73] Samuel P. Huntington, *American Politics: The Promise of Disharmony* 14 (1981).
[74] See Robert Post, "Justice William J. Brennan and the Warren Court", 8 *Constitutional Commentary* 11—19 (1991).

旨在灌输这一价值的共同体制度。因而对民主而言,作为一个纯粹"自觉的社会再生"问题,建立一种"非中立的"教育制度的重要性,在于"培育有助于实现人民主权的那种性格"。[75]

第二,回应性民主试图调和个体意志与普遍意志,方式是建立体现自决意识的审议过程。就建立这种自决意识而言,发表言论和接受意见的正式机会是一个必要但非充分的条件。同样必要的还有参与的感觉,这种感觉在根本上必然取决于认同一种文化试图通过审议式互动调和分歧的愿望。就回应性民主的运作以及再生而言,这种认同都是必需的,而且最终也必须取决于通过共同体的制度灌输特定的认同规范。

第三,回应性民主追求的是审议的条件,追求"通过公共理性进行某种形式的调和"。这种审议反过来预设文明与尊重,因为缺乏此等品性的言论有可能被认为像"挑衅和人身攻击"[76]的手段那样具有强制性和非理性。因而公共理性的运用,总是与历史上赋予尊重与文明价值内容的特殊共同体规范不可分割且因其才有可能。同样在这种意义上,回应性民主要求继续维持健康的共同体生活形式。

因此,民主共同体的概念在我们的宪法传统中给人以复杂的形象。在具体案件的层面上,回应性民主与共同体似乎是对立的,要求的视角与结论存在冲突。但在系统的层面上,它们似乎又是可以调和的,甚至相互依存。这种奇怪的分离使得民主共同体的概念在本质上不稳定且可以争论。在任何具体的情形下,总是可以说,对于共同体的存续而言,法律实施共同体的规范是必要的,因而对于回应性民主最终的健康也是必要的,或者这种实施对于维持共同体没有必要,因而完全背叛回应性民主

---

[75] Gutmann, *Democratic Education*, at 41—47.
[76] Time, Inc. v. Hill, 385 U.S. 374, 412 (1967) (Fortas, J., dissenting). 亚历山大·比克尔(Alexander Bickel)曾说,极其不文明的交流"几乎等同于身体上的侵犯"。Alexander Bickel, *The Morality of Consent* 72 (1975).

所要求的自决原则。麦卡锡时代强调的是第一种形式的论证,而沃伦法院随后根据回应性民主的个体主义前提对美国宪法进行了大量改造。较近的时候,法院则再次收缩,例如倘若有必要灌输"自治实践不可或缺的……文明习惯和举止"[77],就允许法律限制言论。

美国法律中共同体与回应性民主之间的张力,非常类似当代美国支持社群主义和支持自由主义的政治哲学家之间的辩论。我们法律调和这一张力的方式包含着可资哲学辩论借鉴的教益,因为它会清楚地显示这一问题在多大程度上抵制一刀切的解决方案,相反要求情境化和实用主义的调整。我在其他地方所界定的"公共商谈悖论"即可说明这一点。公共商谈的具体目标是"通过公共理性"实现某种形式的调和,然而因为民主公民的认同是通过共同体规范形成的,所以违反文明规则的言论就会被特别视作非理性和强制性的。因而第一修正案以回应性民主的名义,悬置法律实施使得理性审议成为可能的文明规则本身。

这一悖论的结果是,公共商谈与共同体的分离在某种程度上取决于文明自然的存续。倘若不再存续,即便充斥着回应性民主原则的最高法院,可能也会因为纯粹实用主义的理由,被要求执行文明规则。最高法院在"恰普林斯基诉新罕布什尔案"(Chaplinsky v. New Hampshire)的判决即是典型,在该案中"挑衅性的言论"——"出口即会造成伤害"的言论——被认定不受第一修正案保护,因为"其并非任何观念阐述的必要组成部分,对于进一步接近真理来说,社会价值微不足道,因而秩序与道德方面的社会利益显然会超越从中获得的任何好处。"[78]

---

[77] Bethel School Dist. No. 403 v. Fraser, 478 U. S. 675, 681 (1986) (quoting Charles Beard and Mary Beard, *New Basic History of the United States* 228 [1968]). See FCC v. Pacifica Found. 438 U. S. 726 (1978).

[78] 315 U. S. 568, 572(1942).

在界分公共讨论的独特领域方面,同样可以看到美国宪法典型的、在回应性民主与共同体之间进行的实际调和。回应性民主要求公共商谈在广义上被视作必然先于且贯穿于政府决定的"集体自我定义"[79]过程。尽管有时候最高法院试图区分关于"公众关心的问题"的言论与关于"纯粹私人关心的问题"[80]的言论,从而界定公共商谈,但这一定义在概念上显然不一致。这是因为民主自决设想由人民控制政府的议程。他们有权完全通过自己利益的指引来确定公共问题的内容。这意味着每一个可能搅动公众的问题同样也可能与民主自治有关,因而可能是公众关心的问题。"公众关心的问题"与"私人关心的问题"的区分,就其被用于将言论从公共商谈排除而言,与其试图促进的民主自治本身因而是不兼容的。

不过,这并不能得出所有交流都应被归类为公共商谈,任何这样的结论实际上都会取代共同体对言论的所有控制,因而危及回应性民主本身所依据的共同体本身的存续。因此,最高法院被迫通过评估围绕具体言论行为的整体情境,审查整个记录所揭示的交流"内容、形式与情景"[81],从而界定公共商谈。不过,这一考察就是在所提出的情境下,确定体现于公共商谈的自决价值应否超过共同体控制言论所保护的、以社会的方式嵌入的自我价值。因而法律会保护在全国发行的杂志上散布无耻的言论[82],是因为应当有很好的理由认为读者是自主的自治公民。但法律允许在工作场所规制这种言论,因为雇佣环境下的

---

[79] Hanna Pitkin, "Justice: On Relating Private and Public", 9 *Political Theory* 346 (1981).

[80] Dun & Bradstreet, Inc. v. Greenmoss Builders, Inc., 472 U.S. 749, 761 (1985) (plurality opinion) (quoting Connick v. Myers, 461 U.S. 138, 147—148 [1983]).

[81] Dun & Bradstreet, Inc. v. Greenmoss Builders, Inc., 472 U.S. 749, 761 (1985) (plurality opinion) (quoting Connick v. Myers, 461 U.S. 138, 147—148 [1983]).

[82] Hustler Magazine v. Falwell, 485 U.S. 46 (1988).

管理性控制与社会依存关系会使得类似的自主属性明显格格不入。[83] 因而回应性民主与共同体的区别是通过实用且情境化的方式证成的。

这种凌乱的解决方案在理论上可以通过乔治·赫伯特·米德"主我"(I)与"客我"(me)的区分得到体现。米德将个体人格的社会化结构等同于他所说的"客我"。不过,他十分清醒地认识到,不可能存在完全"制度化的个体"这种东西。人们总是保留着固有且不可克减的能力以修正或超越自己由社会赋予的那些方面。米德将这种能力视作"主我":

> "主我"是有机体对其他人态度的回应;"客我"是一个人自己所采取的其他人的组织化态度。其他的人态度构成的是组织化的"客我",而对此作出反应的则是"主我"。

"主我"是自发的,不可预测且没有定型;"客我"是结构化的,相对静态。米德认为二者都是自我不可或缺的基本面相。他将"客我"与"社会控制"、"主我"与"自我表达"联系在一起。他写道,"总的来看,它们构成的是社会经验所体现出来的人格。自我在本质上是一个具有这样两个可分阶段的社会过程。"[84]

共同体与回应性民主的鲜明对比可被理解为源自自我这两个阶段的区别。服务于共同体的法律维持的是与"客我"有关的价值,也就是构成人格结构的共同体规范与态度。服务于回应性民主的法律维护的是与"主我"有关的价值,也就是说个体修正和超越这种结构的潜能。但正如"客我"和"主我"必然互

---

[83] See, e.g., Rogers v. EEOC, 454 F. 2d 234, 237—238 (5th Cir. 1971); EEOC v. Murphy Motor Freight, 488 F. Supp. 381, 385 (D. Minn. 1980); Alcorn v. Anbro Engineering, Inc., 2 Cal. 3d 493, 468 P. 2d 216, 86 Cal. Rptr. 88 (1970); Contreras v. Crown Zellerbach Corp., 88 Wash. 2d 735, 565 P. 2d 1173 (1977); cf. Meritor Savings Bank v. Vinson, 477 U. S. 57, 65—66 (1986).

[84] George Herbert Mead, *On Social Psychology* 230—240 (Anselm Strauss, ed., 1964).

补且相互依赖,共同体和回应性民主的社会形式也是如此。这二者的张力不可克减且始终存在;法律仅仅是其社会表现的工具。根据情形的需要,法律以国家的力量支持这个或另一个阶段的自我。

因而这给我们带来的民主共同体的形象是,两个同样必要但却相反的自我阶段及其相对应的社会构造之间的复杂对话。法律是这一对话的工具,根据指示在对立的价值之间循环往复。结果是相互冲突的法律判断的大杂烩,必然会挫败两个阵营的纯粹主义者,但仍然可以解释为一个不断进行的、动态、情境化的现实调和过程。就此而言,法律最终所揭示的,只不过是我们自己最深刻的追求的形态与轮廓。

第三编

管理与工具理性

第六章

在治理与管理之间

——公共论坛的历史与理论

1972年,美国最高法院首次在第一修正案的法理中引入"公共论坛"的概念。这一概念立即取得了成功,在12年间已经取得"第一修正案原理基本原则"[1]的地位。在此过程中,这一概念演化为一种详尽甚至错综复杂的宪法原则框架,旨在确定何时普通公众基于交流的目的可以运用政府财产。[2] 概括地说,这些规则紧紧围绕"系争财产的性质"[3]以便确定其是"公共还是非公共"论坛。[4] 如果相关财产是公共论坛,那么政府规制公众对该财产表达式运用的能力就要受到严格的宪法限制;如果是非公共论坛,政府在财产的规制方面就有非常大的自

---

[1] Minnesota State Bd. for Community Colleges v. Knight, 465 U. S. 271, 280 (1984). Daniel A. Farber and John E. Nowak, "The Misleading Nature of Public Forum Analysis: Content and Context in First Amendment Adjudication," 70 *Virginia Law Review* 1219, 1221—1222 (1984). 该文表明公共论坛原理的地位日益突出。

[2] 关于当代公共论坛原理的复杂性,见 e. g., Melville B. Nimmer, *Nimmer on Freedom of Speech: A Treatise on the Theory of the First Amendment* § 4.09 [D], at 4-70—4-73 (2d ed. 1984); Gary C. Leedes, "Pigeonholes in the Public Forum", 20 *University of Richmond Law Review* 499, 500—501 and n. 13 (1986).

[3] Perry Educ. Ass'n v. Perry Local Educators' Ass'n, 460 U. S. 37, 44 (1983).

[4] Cornelius v. NAACP Legal Defense and Educ. Fund, 473 U. S. 788, 800 (1985).

由空间。

尽管公共论坛原理发展极为迅速,却并没有注意其宪法根据。最高法院仍要为将政府财产分为不同范畴的基本方案阐述站得住脚的宪法理据,更不用说在这些范畴内调整规制言论的无数正式规则。这些规则的数量激增到相关原理超越常识的程度。这一原理事实上不仅成为敏锐的第一修正案分析的重大障碍,也成为切实理解政府控制自身财产要求的重大障碍,已经遭到了评论者几乎众口一词的谴责[5],而且其破败的状态要求对

---

[5] Geoffrey R. Stone, "Content-Neutral Restrictions", 54 *University of Chicago Law Review* 46, 92—93 and n. 182 (1987). 在富于争议的学术批评领域,持续不断且异口同声地谴责当代的公共论坛原理确实比较突出。批评者拒绝该原理的理由也几乎如出一辙。公共论坛原理据说依据的是"目光短浅的形式主义标签","只会偏离"围绕公众将政府资源用于交流目的的争论所牵涉到的真正利益。Id. at 93. 据称该原理呈现的那种形式主义,"会造成不一致的结果,对于应当贯穿第一修正案决定的那些因素的相互作用无动于衷。"Keith Werhan, "The Supreme Court's Public Forum Doctrine and the Return of Formalism", 7 *Cardozo Law Review* 335, 341 (1986). 该原理被谴责为"完全不当的标签法学", C. Thomas Dienes, "The Trashing of the Public Forum: Problems in First Amendment Analysis", 55 *Geroge Washington Law Review* 109, 110 (1986),而且因"偏离特定案件牵涉到的第一修正案价值"而遭到了指责。Farber and Nowak, "Misleading Nature", at 1224. 公共论坛原理遭到抨击是因为缺乏潜在的"一致原则",Note, "Public Forum Analysis Afer Perry Educ. Ass'n v. Perry Local Educators' Ass'n—A Conceptual Approach to Claims of First Amendment Access to Publicly Owned Property", 54 *Fordham Law Review* 545, 548 (1986),而且所规定的"归类"无法"准确体现限制表达所影响的冲突性利益。"Note, "A Unitary Approach to Claims of First Amendment Access to Publicly Owned Property", 35 *Stanford Law Review* 121, 121—122 (1982). 关于该原理经年来所遭到的否定性评价的选录,又见 Ronald A. Cass, "First Amendment Access to Government Facilities", 65 *Virginia Law Review* 1287, 1308—1309, 1317—1337 (1979); David Goldberger, "Judicial Scrutiny in Public Forum Cases: Misplaced Trust in the Judgment of Pubic Officials", 32 *Buffalo Law Review* 175, 183 (1983); Kenneth Karst, "Public Enterprise and the Public Forum: A Comment on Southeastern Promotions, Ltd. v. Conrad", 37 *Ohio State Law Journal* 247 (1976); Deborah A. Schmedemann, "Of Meetings and Mailboxes: The First Amendment and Exclusive Representation in Public Sector Labor Relations", 72 *Virginia Law Review* 91, 112—115 (1986)。

其起源和目的进行根本性的重估。本章即旨在作为该方向上的一小步。

第一部分追溯公共论坛原理的历史,目的在于揭示促使最高法院退回当前不尽如人意的立场的潜在价值。第二部分评估梅尔维尔·尼莫所谓构成当代公共论坛原理"范畴与子范畴复杂迷宫"的目前状况。[6] 该原理所具有的特殊原则几乎都经不住分析性的考察。第三部分提出一种宪法理论,回应公共论坛原理的历史所揭示的激励最高法院的价值,而这种理论反过来会导致重构符合当代宪法原则的原理。以一种简单且有些模糊的方式总结这种重构就是,公共和非公共论坛应当加以区分,不是因为系争政府财产的性质,而是因为遭到质疑的政府权力的性质。对应于两种不同的第一修正案规制体制,也存在两种政府权力。第一种是我所谓的"管理性"权力,当国家管理致力于工具性作用的组织领域时,通常就会被赋予这种权力。在这种情境下,政府可以根据实现工具性目标的需要合宪地规制言论。第二种权力可以被界定为"治理"。国家针对汉娜·阿伦特所谓"公共领域"行使的权力就是这种典型:普通公众聚到一起以调和对立的价值和预期的领域,因而在此当中所有的目标都开放讨论和修正。[7] 政府限制公共领域言论的能力,则要受到通常认为是第一修正案裁判传统原则的内容所限。如果政府对一位普通公众希望用作交流目的的资源行使治理权,那么该资源就是公共论坛。如果这种资源服从政府的管理性权力,那么就是非公共论坛。第四部分会详细讨论区分管理与治理因而也是公共与非公共论坛的宪法标准。

从公共论坛原理的这一重构中可以得出若干具有宪法意义

---

[6] See Nimmer, *Fredom of Speech*, §4.09 [D], at 4—71.

[7] See Hannah Arendt, *The Human Condition* 22—78 (1959); Ronald Beiner, *Political Judgment* 152 (1983).

的结果,其中最重要的一个是,公共论坛并不像最高法院有时候所说的,"在第一修正案的保护方面占据特殊地位"[8],相反是受第一修正案通常可适用的常规标准所支配的资源。不过,这些标准在非公共论坛中通常并不适用,相反在非公共论坛中允许国家根据实现特定目标的需要对言论进行规制。当法院审查政府在非公共论坛中的行为时,就必须决定是否应当自己独立评估国家规制言论的工具性理由,还是在这个问题上遵从政府官员的判断。遵从问题可以解释当代公共论坛原理中某些最富有争议的方面,这在第五部分进行讨论。

一、公共论坛原理的历史

"公共论坛"这一说法通常被认为出自哈里·卡尔文(Harry Kalven)1965年的经典文章:《公共论坛的概念:考克斯诉路易斯安那州案》(The Concept of Public Forum: Cox v. Louisiana)[9]。在"考克斯案"[10]中,最高法院解决的是在县政府大楼周围举行街头示威的棘手问题。卡尔文以此情形尝试对"公共场所的言论问题"进行重大反思。卡尔文的基本观点是:

> 在开放的民主社会中,街道、公园和其他公共场所都是公共讨论和政治过程的重要设施。简单来说,它们是公民

---

[8] United States v. Grace, 461 U.S. 171, 180 (1983).

[9] 1965 Supreme Court Review 1; see, e.g., Nimmer, *Freedom of Speech*, §4.09 [D], at 4—69 n. 163; Kenneth Karst, "Equality as a Central Principle in the First Amendment", 43 *University of Chicago Law Review* 20, 35(1975). 在1965年之前,美国最高法院间或运用"公共论坛"的短语,不过没有可以识别的第一修正案理论。See, e.g., International Ass'n of Machinists v. Street, 367 U.S. 740, 796 (1961) (Black, J., dissenting); id. at 806 (Frankfurter, J., dissenting). 不过,早在1946年,加利福尼亚最高法院就在非常当代的意义上使用了这一短语。See Danskin v. San Diego Unified School Dist., 28 Cal. 2d 536, 545—548, 171 P. 2d 885, 890—891 (1946).

[10] 379 U.S. 536, 559 (1965).

可以征用的公共论坛；慷慨和同情地让其利用这些设施是自由的一个指标。[11]

在卡尔文看来，公共论坛的概念主要不是划分政府不同种类财产的工具；他的核心关注不如说是，保护关于"公共问题"的言论"不受限制、强健且完全开放"，"纽约时报公司诉沙利文案"（New York Times Co. v. Sullivan）[12]不久前将此作为第一修正案关注的核心。[13] 街道和公园在宪法上之所以重要，是因为它们尤其适合促进这种言论。但卡尔文采用"公共论坛"的说法表达这种重要性，从长远来说令人遗憾，因为其倾向于关注公共财产的类别而非这些种类与公共讨论潜在的宪法价值之间的关系。

（一）卡尔文对早期判例的改造：关于街道与私宅

然而，也不能认为卡尔文对于造成这种误解完全无辜，因为他"公共论坛概念""隐含在早期的案例当中"这一主张，似乎喻示着最高法院20世纪30年代和40年代的先例已经给予特定种类的公共财产特殊的宪法保护。[14] 不过，这一寓意十分错误。卡尔文所依靠的先例确实限制政府规制公共论坛言论的能力，但它们就政府规制非公共论坛情境中的言论规定了完全相同的限制措施。

卡尔文用来解释"早期案例"的一个重要裁定是"施奈德诉新泽西州案"（Schneider v. State），在该案中，最高法院考察的是城市条例禁止在街道和其他公共场所散发传单的合宪性。支持城市条例的理由是，这些条例对于防止乱扔废弃物是必要的。

---

[11] Kalven, "Pubic Forum", at 3.
[12] 376 U.S. 254 (1964). See Harry Kalven, "The New York Times Case: A Note on 'the Central Meaning of the First Amendment'", 1964 *Sumpreme Court Review* 191.
[13] Kalven, "Public Forum," at 3.
[14] Id.

最高法院权衡了这一理由与条例对行使第一修正案权利的影响，得出的结论是，"保持街道清洁和市貌的目标，不足以证成禁止人们正当地在公共街道上向愿意接受的人散发印刷品的条例。"[15]

卡尔文认为，在保护第一修正案所关注的问题方面，"施奈德案"是"令人印象深刻的一次尝试"，这无疑是正确的[16]，但多少更让人怀疑的是，这一尝试是否像卡尔文主张的那样，源于对公共空间言论的特别关注。"施奈德案"判决后才四年，最高法院在"马丁诉斯特拉瑟斯市案"（Martin v. City of Struthers）中就推翻了禁止挨户散发传单的城市条例。如同在"施奈德案"中那样，最高法院权衡了第一修正案散播与获取信息的权利与州防止"轻微损害"的利益[17]，而且像"施奈德案"那样，最高法院断定第一修正案的权利必定占优。不过，在"马丁案"中，并不存在保护公共场所言论的问题，只存在保护言论的问题。

"马丁案"和"施奈德案"总的表明，特别关注的卡尔文后来所谓"公共论坛"的言论，并非最高法院分析的主要组成部分。通过回顾最高法院在20世纪30年代和40年代第一修正案的判决就可以强化这一结论，实际上当时所有适用于公共论坛言论的保护措施同样也适用于非公共论坛的言论。如果最高法院认定街头示威不能任由官员裁量宰制，[18]同样可以认定在私宅散发小册子也不能受这种裁量宰制。[19]如果最高法院保护大

---

[15] 308 U.S. 147, 162 (1939).
[16] Kalven, "Public Forum", at 18.
[17] 319 U.S. 141, 143 (1943).
[18] See, e.g., Hague v. CIO, 307 U.S. 496 (1939); Kunz v. New York, 340 U.S. 290 (1951).
[19] See, e.g., Schneider v. State, 308 U.S. 147, 163—165 (1939). 在此期间，最高法院宣布政府规制言论的裁量无效的许多案例，根本没有区分诸如在街道等公共场所发表的言论与在家庭等私人场所发表的言论。See, e.g., Largent v. Texas, 318 U.S. 418 (1943); Lovell v. City of Griffin, 303 U.S. 444 (1938).

街上的挑衅性言论[20]，同样也会保护私人厅堂的这种言论。[21]

简而言之，这些先例表明，最高法院首要的关注是要保护如今可能被称作公共商谈的言论，而在这种关注中，商谈的地理位置起到的是相对次要的作用。不过，这一概括存在一个重大例外，这一例外即构成了卡尔文历史重构的基础。这就是罗伯茨（Roberts）大法官在"黑格诉产业工业委员会案"（Hague v. CIO）复数意见中的著名观点：

> 无论街道和公园的名称落在何处，它们自古以来一直就被托付公用，且长期以来就被用于集会、在公民中交流思想、讨论公共问题的目的。从古时候开始，以这种方式运用街道和公共场所就属于公民特权、豁免权、权利和自由的一部分。美国公民运用街道和公园表达有关国家问题看法的特权，可因为所有人的利益而加以规制；这种特权不是绝对而是相对的，必须服从公众的舒适和便利，与和平和良好的秩序保持一致；但必然不能假借规制的幌子加以限制或否定。[22]

因为其重点显然在于街道和其他公共场所言论的特殊重要性，这一段落素来被引作公共论坛概念的起源。[23] 但这一段落可能导致误解，因为罗伯茨大法官的法律意见只是说，压制公共场所言论的官员裁量在宪法上是无效的，而就私人场所的言论

---

[20] See, e.g., Cantwell v. Connecticut, 310 U.S. 296, 309—310 (1940).
[21] See, e.g., Terminiello v. Chicago, 337 U.S. 1 (1949).
[22] 307 U.S. at 515—516.
[23] United States Postal Serv. v. Council of Greenburgh Civic Ass'ns, 453 U.S. 114, 131 n. 7 (1981); see Nimmer, *Freedom of Speech*, 2, §4.09 [D], at 4—68. 最近有关公共论坛的判决不断引用这一段落。See, e.g., City Council of Los Angeles v. Taxpayers for Vincent, 466 U.S. 789, 813—814 (1984); Perry Educ. Ass'n v. Perry Local Educators' Ass'n, 460 U.S. 37, 45 (1983); Carey v. Brown, 447 U.S. 455, 460 (1980); Greer v. Spock, 424 U.S. 828, 835—836 (1976).

而言，罗伯茨同样愿意得出这一结论。[24] 再者，这一段落似乎根据"普通法的时效占有与公共信托观念"区分街道和其他公共场所，而这些观念与第一修正案的价值并不存在逻辑关系。[25] 从"远古的"用法到宪法判断的转变非常突兀，可以说完全不合逻辑。

不过，倘若被认为旨在区分早期"戴维斯诉马萨诸塞州案"（Davis v. Massachusetts）这一先例，这种转变则要合理得多，在该案中，最高法院维持了因没有事先取得市长许可就在波士顿公园进行公开演说的定罪。[26] "戴维斯案"的被告主张，该公园是"波士顿市居民的财产，而且以多种方式为该市的人民和公众所用"，包括进行公开演说。最高法院否定了这一主张，称"波士顿公园完全由立法机关控制"，"立法机关绝对或部分禁止在公路或公园进行公开演讲，与私宅的主人禁止在其房内进行公开演讲一样，都没有侵犯公众的权利。"[27]

如果详细解释"戴维斯案"的推理，就要采取一种三段论的形式。这一主张的大前提是倘若政府以财产所有者的身份行事，就像"私宅的主人"，可以限制或禁止言论。这一主张的小前提是，就波士顿公园而言，政府事实上是以所有者的身份行事。该三段论的结论就是，要求公民在波士顿公园演讲前取得许可的条例合宪。

最高法院在"戴维斯案"为小前提辩护的根据是州的财产法。最高法院为大前提辩护的根据是今天所谓"权利/特权的区分"。最高法院的理由是，因为波士顿"拥有"波士顿公园，因而可以"完全排除所有人的使用权"，所以必然也有权"决定在何

---

[24] See Schneider v. State, 308 U.S. 147, 163—165(1939).

[25] Geoffrey R. Stone, "Fora Americana: Speech in Public Places", 1974 *Supreme Court Review* 233, 238.

[26] 167 U.S. 43 (1897). "戴维斯案"系争的城市条例规定，"任何人除非根据市长的许可，否则不得在任何公共场所发表公开演讲。"Id., at 44.

[27] Id., at 46—47.

种情形下可以使用公园",包括限制言论的情形,因为"权力越大,容得越少"。[28]

"黑格案"的市政当局以"戴维斯案"为据,也提出了类似的主张,辩称"该市对街道和公园的所有权就像一个人对其住宅的所有权一样是绝对的,当然具有排除公民使用街道和公园的权力。"[29]罗伯茨大法官的主张,街道和公园"自古以来一直就被托付公用",旨在否定这一观点的小前提,即城市是其街道的所有者。这会解释罗伯茨在普通法财产权与宪法原则之间奇怪的结合。不过,罗伯茨法律意见尤其有意思的是,并未试图否定市政当局主张的大前提。该意见并未质疑政府若是以所有者的身份行事就可以限制言论;而只是认定政府对于街道和公园的权力在性质上并非所有权。

以此观之,罗伯茨大法官在"黑格案"的著名法律意见,其要旨并非街道和公园的言论尤为重要或独特,而是政府不可以对这些场所行使所有权的控制。即便政府在技术的意义上"拥有"街道,但仍不能以财产所有者管理自己住宅的方式自由管理街道。街道在某种意义上"外在于"政府,因而在规制街道时,政府要服从禁止限制言论这种一般的宪法约束。

最高法院后来在"贾米松诉德克萨斯案"(Jamison v. Texas)确认了关于"黑格案"的这一解释,卡尔文也以该判决作为立论的依据。在"贾米松案"中,最高法院考察的是达拉斯禁止在街头和人行道上散发传单的条例是否合宪。达拉斯依据"戴维斯案"为条例进行辩护,但其主张被最高法院即席驳回,最高法院称"黑格案"已经否定了"戴维斯案"。最高法院称,相关的法律是,"有权停留在州向公众开放的街头的人,就像在其他地方一

---

[28] Id., at 48.
[29] 307 U.S. 496, 514 (1939). "黑格案"系争的法律类似"戴维斯案"的。该法律禁止"未经公安局长许可在泽西市的公共街道、公园或公共建筑物公开游行或集会。"

样,也拥有以有序的方式表达自己观点的宪法权利。这一权利既适用于通过传单和印刷品也适用于口头的思想交流。"[30]

"贾米松案"明确了罗伯茨大法官"黑格案"法律意见的基础:不会仅因为人们停留在恰好由州"拥有"的街头就丧失宪法权利。尽管不会只是因为州主张对行使第一修正案权利的场所拥有所有权就丧失这些权利,但另一方面,这些权利也不是因为它们在公共场所行使就特别强大。它们与"在其他地方"行使的第一修正案权利完全相同。

鉴于公共论坛旨在表示特殊的地理位置或政府财产类型,其中言论应得到特殊的保护,在这一推理中并没有蕴含公共论坛的概念。

(二) 现代公共论坛原理的演进

无论卡尔文重建早期先例的精确性如何,在第一修正案原理的发展中,他的公共论坛概念极有影响。在1972年,最高法院开始以"公共论坛"作为专门的术语,明确承认这是卡尔文的功劳。[31] 在随后的几年中,最高法院尝试了这一短语的各种界定。不过,到1976年,最高法院准备将公共论坛原理的框架固定为现在我们所知的情形。这一框架在很大程度上归功于最高法院1966年"阿德利诉佛罗里达案"(Adderley v. Florida)的判决。

1."阿德利诉佛罗里达案":"戴维斯案"三段论的复活

在"阿德利案"中,最高法院面临的是质疑对32名学生的定罪,这些学生因为擅闯县监狱的土地而被逮捕。学生们当时是在抗议该监狱的隔离措施,而且拒绝根据司法官、监狱长的要求散去。最高法院通过布莱克大法官之口即席驳回了学生关于他们的示威受第一修正案保护的主张:

---

[30] 318 U.S. 413, 416 (1943).
[31] Police Dept. of Chicago v. Mosley, 408 U.S. 92, 96, 99 and n. 6 (1972).

针对那些拒绝遵守司法官的命令从监狱院子撤离的人，美国宪法没有任何内容会阻止佛罗里达公平执行有关非法侵入的法律。和私人财产所有者一样，佛州有权维持其所控制的财产用于合法的用途。因此，上诉者的主张并没有法律依据，即尽管监狱长反对，他们拥有停留在相关财产上的宪法权利，因为"被用于和平民权示威的这一区域不仅'合理'而且尤为适当……"此等主张隐含的大前提是，假设希望表达抗议、宣传观点的人们拥有按照他们所乐意的任何时间、任何方式和任何地点如此行事的宪法权利。这种宪法权利在上诉者所依据的两种情形（"考克斯诉路易斯安那案"，《美国最高法院判例汇编》第554—555页和第563—564页）中都遭到了有力的直接否定。我们这里再次否定。美国宪法并未禁止州控制将自身的财产用于一视同仁的合法目标。[32]

乍看起来，最高法院的主张似乎不符合此前关于街道和其他公共场所表达自由的先例。毕竟，街道和监狱的院子一样，也是州"所控制的财产"。如果就监狱的院子而言，州可以像"私人财产所有者"那样行事，那为什么就街道而言却不行？

或许可以说，"阿德利案"之所以有别，是因为早期的先例，用"贾米松案"的话来说，适用的仅是"有权停留在州向公众开放的街头的人"。在"阿德利案"中，佛罗里达的非法侵入法禁

---

[32] 385 U.S. 39, 47—48 (1966) (footnote omitted). 这一段落对现代公共论坛原理的发展产生了巨大的影响。See, e.g., Cornelius v. NAACP Legal Defense and Educ. Fund, 473 U.S. 788, 799—801 (1985); City Council of Los Angeles v. Taxpayers for Vincent, 466 U.S. 789, 814 n. 31 (1984); Perry Educ. Ass'n v. Perry Local Educators' Ass'n, 460 U.S. 37, 46 (1983); United States v. Grace, 461 U.S. 171, 177—178 (1983); Heffron v. Int'l Soc'y for Krishna Consciousness, 452 U.S. 640, 647 n. 10 (1981); United States Postal Serv. v. Council of Greenburgh Civic Ass'n, 453 U.S. 114, 129—130 (1981); Greer v. Spock, 424 U.S. 828, 836 (1976).

止学生"有权"停留在监狱的土地上。不过,这一区分难以维系。根据诸如"黑格案"系争的那种条例,除非首先获得公共安全部门负责人的批准,否则"有权"停留在街头上的公民也不能示威。根据诸如"阿德利案"系争的那种法律,学生在被司法官命令散去之前有权在监狱的土地上集会和示威。[33] 在这两种情形下,示威的合法性都取决于州官员的批准。而在这两种情形下,批准的权力都是裁量性的,而没有详细的导则加以约束。[34] 在"黑格案"中,最高法院裁定第一修正案排除了对言论行使这种权力,而在"阿德利案"中则没有。

不过,在"黑格案"中,就像在"贾米松案"中那样,最高法院关注的是直接规制公认交流模式的条例的表面有效性,诸如散发传单、游行和集会。另一方面,在"阿德利案"中,系争的法律是处理行为而非交流媒介的一般非法侵入法。[35] 正如禁止谋杀可以在宪法上毫无问题地适用于以暗杀作为政治表达方式的

---

[33] 系争的法律称:"任何出于恶意或调皮侵入他人财产,都应被罚最高不超过3个月的监禁,或最高不超100美元的罚款。"既然监狱的院子并没有"禁人"的标签,既然公众通常并没有被排除在相关的土地之外,学生的示威并只是因为司法官的反对才变成"非法"。

[34] 无论"阿德利案"的法律还是"黑格案"的条例,都不包括确定是否准许示威的指导原则。如果说"阿德利案"司法官的裁量因其关注的是监狱的有序运作而隐含地受到限制,同样可以说,"黑格案"公安局长的裁量则因其关注的是维持道路交通有序运行而隐含地受到限制。

[35] 在1965年论公共论坛的文章中,因区分"纯粹的言论"与"诸如巡逻、游行和纠察等行为混合"的言论,卡尔文抨击了戈德堡大法官在"考克斯诉路易斯安那案"[Cox v. Louisiana(379 U. S. 536, 555 (1965))]的法律意见。Kalven, "Publi Forum", a 22. 卡尔文的观点是,所有的言论必然都会涉及有形的行为,或者是声响、垃圾,或者是姿势等,而只是存在这种行为本身不能成为理由,削弱言论应当获得的第一修正案保护。卡尔文的观点是正确的,但即便接受他的观点,也不能得出,就像最高法院1968年所承认的那样,直接针对表达或公认表达媒介的法律,与针对间接影响特定表达行为的举止的法律,二者之间没有宪法差别。See United States v. O'brien, 391 U. S. 367, reh'g denied, 393 U. S. 900 (1968). 近年来,最高法院似乎没有再紧紧抓住这一重要的区分。See, e.g., Clark v. Community for Creative Nonviolence, 468 U. S. 288, 298 (1984).

恐怖分子,反对非法侵入的一般规定甚至也可以适用于那些出于表达而进行侵占的人。[36] 根据这种方式解读,"阿德利案"是一个非常有限的判决,关注的与其说是政府控制言论的权力,不如说是颁布和执行一般行为规制的能力。[37]

不过,随后的案件却不是以这种有限的方式解读"阿德利案"。理由在于"阿德利案"对数年前判决的"爱德华兹诉南卡罗来纳案"(Edwards v. South Carolina)的讨论[38],在该案中,最高法院撤销了针对南卡州议会大厦周围示威的黑人抗议者的定罪。这些抗议者被控普通法上的扰乱治安罪,与"阿德利案"系争的非法侵入法律一样,这一罪名似乎是对行为而非言论的中性规制。布莱克大法官基于数项理由对"爱德华兹案"进行了

---

[36] 然而,如果出于第一修正案所禁止的理由颁布或实施针对行为的中立法律,就会出现不同的宪法问题。See, e.g., Tinker v. Des Moines Indep. Community School Dist., 393 U.S. 503, 526 (1969) (Harlan, J., dissenting); Lawrence Tribe, *American Constitutional Law* 598 (1978); Stone, "Content-Neutral Restrictions", at 55—56; Geoffrey Stone, "Content Regulation and the First Amendment", 25 *William and Mary Law Review* 189, 227 (1983). 尽管可以说,在"阿德利案"中,司法官将示威转为非法侵入,主要是为了压制抗议的学生,但布莱克大法官并未讨论关于事实的这一解释所产生的重要问题。他只是指出,"档案中没有丝毫证据"表明,司法官驱逐示威者的理由是"他反对示威者所唱或所说的内容,或者是反对他们抗议的目标"。

[37] 如果以这种方式严格解释"阿德利案",其在公共论坛原理领域的真正后继者就是诸如"美国诉阿尔贝蒂尼案"[United States v. Albertini, 472 U.S. 675 (1985)]等判决,该案讨论的是针对举止的一般中立法律的可适用性问题。然而,大部分公共论坛案件关注的都是直接适用于言论或公认交流媒介的条例。See, e.g., Cornelius v. NAACP Legal Defense and Educ. Fund, 473 U.S. 788 (1985); City Council of Los Angeles v. Taxpayers for Vincent, 466 U.S. 789(1984); United States v. Grace, 461 U.S. 171 (1983); Perry Educ. Ass'n v. Perry Local Educator's Ass'n, 460 U.S.37(1983); Heffron v. Int'l Soc'y for Krishna Consciousness, 452 U.S. 640, 647 n. 10 (1981); United States Postal Serv. v. Council of Greenburgh Civic Ass'ns, 453 U.S. 114 (1981); Widmar v. Vincent, 454 U.S. 263 (1981); Jones v. North Carolina Prisoners' Labor Union, 433 U.S. 119 (1977); Greer v. Spock, 424 U.S. 828 (1976). 这些案件中许多都引用并以"阿德利案"为依据。

[38] 372 U.S. 229 (1963).

区分。其中之一是，"爱德华兹案"系争的普通法犯罪"包罗万象，以至于会危及言论、出版、集会和请愿"。但是一个次要最终却更有影响的区分理由是，"爱德华兹案"的示威者"前往南卡州国会大厦的四周进行抗议"，而"阿德利案"的示威者则是"前往监狱"。这一区分在宪法上很重要，因为"传统上，州国会大厦的四周是向公众开放的，而基于安全目的所造的监狱则否。"[39]

布莱克大法官依靠"传统的"用法，无疑是要响应罗伯茨大法官所援引的、街道被用作"集会、在公民之间交流思想以及讨论公共问题的目的"。布莱克的措辞意味着，即便一般的非法侵入法律不能被用来阻止街道或国会大厦周围的示威，那么也可以适用于监狱的土地，因为交流行为的历史与监狱无关。但只有当布莱克大法官像罗伯茨大法官在"黑格案"那样，是在"戴维斯案"三段论的界限内进行写作时，这一寓意才讲得通。从这一视角出发，布莱克将政府与"私人财产所有者"的强硬类比似乎是在重申三段论的大前提，即当政府以所有者的身份行事时可以直接限制言论。而他援引缺少公共接触监狱的传统似乎指的是小前提，寓示着监狱事实上处于政府所有者的控制下。因而"阿德利案"的结论，即佛罗里达的官员可以根据非法侵入的法律运用裁量限制监狱院子范围内的言论，似乎就是适用"戴维斯案"三段论的自然结果。[40]

"阿德利案"判决的实际理由模棱两可。但最高法院随后的法律意见，即发展公共论坛理论且整体上关注言论而非行为规制的法律意见，将"阿德利案"解释为复兴且依靠"戴维斯案"的三段论。这一解释的讽刺之处在于，在"阿德利案"判决时，"戴

---

[39] 385 U.S. at 41—42.
[40] 布莱克大法官的确强调说，司法官对侵入法律的执行是"公平的"，而且学生被从监狱驱逐不是因为"司法官反对所唱或所说的内容"。这一关注寓示着布莱克准备在适当的情形下修改"戴维斯案"的推论，禁止在政府拥有财产权控制的情形下区分对待观点。

维斯案"的三段论很快因为权利/特权区分的崩溃而变得不堪一击。[41] 但最高法院后来正是以此为据建立现代公共论坛原理的结构。

2. 摇摆时期:"格雷尼德案"、"莫斯利案"和公共财产的归类

在"阿德利案"后十多年内,最高法院关于"戴维斯案"三段论的地位仍然摇摆不定。1972年,最高法院似乎准备直接否定之。在这一年中,最高法院判决了"格雷尼德诉罗克福德市案"(Grayned v. City of Rockford),维持了一项城市条例,该条例禁止"在毗邻学校或学校任何班级正在上课的建筑物的公私土地上,制造噪音或分散精力以扰乱或试图扰乱学校课堂的安静或良好秩序"。最高法院面临的是以不区分私人财产、街道或学校场地的方式规制言论的法律,通过马歇尔大法官之口,最高法院借此机会驳斥了"戴维斯案"三段论的大前提。最高法院坦陈,"运用公共场所从事表达活动的权利只可出于重大的理由加以限制"。[42] 这就直接否定了下述观念,即政府可以像私宅的所有者那样,仅仅根据所有者的利益就可以限制在特定类型公共财产发表言论。

作为"戴维斯案"三段论的代替,最高法院提出所有公共财产的言论都应受制于"合理的'时间、地点和方式'规制",而这些规制对于"促进重要的政府利益而言是必要的"。在确定此等规制是否合理时,"关键的问题"在于:

> 表达的方式是否本质上与特定时空的正常活动不相容。我们的案件清楚地表明,在评估一项规制措施的合理

---

[41] See, e.g., Sherbert v. Verner, 374 U.S. 398 (1963); Hans A. Linde, "Constitutional Rights in the Public Sector: Justice Douglas on Liberty in the Welfare State", 40 *Washington Law Review* 10 (1965); Robert M. O'Neil, "Unconstitutional Conditions: Welfare Benefits with Strings Attached", 54 *California Law Review* 443 (1966); William W. Van Alstyne, "The Demise of the Right-Privilege Distinction in Constitutional Law", 81 *Harvard Law Review* 1439 (1968).

[42] 408 U.S 104, 107—108, 115 (1972).

性时,我们必须极为重视牵涉到交流这一事实;规制必须严格加以限制以促进州的正当利益。[43]

尽管"戴维斯案"三段论的大前提将公共财产区分为所有权和非所有权两种类型,"格雷尼德案"采取的方向恰恰相反,断定所有公共财产都要服从统一的第一修正案标准。尽管"戴维斯案"三段论对公共财产的分类并没有援引第一修正案的原则,但"格雷尼德案"确立的宪法调整机制显然旨在满足第一修正案最大化社会交流的价值。在这种关注公共讨论的宪法价值方面,"格雷尼德案"是卡尔文1965年文章精神的例证,该案充分承认了这一点。[44]

因此,"格雷尼德案"在许多评论者看来一直是一起标杆案件。不过,需要强调的是,最高法院在"格雷尼德案"并未运用或采纳卡尔文"公共论坛"的说法。"格雷尼德案"关心的是否定将公共财产划分为宪法上不同种类的视角,而公共论坛概念蕴含的则是相反的结论,即某些公共财产要服从独特的、尤其严格的第一修正案规制。但在与"格雷尼德案"同日发布且也是由马歇尔大法官撰写的判决中,最高法院则采纳了这一说法,而且再次明确归功于卡尔文。

该判决是"芝加哥警察局诉莫斯利"(Police Department of Chicago v. Mosley)一案中的。[45] "莫斯利案"系争的是芝加哥的一项条例,该条例禁止在学校上课期间在任何小学或中学建筑150英尺范围内的"公共道路"进行罢工纠察或示威。该条例免除了"卷入劳动纠纷的学校进行的和平罢工纠察"。在指出相关法律根据"纠察牌上的信息"区分合法与非法的罢工纠察

---

[43] Id., at 115, 116—117. 最高法院重新解释了"阿德利案"以支持下述主张,"可以禁止示威者进入监狱通常不像公众开放的场地,至少在示威会阻碍监狱车道、干扰监狱运作的情形。"实际上,"阿德利案"并没有主张学生的示威真得"干扰"监狱的运作。

[44] Id., at 116 n. 34.

[45] 408 U.S. 92 (1972).

时,最高法院认定:

> 一旦论坛向某些团体开放集会或演讲,政府就不能根据希望表达的内容禁止其他人集会或演讲。不能仅根据内容从公共论坛进行选择性的排除,也不能仅通过援引内容来证成这种排除。[46]

最高法院的推理很不清楚,但似乎依据的是公共论坛和其他政府财产的区分。[47] 最高法院裁定芝加哥的条例违宪,因为试图"仅根据内容"将言论从公共论坛排除,而这是"绝对不能被允许的。"[48]反面的推论则是,这种排除要是发生在非公共论坛则是被允许的,公共论坛和非公共论坛因而受不同的第一修正案规则支配。因而"格雷尼德案"试图让所有公共财产都服从统一的第一修正案规制机制的努力在其发布的当天就遭到了削弱。

"莫斯利案"并没有明确政府财产如何取得公共论坛的地位,但却蕴含着倘若州将财产向"某些团体开放集会或演讲"就会发生这种转变的观点。[49] 这种开放过程的确切性质也是模糊不清的。"莫斯利案"系争的"公共道路"是公共论坛,是因为芝加哥的条例将其开放用于和平的劳动者罢工纠察,还是因为芝加哥允许它们被用于其他非罢工纠察的交流形式,这一点并不明确。无论是哪一种,导致相关财产公共论坛地位的,并非传统的用途而是政府如何运用其财产的决定。"莫斯利案"提出的公共论坛概念,旨在推动以一视同仁的方式作出这些决定,从而政府不能"选择哪些问题值得在公共设施进行讨论或辩论"[50]。在此意义上,"莫斯利案"像"格雷尼德案"一样,并没

---

[46] Id., at 93, 95, 96. 最高法院再次运用"公共论坛"的短语。
[47] See Perry Educ. Ass'n v. Perry Local Educators Ass'n, 460 U.S. 37, 49 n. 9 (1983).
[48] 408 U.S. at 99.
[49] Mosley, 408 U.S. at 96.
[50] Id.

有接受"戴维斯案"三段论的大前提,因为"莫斯利案"寓示着,如果政府向公众开放其财产用于交流,那么政府限制言论的权力就要遵守宪法的界限,即便相关财产处于政府的所有者控制之下也是如此。

不过,尽管存在这种相似性,但是就政府财产是否可以被区分为不同的种类,受不同的第一修正案规制机制调整,两起案件仍存在张力。这一张力体现的是卡尔文文章中类似的紧张关系。卡尔文希望同时强调促进"强健"公共讨论的一般价值和公共场所言论的特殊价值。"格雷尼德案"回应的是第一种关注,而"莫斯利案"回应的是第二种关注。现代公共论坛原理是自"莫斯利案"而非"格雷尼德案"发展而来的。[51]

3. 试验阶段:"莱曼案"和"康拉德案"

在"莫斯利案"后,公共论坛的概念就成为最高法院关注的中心。在接下来的三年中,最高法院考察了这一概念可能的含义,以及可能附加于这一概念的各种第一修正案规则。支撑这一试验的是,最高法院试图证明卡尔文看法的正确,即公共论坛应当享有第一修正案特殊的保护地位。但这种看法曲解了最高法院此前的先例,而最高法院在20世纪70年代初维护卡尔文看法的努力并不成功,导致最高法院为公共论坛提出了严厉而不切实际的宪法规则。

1974年,在"莫斯利案"后两年,最高法院判决了"莱曼诉谢克海茨市案"(Lehman v. City of Shaker Heights)。"莱曼案"采纳了"莫斯利案""公共论坛"的说法,大法官们首次给予了其认真且有分歧的原理关注。在"莱曼案"中,一位政治候选人起诉城市捷运系统的政策,该系统面向商业广告商出售车身广告的空间,但不允许将车身用作有偿的政治广告。从表面上来看,该案似乎正好受"莫斯利案"调整,因为捷运系统已经将车身向公

---

[51] 因此讽刺的是杰弗里·斯通(Geoffrey Stone)热情洋溢的评价,即在"格雷尼德案"中"公共论坛的权利已经成熟。"Stone, "Fora Americana", at 251。

众开放用作交流,然而却根据"招牌上……的信息"进行区分。然而最高法院维持了这一政策,不过却无法形成多数的法律意见。

布莱克门大法官撰写的一份复数意见有其他三位大法官加入,否定车身广告是"公共论坛"从而第一修正案"保障一视同仁地获取"的主张。[52] 布莱克门写道,第一修正案对政府规制公共财产的限制,取决于"论坛的性质以及所牵涉到的相互冲突的利益……在本案中,我们并没有开放的空间、没有会议室、公园、街角或其他公共道路。"相反,车身广告是"商业投资"的一部分,而市政当局是以"所有者的身份"对其进行控制。市政当局拥有做出"管理性决定"的裁量,包括允许在车身上展示什么信息的决定。宪法只是要求这些决定不得"专断、反复无常或不公平"。[53]

在本质上,布莱克门的法律意见已经从"莫斯利案"回溯到了"戴维斯案"。该意见似乎认定政府行使的所有权控制赋权其限制言论。[54] 布莱克门并没有努力证成这一裁定。他的结论是,市政当局对车身广告的控制具有所有权的性质,完全建立在感觉到捷运系统与私人商业企业类似之上,因此该系统就可以像"报纸、期刊甚或电台和电视台那样相同的方式"选择展示哪种广告。[55]

如果布莱克门的意见与"莫斯利案"不一致,那么与"格雷尼德案"就更不一致。布莱克门的意见假定,属于公共论坛的政府财产要遵守不同的第一修正案规则。另一方面,"格雷尼德案"则试图让所有政府财产都遵守统一的第一修正案规制方案。

---

[52] 418 U.S. 298, 301(1974)。首席大法官伯格以及怀特和伦奎斯特大法官加入了布莱克门大法官的意见。

[53] Id., at 302—304.

[54] 布莱克门稍微修改了"戴维斯案"的推理,为财产权的控制规定了微弱的限制,即不能"专断、反复无常或不公平"。Id., at 303.

[55] Id.

"格雷尼德案"还认定,公众要求在政府财产演讲的主张应当由司法机关独立考察下述内容,"表达的方式在本质上是否与特定时空的正常活动不相容。"但布莱克门"莱曼案"法律意见的含义是,在所有权控制的情形下,第一修正案将确定这种主张的权力交由政府官员裁量。

支持最高法院裁定的第五票源自道格拉斯大法官,他撰写了一份独特的法律意见,其依据的观点是车身广告违反"通勤旅客的隐私不受侵犯的权利"[56]。其余四位大法官的观点在布伦南大法官的异议中得到了体现[57],他的异议明确以公共论坛理论为依据。在引征卡尔文1965年文章的同时,布伦南大法官的观点首先认为,"确定具体类型的公共财产或设施是否'公共论坛'要求最高法院在政府和演讲者及其听众的不同利益间达成平衡。"[58]一旦政府财产被定为"公共论坛",宪法就要求"其可以被用于……行使第一修正案的权利",而政府对该论坛的规制就不能"仅根据主题或内容"区别对待。[59] 在引征"黑格案"与"爱德华兹案"后,布伦南称,最高法院已将"公共街道和公园"以及州国会大厦的四周定为公共论坛。[60]

在布伦南看来,"莱曼案"系争的车身广告毫无疑问是公共论坛,因为让车身广告可以用于商业广告,市政当局"实际上已经放弃了下述主张,即在运输车辆做广告与捷运系统提供交通

---

[56] Id., at 307 (Douglas, J., concurring).
[57] 加入布伦南大法官意见的是斯图尔特、马歇尔和鲍威尔大法官。
[58] 418 U.S. at 312 (Brennan, J., dissenting). 因此,"最高法院必须评估公共财产或设施主要用途的重要性,以及如果允许自由进出会在多大程度上破坏该财产。"
[59] Id., at 313—315 (Brennan, J., dissenting). 布伦南接着说:"要确保事项或内容不是区别对待论坛使用者的唯一依据,所有从公共论坛中的选择性排除都必须严格加以审查,而且只有当政府明确表明,其行为是根据'时间、空间和方式'方面中立的条例采取的,排除才能得到支持,而且条例是严格限于保护政府维护论坛本身的存续与效用方面的重大利益。"
[60] Id., at 312—313.

的首要功能不相容"[61]。因而他断定,该系统根据内容就信息进行差别对待的政策在宪法上无效。

布伦南的异议是首次确立系统的公共论坛原理的努力。[62]这一异议是"莫斯利案"和"格雷尼德案"的奇特混合。就像"莫斯利案"那样,其将政府财产区分为公共与非公共论坛,为前者规定了严格的第一修正案规制。但否定了"莫斯利案"区分两种政府财产的标准,相反运用了"格雷尼德案""根本不相容"标准(basic incompatibility test)的变体作为区分公共与非公共论坛的方法。不过,在布伦南手中,"格雷尼德案"的标准发生了微妙且根本性的转换。尽管"格雷尼德案"以该标准作为让所有公共财产遵守统一的第一修正案规制机制的方法,但布伦南运用该标准分割的是政府财产的类型。被归入公共论坛的财产要遵守严格的第一修正案规则,而不论在具体情境下这种规则与相关财产通常的用途是否相容。实际上,布伦南将分析的焦点从特定言论的情境转向了系争财产的一般特征。

这种焦点的转换对于布伦南更大的方案而言是必要的,即区分两类政府财产:公共和非公共论坛。这一方案的全部意义在于,两类政府财产要遵守不同的第一修正案规制机制。当布伦南开始界定适用于公共论坛的第一修正案规则时,他引征"莫斯利案"支持下述命题,即在这种场合严格禁止内容方面的差别对待。[63]尽管布伦南异议的要旨在于公共论坛要遵守不同且尤为严格的第一修正案审查,但事实是,禁止内容差别对待并未将其与适用于诸如账单信封或汽车影院等类似公共设施的私人

---

[61] Id., at 314.
[62] 在前一年"哥伦比亚广播公司诉民主党全国委员会案"(Columbia Broadcasting Sys. v. Democratic Nat'l Comm., 412 U.S. 94, 192—201 (1972) (Brennan, J., dissenting))的异议中,布伦南异议中的许多观念已经以比较初步的形式得到了表达。
[63] 418 U.S. at 315—316 (Brennan, J., dissenting).

场所的审查区分开。[64] 在布伦南的异议中,期望"根据第一修正案的保护"赋予公共论坛特殊地位[65],与除非根据通常适用于公共商谈的第一修正案原则否则无法前后一致地界定这种保护,这两者存在尖锐的张力。直到今天,最高法院仍要与这种张力进行斗争。

"莱曼案"宣判后9个月,最高法院再次试图界定公共论坛的性质。在"东南宣传公司诉康拉德案"(Southeastern Promotions, Ltd v. Conrad)[66]中,代表五位大法官撰写法律意见的布莱克门裁定,因市政礼堂是"公共论坛",所以在不遵守"弗里德曼诉马里兰案"(Freedman v. Maryland)[67]为事先限制规定的程序性保障措施的情况下,其主管不能被给予裁量以接受或拒绝所计划的剧场演出。[68] 该意见认定,礼堂之所以是公共论坛,因为就像"莱曼案"的车身广告一样,"是专门用于表达活动的"[69]。尽管关注的是程序,但"康拉德案"潜在的信息是,在公共论坛中,内容的差别对待在宪法上无效。伦奎斯特大法官在异议中提出,这是否意味着城市的歌剧院必须表演摇滚乐,或实

---

[64] See, e. g., Consolidated Edison Co. v. Public Serv. Comm., 447 U. S. 530, 537—540 (1980); Erznoznik v. City of Jacksonville, 422 U. S. 205, 209—212 (1975). 实际上,在"阿德利案"中,最高法院强烈暗示,即便在非公共论坛中,也禁止区别对待观点。

[65] United States v. Grace, 461 U. S. 171, 180 (1983).

[66] 420 U. S. 546 (1975).

[67] 380 U. S. 51 (1965).

[68] 420 U. S. at 553—559. 在"康拉德案"中,查塔努加纪念堂(Chattanooga Memorial Auditorium)的负责人拒绝了上演音乐剧《头发》(Hair)的申请,理由是"不符合共同体的最大利益"。最高法院裁定,宪法要求出租市政剧院的裁量决定必须遵守下述程序性要求:"第一,启动司法程序并证明相关材料不受保护的证明责任须由审查者承担。第二,司法审查前的任何限制都只能规定较短的具体期限,且只能是出于维持现状的目的。第三,必须确保迅速做出最终的司法决定。"

[69] Id., at 555. 布莱克门根据并不可靠的理由区分"莱曼案",即在"康拉德案"中,并不存在类似捷运系统旅客那样"被困的听众"。

际上必须根据"先来先得"的方式向"所有潜在的制作人"开放。[70]

　　这一问题并未得到回答,但其寓意很有影响,尖锐地指向了"规制公共论坛内容的非此即彼路径"[71]基础不稳。公共论坛原理在短短的三年内就得出这种严厉的观点,是其发展尤为迅速的证明。该原理不仅确定了一种特殊类型的政府财产,即公共论坛,且为其规定了严厉的第一修正案规制,这种规制似乎与该财产的实际用途没有什么关系。到 1975 年,最高法院就可以将"莱曼案"的问题称作"城市是否创造了一个'公共论坛',因而自己有义务接受所有的广告。"[72]

　　这一推理的范围和力量让人惊叹。如果用于表达活动的政府设施因而就不能根据内容加以区分,那么大量政府设施的日常运用完全都是违宪的。政府设施通常都会根据内容加以区分。例如,诸如高中课堂、监狱礼堂、军营讲堂、政府机构的会议室或高中的报纸等设施。公共论坛的原理发展如此迅速,以至于最高法院显然还没有机会认真考虑这些寓意。但在下一年中,最高法院的多数人得出结论,这些寓意是不可接受的;1976年,他们抛弃了"康拉德案"和"莫斯利案"的慷慨允诺,判决了一起案件,最终确定了现代公共论坛原理的框架。

　　4. 确立基本的原理框架:"格里尔诉斯波克案"(Greer v. Spock)

　　这一关键判决是"格里尔诉斯波克案",该案关注的是边缘政党的国家公职候选人要求进入迪克斯要塞(Fort Dix)军事保留地的公共区域,目的是散发竞选资料并举行会议与美国军方人员及随从讨论全国的政治问题。这些公共区域全天 24 小时

---

[70] Id., at 572—573 (Rehnquist, J., dissenting).
[71] Karst, "Public Enterprise", at 252.
[72] Erznoznik v. City of Jacksonville, 422 U. S. 205, 209 n. 5 (1975) (emphasis added).

没有任何限制向公众开放。[73] 有 10 条马路横贯该区域,包括 1 条州的主干道。[74] 然而,该保留地的指挥官援引迪克斯要塞的两项条例拒绝了候选人的请求。第一项是迪克斯要塞第 210-26 号条例,禁止"在迪克斯要塞军事保留地……示威、罢工纠察、静坐、抗议游行、政治演说或类似的活动。"第二项是迪克斯要塞第 210-27 号条例,禁止未经基地指挥官"书面批准"就散发政治传单。[75] 指挥官拒绝批准散发传单,因为"在迪克斯要塞进行政治竞选只会妨碍我们的训练和其他军事任务"[76]。

最高法院借斯图尔特(Stewart)大法官之口维持了基地指挥官的决定。最高法院的说理简单、有力且极有影响。该说理借用了最高法院在前四年间发展出来的公共论坛术语,但却为其注入了新的焦点,回溯到"黑格案"中罗伯茨大法官"熟识的语言"。最高法院将公共论坛界定为"传统上作为私人公民自由公开集会和交流思想"的地方。在这种地方,最高法院称,"不能不分青红皂白地排除第一修正案的活动"。[77] 既然"联邦的军事设施"传统上以这种第一修正案的活动为特征在"历史和

---

[73] 424 U. S. 828, 830, 851 (1976) (Brennan, J., dissenting)。保留地的主要进口通常无人站岗,而且至少一个进口有"欢迎来访"的标志。

[74] Id., at 851 (Brennan, J., dissenting)。

[75] Id., at 831。只有当"宣传材料的散发似乎会给所驻军队的忠诚、纪律或士气造成明显危险"才能拒绝批准。Army Reg. 210—10, Par. 5—5 (c) (1970), cited in 424 U. S. at 431 n. 2。

[76] 424 U. S. at 833 n. 3。指挥官还举出"显得你或你的竞选得到我官方身份支持"的危险。

[77] Id., at 835—838. 1965 年,在"考克斯诉路易斯安那案"(Cox v. Louisiana, 379 U. S. 536, 555)中,最高法院就这一问题暂未表态。3 年后,在"食品业联合工会第 590 分会诉洛根谷大厦案"(Amalgamated Food Employees Union Local 590 v. Logan Valley Plaza, Inc., 391 U. S. 308 (1968))中,最高法院在附带意见中讨论了这一问题:"街道、人行道、公园或其他类似的公共场所,过去与第一修正案权利的运用联系在一起,因此出于行使这种权利的目的而利用它们,在宪法上不能过于宽泛与绝对加以否定。"see Lloyd Corp. v. Tanner, 407 U. S. 551, 559 (1972)。最高法院在"格里尔案"中的说明,本质上是对这一意见的扼要重述。

宪法上都是错误的",可以得出迪克斯要塞并非公共论坛。[78]

支撑"格里尔案"进路的是对"莫斯利案"公共论坛定义的断然否定。"莫斯利案"认定,政府财产如果"对集会或演讲开放"就成为公共论坛。不过,"格里尔案"专门指出,"其他平民演讲者和表演者有时被邀请在迪克斯要塞登台,这一事实本身并不会将迪克斯要塞转化为公共论坛。"[79]"格里尔案"还否定了下述原则,"即只要允许公众自由参观由政府拥有或经管的场所,那么该场所就成为第一修正案意义上的'公共论坛'。"[80]

作为"莫斯利案"进路的替代,"格里尔案"将公共论坛定义为"传统上作为"第一修正案活动场所的政府财产。尽管这一定义在短短的八年内就会取得"第一修正案原理基本原则"的权威地位[81],但最高法院在"格里尔案"中并没有说明其理由。罗伯茨大法官之所以关注公共接触的传统,是因为在20世纪30年代,政府主张所有权的控制似乎能够以普通法的财产权为基础,因而以时效占有和公共信托的术语表述对这种控制的限制就是有道理的。但到1976年,这一推理就站不住脚了。然而,遵循后来变得糟糕的模式,最高法院在"格里尔案"中并没有努力阐述关于公共论坛的定义与第一修正案理论之间的关联。

将罗伯茨大法官在"黑格案"的进路纳入"格里尔案",从根本上埋葬了"格雷尼德案"考察的内容,即"表达的方式"是否"与特定时空的正常活动根本不相容"。"格里尔案"的分析焦点开始偏离如果公众被赋予出于交流目的而接触机构的宪法权

---

[78] 424 U. S. at 838.

[79] Id., at 838 n. 10. 最高法院解释说:"军方关于下述问题的决定,民间关于毒品滥用的演讲、外来传教者在基地礼拜堂举行宗教仪式或摇滚乐会会支持迪克斯要塞军队的任务,这并不会导致军方以后无力阻止任何平民进入迪克斯要塞就任何主题发表演说。"

[80] Id., at 836.

[81] Minnesota State Bd. for Community Colleges v. Knight, 465 U. S. 271, 280 (1984).

利,是否会影响具体机构的运转。事实上,"格里尔案"根本没有关注具体的机构或财产,相反考察的是一般性的政府机构与财产的总体特征。因而"格里尔案"并未考察迪克斯要塞的具体属性,而是军事设施的抽象性质。所以该案的结论也是一般性的:"诸如迪克斯要塞这样的军事设施"不是公共论坛。[82]

在最高法院看来,迪克斯要塞的特征只与该要塞的公共区域是否真的是军事设施的组成分这一问题有关。最高法院将该问题表述为,是否军方已经"放弃主张在军事保留地的范围内规制为政治候选人散发未经授权的传单或发表竞选演说方面的特殊利益"[83]。对最高法院来说,第 210-26 号条例和第 210-27 号条例的存在与实施就足以否定放弃的推断。

在得出迪克斯要塞的公共区域并非公共论坛后,最高法院很大程度上依靠"阿德利案"以描述政府在非公共论坛的权力:

> 第一修正案的保障决不意味着,"希望表达抗议、宣传观点的人们拥有按照他们所乐意的任何时间、任何方式和任何地点如此行事的宪法权利。"(阿德利诉佛罗里达案,载《美国最高法院判例汇编》第 385 卷,第 39 页至第 48 页)"和私人财产所有者一样,州有权维持其所控制的财产用于合法的用途。"(同前,第 47 页)[84]

"格里尔案"准备根据"阿德利案"提出下述命题,即政府可以像"私人财产所有者"那样规制要塞公共区域内的言论。这是对"阿德利案"的宽泛理解,该案意见的依据好像是复兴"戴维斯案"的三段论,而非严格解释政府规制行为方式的权力。而且"格里尔案"准备将"戴维斯案"的三段论发挥到极致。该案认定,在非公共论坛中,政府可以公然禁止第一修正案的活动,

---

[82] 424 U.S. at 838.
[83] Id., at 837.
[84] Id., at 836.

就像第 210-26 号条例那样,禁止所有"示威……政治演说以及类似的活动"。该案还认定,在非公共论坛中,政府可以要求言论遵守事先审查的制度,就像第 210-27 号条例那样,"未经民兵指挥官书面批准……禁止散发任何印刷品。"[85] 最高法院还认定,在非公共论坛中,政府可以授权裁量是否禁止发表言论,而仅服从下述限制,即在实际行使裁量时,政府的行为没有"专断、不公平或反复无常"。禁止"不公平的"差别对待,而不禁止根据内容加以区别。[86]

"格里尔案"复兴"戴维斯案"三段论的大前提,对于公共论坛原理未来的发展具有决定性,不过最高法院并没有在宪法上解释或证成该前提,而只是假定,在所有权控制的情形下,政府被赋予了限制言论的权力。

尽管鲍威尔(Powell)大法官加入了最高法院的意见,但他还撰写了一份单独的赞同意见,他认为,通过援引"格雷尼德案""根本不相容"标准就可以解决最高法院面临的问题。他承认这一标准与"公共论坛"的概念存在张力,指出根据不相容标准,不可能仅因为"试图行使表达权的领域被用于'公共论坛'义务以外的目的"就解决第一修正案的问题。不过,鲍威尔总结说,系争的条例满足了"格雷尼德案"的检验标准,因为军方作为"有别于平民社会的专门社会"的必要性,与日常的政治竞选活动存在"功能和象征方面的不相容"[87]。

如果鲍威尔的意见体现了对"格里尔案"运用公共论坛原理的不安,那布伦南大法官的异议表达的则是明显的厌恶。事实上,布伦南几乎要否认自己与公共论坛概念的关系,他自己在"莱曼案"的法律意见起到了促进这一概念的作用。布伦南写道:"特别需要指出的是,'公共论坛'的观念根本不是公共表达

---

[85] Id., at 831, 865—866.
[86] Id., at 840, 838 n. 10, 868 n. 16 (Brennan, J., dissenting).
[87] Id., at 843, 844 (Powell, J., concurring).

的检验标准,因为一种对立的进路使最高法院在本案中无视任何容纳第一修正案价值的可能。"[88] 布伦南回顾了诸如他一度声称确立公共论坛存在的"爱德华兹案"等先例[89],而现在断定公共论坛是否存在与其解决没有关系:

> 那些没有将牵涉到的地点描述为公共论坛就允许公共表达的案件,连同那些承认公共论坛存在的案件,尽管有限但仍然表明在确定何时应当保护公开表达时采取一种灵活的进路是可取的。承认在特定地点是否允许特定的公开表达形式,有别于该地点是否公共论坛或相关的表达形式与该地进行的活动是否相容,显然就有必要采取一种灵活的进路。否则,鉴于严格地将特定地点界定为非公共论坛,就存在禁止在该地点发表特定形式的公共演说的危险,即便它们从根本上说与该地发生的其他活动相容也是如此。[90]

布伦南开始认识到公共论坛原理与最高法院"格雷尼德案"进路的深刻张力。公共论坛和非公共论坛的区分必然意味着不同的第一修正案规制机制。如果说最高法院在"康拉德案"不当地为公共论坛规定了严格的第一修正案规则,那么最高法院在"格里尔案"则矫正了这一天平,几乎取消了第一修正案对非公共论坛管理的限制。结果,公共论坛和非公共论坛存在巨大且令人费解的宪法鸿沟,这对"格雷尼德案"的精神与目标来说都是有害的。"黑格案"的权威以及不可抗拒的、甚至诱惑了卡尔文的吸引力,差不多确保这一鸿沟沿着传统用途的错误路线展开,将大部分政府设施排除于公共论坛的范畴。

"格里尔案"的布伦南对于这一切洞若观火,他的回应则是

---

[88] Id., at 859 (Brennan, J., dissenting). 布伦南的异议得到了马歇尔大法官的支持。

[89] Lehman v. City of Shaker Heights, 418 U.S. 298, 313 (1974) (Brennan, J., dissenting).

[90] 424 U.S. at 859—860 (Brennan, J., dissenting).

试图复兴"格雷尼德案"。他指向的是诸如"廷克诉德梅因校区"(Tinker v. Des Moines School District)[91]那样的案件,最高法院在该案中撤销了学校禁止演说的条例,而丝毫没有关心学校是否"公共论坛"的问题。但到那时已经为时太晚;公共论坛的庞然大物已经启动了。

(三)"有限公共论坛"的诞生与消亡

"格里尔案"的长久遗产即公共论坛原理,严格区分公共与非公共论坛,就控制公众出于交流目的接触后者而言,赋予政府实际上免于独立司法审查的豁免权。这种豁免权建立在"格里尔案"利用"阿德利案"再次借用"戴维斯案"三段论的大前提之上,赋予政府作为财产所有者的特权。因为对现代的敏感神经来说,这些特权是站不住脚的,最高法院一直在忠于"戴维斯案"三段论的大前提与抵触在现代人眼里完全不能容忍的、规制公众接触非公共论坛之间犹豫。最高法院徒劳无功地试图限制这些不可容忍的规制,然而又在最大可能地保持"格里尔案"赋予政府控制接触非公共论坛的豁免权的完整,"有限公共论坛"诞生与陨落的凄美故事就是这种情形的解释。

为了体会促使确立有限公共论坛的原理张力,就必须认识到支撑"格里尔案"的实际上是两种不同的考察:政府能否拒绝希望运用其财产进行交流活动的人接触相关的财产,政府能否根据区别对待人或演说内容的标准限定这种接触。[92] "格里尔案"合并了这两个问题。该案认定,如果系争的政府财产并非公共论坛,那就或者可以全部否定接触该财产,或者逐案加以批准,只要这种差别性接触的批准不存在"非理性、不公平或专

---

[91] 393 U.S. 503 (1969).
[92] 就接触问题与差别对待问题的区别,富有启发性的讨论,见 Note, "The Public Forum: Minimum Access, Equal Access, and the First Amendment", 28 *Stanford Law Review* 117 (1975).

断"。相反,如果相关财产被认为是公共论坛,"就不能一概排除第一修正案的活动"。[93] 尽管"格里尔案"并未明确表明不可以差别对待的方式决定接触公共论坛,但到1976年这已经是坚信不移的原理。[94] 因此,对"格里尔案"来说,确定政府财产公共论坛的地位,同时回答了接触与平等接触的问题。

"格里尔案"对这些问题的概念化表达很大程度上源自"戴维斯案"三段论大前提的内部逻辑。应该记得的是,该前提授权政府规定接触非公共论坛的差别标准,因为其有权援用所有者特权完全阻止公众接触该论坛。从这一角度出发,公共论坛与非公共论坛唯一可能的宪法区别在于,在后者中,政府没有这种所有者的权力规定"一概排除第一修正案的活动"[95]。因而从"戴维斯案"三段论的大前提可以得出,在非公共论坛中,政府既可以完全排除接触,也可以确立差别接触的条件,而在公共论坛中,政府则不能完全禁止接触。就公共论坛不得规定差别性接触的规则,源自最高法院"莫斯利案"和"康拉德案"的判决。

不过,合并接触与平等接触问题的麻烦在于,其确立的分析工具对于现代目标而言太过简陋,没有什么用处。"格里尔案"后6个月,这一点就变得很明显。1976年12月,最高法院判决了"麦迪逊市第八联合校区诉威斯康星劳动关系委员会案"(City of Madison Joint School District No. 8 v. Wisconsin Employment Relations Commission)[96],在该案中,威州劳动关系委员会发布命令,除了由工会选择的、作为校区教师集体协商的排他性代表外,禁止地方学校的董事会允许其他教师员工就提交工会和董事会集体协商的事项在董事会的公开会议上发言。根据"格里尔案"的进路,"麦迪逊联合校区案"的基本问题在于董事

---

[93] 424 U.S. at 840, 838 and n. 10, 835.
[94] See Erznoznik v. City of Jacksonville, 422 U.S. 205, 209—210 n. 5 (1975).
[95] 424 U.S. at 835.
[96] 429 U.S. 167 (1976).

会的会议是否应被归入公共论坛。如果如此,那么不仅委员会的命令违宪,而且在宪法上还禁止董事会通过完全排除公众的方式举行闭门会议。另一方面,如果董事会的会议被归入非公共论坛,那么不仅允许举行闭门会议,而且董事会还可以为接触其会议的途径规定区别对待的标准,而委员会的命令也就可以通过宪法审查。

不过,在现代的眼光看来,将委员会命令的合宪性与董事会能否举行闭门会议结合在一起,似乎非常奇怪。在"麦迪逊联合校区案"的最高法院看来,就像对任何当代宪法评论者而言,有必要禁止某些区别对待的接触,即便在某些情形下可以完全取消接触相关论坛也是如此。尽管这一见解与"戴维斯案"三段论的大前提直接冲突,但最高法院甚至都没有承认刚刚在"格里尔案"中宣布的公共论坛原理,就认定董事会可以"举行闭门会议处理事务",而委员会的命令之所以违宪,则是因为在公开会议上,"不能要求董事会根据雇佣关系或言论的内容区别对待演讲者。"[97] 在首席大法官伯格(Burger)撰写的法律意见中,最高法院将委员会的命令称作"宪法保障措施的对立面"[98]。

"麦迪逊联合校区案"对于"格里尔案"确立的原理框架具有重大的寓意,因为其似乎使非公共论坛接受的那种宪法审查与"戴维斯案"三段论的大前提不符。但最高法院在5年内都没有注意到这些寓意,就好像"格里尔案"借用该前提确立的二分法仍然没有问题一样。[99] 然而,1981年,"格里尔案"与"麦迪逊联合校区案"的张力浮现出来,当时最高法院判决了"维特莫诉文森特案"(Widmar v. Vincent)。在"维特莫案"中,密苏里大

---

[97] Id., at 176, 175 n. 8. 最高法院还认定,董事会可以将会议限于"特定的事项"。并不明确的是,这如何与最高法院的下述声明协调,即不能要求董事会以"言论的内容"为由区别对待演讲者。

[98] Id., at 175—176.

[99] See, e.g., United States Postal Serv. v. Council of Greenburgh Civic Ass'ns, 453 U.S. 114, 130—133 and n. 7 (1981).

学规定其设施可以为注册的学生团体普遍利用,但却因为一个注册的学生团体试图利用设施进行宗教朝拜和交流而拒绝之。最高法院运用公共论坛原理分析该案。法院认定,通过向学生全体普遍开放设施,密苏里大学已经确立了一个"公共论坛",因而就不能以区别对待的方式将学生团体从论坛排除,除非这种排除"对于满足非常强烈的州利益是必要的,而且……严格限于实现该目的。"[100]

在得出这一结论时,在由鲍威尔大法官撰写的法律意见中,最高法院拒绝受制于"格里尔案"所确立的公共论坛概念。在引征"麦迪逊联合校区案"后,最高法院明确认定,"即便最初没有要求密苏里大学建立相关的论坛",也能够禁止其进行差别对待。最高法院甚至更进一步,在附属意见中示意,不同类型的公共论坛可能存在差别。最高法院称:

> 大学在很多方面都与诸如街道、公园甚或城市剧院等公共论坛存在差别。大学的使命是教育,而本院的判决从未否定大学有权为使用校园和设施规定符合这种使命的合理规制。例如,我们并未认定校园必须将设施向所有学生和非学生人员同等开放,或者大学必须准许自由接触其所有场地或建筑。[101]

如果说"麦迪逊联合校区案"打破了"格里尔案"确立的简单二分法,那么"维特莫案"所提出的进路有可能将其完全消除。"维特莫案"提出的是政府可以完全将公众排除的那种公共论坛,而且意味着存在不同类型的政府机构谱系,就此第一修正案接触和平等接触的问题将根据对每个机构特定"使命"的分析个别决定。在这种情境下,"格里尔案"公共和非公共论坛

---

[100] 454 U.S. 263, 270 (1981)。根据这一严格的标准进行衡量,大学开除信教的学生显然违宪。

[101] Id., at 268 and n. 5.

的二分法不再有意义，而司法机关对机构使命的独立考察则会危及所有者的特权不受司法审查的主张。鲍威尔大法官不满"格里尔案"偏离"格雷尼德案"，显然是在运用"维特莫案"的意见从内部削弱公共论坛原理，将其回归到"格雷尼德案"进路所具有的个案灵活性与独立的司法审查。

但14个月后，最高法院强力制止了向这一方向的发展，提出"有限公共论坛"的新概念。在"佩里教育协会诉佩里地方教育者协会案"（Perry Education Association v. Perry Local Educators' Association）中，在由怀特大法官撰写的法律意见中，最高法院明确重申了"格里尔案"的分类框架。"佩里案"回顾了包括"维特莫案"和"麦迪逊联合校区案"在内的先例，宣布就宪法而言，现在存在三种不同的政府财产。首先是"传统"或"典型"的公共论坛，包括"根据悠久的传统或政府命令……一直用于集会和辩论"的地点。例证则是"黑格诉产业工业联合会案"所确定的"街道和公园"。在这种公共论坛中，政府"不可以禁止所有的交流活动"，只有当可以证明"对于满足非常强烈的州利益是必要的，而且严格限于实现该目的"时，才可以"根据内容加以排除"。[102]简言之，传统的公共论坛就是"格里尔案"所描述的公共论坛，其中接触和平等接触结合在一起，而且每一个都受宪法保障。

谱系的另一端则是非公共论坛，"佩里案"的看待方式基本上与"格里尔案"相同。在引证"格里尔案"与"阿德利案"的内容时，"佩里案"重申，在非公共论坛中，"和私人财产所有者一样，州有权维持其所控制的财产用于合法的用途。"[103]因而，对"佩里案"来说，"在非公共论坛的概念当中隐含着""根据事项或演讲者的身份区分接触的权利"。规制公众出于交流而接触

---

[102] 460 U.S. 37, 45 (1983).

[103] Id., at 46 (quoting United States Postal Serv. v. Council of Greenburgh Civic Ass'ns, 453 U.S. 114, 129—130 [1981]).

非公共论坛,必须是"合理的,而且不能只因为公职人员反对演讲者的观点就禁止表达"[104]。

因此,像"格里尔案"那样,"佩里案"允许政府根据内容区别规定公众接触非公共论坛的条件。但尽管"格里尔案"划分了"不公平"的区别对待的界限,而"佩里案"则试图禁止"观点的区别对待"。[105] 尽管最高法院在"佩里案"的法律意见没有澄清"内容"和"观点"差别对待有什么不同,但布伦南大法官的异议意见称,"内容中立"关系到政府"选择适于公共讨论之主题"的能力,而观点中立关系到区别对待"关于这些主题的各种观点"。[106]

尽管"佩里案"对非公共论坛和传统公共论坛的解释只是"格里尔案"提出的分类的微小变体,但"佩里案"仍必须说明最高法院在诸如"维特莫案"和"麦迪逊联合校区案"中遇到的情形。这些情形无法很好地契合"格里尔案"的二分法,而"佩里案"则试图将其纳入第三种政府财产的类型,称之为"有限公共论坛"[107]。在响应"莫斯利案"的说明中,"佩里案"认定,当"州

---

[104] Id., at 49, 46.
[105] 460 U.S. a 49—50 n. 9. 最高法院在 1981 年得出了有些不同的结论,在"美国邮政局诉格林堡市民协会理事会案"(United States Postal Serv. v. Council of Greenburgh Civic Ass'ns, 453 U.S. at 131)注释 7 中称,政府控制接触非公共论坛"在内容上必须是中立的"。
[106] 460 U.S. at 59, 61 (Brennan, J., dissenting). 这一区分的说服力存在问题。例如,如果一位公民希望说,真正的礼堂只能通过规定新的让人讨厌的财产税进行资助,从而被学校的董事会裁定违反规程,董事会认为公民可以讨论的是建造礼堂的问题,而非财产税问题,这种情形属于内容还是观点的区别对待并不清楚。然而,布伦南大法官的阐述仍然是当前最好的。Cf. Paul B. Stephan, "The First Amendment and Content Discrimination", 68 *Virginia Law Review* 203, 218 (1982).
[107] 460 U.S. at 47—48. 最高法院还将这种公共论坛称作"指定公共论坛"。Cornelius v. NAACP Legal Defense and Educ. Fund, 473 U.S. 788, 803 (1985); cf., Board of Airport Comm'rs v. Jews for Jesus, 482 U.S. 569, 572 (1987).

将公共财产开放给公众用作表达活动"[108]时,就创造了一个有限的公共论坛。尽管政府不能排除公众接触传统的公共论坛[109],但"佩里案"明确指出,政府既没有被要求创造也没有被要求维持公众接触有限的公共论坛。[110] 不过,只要州准许接触,"就要遵守传统公共论坛所适用的相同标准。合理的时间、地点与方式方面的规制是允许的,而以内容为基础的禁止则必须严格限于实现非常强烈的州利益。"[111]

在表面上,有限公共论坛的概念似乎是要回应以"格里尔案"二分法所提供的粗糙术语无法分析的那些异常情形。这一概念似乎以分解接触与平等接触的简单操作为基础。然而,在表面下,这一概念撕裂了公共论坛原理与"戴维斯案"三段论大前提的联系。该前提潜在的逻辑是,如果(而且因为)政府能够完全排除接触其财产,那么政府就可以规定区别接触其财产的标准。然而,在有限的公共论坛,政府则可以完全阻止公众接触,然而宪法却禁止其规定有区别的接触标准。但如果宪法禁止这种区别对待,那为何不同时禁止政府为接触非公共论坛规定区别对待的标准?如果所有权控制的特权在有限公共论坛不受尊重,那么为何在非公共论坛要加以尊重?

"佩里案"并没有回答这些问题。不过,该法律意见引人注目的是,其显然决定维持政府规制公众接触其拥有所有权之财产的完整自由,即便原理上存在显然且根本的不一致。这一决定不仅体现在"佩里案"为有限公共论坛规定的第一修正案原

---

[108] 460 U. S. at 45.
[109] 在"格里尔案"之后,最高法院还是继续强调这一点。See, e. g., United States Postal Serv. v. Council of Greenburgh Civic Ass'ns, 453 U. S. 114, 133 (1981) ("国会……不可亲口破坏过去一直是公共论坛的街道和公园的'公共论坛'地位……")。"佩里案"后一个月,这一点再次得到了强调。See United States v. Grace, 461 U. S. 171, 180 (1983) (quoting Greenburgh, 453 U. S. at 133).
[110] "这并不要求国家无限保留设施的开放性质。"460 U. S. at 46.
[111] Id.

则,也体现在"佩里案"区分有限公共论坛与非公共论坛的方式。

首先考虑一下"佩里案"让人困惑的主张,即政府规制公众接触有限公共论坛的能力"要遵守传统公共论坛所适用的相同标准"。这一主张显然与"佩里案"用来确立有限公共论坛概念的先例相反。例如在"麦迪逊联合校区案"中,最高法院明确认定,学校董事会可以将公开讨论限于特定的主题,而在"维特莫案"中,最高法院允许密苏里大学将设施限于某一类的演讲者,即学生。不过,"佩里案"首先承认,在传统的公共论坛,"州必须证明有强烈的理由将接触限于某一类的演讲者、某一种观点或主题。"[112]无论"维特莫案"还是"麦迪逊联合校区案"都不会接受规定如此严格的第一修正案标准。而且似乎"佩里案"本身就这一标准也存在麻烦,因为在一个奇怪的脚注中,其称"可以由于诸如供特定群体使用……或讨论特定主题等有限目的确立一个公共论坛。"[113]

在"佩里案"所确立的原理结构的情境下,该脚注会抽离下述规则的精华,即在规制公众接触有限公共论坛时,政府受第一修正案标准的约束与政府规制接触传统公共论坛的能力受到的约束相同。就政府在有限公共论坛的定义或目标中植入区别对待标准的能力而言,因为"佩里案"没有规定任何第一修正案方面的限制,所以作为一个实践问题,政府仍然可以像对非公共论坛那样自由限制公众接触有限公共论坛。这在"佩里案"本身

---

[112] Id., at 55.

[113] Id., at 46 n. 7 (citations omitted).最高法院其他解释有限公共论坛理论的努力也会体现同样的内部冲突。例如在"科尼利厄斯诉美国有色人种协进会法律辩护与教育基金案"[Cornelius v. NAACP Legal Defense and Educ. Fund, 473 U. S. 788 (1985)]中,最高法院称,"没有强大的政府利益不能将演讲者"排除在有限公共论坛之外,还说有限公共论坛"可以通过政府指定场所或渠道的方式确立,这些场所或渠道可用于一般公众的集会和演说、用于特定的演讲者或者用于讨论特定的问题。"

的事实中也可以看到。佩里镇城市校区(Metropolitan School District of Perry Township)向排他性地代表该地区教师协商的工会(PEA)提供校际邮件系统而没有向与其竞争的工会(PLEA)提供。该校区准许诸如幼童军、基督教青年会以及其他市民与宗教组织等外围团体利用该系统。最高法院最终认定,该系统并非公共论坛,而佩里地方教育者协会被排除在外是"合理的"。但是最高法院特意说,即便在辩论过程中假定准许利用该系统已经"使其开放"成为一个有限的公共论坛,"宪法上的利用权利无论如何也只能扩展到其他具有类似特征的实体":

> 因此尽管学校的邮件设施可以成为一个论坛,普遍开放给女童子军、当地青年俱乐部以及其他从事与学生利益或教育相关活动的组织使用,但并不会因而向诸如佩里地方教育者协会这样的组织开放,该组织关心的是教师工作的地位与状况。[114]

于是,最终相关的邮件设施被归入有限公共论坛还是非公共论坛,对于案件的结果而言没有什么影响。无论在哪种情形下,学校的系统都可以在其邮件系统本身的界定中写入区别对待的利用标准。"佩里案"所确立的原理结构,最终使得形式上适用于有限公共论坛的第一修正案的严厉约束变成幻想。另一方面,在"维特莫案"和"麦迪逊联合校区案"中,则采用了较不严厉的第一修正案约束,从而在实际上限制政府控制接触非公共论坛的自由。

有限公共论坛的虚幻性,同样可以体现于"佩里案"用于区分或不区分有限公共论坛与非公共论坛的方式。自"格里尔案"以来,"政府拥有或经管的场所"并不会仅因为"允许公众自由参观"就成为第一修正案意义上的"公共论坛"[115],这已经是

---

[114] 460 U. S. at 47, 48—50.
[115] Greer v. Spock, 424 U. S. 828, 836 (1976).

白纸黑字的规定。这一规则的源头在于"格里尔案"强力否定"莫斯利案"所表达的观点,即一旦政府"开放"财产为公众所用,那么此后就不能通过区分人和主题的方式加以规制。"格里尔案"本身专门指出,"平民演讲者和表演者有时被邀请在迪克斯要塞登台,这一事实本身并不会将迪克斯要塞转化为公共论坛。"[116] 在后来的案件中,最高法院坚决重申这一原则[117],而"佩里案"专门再次肯定这一点,明确认定校区向诸如基督教青年会和幼童军等特定外围组织提供"选择性利用"邮件设施的事实,"并没有将政府财产转化为公共论坛。"[118]

当然,难题在于,该规则与"佩里案"自身对有限公共论坛的定义完全相反,该定义最初与开放政府财产给公众用于表达目的是一致的。根据"佩里案",有限公共论坛和非公共论坛的特征都是接触政府所有的财产存在"选择性"或程度差别。于是,问题成为以什么标准区分二者。"佩里案"并没有提供这样的标准;该案并没有提示确立有限公共论坛的"开放"如何有别于非公共论坛的"开放"。[119] 不可避免的推论就是,"佩里案"选择模糊这一区分,从而给政府留下足够的空间将其财产称作非公共论坛。

于是,"佩里案"最可能的解释就是,最高法院开始认识到

---

[116] Id., at 838 n. 10. 即便在"格里尔案"之前,最高法院就在"莱曼案"(Lehman v. City of Shaker Heights, 418 U. S. 298, 304 (1974))中裁定,即便一直对商业广告开放,但城市捷运系统的车身广告牌并非公共论坛。

[117] See, e. g., United States v. Grace, 461 U. S. 171, 177—178 (1983); United States Postal Serv. v. Council of Greenburgh Civic Ass'ns, 453 U. S. 114, 130 n. 6 (1981); Jones v. North Carolina Prisoners Union, 433 U. S. 119, 134 (1977).

[118] 460 U. S. at 47.

[119] 实际上,"佩里案"表明,关于学校的邮件系统属于非公共论坛还是有限公共论坛,存在某些不确定性。关于这一问题,最高法院只是说,校区"在政策或实践方面……都没有将邮件系统向普通公众无差别地开放利用。"当然,问题在于"普通公众无差别的利用"离题很远,因为"佩里案"承认,有限公共论坛就像非公共论坛那样,都可根据"选择性的接触"确立。

"格里尔案"二分法的不足,但并不愿意以下述方式加以修正,即严重削弱政府控制公众接触非传统公共论坛之财产的自由。在这些情形下,有限公共论坛的概念从一开始就注定在劫难逃。致命的一击发生在1985年,当时最高法院在"科尼利厄斯诉美国有色人种协进会法律辩护与教育基金案"(Cornelius v. NAACP Legal Defense and Education Fund)中裁定,有限公共论坛与非公共论坛的区分取决于政府开放论坛的意图:

> 政府通过不作为或允许有限的商谈并不会确立公共论坛,而只能通过有意识地开放非传统的论坛用作公共商谈(佩里教育协会诉佩里地方教育者协会,载《美国最高法院判例汇编》,第460卷,第46页)。因此,最高法院考察的是政府政策与实践,以便确定其是否意图将传统上并不开放集会与辩论的地方定为公共论坛(《美国最高法院判例汇编》,第460卷,第47页)。最高法院还考察了财产的性质及其与表达活动的相容性以确定政府的意图。[120]

"科尼利厄斯案"对意图的关注解决了许多难题。这解释了政府为何无需首先确立有限公共论坛,以及政府为何可以任意关闭之。这也可以理解下述事实,即政府可以将有限公共论坛限于特定的主题或演讲者。不过,非常重要的是,关注意图的优点是坦率,因为其巧妙地取消了以有限公共论坛的概念作为有意义的宪法分析范畴。如果有限公共论坛正是政府所希望的,那么要求接触该论坛的第一修正案权利,在任何情况下,不过是主张应当要求政府做其已经意图做的事情。

"科尼利厄斯案"将有限公共论坛缩小到这种微不足道的程

---

[120] 473 U.S. 788,802 (1985)。最高法院在"科尼利厄斯案"的意见是由奥康纳大法官撰写的,首席大法官伯格和怀特、伦奎斯特大法官持一致意见,而布伦南、布莱克门、史蒂文森大法官持不同意见。马歇尔和鲍威尔大法官没有参与此案。

度,结果很难想象原告如何能成功提起诉讼以接触这种论坛。[121] 如果论坛的范围是由政府的意图决定的,而且如果将原告排除就是政府意图最好的证据,那么原告在任何情形下都只会输。只有一种方法摆脱这种恶性循环,而且还不是很让人满意。这就是要求最高法院区分容纳原告所代表的演讲者或主题类型的意图与排除原告的意图。这种区分的一个难题是太过造作,且在实践中不可行。另外一个问题是,其与最初促使"佩里案"提出有限公共论坛概念的先例不一致。在"麦迪逊联合校区案"中,委员会的命令显然旨在排除一批学校员工谈论集体协商的问题,而最高法院实际上认定这种意图违宪。在"维特莫案"中,密苏里大学显然旨在排除试图将校园设施用于宗教目的的学生,而最高法院认定该意图违宪。

"维特莫案"和"麦迪逊联合校区案"最主要的见解是,即便政府财产并非传统的公共论坛,对于第一修正案的接触权,关于该财产利用的客观情形也可能具有严肃的宪法意义,而不论政府的意图为何。"科尼利厄斯案"断然否定了这一见解,且在此过程中基本上将有限公共论坛转化为一个空洞的范畴。结果,最高法院现有的公共论坛原理将接触与平等接触的问题结合在一起,而就下述大量情形则没有提供审查的原则,在这些情形中,即便接触从来就没有批准,有区别的接触仍然存在宪法上的疑问。简言之,最高法院向着"格里尔案"的二分框架后退了一大步。

二、公共论坛原理当前的状况

综上所述,公共论坛原理开始越来越强烈地围绕着区分传

---

[121] 从这一角度来看,有限公共论坛完全成为"非传统的论坛",政府决定将其开放用于"公共商谈"。Cornelius, 473 U.S. at 802. 就实践而言,这种决定的条件与宪法审查完全隔绝。

统公共论坛与非公共论坛的界限展开。这一界限的位置和理论基础因而就是一个有些重要的问题,但最高法院似乎没有怎么考虑这一点。"科尼利厄斯案"即是典型,其将传统的公共论坛界定为"根据悠久的传统或政府命令一直用于集会和辩论的那些场所"[122]。

不过,这一定义完全行不通。对"政府命令"的援用考虑不周,回应的是"科尼利厄斯案"自身关于有限公共论坛或指定公共论坛的定义[123],而且意味着如果政府命令可以确立传统的公共论坛,那么也就可以结束之。这就会使传统的公共论坛陷入有限公共论坛那样的恶性循环。不过,至少自"格里尔案"以来,最高法院就不断澄清,无论意图是什么,州都不能通过"一概排除第一修正案的活动"排除接触传统的公共论坛。

相形之下,援用"悠久的传统"则直接延续可以回溯到"格里尔案"以及此前"黑格案"的分析路线。这里的标准似乎是,如果政府财产"自古以来一致就被托付公用,而且长期以来……被用于集会、在公民中交流思想、讨论公共问题的目的"[124],那么相关的财产就应当被视作传统的公共论坛。

问题在于,为何这种传统应取得免于州更改的宪法豁免。仅是援用相关传统的历史事实,似乎不足以回答这一问题,因为需要解释的正是这一事实的特殊宪法地位。当然,对"黑格案"来说,时间的流逝意味着所有权的变化,结果公共使用的悠久传统寓示着政府不能再主张是系争财产的所有者。因而传统的存在之所以有意义,是因为"戴维斯案"三段论的小前提。但在我们的时代,当三段论大前提的宪法重要性如此不足时,这种意义

---

[122] Id.
[123] Id., at 803; see id. at 825—826 (Blackmun, J., dissenting).
[124] *Perry*, 460 U.S. at 45.

也就无关紧要。[125] 现在我们并不认为财产所有权这种技术问题具有决定性。[126] 最高法院在"格里尔案"中果断抛弃了这些技术问题,通过关注军事设施的一般特征来确定迪克斯要塞非公共论坛的地位,而非与该要塞的具体情形有关的地役权或时效占有等技术性问题。[127]

因而剩下的问题就是,为什么公共利用的传统应当作为区分公共论坛与非公共论坛的节点。除非最高法院能够阐明传统为何重要[128],否则当代的原理就只能沉闷地关注历史时间的无情流逝。这种方法带来的是概略且任意的结果。[129] 例如,飞机场、火车站和公园,都具有许多似乎与评估传统公共论坛地位有

---

[125] 实际上,"科尼利厄斯案"甚至并没有试图提供以财产权为导向的公共论坛原理解释。相反,"科尼利厄斯案"表明,"最高法院采取的公共论坛分析方式是一种手段,用于确定政府将财产的运用限于其希望的目的,何时超过那些希望将财产用于其他目的的人的利益。"Cornelius, 473 U. S. at 800; see Board of Airport Comm'rs v. Jews for Jesus, 482 U. S. 569, 572 (1987). 不过,问题在于,"科尼利厄斯案"的平衡意象使得其就传统公共论坛的定义难以理解。如果最高法院真得进行平衡,那么公共用途传统的存在最多只是所要权衡的利益的证明;按照最高法院当前对传统公共论坛的定义,传统并不总是能够决定平衡的结果。

[126] 这在"美国邮政局诉格林堡市民协会理事会案"[United States Postal Serv. v. Council of Greenburgh Civic Ass'ns, 453 U. S. 114 (1981)]中得到了很好地体现,最高法院在该案中判定,私人公民的信箱并非公共论坛,即便并不归政府"所有"。

[127] 就"格里尔案"总的关注点的影响,最近的例证,见 City Council of Los Angeles v. Taxpayers for Vincent, 466 U. S. 789, 814 (1984)。

[128] See generally Martin Krygier, "Law as Tradition", 5 Law and Philosophy 237, 251—254 (1986).

[129] 最高法院按在其他领域已经承认这一事实。例如,当最高法院试图确定联邦的规制是否损害各州"在传统政府职能领域构造基础运作的"能力,最高法院裁定,"'何谓传统'不能通过'只看过去'的方式确定,因为这会强加一种静态的历史观点。"United Transp. Union v. Long Island R. R. , 455 U. S. 678, 684, 686 (1982) (quoting Nat'l League of Cities v. Usery, 426 U. S. 833, 852 [1976])。换言之,最高法院承认,就法律而言,传统必定具有意义,而且不能被简化为时间的流逝。

关的特征[130],但它们的年龄不同,因而相应地具有不同的"传统"。如果最高法院仅以此为据区分这些论坛,结果就像最高法院最近在相关情境下感觉到得那样,会构成"最任意的界分形式"[131]。因而,即便最高法院当前强调传统是可以接受的,仍然缺乏基础而且很不完善。

公共论坛和非公共论坛的界线无论多么任意,仍然会标示极为不同的宪法规制机制之间的界限。就传统的公共论坛而言,最高法院不断强调"在第一修正案的保护方面占据特殊地位"[132],最高法院已经发展出其所谓专门适用于"这种场所"的宪法规则框架:

> 政府可以实施合理的时间、地点和方式方面的规制,条件是限制措施"在内容上是中立的,严格限于满足重大的政府利益,而且留下足够的替代性交流渠道。"诸如绝对禁止特定类型的表达这种进一步的限制,只有严格限于实现强烈的政府利益时才能得到维持。[133]

尽管最高法院倾向于将传统的公共论坛说成独特的地点,但最高法院为其治理所公布的宪法规则,与通常为政府规制言论活动规定的第一修正案规则相同。最高法院称,政府从分区条例到禁止在账单信封中加入特定类型的插页等,可以根据时

---

[130] 关于这些例证的讨论,见 Note,"Public Forum Analysis", at 556—558 (1986)。最高法院在"洛杉矶机场管理委员会诉耶稣基督徒案"(Board of Airport Comm'rs v. Jews for Jesus, 482 U.S. 569 (1987))中回避了机场是否公共论坛的问题。[在本章作为论文发表之后,最高法院最终做出了否定的回答。See International Society for Krishna Consciousness, Inc. v. Lee, 112 S. Ct. 2701 (1992)]。

[131] Garcia v. San Antonio Metro. Transit Auth., 469 U.S. 528, 544 (1985).

[132] United States v. Grace, 461 U.S. 171, 180 (1983); See City Council of Los Angeles v. Taxpayers for Vincent, 466 U.S. 789, 813 (1984).

[133] United States v. Grace, 461 U.S. at 177 (citations omitted).

间、地点和方式等方面的规制证成。[134] 最高法院还专门指出，如果"政府能够表明相关规制是精心制定用于实现州的强烈利益的手段"，那么就可以"维持"政府对"私人言论"的限制。[135]

在20世纪30年代和40年代，最高法院并不认为公共街道和公园具有宪法上的独特地位，而且断定，这些领域的言论通常是一种公共讨论的形式，因而政府对这种言论的规制应当像政府对公共商谈的规制那样通常服从同样的宪法审查。最高法院现代的判决不管是否愿意都被引向了类似的结论，而现代最高法院不断指明并适用特殊的第一修正案规则于公共论坛的努力，则是遭遇不断的挫折，仅有一项例外。而这一例外事实上恰好体现了最高法院努力的误导性，因为其在分析上是站不住脚的。

自"格里尔案"以来这一例外就不断被重申，即不能将第一修正案的活动从公共论坛一概排除的规则。[136] 在"合众国诉格蕾丝案"（United States v. Grace）中，最高法院称，"破坏公共论坛的地位""根据推定是不允许的"。这一规则试图通过将接触的限制等同于言论的限制，确立公共论坛"在第一修正案保护方面的特殊地位"。[137] 但这种等同是错误的，因为未能区分对表达的规制与对行为的规制，因而就不能区分禁止所有政治示威的条例，与授权在位于此前公共街道其下的土地上建造非公共

---

[134] City of Renton v. Playtime Theaters, Inc., 475 U. S. 41, 46 (1986); Pacific Gas and Electric Co. v. Public Utilities Comm. 475 U.S. 1, 20 (1986); Schad v. Borough of Mount Ephraim, 452 U. S. 61, 74—76 (1981).最高法院有意识地从早期的公共论坛判决中归纳出时间、场合与方式的分析方法。Buckley v. Valeo, 424 U. S. 1, 17—18 (1976).

[135] Consolidated Edison Co. v. Public Serv. Comm'r, 447 U. S. 530, 540 (1980).

[136] See, e. g., Board of Airport Comm'rs v. Jews for Jesus, 482 U. S. 569, 573 (1987); Cornelius v. NAACP Legal Defense and Educ. Fund, 473 U. S. 788, 800 (1985); Perry Educ. Ass'n v. Perry Local Educators' Ass'n, 460 U. S. 37, 45 (1983); Greer v. Spock, 424 U. S. 828, 835 (1976).

[137] United States v. Grace, 461 U.S. 171, 180 (1983).

论坛办公楼的条例。即便导致在此前属于公共论坛的地方一概排除第一修正案的活动,称后者"根据推定是不允许的"也是完全没有道理。在评估这两项条例对宪法权利的不同影响方面,第一修正案法理的普通原则并无特别的困难。但最高法院因急于为公共论坛确立某种特殊而最终是幻想的第一修正案地位,将这些原则弃之不顾,结果使自己退到了站不住脚的位置。

如果加于公共论坛的第一修正案标准过于严厉,那么加于非公共论坛的标准则相反,往往过于宽松。暂且不论禁止区别对待观点,政府对接触非公共论坛的限制,只消"根据论坛所要实现的目的是合理的"[138]即可。最高法院从未精确界定这一"合理性"标准的含义是什么,但至少清楚的是,其旨在为政府管理非公共论坛提供最大的灵活性。正如最高法院在"科尼利厄斯案"所述,"作为雇主,对职员与内部事务的管理而言,政府必须拥有宽泛的裁量与控制。"[139]

在"科尼利厄斯案"的异议意见中,诸如此类的语言促使布莱克门大法官将"合理性"标准贬低为"不过是合理根据的要求"[140],这是正当过程条款与平等保护条款对所有政府行为规定的真正无力的限制。[141] 如果布莱克门大法官是正确的,那么合理性标准就只是"戴维斯案"三段论大前提的原理重述。如果该标准并没有确立尚未由正当过程与平等保护条款通常为州规定的宪法限制,那么该标准就没有为言论提供更多的第一修正案保护。不过,如果"戴维斯案"三段论的大前提是错误的,那么政府规制言论的事实就具有宪法意义,而"合理性"标准也就不应被缩减为合理根据(rational basis)标准。

---

[138] *Cornelius*, 473 U. S. at 806; see Perry Educ. Ass'n v. Perry Local Educators' Ass'n, 460 U. S. at 49.

[139] 473 U. S. at 806.

[140] Id., at 821 (Blackmun, J., dissenting).

[141] See Dandridge v. Williams, 397 U. S. 471, 485—486 (1970); Williamson v. Lee Optical Co., 348 U. S. 483, 488 (1955).

在我看来,后一个结论是不可避免的。[142] 第十四修正案是给"州"本身规定的宪法限制,而不是以这种而非其他身份行事的州的限制。当然,联邦政府所有的身份都是由宪法规定确立的并因而受其约束,包括第一修正案。大约二十年前,一位著名的评论者就可以总结说,"现在问题十分清楚:州就是州,受统一的宪法限制措施拘束,而不管其声称以哪种身份行事。"[143]因而政府以雇主或所有者的身份行事这一事实,并不能使其免于平等保护条款[144]、正当过程条款[145]、商业条款[146]或第四条特权与豁免权条款[147]的明确要求。而且正如最高法院在其他情境下明确承认,该事实为何应使政府免于第一修正案的要求并没有充分的理由。[148] 最高法院通过为观点的区别对待甚至以所有者身份行事的政府规定第一修正案的禁令,实际上已经承认这一主张的必然逻辑。

尽管现代最高法院没有人会明确为与"戴维斯案"三段论的大前提有关的极端视角进行辩护,但还是有人支持较为缓和的立场,"政府作为主权者的作用,相较于政府作为雇主、财产所有

---

[142] Seth F. Kreimer, "Allocational Sanctions: The Problem of Negative Rights in a Positive State", 132 *University of Pennsylvania Law Review* 1293, 1315—1324 (1984). 该文简单罗列了反对"戴维斯案"推论大前提的情形。

[143] William W. Van Alstyne, "The Constitutional Rights of Public Employees: A Comment on the Inappropriate Uses of an Old Analogy", 16 *UCLA Law Review* 751, 754 (1969) (footnote omitted).

[144] See, e. g., Mississippi Univ. for Women v. Hogan, 458 U. S. 718 (1982); Sugarman v. Dougall, 413 U. S. 634 (1973); Turner v. City of Memphis, 369 U. S. 350 (1962).

[145] Cleveland Bd. of Educ. v. Loudermill, 470 U. S. 532 (1985); Perry v. Sindermann, 408 U. S. 593 (1972).

[146] South-Central Timber Dev., Inc. v. Wunnicke, 467 U. S. 82 (1984).

[147] United Bldg. and Constr. Trades Council v. Camden, 465 U. S. 208 (1984).

[148] See Branti v. Finkel, 445 U. S. 507 (1980); Perry v. Sindermann, 408 U. S. at 597—598; Pickering v. Board of Educ., 391 U. S. 563, 568 (1968).

第六章 在治理与管理之间 **321**

者或教育者的作用,要遵守更为严厉的限制。"[149] 从宽来说,这一观点认为,尽管政府以所有者的身份行事要服从第一修正案的限制,这些限制在实体上的解释应当牢记政府所有者的需要。[150] 这种观点的结果是一个确定并执行第一修正案相关关注的合理性标准,但会调整这种关注以适应政府所有权行为的情境。

作为一个简单的内在一致性问题,这就是最高法院必然意图在"佩里案"采纳的那种合理性标准。但就此而言该标准是失败的。其既没有确定需要保护的具体所有者特权,也没有确定据以评价运用这些特权的第一修正案的具体关注。事实上,就政府控制公众出于交流目的接触非公共论坛而言,公共论坛原理现在是一张空头支票。[151] 到目前为止,只有当"没有可信的政府利益"加以证成时,最高法院才会认定第一修正案禁止限制这样的接触。[152]

---

[149] Board of Educ. v. Pico, 457 U. S. 853, 920 (1982) (Rehnquist, J., dissenting); see Rankin v. McPherson, 483 U. S. 378, 395 (1987) (Scalia, J., dissenting); Buckley v. Valeo, 424 U. S. 1, 290—291 (1976) (Rehnquist, J., concurring in part, dissenting in part); William H. Rehnquist, "The First Amendment: Freedom, Philosophy, and the Law", 12 *Gonzales Law Review* 1, 10—12 (1976).

[150] See Van Alstyne, "Constitutional Rights", at 769—771; Michael Wells and Walter Hellerstein, "The Governmental-Proprietary Distinction in Constitutional Law", 66 *Virginia Law Review* 1073, 1116 (1980).

[151] "非公共论坛案件所运用的合理性司法审查标准,基本上是根本没有审查。" Dienes, "Trashing of the Public Forum", at 117.

[152] Board of Airport Comm'rs v. Jew for Jesus, 482 U. S. 569, 575 (1987). [自本章作为论文发表以来,最高法院已经在某种程度上软化了这一立场,不过主要是以防止区别对待的名义。See Lamb's Chapel v. Center Moriches Union Free School Dist., 113 S. Ct. 2141 (1993)]。

三、重构公共论坛原理

当梅尔维尔·尼莫分析公共论坛原理时,他在其中看到了两条对立的案例路线。第一条与最高法院最近的法律意见中占上风的公共论坛理论有关,"假定公有房产是否被作为'公共论坛',因而向公众开放用于交流目的就取决于与拟进行的演说本身无关的因素。"第二条案例路线源自"格雷尼德案","并不关注公共房产是否用于包括系争的演说活动在内的用途。相反,问题是相关演说活动与该房产的首要用途是否不相容。"[153] 真正让大部分评论者对现代公共论坛原理感到迷惑的是,尽管评论者认为第二条案例路线显然更优,但最高法院却不断加以否定。[154]

"格雷尼德案"的吸引力不难理解,其逻辑源于下述宪法上令人愉悦的假设,即除非有充分的理由,否则州不应当禁止发表言论。阻止在政府财产发表言论的理由是可能干扰对财产的利用。如果存在这种干扰,州就有理由禁止言论;相反,没有干扰则表明州缺少充分的理由限制言论。"格雷尼德案"提出的原理因而要求法院严格关注言论与规制言论的理由之间的关系,且旨在最大化宪法要求政府容忍、符合其财产必要且适当用途的言论。从第一修正案的核心目标是确保"不受限制、强健且完全开放的"公共辩论会很自然地得出这一设计。[155]

---

[153] Nimmer, *Freedom of Speech*, §4.09 [D], at 4—70, 4—72.
[154] 绝大多数评论者都鼓吹应当采取某种"格雷尼德案"进路的变体。See Nimmer, *Freedom of Speech*, §4.09 [D], at 4-73—4-74; Tribe, *American Constitutional Law*, at 690—692; Cass, "First Amendment Access", at 1317—1318; Karst, "Public Enterprise", at 261—262; Stone, "Content-Neutral Restrictions", at 93—94; Werhan, "Public Forum Doctirne", at 378—384, 423—424; Note, "The Public Forum", at 138; Note, "A Unitary Approach", at 143—151.
[155] New York Times Co. v. Sullivan, 376 U.S. 254, 270 (1964).

另一方面，当代的公共论坛原理则是从宪法上可质疑的前提出发，即政府在运用特定类型的州财产时实际上不受宪法限制。因而其关注的不是言论和压制言论的理据，而是系争政府财产的类型。如果财产并不具有用于表达活动的公共利用传统，实际上就可以禁止第一修正案的权利，即便这些权利的行使与该财产通常的用法相容。该原理因而似乎会招致对言论的过度压制。

那么，最高法院为什么会支持具有这种可怕规定的公共论坛原理？公共论坛原理的历史提供了线索。相较于"格雷尼德案"，公共论坛原理将政府财产分为不同的第一修正案规制方案。从当代公共论坛原理第一次在"格里尔案"出现时起，最高法院就一直用其区分一种政府财产，其中公众第一修正案的主张遭到了彻底贬低且免于独立的司法审查。尽管存在诸如明显的原理不一致、缺乏根本的宪法理据等障碍，最高法院仍不懈地追求这一目标。

这一历史有力地表明，当代公共论坛原理的动机和概念内核，在于维持贬低第一修正案重要性的奇特领域，因此吊诡的是，现在该原理起到的主要作用是界定和保护非公共论坛。因此，如果该原理要得到可靠宪法理论的支持，就必须能够解释和证成这种功能。在本节中，我将概述这样一种理论的要点，然后根据最高法院公共论坛判决的实际样式检验其寓意。该理论反过来会导致彻底重构公共论坛原理的目标和结构。

（一）政府机构内部言论的管理

非公共论坛案件特有的贬低第一修正案权利的重要性，与最高法院在一系列密切相关的案件中的发展惊人地相似，这些案件处理的是作为政府机构成员个体的第一修正案主张。[156]

---

[156] 我在下文中讨论了这些案件：Robert Post, "The Management of Speech: Discretion and Rights", 1984 *Supreme Court Review* 169, 196—201。

在这些案件中,最高法院总结说,第一修正案的主张必须遵守管理州组织所需要的权力。

这一结论的宪法原理很简单。像大多数组织一样,政府机构都具有一种"等级制的正式权力",借以协调和操控资源以实现机构的目标。[157] 这一权力不仅适用于物,也适用于人,不仅适用于人的行为,也适用于人的言论。[158] 这种权力的行使与大部分法官与学者承认的第一修正案权利不一致。通过分析一起简单的案件就可以看到这一点,这种案件在全国每天必然都会发生。在一个政府机关中,一位官员对下属说:"明天是 X 方案的全员大会。我要你起草一份采取 A 观点的意见书,我要你明天一早交给我审查。在我进行必要的修改之后,我要你参加员工会议并报告这一意见。"

这种司空见惯的情形是第一修正案的梦魇。下属向员工会议提出的表达要受上司事先的限制,而这种事先限制"是对第一修正案权利最严重且最不可容忍的侵犯"。[159] 上司能够指定下属采取 A 而非 B 立场,因而使其言论遭到观点上的区别对待,而基本的宪法原则是"第一修正案禁止政府以其他观点或观念

---

[157] James G. March and Herbert A. Simon, *Organizations* 194 (1958). 在组织中,"权力即制度化的控制,是通过组织的各个阶层向下延伸,使得领导层能够确定最终由他们的决定得出的结果。尽管当前的组织理论很少认为这一严格、刚性的模式在实践中完全得到支持,但等级结构显然被视作判断是否存在偏离的标准;而证明责任似乎由这一规则的例外情形承担。" Robert B. Denhardt, *In the Shadow of Organization* 19—20 (1981); cf. Oliver E. Williamson, *The Economic Institutions of Capitalism* 206—239 (1985).

[158] 例如想起的若干实例,学校系统如何控制学生和教师课堂上的言论,法官如何管理法庭中律师、证人、当事人和听众的言论,或者军官如何训练新兵的言论("是的,什么?""是的,长官!")。关于在政府官僚机构中"不断努力压制……异议"的说明,见 John Kenneth Galbraith, *The Anatomy of Power* 60 (1983).

[159] Nebraska Press Ass'n v. Stuart, 427 U.S. 539, 559 (1976); see Organization for a Better Austin v. Keefe, 402 U.S. 415, 418—420 (1971); New York Times Co. v. United States, 403 U.S. 713 (1971) (per curiam).

为代价从而支持某种观点的方式规制言论"[160]。下属的言论要接受上司的裁量性控制,而"一长串"的判决都以"审查违宪"(unconstitutional censorship)为由,推翻了那些让第一修正案权利的行使"取决于"政府官员"裁量"的法律。[161]

因此,如果这种最常见的组织权力形式要经受住宪法审查,显然就必须以非常不同的方式加以分析,有别于政府规制普通大众言论的适当方式。上司控制下属的言论在宪法上多少不同于市长控制波士顿公园的言论。主张下属因"同意"政府雇佣的条件已经"放弃"第一修正案的权利,从而希望这种宪法上的异常情形消失,这具有一定的吸引力。但就政府机构内部通常的言论管理方式,这一主张并不能提供令人满意的解释。第一,"法院会容许所有反对放弃宪法基本权利的合理推定……而我们'不会默认基本权利的丧失'"[162],这是确定无疑的。政府雇员可能被认为已经同意雇佣,但除非在某些明显虚构的意义上,不会同意政府雇主永远存在的、所有侵犯宪法权利的情形。第二,放弃必须是自愿的,但在组织的情境下,丧失工作与其他惩罚的危险一直存在,会使得自愿放弃宪法权利的任何决定都存在很大的疑问。第三,非常重要的是,不论机构的成员是否自愿加入,政府在机构内管理言论的需要都是相同的。政府机构像

---

[160] City Council of Los Angeles v. Taxpayers for Vincent, 466 U. S. 789, 804 (1984).

[161] Staub v. City of Baxley, 355 U. S. 313, 322 (1958); see City Council of Los Angeles v. Taxpayers for Vincent, 466 U. S. at 797—798 and n. 15.

[162] Johnson v. Zerbst, 304 U. S. 458, 464 (1938) (citing Aetna Ins. Co. v. Hannedy, 301 U. S. 389, 393 [1937] and Ohio Bell Tel. Co. v. Public Utilies Comm'n, 301 U. S. 292, 307 [1937]).

大部分组织一样,可以被视作"为实现特定目标而正式建立的"[163]。学校系统的目标是教育;司法系统的目标是公正且有效率地裁决案件与争议;等等。对于机构实现这些目标来说,管理言论的权力是必要的。政府机构内部规制言论的利益因而就是建立该机构所要实现的目标方面的利益,无论成员是否同意政府权力的行使,这种利益都是相同的。

结果,最高法院事实上不是通过援引放弃的概念确定政府机构内部规制言论的合宪性,而是考察相关规制对于实现机构的正当目标是否必要。例如,囚犯并不会自愿同意被监禁,然而最高法院明确认定,他们的第一修正案权利要服从实现"矫正制度正当的监狱管理目标"[164]。中小学的学生是被强迫上学的,然而最高法院认定,学生的言论"无论课堂内外,无论时间、地点或行为形式的原因严重扰乱随堂作业或涉及重大混乱或侵犯其他人的权利,当然不能以宪法保障言论自由而得到豁免"[165]。应征入伍者是被迫加入武装部队,然而最高法院认定,"有可能妨碍……军事效率关键条件的言论……可从军事基地排除。"[166]另一方面,政府雇员自愿同意为政府工作,然而最高法院并没有运用弃权原理驳回雇员第一修正案自由的主张,相反

---

[163] Peter M. Blau and W. Richard Scott, *Formal Organizations* 5 (1962). 正如理查德·埃尔莫尔(Richard Elmore)指出,认为组织按照等级方式组织以实现明确的目标,这只是若干组织行为模式之一。Richard Elmore, "Organizational Models of Social Program Implementation", 26 *Public Policy* 185 (1978). 这主要是一种"规范"而非描述的模式,告诉我们"组织应当如何运作,而非实际上必然如何运作"。不过,这一模式对第一修正案的分析是必要的,因为赋予政府组织社会所承认的明确目标,为其压制言论提供了唯一的宪法理据。See generally Meir Dan-Cohen, *Rights, Persons, and Organizations* (1986).

[164] Pell v. Procunier, 417 U.S. 817, 822 (1974).

[165] Tinker v. Des Moines Indep. Community School Dist., 393 U.S. 503, 513 (1969). 在"希利诉詹姆斯案"(Healy v. James, 408 U.S. 169 (1972))中,最高法院裁定,一所州立大学无须容忍"侵犯合理校园规则、打断课程或严重干扰其他学生获得教育机会的……协会活动。"

[166] Brown v. Glines, 444 U.S. 348, 354 (1980).

根据实体分析这些主张。[167] 最高法院认定,可以规制雇员的言论以促进"政府通过雇员提供公共服务的效率"[168]。最高法院还认定,公正且迅速执行司法制度,会证成诉讼当事人的审前言论要服从审判法官裁量发布的事先限制,而且这种司法权同样适用于原告和被告,前者是自愿接受法院审判,后者则否。[169]

每一种情形下的宪法问题都是,规制言论的权力对于实现正当的制度目标是否必需的。不过,这一问题对于独立司法审查的概念具有相当微妙的寓意。在前述官僚机构的例证中,假设下属向法院起诉,称他拥有第一修正案的权利在员工会议上报告个人所相信的立场 B,而非上司要求他报告的立场 A。在评估他的主张时,法院就必须评估可能对官僚机构造成的两种不同损害。第一种与报告立场 B 而非立场 A 可能带来的负面影响有关。这种损害取决于系争具体言论的后果;取决于立场 B 或报告该立场的方式与实现机构的目标是否不相容。

不过,第二种可能的损害则迥然有别。这种损害关注的是,如果法院取消上司的指令可能给其管理权造成的破坏。显然,如果法院要事后评价关于言论的管理权,那么该权力就此而言会遭到削弱。这种损害的可能性意味着,在进行司法审查前,法院必须确定这种审查本身是否会削弱系争的权力,以至于损害

---

[167] See, e. g., Connick v. Myers, 461 U.S. 138,142—144 (1983); Branti v. Finkel, 445 U.S. 507 (1980); Givhan v. Western Line Consol. School Dist., 439 U.S. 410 (1979); Mt. Healthy City School Dist. Bd. of Educ. v. Doyle, 429 U.S. 274 (1977); Perry v. Sindermann, 408 U.S. 593, 597—598 (1972); Pickering v. Board of Educ. 391 U.S. 563 (1968). 最近的一项例外,"斯内普诉美国案"[Snepp v. United States, 444 U.S. 507 (1980) (per curiam)]正是因此遭到了批评。

[168] Connick v. Myers, 461 U.S. at 142.

[169] Seattle Times Co. v. Rhinehart, 467 U.S. 20 (1984). 法官对于法庭言论的控制当然非常广泛,而且无差别地适用于当事人、证人和听众。最高法院最近强调说,审判的法官"有责任维持符合诉讼性质的纪律;'法官不仅是主持人,也是审判的管理者以确保适当进行。'" United States v. Young, 470 U.S. 1, 10 (1985) (quoting Quercia v. United States, 289 U.S. 466, 469 [1933]).

官僚机构实现其正当目标的能力。决定拒绝独立的司法审查因而遵从机构当局判断,这根本不取决于系争具体言论的性质或情境,而是司法审查的实践与系争管理权的性质之间的关系。

通过比较最高法院的两个判决就可以说明司法遵从的问题。在"布朗诉格兰斯案"(Brown v. Glines)中,最高法院维持了一项军事条例,禁止空军人员在未经长官事先批准的情况下在军事基地散发请愿书。基地的指挥官被授权审查任何他们认为会对军队的"忠诚、纪律或士气造成明显危险"的请愿书。最高法院认定,"有可能妨碍……军事效率关键条件的言论……可以从军事基地排除。"[170]但最高法院并没有选择审查原告具体的请愿书是否会妨碍军事效率的条件;相反,关注的是如果法院独立审查军事命令,可能对军事权力造成的损害。最高法院称,"军队的使命"要求维持一种以"本能的服从"为基础的权力,因而最高法院认定,"军人的权利必须在某种程度上让位'以满足压倒一切的特定纪律与任务的命令……'"这些命令之所以与独立的司法审查不相容,"是因为发布命令的权力与遵守命令的义务通常必须不被质疑。"[171]因而最高法院总结说,军事权力的性质要求法院,总的来说遵从军官关于具体的请愿书是否会对军队的忠诚、纪律或士气造成不利影响的判断。最高法院只有在例外的情形下才审查这种权力,即有可能主张该权力的行使"非理性、不公平或专断"[172]。

另一方面,在"廷克诉德梅因独立校区案"(Tinker v. Des Moines Independent Community School District)中,最高法院推翻了学校禁止佩戴黑纱抗议越战的条例。最高法院认定,学校制度的正当目标不是制造学生"只是国家选择传达的内容的闭路接

---

[170] 444 U.S. 348, 353, 354 (1980).
[171] Id., at 354, 357, 354 (quoting Parker v. Levy, 417 U.S. 733, 744 [1974]), 357.
[172] Id., at 357 n. 15.

收器",而是要灌输"在这种相对宽容且通常爱好争论的社会中长大和生活的美国人的独立性和活力"。在该案的情境中,该目标的实现并不会证成维持一种无所不在且不被质疑的权力形式。最高法院认定,"在我们的制度中,国家开办的学校不能成为极权主义的飞地。学校的官员对学生并不拥有绝对的权力。"学校官员与军官不同,不能以"笼统地担心或恐惧骚乱"而禁止表达,只能根据"使他们有理由预见对学校活动造成重大破坏或实质性干扰的事实"采取行动。[173]

最高法院所采取的宪法标准要求学校提供足以说服法官的证据,说明原告的言论与教育过程不相容。因此,实际上最高法院在"廷克案"认定,学校条例的合宪性将通过独立的司法审查确定,即该条例对于实现学校的教育目标是否必要。这种司法审查对学校一般权力结构可能造成的损害,并不能证成遵从学校的官员,因为教育权的性质被认为迥异于军事权。因为在"廷克案"中,没有证据表明佩戴臂纱可能破坏学校的正当活动,或原告的言论实际上已经破坏了这些活动,所以最高法院认定学校的条例违宪。

通过关注原告的臂纱与学校环境的关系,"廷克案"采取的分析形式与"格雷尼德案"基本一致。该案考察的是,原告拟发表的言论的潜在后果与学校的正常活动是否不相容,而且主张这一问题应通过独立的司法审查回答。另一方面,"格兰斯案"关注的则是军事权力的一般特征,而且认定这些特征证成了最高法院总的来说遵从军官就具体言论与实现军事目标是否不相容做出的判断。结果,"格兰斯案"创造了一个特殊的领域,类似最高法院在非公共论坛判决中勾勒的领域,其中严重贬低了第一修正案权利的重要性。在"格兰斯案"中,这一领域的基础不是"戴维斯案"三段论的大前提或任何其他这种站不住脚的

---

[173] 393 U.S. 503, 508—514 (1969).

宪法观念,而是司法遵从的逻辑。

(二) 公共论坛原理与政府机构内部言论的管理

这一分析表明,第一修正案的原理区分政府组织内的言论与一般的公共商谈。事实上伊曼纽尔·康德很久之前就承认这一区分,他说:

> 为了共同体的利益所进行的许多事务都需要一种特定的机制,藉此共同体的某些成员必须被动地按照人为的一致性处事,从而政府可以将他们导向公共目标,或至少阻止他们破坏这些目标。就此当然不允许争辩——人们必须服从。但只要作为该机制的一部分认为自己同时也是整个共同体或世界公民社会的一员……他当然可以争辩,而不会伤害他作为消极成员部分应为之负责的事务。因而要是现役军官争辩上司命令的适当性与功效就会造成破坏;他必须服从。但作为一个学者,就无法合理地拒绝给予他就兵役中的错误进行评论并且交给公众评判的权利。[174]

要是将康德的见解阐发为一种明确的宪法理论,我们可以说,当执行自己机构的"机制"时,政府被赋予了一种特殊的权力,我称之为"管理"。支配管理权的第一修正案规则,不同于支配国家用于统治普通公众的那种权力的规则。出于便利起见,我称后一种权力为"治理"。[175] 在治理的情形下,国家受我们所谓第一修正案法理普通原则约束。这些原则复杂且多样。普通公众从事的言论有多种形式,包括公共商谈与其他形式的交流。管理权理论的首要目标就是要在这种一般的法理中勾勒出不同的界分领域,其中国家对言论的规制可以遵循组织特有

---

[174] Immanuel Kant, "What is Enlightenment" in *Foundations of the Metaphysics of Morals and What is Enlightenment*? 85, 87 (L. Beck, trans., 1959).

[175] 关于管理与治理的区分,见 Phillip Selznick, *Law, Society, and Industrial Justice* 75—120 (1969).

的工具逻辑。当行使管理权时,国家就可以合宪地控制言论,以便促进机构实现组织的目标。这一工具逻辑甚至可以扩展到,证成法院遵从机构官员就需要管理言论所作出的判断,条件是这种遵从本身对于实现机构的目标而言是必要的。

该管理权理论在解释现代公共论坛原理方面十分有用。该理论不仅会说明最高法院公共论坛原理判决的实际样式,而且还会为其提供前后一致的宪法证成。

1. 管理权理论与公共论坛原理

公共论坛原理区分公共与非公共论坛,认为二者各受不同的第一修正案规则机制支配。尽管最高法院竭力为公共论坛界定一种受第一修正案特殊保护的地位,但其努力并不成功,而最高法院的判决不可避免地走向下述结论,即政府在公共论坛的行为要完全遵守通常要服从的那种第一修正案限制。我们因而可以将政府对公共论坛的权力描述为治理问题。

不过,关于政府对非公共论坛行使的那种权力,最高法院的看法则要含糊的多。尽管最高法院称,政府机构控制普通公众接触组织内部资源的权力,"根据论坛所要满足的目标必须是合理的"[176],因而赋予这种权力与管理权相同的工具逻辑,但最高法院事实上并不准备认真对待这一逻辑。在"戴维斯案"三段论大前提的支配下,最高法院相反倾向于将政府控制公众接触非公共论坛的裁量作为一个固有权力的问题。当然,最高法院这种看法的问题在于,目前尚没有人能够为这一权力阐述站得住脚的宪法理据。

不过,诸如"格兰斯案"那样的判决表明,最好根据管理和司法遵从的逻辑解释和证成最高法院以公共论坛原理所保护的、对非公共论坛言论进行的一直很广泛的控制。这些判决表明,

---

[176] Cornelius v. NAACP Legal Defense and Educ. Fund, 473 U. S. 788, 806 (1985); see Perry Educ. Ass'n v. Perry Local Educators' Ass'n, 460 U. S. 37, 49 (1983).

最高法院在非公共论坛案件中一向关注的不是实体权力的归属，而是保护管理权免受司法审查可能造成的不利影响。根据"格兰斯案"潜在的理论重新概念化非公共论坛的案件，优点是会明确导向在公共论坛原理历史上实际激励着最高法院的价值本身，因而允许最高法院以原则性的方式分析与表达那些价值。公共论坛原理也将从"戴维斯案"三段论大前提的灾难性影响中解放出来，而最高法院的非公共论坛案件以及处理内部言论管理的判决，都可以归入单一且站得住脚的原理框架。

根据"格兰斯案"的逻辑将非公共论坛的案件重新概念化，还可以解释最高法院为何不断否定在评论者看来似乎是"格雷尼德案"不可避免的逻辑。"格雷尼德案""不相容"标准考虑的只是原告拟发表的言论所伴随的具体伤害；并没有承认由司法机关独立审查机构决定的过程本身给管理权造成的一般损害。通过关注这一损害，最高法院就可以开始明确且系统地探究在什么情况下司法遵从当或不当。最高法院当前对"系争财产属性"[177]的关注，在理论上是死路一条，因为没有令人满意的理论将政府财产的分类与第一修正案权利的行使联系起来。但如果最高法院相反将焦点置于司法审查与机构权力运作之间的关系，就很有可能提出丰富且有原则的法理。

例如，以这种方式设想相关的问题，就会立刻看到促使"佩里案"阐述有限公共论坛概念的那些判决本身涉及到管理权的行使，而最高法院认为在这些情境下司法机关的遵从并不适当。在此意义上，有限公共论坛原理的案件展现了非常类似"廷克案"的结构。这种类似性在"麦迪逊第八联合校区诉威斯康星劳动关系委员会案"[178]中显而易见。该判决承认，学校的董事会被赋予了一种不同的、召开学校董事会公开会议的权力，有别于统治普通公众所牵涉到的权力。尽管第一修正案的一般原则

---

[177] *Perry*, 460 U.S. at 44.
[178] 429 U.S. 167 (1976).

会明确禁止国家规定公共讨论的议程[179],但"麦迪逊联合校区案"认为,董事会必须保留确定学校董事会公开会议议程的灵活权力。[180]

不过,在评估董事会管理这种会议的权力的宪法限制时,最高法院并没有尊重威斯康星劳动关系委员会的判断,即未经授权代表工会的教师禁止就集体协商的事项发言。该委员会并不对学校董事会或其会议进行日常监督,其任务实际上是监督董事会与员工关系有关的决定,更类似监督行政机关特定决定的法院。因此,最高法院正确地认为,法院可以独立审查委员会决定的实体而不会危及管理权的必要结构。在提出自身关于美国学校董事会公开会议制度的社会目标与意义的观念后,最高法院总结说,委员会的决定没有根据,因为将教师从这种会议特有的"公开讨论公共事务"排除没有"理据"。[181]

"廷克案"和"维特莫案"的结构类比也是相似的,不过并不完整。"维特莫案"系争的条例涉及禁止学生利用学校的设施进行宗教崇拜和宗教讨论。"维特莫案"显然承认,密苏里大学被赋予了根据机构目标的需要规制言论的管理权。最高法院明确指出:"大学的使命是教育,而本院的判决从未否定大学有权为校园和设施的使用规定符合这种使命的合理限制。"[182]因而"维特莫案"并没有要求大学"让所有的设施向学生与非学生团体同等开放"[183],而在普通公众中类似的区别对待就会造成"显

---

[179] Consolidated Edison Co. v. Public Serv. Comm'n, 447 U.S. 530, 537—538 (1980).
[180] 429 U.S. at 175 n. 8.
[181] Id., at 175. 实际上,最高法院更进一步指出,"将教师对董事会的表达限于涉及学校运作的事项,会严重损害董事会治理校区的能力。"
[182] 454 U.S. 263, 267—268 n. 5 (1981).
[183] Id.; see Perry Educ. Ass'n v. Perry Local Educators' Ass'n, 460 U.S. 37, 46 n. 7 (1983). ["公共论坛可以因诸如特定团体的运用等有限目的而创造,例如"威德默诉文森特案"(Widmar v. Vincent)]的学生团体。

然的第一修正案问题"。[184] 然而,正如"廷克案"那样,最高法院总结说,教育的"使命"并不取决于行使无所不包的管理权:大学生参与的是"特别具有'观念市场'"[185]的环境。因此,最高法院解决的是密苏里大学条例的实体问题,显然没有担心对实现教育目标所需的权力结构可能造成的损害。[186]

不幸的是,"维特莫案"对该案实体问题的分析让人失望。"维特莫案"应当进行的正常且适当的考察是,密苏里大学的条例与其教育"使命"是否相容。但"维特莫案"并没有将自身的见识坚持到底。尽管明确承认"大学在很多方面都不同于诸如街道或公园等公共论坛"[187],但仍然在没有解释或证成的情况下,采纳与适用了最高法院在街道与公园的情境下发展出来的严格审查标准。突然诉诸原理性的形式主义表明,当代公共论坛原理在思想上已经达到极限。

总的来说,"维特莫案"与"麦迪逊联合校区案"表明,在公共论坛原理中,最高法院在有些情形下会赋予政府管理权,然而

---

[184] Posadas de Puerto Rico Assocs v. Tourism Co. of Puerto Rico, 478 U.S. 328, 360 (1986) (Stevens, J., dissenting).

[185] 454 U.S. at 267—268 n. 5 (quoting Healy v. James, 408 U.S. 169, 180 [1972]).

[186] 最高法院还拒绝遵从"希利诉詹姆斯案"(Healy v. James, 408 U.S. 169 (1972))中教育部门的判断,这一判断关系到公立大学拒绝承认"要求民主社会学生团体"(Students for a Democratic Society)为校园组织。不过,人们可以设想一种不同的结果,如果案件争的第一修正案主张触及教育机构更一般的管理方面,例如学生主张选择课堂讨论题目的权利。在这种情形下,最高法院很可能会遵从课堂教师控制学生言论的管理裁量。在"廷克案"中,系争的禁令不是由课堂教师而是由"德梅因学校校长"系统的会议颁布的,这对最高法院的判决无疑是很重要的。Tinker v. Des Moines Indep. Community School Dist., 393 U.S. 503, 504 (1969).

[187] 454 U.S. at 267—268 n. 5.

不会遵从这种权力的行使。[188] 然而,在缺乏遵从的情况下,法院必须独立评估对言论的规制与实现制度目标的关系。正如"廷克案"所示,这意味着法院必须进行在结构与意图方面都类似"格雷尼德案""不相容"标准的分析。"格雷尼德案"和"廷克案"都认定,政府必须负责证明具体言论主张的后果如此不受欢迎,从而可以证成拒绝相关的言论。这种举证责任的分配源自第一修正案的重要原则,即国家应当容忍与自身有序运作一致的、最大可能范围内的言论。至少,这一原则意味着不应压制言论,除非有充分的理由,而这一寓意将说服的责任完全归于政府。

2. 公共论坛原理的目标

因为依赖"戴维斯案"的三段论,最高法院当前认为公共论坛原理关注的是"系争财产的属性"[189]。但公共论坛原理与最高法院处理言论内部管理的判决的特殊相似性表明,公共论坛原理要旨的方向是不同的。两种判决的路线都牵涉到政府援用管理权以控制言论。当政府机构的人员根据第一修正案的主张质疑这种权力时,我们倾向于将该问题概念化为言论的内部管理问题;当普通公众根据第一修正案的主张质疑这种权力时,同样的问题被概念化为一个公共论坛原理的问题。因而公共论坛原理关注的是管理权的性质而非政府财产的属性。

---

[188] 就此请考虑最高法院确定公众拥有第一修正案的权利以利用各种司法程序的案件。See, e. g., Press-Enterprise Co. v. Superior Court, 478 U. S. 1 (1986); Press-Enterprise Co. v. Superior Court, 464 U. S. 501 (1984); Globe Newspaper Co., v. Superior Court, 457 U. S. 596 (1982); Richmond Newspapers, Inc. v. Virginia, 448 U. S. 555 (1980). 这些案件确立了严格的规则,即何时审判官可以将公众排除在各种程序之外,而且通过独立的上诉审实施这些规则。隐含的前提是,这种决定的上诉审并不会损害审判官对法庭的管理权。相比之下,就初审法官发布审前禁止令的决定而言,根据宪法要求进行独立的上诉审,最高法院认定这不当侵犯了法官的管理权。See Seattle Times Co. v. Rhinehart, 467 U. S. 20 (1984).

[189] Perry Educ. Ass'n v. Perry Local Educators' Ass'n, 460 U. S. 37, 44 (1983).

当普通公众质疑管理权的范围时，就会引发公共论坛原理。不过，重要的是明确，质疑管理权意味着什么。如果报纸发表社论称，市政会应增加城市员工的薪水，这一社论很有可能影响市政会与雇员的管理关系。但该社论不会质疑市政会的管理权，甚至不会吸引我们认为该社论提出了公共论坛原理的问题。这是因为市政会对报纸的权力显然是一个治理而非管理的问题。只有那些可以说要接受其控制的人抵制其指示，从而使其性质与范围都存在问题的时候，管理权的界限才会遭到质疑。在公共论坛的案件中，当普通公众试图运用政府主张拥有管理权的资源时，通常就会发生这种情形。

于是，公共论坛原理的目标是，在宪法上澄清与调整政府对特定资源的权力。公共论坛的案件要求法院判定，一种资源是服从"类似"政府与报纸社论关系的那种权力，也就是说类似治理普通公众牵涉到的权力，还是服从"类似"政府控制自身机构内部运作的那种权力，也即管理权。如果是后者，公共论坛案件的问题关注的就是管理权的正当目标、这些目标的实现与言论规制的工具性关系、司法审查对机构的影响。

（三）重述公共论坛原理

综上，公共论坛原理可被进行简单且有益的重构。从宪法的角度来看，管理与治理两种权力存在根本的区别。与这些权力对应的是两种不同的第一修正案规制机制。当国家调整普通公众的言论时，就要遵守通常是第一修正案"常规"原则的限制。事先限制被推定是违宪的，就像观点的区别对待、官员裁量、议程设定等等。不过，当政府在自己的机构内管理言论时，这些原则并不会自动适用。当以管理权行事时，政府机构可以在相当程度上根据需要控制言论，从而实现法院所理解的、正当的组织目标。

当普通公众试图将资源用于表达的目的，而政府主张对该资源行使管理权时,就必须确定政府权力的性质。如果权力被认为是治理问题,资源就会被视作公共论坛,除非以第一修正案普通原则允许的方式,否则在宪法上就禁止政府控制将该资源用于言论。20世纪30年代和40年代最高法院将第一修正案的保护适用于街道与公园表达的那些重大判决,在本质上应当认为,尽管政府对这些资源拥有所有权,最高法院确定其权力是治理而非管理问题。以这种方式解释,这些判决并未确立公共论坛的"特殊地位"[190],相反将其纳入了第一修正案最一般的分析框架。

另一方面,如果确定政府可以对系争的资源适当行使管理权,那么由司法机关判决的问题就是,政府对言论的规制对于实现正当的机构目标而言是否必要。如果法院确定应当判定这一问题,就必须进行类似"格雷尼德案"的那种考察,将证明这种规制必要性的责任归于政府。但法院还有另外一个选择,即在这一问题上遵从机构当局的判断。这种遵从主要的理据是,该资源所服从的那种管理权,要有效运作,就需要排除常规的司法监督。

按照这种方式重述,公共论坛原理与其说确定具体案件的结果,不如说将法院引向那种借以得出结果的推理。该原理的重述具有几个重要的优点。其所源于的价值和关注,公共论坛原理的历史表明这一直是该原理发展的主要动力,然而方式则是清除最高法院关于政府固有"所有权"的过时焦点,避免最高法院关注政府意图的恶性循环。这一重述会放弃最高法院界定公共论坛宪法"特殊地位"这种徒劳无功且令人沮丧的活动;就非公共论坛而言,则会避免将接触与平等接触的问题粗略结合在一起的错误,而是将二者纳入一个切合实际且以功能为导向的标准。这一重述深深地植根于管理政府机构的实践问题,然

---

[190] United States v. Grace, 461 U.S. 171, 180 (1983).

而也是以当代的宪法学为基础。该重述会使政府必须容忍的言论达到最大,符合关于组织管理必要性的精细认识以及具体政府机构的社会意义的理解。

当然,这一重构不会魔法般地消除公共论坛裁判潜在的棘手问题,但会将法院导向站得住脚且富有成效的考察。在剩下的两部分中,我将详细讨论两方面的重要考察:区分治理与管理、区分要求与不要求司法机关遵从的管理权结构。

四、管理与治理的区分

当前,公共论坛原理根据用于"集会和辩论"的"悠久传统"区分公共论坛与非公共论坛。这一进路的困难在于,最高法院一直无法解释为什么这样的传统应当具有特殊的宪法意义。不过,正如前面的重述所见,公共论坛与非公共论坛的区分,应当依据政府对资源的权力"类似"国家机构内部管理所特有的权力,还是相反"类似"普通公众的治理所特有的权力。不过,这一重述提出的问题是,如何确定政府对资源的权力是治理还是管理问题。

(一)机构界限的问题

该问题有一个直接且几乎无法抗拒的答案,即如果资源位于政府组织"内部",那就是管理的问题,如果资源位于政府组织"外部",那就是治理的问题。事实上,如果不诉诸这种组织界限的空间比喻,就很难思考政府权力问题。

问题在于,该比喻并不具有任何明显的分析性内容。作为一个私人"制序"(private ordering)问题,组织界限通常被认为是通过同意确定的。当我同意组织对我的权力时,我就在组织内

第六章 在治理与管理之间 339

部。[191] 但这一理解无助于为公共论坛原理确定政府机构的界限,因为该原理处理的是政府对资源而非对人的权力,因为国家有权将资源与个人都囊入组织内部而不论其同意与否。[192]

另外一种常见的思考组织界限的方式与组织的行动权有关。正如一项研究所述,"组织是任何一个时间内所从事的整个一系列的结构内活动,而且对此拥有启动、维持与结束行为的裁量……组织终结的地方就是其裁量终结而另外一个组织裁量开始的地方。"[193] 不过,在政府组织的情形下,这一定义也没有什么帮助,因为国家机构拥有的是国家的裁量权,而这种权力行使的范围恰是所要解决的宪法问题。

再者,现代组织理论将组织视作"开放的系统",其"界限必然是筛状而非壳状,容许有可取的流动,排除不当或有害的因素。"[194] 结果,界限"在诸如组织等社会制度中很难界定"[195]。根据人们的视角,可以将"供应商、消费者、囚犯和其他类型的人"视作"组织领域内的人"[196]。下述事实则使该问题更加复杂,即组织对环境的依赖使其有动力将"控制"延伸到重要的外

---

[191] See Herbert A. Simon, *Administrative Behavior* 110—111 (1957).

[192] See, e. g., Richard O. Carlson, "Environmental Constraints and Organizational Consequences: The Public School and Its Clients", in *Behavioral Science and Educational Administration: The Sixty-third Yearbook of the National Society for the Study of Education*, pt. II, 264—268 (Daniel E. Griffiths, ed., 1964).

[193] Jeffrey Pfeffer and Gerald R. Salancik, *The External Control of Organizations: A Resource Dependence Perspective* 32 (1978).

[194] W. Richard Scott, *Organizations: Rational, Natural, and Open Systems* 180 (1981); see John H. Freeman, "The Unit of Analysis in Organizational Research", in *Environments and Organizations* 336—338 (Marshall W. Meyer and Associates, eds., 1978).

[195] Fremont E. Kast and James E. Rosenzweig, "General Systems Theory: Applications for Organization and Management", 15 *Academic Management Journal* 447, 450 (1972).

[196] Howard Aldrich, "Organizational Boundaries and Inter-organizational Conflict", 24 *Human Relations* 279, 286 (1971); see Charles I. Barnard, *Organization and Management* (1948).

部资源[197]，因而推动其已经开放的界限进入不断变动的状态。

政府机构界限具有的不确定性特征，通过"美国邮政局诉格林堡市民协会理事会案"（United States Postal Service v. Council of Greenburg Civic Associations）可以得到很好的体现，在该案中，市民协会质疑一项联邦法律的合宪性，该法禁止在私人信箱寄放未加盖邮戳的"可邮寄物品"[198]。最高法院处理该案的方式是认定信箱属非公共论坛，最高法院写道：

> 难以想象有什么理由说，出于第一修正案接触的目的，本院应以不同的方式对待信箱，有别于过去本院在"格里尔诉斯波克案"中对待军事基地……在"阿德利诉佛罗里达案"……与"琼斯诉北卡罗来纳囚犯联合会案"（Jones v. North Carolina Prisoners' Union）中对待看守所或监狱或者"莱曼诉谢克海茨市案"中对待城市捷运车辆可利用的广告空间的方式……在所有这些案件中，本院都认识到，第一修正案并不是仅因为财产由政府拥有或控制就保障对该财产的接触。在"格里尔诉斯波克案"中……最高法院以赞成的方式引征此前"阿德利诉佛罗里达案"的法律意见……在该案中，最高法院解释说，"和私人财产所有者一样，州有权维持其所控制的财产用于合法的用途。"[199]

在该段落所依靠的先例中，政府都是对无疑由其拥有的财产行使管理权。"戴维斯案"三段论的大前提，无论固有的价值如何，因而都可以适用于这些先例的事实。

然而，关于该段落引人注目的则是，"格林堡案"试图借用与

---

[197] Pfeffer and Salancik, *External Control*, at 113; see James D. Thompson, *Organizations in Action* 39—44 (1967); cf. Oliver Williamson, *Markets and Hierarchies: Analysis and Antitrust Implications* (1975).

[198] 453 U.S. 114 (1981). 邮箱被界定为"美国邮政局为接受或发送所有邮路邮件而设置、批准或认可的"信箱。18 U.S.C. §1725 (1982).

[199] 453 U.S. at 129—130 (citations omitted).

依靠该前提。既然"格林堡案"系争的信箱是由私人购买和拥有的,这一努力显然是误入歧途。政府不可能真得说对私人拥有的信箱具有所有权关系。但"格林堡案"法律意见的真正要旨,并非政府是信箱的所有者,而是信箱应当被视作邮政局的内部组织。该意见就此非常明确,称信箱是"邮政局全国投递和接收邮件网络的必要组成部分",而如果邮政局"作为邮件投递系统要尽可能有效地运作",那么信箱就必须"接受其指示与控制"[200]。因此,实际上"格林堡案"认为邮政局的界限向外扩张到包括私人拥有的信箱在内,因而断定邮政局对利用这些信箱的规制在宪法上应被视作管理权的问题。

尽管"格林堡案"的结论十分清楚,但如何以理性的方式评估该结论则相当不清楚。组织界限通常的标准,即同意与权力,在评估"格林堡案"对邮政局机构界限的扩张认识方面,几乎不能提供什么指引。

(二)区分管理与治理的标准

最高法院处理言论内部管理的判决一致认定,在政府组织内可以对言论进行控制以实现机构的目标。这一结论体现的是我们文化中组织领域属于"工具导向"领域的观念[201],其中"组织目标"被视作"价值前提"[202]。组织的功能就是实现而非质疑这些前提,而且在其界限内对人和资源进行安排以实现这一目

---

[200] Id., at 128—129, 126, 133.

[201] See Denhardt, *In the Shadow*, at 38. 例如,塔尔科特·帕森斯(Talcott Parsons)写道,"组织区别于其他类型社会制度的标志性特征",在于其"定位是要优先实现具体的目标"。Talcott Parsons, "Suggestions for a Sociological Approach to the Theory of Organizations—I", 1 *Administrative Science Quaterly* 63, 64 (1956)。或者像是查尔斯·佩罗(Charles Perrow)更简单地说:"建立组织是为了做事;它们从事的是针对某个目标的工作。"Charles Perrow, *Organizational Analysis: A Sociological View* 133 (1970).

[202] Herbert A. Simon, Danald W. Smithburg, and Victor A. Thompson, *Public Administration* 82 (1950).

标。然而,在组织的领域之外存在的则是一个公共领域,其中机构目标的实现被认为虽然重要但并非支配性的考量因素。在公共领域中,关于价值的主张不是被作为"前提"加以接受,而是被作为要接受评估的主张。在"公共生活中……作为一个共同体,我们共同行使人类'思考我们在做什么'的能力,而且掌管我们通过放任与漫不经心的方式不断参与的历史。"[203]在一个像我们这样的民主制度中,公共领域与通过公共讨论和交换创造共同价值的范围一致。

因此,从宪法的角度来看,管理与治理的区分取决于赋予拟实现的目标的优先次序。如果政府的行为被视作内部管理的问题,那么机构目标的实现被作为毫无疑问的优先问题。[204]但如果相反被视作治理的问题,那么所有潜在目标的重要性与影响,都要被作为合理的考察对象。"格林堡案"的事实很好地说明了这一差别。将信箱概念化为邮政局组织"内部"的非公共论坛,意味着它们是受邮政局支配的资源,它们可以且应当被以工具的方式加以操作,从而最有效地实现邮政局明确且正当的目标。另一方面,将信箱概念化为邮政局组织"外部"的公共论坛,意味着这些目标的实现并不能自动征用信箱,而邮政局的主张必须根据信箱用途方面其他对立性的社会利益加以评估。

在我们的民主制度中,对立性价值的调和是通过公共讨论的过程进行的,该过程由第一修正案法理的原则建立与守护。这些原则的特征是,权衡诸如邮政局在"格林堡案"所主张的机构利益与维持第一修正案的权利因而也是公共讨论的过程本身的社会价值。"施奈德案"则是早期这种平衡的明显例证,政府防止乱丢垃圾的利益被认为不足以证成禁止散发小册子的条

---

[203] Hanna Pitkin, "Justice: On Relating Private and Public", 9 *Political Theory* 327, 344 (1981).
[204] 当然,法院自己可以且必须确定政府组织正当制度目标的性质,或至少那些在宪法上能够证成规制言论的目标的性质。

例。不过,这种平衡的寓意在于,在具体的情境下,特定的机构目标能够正当地限制第一修正案的权利。如果机构的目标足够重要,如果占用公共资源对于实现相关目标来说十分必要,那么第一修正案的原则就完全允许关于资源的自由表达权以严格限定的方式居于从属的地位。[205] 但第一修正案的一般原则旨在确保这种从属性总是临时的,是艰苦澄清对立性公共价值的结果,而且可以说决非理所当然之事。

这种关于管理与治理宪法区别的分析,有助于为组织界限这一比喻赋予分析内容。这些界限从公共领域分割出一个特殊的工具行为领域。该领域的界限则是由建立该组织的工具性社会实践本身界定的。这在西格蒙德·戴蒙得的"从组织到社会:17世纪的弗吉尼亚"(From Organization to Society: Virginia in the Seventeenth Century)这篇关于对弗吉尼亚早期历史的研究中可以看到。在早期,弗吉尼亚的詹姆斯敦(Jamestown)殖民地不是被建立为一个"殖民地"或"政治单位",而是"伦敦弗吉尼亚公

---

[205] "格林堡案"是一起含混不清的案件,因为最高法院在其脚注中明确示意,即便根据这种普通的第一修正案原则进行分析,系争的法律也会赢得诉讼。United States Postal Serv. v. Council of Greenburgh Civic Ass'ns, 453 U.S. 114, 130 n. 6, 131 n. 7 (1981). 实际上,布伦南大法官正是因为这些理由而独立表示赞同。因此,归根结底,就最高法院的实际判决而言,信箱是否被界定为公共论坛没有什么关系。See Nimmer, *Freedom of Speech*, §4.09 [D] at 4-74—4-75.

最高法院认定制度目标的实现优于资源的其他用途,即便资源要遵守的是治理权而非管理权,其中一个例证就是"里根诉时代公司案"[Regan v. Time, Inc., 468 U.S. 641 (1984)]。在该案中,最高法院维持了限制以图像的方式复制美国货币。这些限制旨在"避免创造'有助于伪造货币'的条件"。另外一个更受尊重的例证是"考克斯诉路易斯安那案"[Cox v. Louisiana, 379 U.S. 559 (1965)]。在该案中,最高法院否定了对路易斯安那一项法律的正面挑战,该法律禁止"在路易斯安那法院的建筑或附近进行意图影响任何法官、陪审员、证人或法院官员执行职务的纠察或游行。"最高法院的理由是,因为该法律"严谨"且"精细",而且因为"以绝对公正与有序的方式实施司法至关重要","州可以采取必要且适当的措施确保所有阶段司法的实施都不受外部控制和影响。"

司的财产",目标是"向该公司的股东回报利润"。该公司则"通过源自公司总部的一系列命令以行政的方式管理"。从总部的角度来看,弗吉尼亚的定居者"并非殖民地的公民;用一种时代错误的术语来说,他们在该公司编制系统表中的地位是居住者"[206]。

詹姆斯敦社会生活的规制完全是为了实现该公司的目标,而结果是"剥夺了人们除了一个之外所有的属性,即该公司试图强加给他们的关系中真正重要的一个:他们在组织中的地位"[207]。但随着詹姆斯敦的社会生活变得更加复杂,人口稠密,随着个人开始承认彼此在公司以工具性方式规定的地位以外的地位[208],机构的作用对于定居者不再那么重要。定居者们"不再愿意接受组织性上级的正当性",而"实现秩序与纪律的负担……就成为社会而非组织的责任"。这一社会出现的标志是"真正的政治制度"的形成,殖民者们各异的价值与目标就是在这一制度中得到解决。[209]

戴蒙得的著作让人非常感兴趣的一点是,他表明从组织向社会的转变是通过社会实践的改变确立的。生活在组织内的詹姆斯敦定居者,他们的角色与地位是由弗吉尼亚公司按照功能界定的;而参加社会的定居者则具有大量不同的角色与地位,不能说是以工具性的方式安排的。政治制度的形成取决于足够复杂以至于造成其成员多样角色、价值和预期的社会制度的发展。

---

[206] Sigmund Diamond, "From Organization to Society: Viginia in the Seventeenth Century", 63 *American Journal of Sociology* 457, 459—472 (1958).

[207] Id., at 468.

[208] 戴蒙得指出:"在弗吉尼亚,人们之间的唯一关系一度取决于他们在弗吉尼亚公司编制表的位置。然而,作为公司试图让人们接受这种关系的结果,弗吉尼亚的每个人都拥有若干的地位,因为现在弗吉尼亚存在富人和穷人、土地所有者和承租者、主与仆、老居民与新住户、已婚与单身、男人和女人;同时拥有这些地位使得身份的拥有者卷入了一种关系网络,有些与他的编制关系一致,有些则否。"Id., at 471.

[209] Id., at 473, 474, 472.

多样性与公共领域的这种共生关系表明,为什么我们认为在该领域中可以识别、正当化与调和冲突性的价值和预期。[210] 另一方面,组织的工具理性则敌视这种多样性,且要求其成员的各种角色和地位服从机构目标的实现。组织因而竭力确保"员工不受超组织因素的影响"[211],在功能上试图为成员专门界定优于普通社会特有的多样角色和地位的组织角色。[212]

这一分析表明,就宪法而言,组织的界限可以通过功能界定的组织角色的优势地位加以识别。如果资源所嵌入的社会实践是由这种组织角色确立的,那么该资源就可以说位于组织内部。该资源就是非公共论坛,且要服从管理权的行使。另一方面,如果资源被具有十分不同角色和地位的个人所用,因而相应地具有不同的价值与预期,那么该资源就位于公共论坛,而国家对该资源的权力就是一个治理的问题。该资源就是公共论坛。

(三)四个例证

这种理解公共论坛与非公共论坛区别的方式似乎有些抽象,但实际上会得出具体且有用的结果,这从四项例证的分析中就可以看到。首先考察是什么支撑着最高法院关于街道和公园

---

[210] 正如汉娜·阿伦特(Hannah Arendt)所写,吊诡的是,"作为一个共同的世界,公共领域让我们走到了一起",然而"公共领域的现实依赖于共同世界同时存在表现自身的无数视角与方面,而就此则根本不可能设计出共同的衡量措施或标准。"Arendt, *Human Condition*, at 48, 52.

[211] See Perrow, *Organizational Analysis*, at 51. 当然,这一努力可以说只是部分成功,因为"并不存在理想的组织。一个主要的原因在于,履行组织任务的人必须得到组织外因素的支撑。组织并非个体的全部世界;组织并非社会。人们必须实现其他社会角色;再者,社会塑造他们的方式会影响其履行组织的任务。一个人具有婚姻状况、种族身份、宗教信念、独特的人格、朋友等等。如今,习惯上要求管理方关注他们打交道的是整个的人而非机器人,因而他们应对人际关系敏感。不过,较少得到承认的是,大量的组织努力被用来控制对人员超组织影响的后果。每天,人们都是以涌乱的状态进入组织的。"

[212] See, e.g., Simon, Smithburg, and Thompson, *Public Administration*, at 79—82.

公共论坛地位的认识。街道和公园是所有公民体验的一部分。我们通常会以各种角色和地位接触街道和公园,因而我们要它们接受极为不同的对立性要求和用途。这些用途没有任何一个自动居于优先地位。[213] 例如,规制街道的官员通常会在促进车辆的通行效率,与那些希望进行游行、葬礼、街区聚会或庆典的人无疑正当的要求之间徘徊。[214] 正是这一事实而非用于表达目的的公用传统支撑着最高法院坚定且合适的结论,街道应当被视作公共论坛。[215]

街道和公园特有的对立性角色与预期的多样性,应当与"莱曼案"系争的广告牌的社会实践进行对照。除了那些在财务或其他方面对捷运系统有用的理由之外,根本不可能存在广告牌向公众开放的合理预期。可以购买广告空间的唯一角色就是消费者,而该角色的所有相关方面在功能上都是由捷运系统界定的。因而最高法院称广告牌并非公共论坛是正确的。

"格林堡案"做出的判决在理论上更有意思,因为在该案中,联邦政府试图颁布一项刑事法律,改变与信箱有关的社会实践。不过,任何不假思索就在朋友信箱留下便条的人都知道,在日常

---

[213] 这一规则的例外本身就会说明这一基本看法。例如,某些联邦公园致力于的首要目标是保护荒野。尽管最高法院有一个关于"街道和公园"的归纳,如果这些公园在事实上并不接受竞争性的要求和用途,那么就不是公共论坛。Perry Educ. Ass'n v. Perry Local Educators' Ass'n, 460 U. S. 37, 45 (1983). 出于这一原因,管理这种公园内的演讲的方式对于实现保护荒野而言应该是必要的,例如禁止政治示威的情形。

[214] See, e. g., C. Edwin Baker, "Unreasoned Reasonableness: Mandatory Parade Permits and Time, Place, and Manner Regulations", 78 *Norhwestern University Law Review* 937, 954—956 (1983). 然而,倘若公众关于特定街道的行为指向的是单一首要目标,街道就并非公共论坛。例如,加利福尼亚的高速公路设计和使用旨在促进车辆高速通行的明确目标。高速公路因而并不是公共论坛,而将高速公路用于表达目的的主张,例如示威或在路肩上散发传单,都应根据其对高速公路目标的影响加以评估。

[215] 当然,公众用于表达目的的传统可以很好地证明下述结论,街道和公园可以被正当地用于若干竞争性的用途。

生活中,信箱的用途不只是寄存加盖了邮戳的可邮寄物品,这只是下列做法的另外一种说法,即除了邮政局明确界定的用途,我们还一直将信箱用于其他用途。因此,最高法院在"格林堡案"的判决是错误的:信箱应当被视作公共论坛,而政府限制利用信箱的合宪性,应当像限制普通公众的言论那样加以评估。[216]

"格林堡案"的教训是,政府不能仅通过立法指令证成管理权的行使。这种权力只能通过以前社会实践的存在得到确认。当然,政府可以改变社会实践。因而政府可以试着在根本上改变有关信箱使用的角色、预期和行为,从而证成"格林堡案"的主张,例如将其上锁而钥匙由邮政局的员工控制。但以这种方式改变行为的规制本身,必须通过根据第一修正案一般原则进行的宪法审查。然而,重要的是要认识到,公共论坛原理本身不会对那些原则有什么贡献;该原理只是确立进行违宪审查的专用语言而已。

关于最后第四个例证的分析将会体现区分管理与治理的复杂性。在"格里尔案"中,政党的人要求利用"向普通公众开放的迪克斯要塞区域"[217]进行示威和散发传单。"无需事先授权的"平民不仅是这些"不受限地区"的"熟客",而且他们还"经常""1天24小时步行或开车"[218]通过这一地区。尽管档案并不十分清楚,但如果从平民的角度来看,这些地区与"任何公共街道"[219]类似,而且服从冲突性的用途与角色,那么该地区就应被视作公共论坛,而政府限制这当中言论的企图就应根据第一修正案的一般原则加以评估。就像邮政局不能通过简单的命令

---

[216] 当然,这并不能得出,最高法院维持《美国法典》第18卷第1725条(18 U.S.C. §1725)合宪性的判决是错误的,因为即便根据第一修正案法理的普通原则该法律也有可能得到维持。

[217] 424 U.S. 828, 834 (1976).

[218] Id., at 851 (Brennan, J., dissenting).

[219] Flower v. United States, 407 U.S. 197, 198 (1972); see Greer, 424 U.S at 850—851 (Brennan, J., dissenting).

将私人信箱转化为非公共论坛,军方也不能通过简单的命令将这些地区转换为管理领域。

然而,使得"格里尔案"的情形复杂化的是,该案的原告利用该地区是要与"现役人员"[220]开会。因而"格里尔案"提出的问题就不仅仅是军方对迪克斯要塞开放区的权力性质,还有军方控制自己现役人员的性质。就第一修正案而言,这种控制是否应被视作管理性的,根本不取决于公共论坛与非公共论坛的区分,或者普通公众的社会实践,而是取决于军方对军人特权的实体分析。

到目前为止,我们还没有详细讨论政府机构与其成员的关系,但是在"皮克林诉教育委员会案"(Pickering v. Board of Education),最高法院认定,这种关系到了某一点就不再是管理性质的。最高法院在该案裁定,在某些情境下,学校董事会控制教师与报纸书面往来的利益,"不会显著超过限制普通公众类似投稿方面的利益",因而惩罚教师的合宪性,应根据第一修正案的普通原则加以评估。[221]"皮克林案"表明,"格里尔案"给言论规定的限制应被视作管理还是治理的问题,取决于军方控制在要塞的开放区域接触现役军人的利益是否如此微弱,以至于不会显著超过控制普通公众在该地区发表言论的利益。

无论"皮克林案"的进路最终是否被采纳,"格里尔案"的教训在于,并非普通公众所有质疑管理权的第一修正案主张,都取决于公共论坛原理。尽管最高法院确实应得出军方针对要塞开放区域的权力涉及到的是治理而非管理问题,但军方控制原告

---

[220] 424 U.S. at 832.

[221] 391 U.S. 563, 573 (1968). 最高法院裁定,"在诸如当前这样的案件中,教师进行的公共交流主题只是间接且非实质性地牵涉到雇佣的事实,我们认为有必要将教师作为他所追求的普通公众。"因为这一原因,以及雇员言论的性质,最高法院采取了《纽约时报》诉沙利文案》[New York Times v. Sullivan, 376 U.S. 254 (1964)]所确立的适用于规制公共商谈的标准,而且认定"如果没有证明说其明知或粗心大意造成错误陈述",就不能惩罚该教师。

接触这些地区的基本能力取决于一个十分不同的问题,即军方对自己人员的权力。"格里尔案"最后的讽刺在于,确立当代公共论坛原理框架的这一判决本身,最终并不取决于公共论坛与非公共论坛的区分,而是政府对自身机构成员管理权的范围。

(四)公共论坛原理中"公共"的含义

尽管不准确,但公共论坛原理传统上被认为,只有当公众试图将政府财产用于表达目的时才相关。[222] 这种对财产的关注导致最高法院对公共论坛原理的概念化迷失了方向,因为其导致最高法院认识公共论坛的方式,是基于公与私的对照而非公与特定工具性的对照。

财产传统上与私人自由的领域有关,其中个人"针对政府",有权不被干扰地享有"人身安全、人身自由和私人财产"。[223]"与财产相关的主要权利之一,就是排除他人的权利……根据这一排除他人的权利,拥有、合法占有或控制财产的人多半具有正当的隐私预期。"[224] 从一开始,公共论坛原理就将"非公共"与这种明确"私人"自由的意象联系在一起。"戴维斯案"将政府类

---

[222] See, e. g., Board of Airport Comm'rs v. Jews for Jesus, 482 U. S. 569, 572 (1987); Cornelius v. NAACP Legal Defense and Educ. Fund, 473 U. S. 788, 814—815 (1985) (Blackmun, J., dissenting); Minnesota State Bd. for Community Colleges v. Knight, 465 U. S. 271, 280 (1984); City Council of Los Angeles v. Taxpayers for Vincent, 466 U. S. 789, 813—814 (1984); Perry Educ. Ass'n v. Perry Local Educators' Ass'n, 460 U. S. 37, 44 (1983); Cass, "First Amendment Access", at 1287—1288; Werhan, "Public Forum Doctrine", at 338; Note, "Public Forum Analysis", at 545.

与流行的看法不同,诸如"格林堡案"等表明,公共论坛原理可以被适用于政府事实上并不拥有的资源。"科尼利厄斯案"则试图抓住这一见解,称只要"演讲者"试图"接触被用于公共用途的公私财产",公共论坛理论就是相关的。473 U. S. at 801.

[223] Olmstead v. United States, 277 U. S. 438, 478, 474—475 (1928) (Brandeis, J., dissenting).

[224] Rakas v. Illinois, 439 U. S. 128, 143—144 n. 12 (1978)

推为"私宅的所有者"[225],而"阿德利案"则以后来不断被重复的措辞将国家比作"私人财产所有者"。[226] 然而,主张政府拥有私人隐私领域的特权则完全是自我矛盾,因为政府无法明确主张应当不受自身的过程干涉。

另一方面,认定政府在有的情形下可以且必须将自身组织起来,以工具性的方式通过机构行事,这是有道理的。这种措施走向的是实现由具体机构的价值前提确定的部分目标,与实现由共同体"整体"确定的公共目标形成对比。[227] 于是,在公共论坛原理的情境下,公的对立面不是私,而是特定的工具性。[228]

公共论坛原理取决于公共领域和组织领域的区分,在前者建立社会的价值与目标,而在后者这些价值被作为前提加以实施。这一区分会让人想起尤尔根·哈贝马斯所谓"符号互动"的社会框架与"目标理性行动"的社会框架的差别。后者针对的是在"特定条件下实现规定的目标";前者针对的则是创建

---

[225] 167 U.S. 43, 47 (1897).

[226] 385 U.S. 39, 47 (1966); see, e.g., Cornelius v. NAACP Legal Defense and Educ. Fund, 473 U.S. 788, 800 (1985); United States v. Grace, 461 U.S. 171, 178 (1983); Perry Educ. Ass'n v. Perry Local Educators' Ass'n, 460 U.S. 37, 46 (1983); United States Postal Serv. v. Greenburgh Civic Ass'ns, 453 U.S. 114, 129—130 (1981); Greer v. Spock, 424 U.S. 828, 836 (1976). 在"莱曼诉谢克茨海市案"(Lehman v. City of Shaker Heights)中,布莱克门大法官援引了私人"商业风险投资"的比喻,就像其他任何"报纸、期刊甚或……广播或电视台"那样。418 U.S. 298, 303 (1974). 关于私人财产的比喻对公共论坛原理的影响,见 Stone, "Content-Neutral Restrictions", at 87.

[227] Forrest McDonald, *Novus Ordo Seclorum: The Intellectual Origins of the Constitution* 71 (1985).

[228] 不过,"公共论坛"的短语还有一种不同的用法,就此而言,将公共论坛与私人隐私的领域进行对比确实是有道理的。在这种用法中,公共论坛的短语称私人财产充斥着公共职能,因此应遵守宪法施予政府行为的限制。See Hudgens v. NLRB, 424 U.S. 507, 538—543 (1976) (Marshall, J., dissenting); Columbia Broadcasting Sys. V. Democratic Nat'l Comm., 412 U.S. 94, 134 (1973) (Stewart, J., concurring); Lloyd Corp. v. Tanner, 407 U.S. 551, 573 (1972) (Marshall, J., dissenting).

"合意性的规范,界定关于行为的相互预期"。[229]

然而,这一类比不能过头,理由有二。首先,公共领域的政府行动有时候必然也是工具性的,因而调整公共领域的第一修正案法理的普通原则,必须促进这种行动,而同时对其进行拘束,从而不会阻碍更基本的符号互动过程。其次,组织领域的政府行动有时旨在促进符号互动的具体目标,就像法庭和大学那样。

但哈贝马斯的区分之所以有用,是因为其提醒我们公共领域必须保留促进符号互动的能力,而不能完全用于目标理性行动。反过来,其迫使我们承认,当组织领域促进符号互动时,其目标是构造与限制这种互动。这种限制的典范是法庭特有的限制性证据规则和言论。人们可以预期,当组织目标有限而且具体时,这些限制会更加严厉,而当组织目标宽泛而且分散时,这些限制会更加宽松。

旨在促进符号互动的机构,在分析上最有意思的例证就是市镇会议,会议的目标本身是要创造一个公共商谈和决定的论坛。不过,即便这种宪法上善良的目标,当通过主持人的权威实施时,也有权通过规定议程、秩序和纪律规则限制言论。这些原则许多显然都与第一修正案的普通原则相悖。

这表明,支撑公共论坛原理的是无须政府目或设计就可以进行的公共商谈观念。尽管存在很多缺陷,但霍姆斯大法官著名的观念市场的比喻坚定存在,或许可以归因于其表达的正是前述观念。该比喻假定公共意见可以通过自发的交换和交流过程形成。没有中心的规划或设计,市场就会评估在市场内竞争的部分组织目标。当然,矛盾在于,市场本身是通过政府的互动规则加以维持的。在经济领域,这些规则包括财产法和契约法;在交流领域,这些规则包括第一修正案的原则。

---

[229] Jürgen Habermas, *Toward a Rational Society* 92—93 (1971).

因此,公共论坛原理中"公共"的概念特别复杂。这一概念部分指的是政府促进符号互动。不过,这一促进必定是某一特殊类型的。如果指向的是实现具体的目标,那么政府的干预就会创造诸如法庭或大学那样的非公共论坛。相反,这种促进必须足够消极,从而被用于纯粹私人的目的。我们不应忽视这一点所指向的结论的讽刺之处:归根结底,公共论坛原理所创造的公共领域不过就是政府保护的实现私人"制序"的空间。当然,该讽刺最终的纠结在于,在一个像我们这样的民主制度下,私人"制序"正是公共意志的本质。

五、司法机关对管理权的遵从

如果法院确定某一特定的资源是非公共论坛,因而属于一个机构的工具性领域,那么支配性的宪法原则就是,公众将该资源用于交流目的,可以在这种利用干扰该机构有效运作的情况下加以限制。在判断机构规制资源的合宪性时,法院或者可以独立判断公共利用与机构正当目标的实现是否兼容,或者就此可以遵从机构内部的权威判断。最高法院在最近的非公共论坛案件中遵从机构判断的趋势,一直是当代公共论坛原理最有争议的方面,而且是最高法院否定"格雷尼德案"的实质所在。在本部分中,我将概括在公共论坛原理情境下分析遵从问题的框架。

(一)遵从分析的一般结构

遵从分析可以被概念化为三个阶段。第一个阶段关注的是所谓遵从的前提条件。当法院保留对支配性宪法原则内容的控制,但却决定最好由机构官员实施这些原则时,就会出现遵从。[230] 遵从的必要前提条件是,法院认为机构当局知道相关的宪法原则应指引他们的判断,而且真诚地希望施行这些原则,因而遵从预设的是法院和机构当局的一种信任关系。如果法院有理由怀疑,机构当局不知道或不关心只有实现组织的目标所需方可规制言论的规则,如果法院怀疑机构当局是否在真诚地适用该规则,遵从就不妥当。倘若就实体而言,法院面对的机构决定,用"莱曼案"的措辞来说"专断、反复无常或不公正"[231],或者用"科尼利厄斯案"的措辞来说"不合理"[232],法院通常会觉察到危险的信号。

如果满足遵从的前提条件,法院就可以进行遵从分析的第二步,评估要求遵从的主张。一般来说,在涉及到规制"最为珍贵的"[233]第一修正案自由的案件中,法院就要作出"独立的宪法判断"[234]。因此,要取消这种判断,就必须有充分的理由。有时候据称这样的一个理由就是,法院应给予政府官员"专业技术"尊重。[235] 但如果接受这一观点,结果就会太过,因为专业技术所要求的特权有可能无止境,仅以这种理由为基础的遵从会没

---

[230] 因此遵从应区别于我在其他地方所说的"委任",即法院委任机构官员权力以确定据以裁判其决定的宪法原则。See Post,"Management of Speech", at 215. 就像不存在相关的宪法原则限制机构官员的决定这一实体结论那样,委任与"戴维斯案"三段论的大前提也是一致的。

[231] Lehman v. City of Shaker Heights, 418 U.S. at 298, 303 (1974).

[232] Cornelius v. NAACP Legal Defense and Educ. Fund, 473 U.S. 788, 806 (1985).

[233] Bose Corp. v. Consumers Union of U.S., Inc., 466 U.S. 485, 508 n. 27 (1984); see also Landmark Communications, Inc. v. Virginia, 435 U.S. 829, 842—845 (1978); New York Times Co. v. United States, 403 U.S. 713 (1971).

[234] NAACP v. Button, 371 U.S. 415, 433 (1963).

[235] See, e.g., Turner v. Safley, 482 U.S. 78, 84—86 (1987); Jones v. North Carolina Prisoners' Labor Union, 433 U.S. 119, 128 (1977); Procunier v. Martinez, 416 U.S. 396, 404—405 (1974).

有限度。最高法院极不情愿接受自动遵从专业技术毫无疑问会产生的大规模牺牲第一修正案权利的结果。[236] 尽管"廷克案"的学校官员和"格兰斯案"的军事指挥官可能具有相同的专业技术才能,但最高法院在后一个案件选择遵从,在前一个则否。

"廷克案"与"格兰斯案"的对比会表明另外一种遵从的理据。这两起案件的区分可以被解释为系争的机构权力的差异,对于实现机构的目标而言,这种差异可以说在第二起案件中遵从是必要的,在第一起案件中则否。这一区别可概括为下述原则:如果系争的机构权力是出于有效运作要求与司法审查隔离的那种,法院就应遵从。我称满足这一标准的遵从为"正当的"(warranted)遵从。正当遵从的理据源于系争的宪法权利本身的定义。接触非公共论坛的权利在本质上,是普通公众以与实现机构目标并非不相容的方式将机构资源用于交流的目的。要求法院本身为了维护这样的权利就阻止实现这些目标是例外情形。

当然,困难在于机构对资源的规制可能会影响宪法价值,而不只是个人将这些资源用于交流目的的具体权利。果真如此,法院就必须确定其他这样宪法价值的存在是否会使"正当遵从"不合适。这一决定涉及遵从分析的第三个阶段,需要平衡正当遵从的理据与可能给其他宪法造成的损害,这些原则有别于管理具体个人言论所牵涉到的那些。

这第三阶段的特征可通过考察涉及言论内部管理的判决得到体现。言论的内部管理总是不仅包括机构成员具体的言论权;还必然会牵涉此人更大组织角色的界定。因而在组织关于该角色的功能定义与该成员继续忠于外部角色和地位的需要之

---

[236] See Central Hudson Gas and Elec. Corp. v. Public Serv. Comm'n, 447 U.S. 557 (1980); New York Times Co. v. United States, 403 U.S. 713 (1971); Freedman v. Maryland, 380 U.S. 51 (1965); Post, "Management of Speech", at 185—186. 然而,我不想过分强调这一情形,因为在我看来,在特定情形下,专业知识的考量确实重要。

间存在固有的张力。特别是,机构规定非常"普遍"的组织角色,从而阻止其成员从事对更大的社会具有宪法价值的非组织角色,这种情形并不罕见。[237] 例如,军方会禁止现役人员遵守所要求的宗教义务[238],监狱也会禁止囚犯与法院通信[239]。在这样的情形下,问题就不仅是实践特定宗教仪式或向法官发送具体信件的权利,而是实施宪法所保护的、作为一个信教者或司法过程参与者角色的那种能力。这些角色所遭到的一般损害与因司法审查对机构权力可能造成的损害,必须进行权衡。[240]

"康尼克诉迈尔斯案"(Connick v. Myers)很好地体现了这一张力,在该案中,最高法院总结说,应当给予政府官员规制雇员言论的权力相当的遵从,认定"政府官员在管理其机关时应当

---

[237] 组织作用的"普遍性"(pervasiveness)是组织理论中的一个艺术词汇:"普遍性的范围是由组织为之设定规范的内外部活动的数量决定的。当这种规范只适用于直接受组织精英控制的活动时,普遍性就比较小;当适用于由组织参与者组成的社会团体进行的其他活动时,普遍性就比较大。例如,军官在俱乐部中维持'礼节'。最后,社会单位中的参与者组织,这些社会单位包括非参与者且至少部分受非组织的'外部'精英支配。学校界定'可取的'学生休闲活动;某些教会明确指定他们希望教众在政治领域中支持的候选人。" Amitai Etzioni, *A Comparative Analysis of Complex Organizations* 163 (1961).

[238] See, e.g., Goldman v. Weinberger, 475 U.S. 503 (1986).

[239] See, e.g., Ex parte Hull, 312 U.S. 546, 549 (1941).

[240] 尽管就拒绝遵从机构当局判断而言,法院愿意保护这些非外在的宪法价值,但总的来说不愿意达到修改潜在宪法原则的程度,即如果对于实现机构的目标是必要的,就可以规制言论。假定会损害组织的运作能力,法院就极不愿意保护言论或行为。就此而言,"戈德曼诉温伯格案"[Goldman v. Winberger, 475 U.S. 503 (1986)]可作例证。该案争论的是军方拒绝允许一位正统犹太教军官戴宗教所要求的圆顶小帽。最高法院的意见维持了军方的行为,认定必须"高度遵从军方关于特定军事利益相应重要性的专业判断"。Id., at 507. 四位大法官持异议,撰写了三份独立的法律意见。这些意见没有任何一份采取下述立场,即该军官的宗教权利如果在事实上危及军方发挥作用的能力亦应当加以保护。相反,每一份意见都拒绝接受最高法院应当遵从军官判断的主张,而且进一步自行确定,该军官的圆顶小帽不会"给军队纪律和团队精神造成实质性的危害"。Id., at 532 (O'Connor, J., dissenting); see id., at 517—520 (Brennan, J., dissenting); id., at 526 (Blackmun, J., dissenting).

享有宽泛的自由,免于司法机关以第一修正案的名义进行的干预性监督"。不过,最高法院给这一遵从设定了界限,强烈示意如果职员"以公民的身份"发表言论,如果他的言论"在相当程度上牵涉到公众关心的问题",那么遵从就是不当的。[241] 尽管"皮克林案"关注的是雇员言论管理与治理的界限,而"康尼克案"涉及到的则是纯粹管理性权力的正当范围。"康尼克案"承认,雇员组织角色的界定可能如此普遍,以至于会破坏公民的宪法角色,因此其寓示着,倘若后一种角色可能遭到威胁,那么司法机关独立决定机构目标与言论规制的关系就是正当的,尽管可能给机构的权力造成损害。

---

[241] 461 U.S. 138, 146, 147, 152 (1983). 初看起来,"康尼克案"似乎要求法院平衡职员的第一修正案权利与机构目标的实现。"康尼克案"称,如果职员的言论触及公众关心的问题,那么就必须平衡职员作为公民的利益就必须与政府"通过职员促进公共服务效率"的利益。然而,经过更严密的分析,平衡的意象就转化为纯粹工具性的计算。即便职员的言论涉及公众关心的问题,"康尼克案"裁定,必须"充分考虑政府有效实现其对公众所负责任的利益"。而且必须承认,"政府作为雇主,必须对人员与内部事务的管理拥有广泛的裁量与控制权。""康尼克案"称,"当实现公共职责需要密切的工作关系时,就应当给予雇主的判断广泛的尊重。再者,我们认为雇主没有必要等到事态发展到明显会破坏办公室、瓦解工作关系时才采取行动。我们提醒,如果职员的言论更多地涉及公众关心的问题,那么就需要更强的表示。"问题在于必须决定"更强的表示"的性质,从而证成规制"更多涉及公众关心的问题"的职员言论。根据这一法律意见的总体结构,我认为,"康尼克案"最可能的解释是,在这样的情形中,政府不能指望司法机关遵从管理方预计对机构文化造成的损害,相反必须向法院提供充分的证据,说服法院政府对言论的限制在事实上对实现机构目标是必要的。当然,在这种情形下,就实现机构目标的需要是否真得要求规制职员的言论,法院实际上会做出独立的、非遵从性的决定。

"康尼克案"的这一解释得到了最高法院"兰金诉麦克弗森案"[Rankin v. McPherson, 483 U.S. 378 (1987)]判决的支持。在"兰金案"中,一位低级的政府职员因为被最高法院解释为公众关心的问题的私人评论而遭到解雇。尽管最高法院在"兰金案"重申"皮克林案"的平衡标准是一个普遍问题,但最高法院解雇违宪的裁定,事实上依据的是下述结论,"没有证据表明职员的评论干扰办公室的有效运作"。换言之,最高法院的判决依靠的不是两种竞争性价值的平衡,而是纯粹工具性的计算,并没有遵从机构当局的判断。

就组织规制言论情境下的遵从分析而言,组织角色与宪法角色的这种张力居于核心地位,但在公共论坛原理中就不存在。该原理牵涉到的是普通公众,而这些人严格来说并不服从所规定的组织角色。在公共论坛原理中,重要的只是将特定资源用于交流目的的权利,而因为界定这一权利本身的工具性原则与贯穿确定正当遵从的原则相同,所以第三阶段的分析在公共论坛原理中,总的来说是相当弱的。

事实上,最高法院当真承认可能压倒正当遵从的宪法价值只有一种,即禁止政府机构将资源按照区别对待观点的方式让公众利用时所牵涉到的价值。[242] 尽管最高法院强有力地阐明了这一价值,但禁止区别对待观点与公共论坛原理的关系相当复杂,这一禁止背后的宪法价值预计只在有限的情形才会压倒正当的遵从。[243]

(二) 正当遵从的标准

综上,最高法院在牵涉到公共论坛原理的案件中,倾向于关注遵从是否具有正当的理由。假定具有足够的注意与充分的证据,法院也可以像政府官员那样确定针对言论的具体规制就实现组织的目标而言是必要的,那么正当遵从就必然取决于让法

---

[242] 有时候人们会说,公众对特定机构资源的利用对于维持公共讨论十分重要,因此法院不应遵从行政方面做出的规制判断。See, e. g., Adderley v. Florida, 385 U. S. 39, 49—56 (1966) (Douglas, J., dissenting)。但最高法院从未接受这样的观点,相反倾向于假定,不管是否运用何种特定的政府资源,公共讨论都会继续。当然,这种假定与其他所有假定一样,都必须以经验基础为依据。如果政府拥有城里的所有会议厅,而非政府的会议厅只是其中一,那么情形就会有所不同。利用特定的政府资源对于维持获取低廉的交流手段是否有必要,进而维持未经扭曲的观念市场,就这一相关的经验问题,比较史蒂文斯和布伦南大法官在"洛杉矶市政会诉文森特纳税人案" [City Council of Los Angeles v. Taxpayers for Vincent, 466 U. S. 789, 812 and n. 30, 819—820 (1984)] 中的观点。

[243] 关于这一点的全面讨论,参见 34 *UCLA Law Review* 1713, 1824—1832 (1987)。

院而非机构官员作出该决定的不利结果。正当遵从的分析因而必然以识别与评估这些结果为基础。

当然,不可能就这些后果形成详细的目录。但通过考察法院与社会学家埃尔温·戈夫曼所谓"全控机构"的关系即可体现其性质与多样性,因为在这样的机构中,无论组织权力的需要还是司法文化的疏离,都是最大化的。[244] 通过分析这一关系,我们可以确定这样三种不同的后果,然后可以评估与其他类型政府机构的相关性。

就像最高法院在"格里尔案"所遵从的军方,全控机构就是试图"在同一地方和单独的权力下,规制所有生活方面"的组织。全控机构不仅在物理上将成员与更大的社会隔离,而且还试图最大可能地剥夺他们与该社会有关的成员地位,相反规定一种统一的机构身份。为实现这一任务,全控机构通常拥有无所不在的权力系统,该系统根据机构"宣称的目标"加以理性化,"职员,有时候是同室者能够使其得以表达的解释语言达到机构所有行动的间隙"。[245]

在全控机构的情境下,司法机关对行政决定的审查,可能给管理权造成的不利后果有三种。第一种事关机构的淆乱(contamination)。法院代表的是更大社会的价值和预期,如果推翻全控机构的管理权,就会引入这些价值和预期,而且威胁到相关机构的隔绝。当然,应当在多大程度上维持这种隔绝,本身就是一个独立的重大宪法问题。在"格里尔案"中,最高法院十分关注军队"远离平民政治生活的现实与表象"。[246] 然而,在监狱的情形中,最近"不干涉"原理的消亡表明,期望至少在相当程度上

---

[244] Erving Goffman, *Asylums: Essays on the Social Situation of Mental Patients and Other Inmates* 4—5 (1961).
[245] Id., at 6, 119—121, 83.
[246] Greer v. Spock, 424 U.S. at 828, 839 (1976).

让监狱遵从更大社会的宪法价值。[247]

司法机关审查全控机构的管理权还会则造成另外一种不利后果。因为全控机构在物理上与社会隔绝,这些机构的权力必须严格控制成员行为的各个方面。因而这种权力就不是一种个别的特殊规则问题,而是构成整个生活方式的问题,会促使机构成员"以可管理的方式自我引导"[248]。因而,司法机关干预特殊的机构规则不仅会影响受这些规则明确支配的行为,还会影响机构的文化或权力结构整体旨在创建的生活方式。因而,军事命令的司法审查会破坏"本能的服从",而这对于实现"军事任务"是必需的。[249] 同样地,据称司法机关给监狱规定具体的正当过程规制造成了意料之外的结果,通过改变囚犯看待警卫的方式转变整个机构的文化,因而造成了始料未及的囚犯暴力与安全问题。[250]

倘若法院通过结构性的禁令(structural injunction)取得几乎全面管理一个机构的权力,这种组织文化方面意料之外的结果就很难处理。不过,就像通常公共论坛判决涉及的情形那样,倘若这些结果是因司法机关审查个别规则或条例造成的,那就更加棘手。在这种情形下,法院并没有承担管理机构的责任,然而其判决会引起一系列的影响,对那些承担管理责任的人产生不利的后果。

---

[247] 关于不干涉原理的消亡,见 Emily Calhoun, "The Supreme Court and the Constitutional Rights of Prisoners: A Reappraisal", 4 *Hastings Constitutional Law Quarterly* 219 (1977); James B. Jacobs, "The Prisoners' Rights Movement and Its Impacts, 1960—1980", 2 *Crime and Justice: Annual Review of Research* 429 (1980)。就将监狱与普通社会的第一修正案价值分离的意义,最高法院矛盾态度的一个例证,见 Procunier v. Marinez, 416 U. S. 396 (1974)。

[248] Goffman, *Asylums*, at 87.

[249] Brown v. Glines, 444 U. S. 348, 354, 357 (1980).

[250] James B. Jacobs, *Stateville: The Penitentiary in Mass Society* 136 (1977); James N. Marquart and Ben M. Crouch, "Judicial Reform and Prisoner Control: The Impact of *Ruiz v. Estelle* on a Texas Penitentiary", 19 *Law and Society Review* 557 (1985).

司法审查可能造成的第三种不利后果,事关规则和不可预测的任务环境的关系。因为全控机构的官员管理成员生活的各个方面,他们往往必须在难以预见的异常情形下行使权力。然而,"在所要控制的行为并不重复出现"以及涉及"个人化的个别适用"的情形下[251],严格的规则并不合适。在这样的情形下,可取的做法是主管人员裁量。[252] 就司法审查需要施加规则而言,其会妨碍这一裁量,因而改变并损害实现机构目标所需要的那种灵活的权力结构。[253]

因此,在全控机构的情境下,司法审查过程本身会给组织权力造成三种不同的潜在不利后果:淆乱、破坏组织文化、丧失必需的灵活性。这些后果可以体现法院用于确定遵从是否正当的标准。这些标准的相关性与权重取决于系争的具体决定、权力和机构的类型,因而是否给予正当遵从必然是逐案做出的。通过对比"莱曼案"和"佩里案"判决的正当遵从问题就可以说明这一点,这两起案件都涉及普通政府官僚机构的决定。

在"莱曼案"中,最高法院所要处理的问题是,城市捷运系统能否拒绝向那些希望购买空间进行政治宣传的人出售车厢广告牌的空间。尽管布莱克门大法官正确地认为广告牌是非公共论坛,但他错误地认定这一结论要求最高法院遵从所有与广告牌用途有关的管理决定。相反,如果布莱克门分析系争的具体管

---

[251] Jeffrey Jowell, "The Legal Control of Administrative Discretion", 1973 *Public Law* 178, 202.

[252] See Thompson, *Organizations*, at 117—121. 当然,裁量并非空白支票。我们经常谈到裁量决定是指禁止或要求考量具体的因素。See Post, "Management of Speech", at 219.

[253] See Nathan Glazer, "Should Judges Administer Social Services", 50 *Public Interest* 64, 75—77 (1978). 例如司法干预监狱的管理,造成的影响是剥夺警卫的裁量,培养一种"官僚/法律秩序"。Marquart and Crouch, "Judicial Reform," at 581—584. 警卫感觉他们"无法在监狱内维持控制与秩序",而且"严重违纪的比率"急剧提高。Id., at 580. See Jacobs, "Prisoners' Rights Movement", at 458—463.

理决定以确定遵从实际上是否有道理,他就会看到,就接受政治广告是否与该系统的有效运作不相容,最高法院事实上应作出独立的决定。[254]

毕竟,城市捷运系统是深入更大社会中的政府官僚机构,因而不会有人认为,司法审查会以普通的社会价值不当地"淆乱"管理权。再者,将广告牌限于商业广告的决定针对的是普通公众,而这些人是购买广告空间的潜在客户;其并未影响或牵涉到捷运系统与自己雇员的关系。该系统与潜在客户的关系是一种面对面协商的契约关系,因而该系统不会期望通过确立一种特定的组织文化影响潜在的客户。因而,拒绝政治广告的决定,不能说是旨在灌输一种组织生活方式的一般权力系统的内容,而对该决定实体内容的司法审查也不可能对捷运系统内部的权力结构造成意料之外的影响。人们也无法提出下述似乎有道理的主张,即拒绝决定存在于一个不可预计的环境,因而捷运系统必须保持反对政治广告规则的灵活性。实际上,该规则存在且未加改变已有26年之久。[255] 决定接受政治广告是否与捷运系统的目标不相容,可能涉及复杂且棘手的商业判断问题,但就这些问题而言,没有特殊的理由认为法院无法像运输官员那样做出准确的决定。

---

[254] 布莱克门大法官假定了拒绝接受政治广告若干可能的理据:"要求在车厢广告牌展示短期竞选或问题导向的广告可能危及长期商业广告的收益。乘客会面对铺天盖地的政治宣传。疑虑因为将有限的广告牌分割给如狼似虎的政客可能产生偏袒与棘手的行政问题。" Lehman v. City of Shaker Heights, 418 U.S. 298, 304 (1974). 不过,他并没有单独考察任何一个理由。

[255] Id., at 300—301.

鉴于这些原因,在"莱曼案"中,遵从是没有道理的。[256] 另一方面,"佩里案"的情形可以说确立了一个更有力的支持司法遵从的情形。"佩里案"关注的是学校董事会对内部邮件系统的管理,该系统的"首要功能"是"在教师以及教师与学校当局之间传递官方信息"[257]。最高法院称该系统是非公共论坛,而且实际上遵从学校董事会排除少数派工会(佩里地方教育者协

---

[256] 如果捷运系统从未允许在其车身上作任何广告,情形就会大不相同。人们可以设想一位政治候选人在这种情形下提出诉讼,认为应要求捷运系统设置用于政治声明的广告牌,而且正如其他地方的实践所示,这种广告牌与实现系统的目标是兼容的。如果捷运系统答复说,从未提供过这种广告牌,而且现在也没有经济或行政能力这样做,我的直觉是,法院会遵从捷运系统的判断,而不是自主决定该案的实体是非。

当然,证成这种遵从必须诉诸正文所考察的以外的原则。想到的原则有两个。第一个依靠的是相对能力的观念。因为要求法院越过现有的做法,而非有限地改变那些实践,信息和未曾预料的后果的难题会以几何级数增加。这里的区别可以界定为制定政策的法院和监督实施既有政策的法院之间的区别:前者显然需要更高的专业知识。这一区分提出了另外一种方式以理解这些情形下的司法遵从。制定政策就是从根本上界定组织的性质与目标。尽管公共论坛原理很大程度上隐含着这一任务,但法院很可能认为这一任务也是有限度的。

这两种遵从原则都是一个程度问题,而且倘若原告要求法院超越常识意义上的适当职能界限,才会从根本上涉及到这两种原则。这就是为什么这些原则源自假定的例证而非真实的情形。这些遵从原则体现的是一种普遍的、适当限制司法决定的认识,这一点可以通过下述事实得到证明,即要求法院创造官方资源用于私人表达的公共论坛诉讼极为罕见。

然而,这样的诉讼与更常见的一类诉讼关系密切,这类诉讼关注的是让政府机构向公众的看法"开放"。See, e.g., Houchins v. KQED, 438 U.S. 1 (1978). 这类诉讼在很大程度上并不涉及普通公众出于第一修正案的目的占有政府资源的主张,而更多是涉及到政府机构的内部应向普通公众负责而且为其所见。因而它们涉及到的复杂问题,不仅是政府对其自身资源与人员的管理权,还包括第一修正案促进公共商谈的、结构上的正面要求。这里不适合对这些问题进行充分的考察,而只能说明一个有限的观察,即最高法院在这一领域的决定,似乎深受刚才所讨论的那些遵从因素影响。因此,毫不奇怪,最高法院最积极向公众开放的机构是司法系统。最高法院不仅拥有司法管理方面的专门知识,还可以自信地讨论法院的性质与目标。因而就司法系统而言,运用宪法确立组织政策的一般障碍就被大大消除了。

[257] Perry Educ. Ass'n v. Perry Local Educators' Ass'n, 460 U.S. 37, 39 (1983).

会)利用其系统的决定。最高法院认定"佩里地方教育者协会"应被作为普通公众,因而称该情形涉及公共论坛原理。

尽管在"莱曼案"中,拒绝政治广告的决定并没有影响官僚机构与雇员的关系,但在"佩里案"中,排除"佩里地方教育者协会"的决定却与此直接相关。"佩里地方教育者协会"被排除,是学校董事会与被认定为教师独家谈判代表的工会(佩里教育者协会)达成的劳动合同的内容,而这毫无疑问是"佩里教育者协会"的要求。[258] 像任何大型的雇主一样,学校董事会毫无疑问希望运用作为雇主的权力,在员工中形成"不是消极而是积极的态度以促进组织的目标……如果一个组织要实现哪怕是普通的效率,积极而非完全消极的参与和合作几乎都是必不可少的"[259]。"佩里案"系争的决定,因而是学校系统组织文化这一更大问题的组成部分,因而关于该决定的司法审查可能给董事会与员工的一般关系造成意料之外的不利影响。该决定同样要求行使裁量而非固定的规则。学校董事会改变排除"佩里地方教育者协会"的潜在能力赋予了其与"佩里教育者协会"协商的杠杆,而在其他情形下,董事会很可能会决定更普遍地开放邮件系统。[260] 因而就邮件系统的运用规定固定的司法规则,很可能会损害必需的灵活性。

尽管"莱曼案"和"佩里案"都牵涉到庞大且相当常见的政府组织,但只有在第二起案件中有理由给予遵从,在第一起案件中则否。这一对比源于两起案件接受审查的决定类型的差异,说明正当遵从的确定并不取决于系争机构的"类型",而是正当遵从的各种标准以理由充分的方式适用于真实案件的具体事

---

[258]　460 U. S. at 40, 70 n. 12 (Brennan, J. dissenting).
[259]　Simon, Smithburg, and Thompson, *Public Administration*, at 81.
[260]　实际上,1978 年"佩里案"的诉讼启动前不久,学校董事会允许少数和多数社团都可以使用邮件系统。460 U. S. at 39; Perry Local Educators Ass'n v. Hohlt, 652 F. 2d 1286, 1287 (7th Cir. 1981), rev'd sub. Nom. Perry Educ. Ass'n v. Perry Local Educators' Ass'n, 460 U. S. 37 (1983).

实。但遵从涉及非同小可地放弃司法机关独立保护个人宪法权利的责任,所以法院在认定正当遵从时应慎重。不必说,就决定是否遵从而言,法院应进行独立的审查。

六、结语

艾略特在"干燥的塞尔维吉斯"(The Dry Salvages)中写道,"我们有过经验,但没抓住意义。"[261] 这一说法表明了公共论坛原理诸多纠结且不幸的经历。最高法院已深刻地体会到保护政府机构行政完整的必要,然而尚未抓住这一经验的意义。相反,其关注的是政府财产与所有者的宪法许可问题,这些问题在第一修正案的法理中当然是例外的情形。幸运的是,最高法院的直觉比原理更真实,因为其实际的判决潜藏着可以识别、多少站得住脚的判决模式。

从治理与管理的界限开始,我在本章中追溯了这一模式。当国家采取措施控制普通公众的言论时,往往会限制藉以确定公共目标与公共行动的讨论和交换过程本身。因此,第一修正案倾向于对这种治理规定相当严厉的限制措施。另一方面,当国家在内部采取措施管理自己机构的言论时,公共目标则被视作给定的,由社会嵌在政府组织的形式与目标中。第一修正案对内部言论管理的限制,因而主要取决于相关管理对于实现组织目标而言是否必要。

治理与管理界限对应的是公共论坛与非公共论坛的区分。如果资源要服从的是管理权,那就是非公共论坛,将其用于交流目的通常要服从国家官员的裁量,通过事先限制加以冻结,而且在许多情形中要接受观点的区别对待。如果资源是公共论坛,所有这一切根据推定都会对政府禁止,只能根据治理的标准进

---

[261] T. S. Eliot, *The Complete Poems and Plays* 133 (1962).

行管制。这并不是因为公共论坛得到特别严格的宪法保护,而是因为对公共论坛言论的限制,受第一修正案普通裁决原则控制。

区分公共论坛与非公共论坛无法宝而言。然而,作为一个社会,我们通过工具性倾向的存在识别管理领域,这种倾向体现为排除与实现组织目标不一致的角色和地位。在当代公共论坛原理根据公众用于表达目的的传统区分公共论坛和非公共论坛时,就可以被解释为向着类似的认识摸索前进,因为在大部分情形下,这样的传统与严格组织意义上的角色和地位的禁止都很不相容。不过,该传统并不是公共论坛与非公共论坛的区分构成的,而是潜在社会实践的证明,而这些社会实践本身则是由让与政府规制言论的权力决定的。

当审查政府控制接触非公共论坛时,法院必须决定,独立确定相关的控制对于实现正当的机构目标是否必要,还是遵从机构当局的判断。在大部分情形下,这两种进路的区别取决于,司法遵从本身对国家组织的有效运作是否必要。如果系争的政府决定所需的权力类型要求灵活性与裁量以有效运作,或属于创造具体的组织文化以管理受影响的机构的内容,那么司法遵从就有强大的理据。

简而言之,当代公共论坛原理的潜在模式,体现的是正在形成的机构权力社会学分析,以及公共领域与工具理性的组织领域之间普遍且严重的冲突。以此观之,就我们民主制度的性质与界限而言,公共论坛原理可给我们颇多的教益。

第七章

米克尔约翰的错误

——个人自主与公共商谈的改革

我们有些最优秀且最有影响的宪法学者最近复兴了下述观点,即第一修正案的本质目标是要促进丰富且有价值的公共辩论。他们的主张是,不应"援引……私人自主或自我表达的权利",而应当援用第一修正案"创造能够进行自治、富有见识的公众这一积极目标"解决第一修正案的问题。[1] 因为关于第一修正案的这种理解使得个人的表达权服从于公共审议的集体过程[2],我称之为"集体主义的"第一修正案理论。

有感于当代美国民主对话的糟糕状态,第一修正案集体主义理论的支持者运用该理论提出了一个强大的改革议程,范围从旨在矫正私人财富侵蚀选举的法律,到希望将观念市场从庞大媒体的寡头垄断所造成的歪曲中解放出来的立法。最高法院很大程度上反对这一议程,反对其通过压制个人言论实现自己目标的倾向。因而在"巴克利诉瓦莱奥案"(Buckley v. Valeo)中,最高法院推翻了对独立竞选支出的限制,称"政府可以限制

---

[1] Stephen Holmes, "Liberal Constraints on Private Power? Reflections on the Origins and Rationale of Access Regulation", in *Democracy and the Mass Media: A Collection of Essays* 21, 32—33, 47 (Judith Lichtenberg, ed., 1990).

[2] See Daniel D. Polsby, "*Buckley v. Valeo*: The Special Nature of Political Speech", 1976 *Supreme Court Review* 1, 5—14.

我们社会中某些人的言论从而促进其他人相应的发言权,这一概念有悖第一修正案。"[3] 而在"《迈阿密先驱报》出版公司诉托尼洛案"(Miami Herald Publishing Co. v. Tornillo)中,最高法院则试图保护社论独立自主的私人领域,推翻了佛州向遭到媒体抨击的候选人提供答复权的法律。[4]

第一修正案集体主义理论的支持者认为这些判决误入歧途,因为它们援引的是私人的言论权以限制政府促进公共辩论的努力。正如卡斯·桑斯坦所述,宪法分析的检验标准实际上应该是什么"可以更好地促进民主审议"[5]。最高法院不应该盲目迷恋私人权利,而是应该进行细致入微的、情境化的实用考察。

当代最坚定的集体主义理论形式是由欧文·费斯提出的。根据费斯的看法,最高法院被"言论自由的传统"所惑,该传统错误地以"保护自主"为焦点。[6] 因而最高法院未能"看到实现第一修正案最终目标的关键不是自主……而是言论的实际效果":

> 总的来说,它是否会丰富公共辩论? 言论当且仅当会丰富公共辩论时才受到保护,而且正是因此而非因发挥自主才受保护。事实上,自主不会增加任何东西,而且如果需要,可能就不得不被牺牲,以保证公共辩论足够丰富从而允

---

[3] Buckley v. Valeo, 424 U.S. 1, 48—49 (1976). See First Nat'l Bank of Boston v. Bellotti, 435 U.S 765, 790—792 (1978); Citizens Against Rent Control v. Berkeley, 454 U.S. 290, 295 (1981). But see Austin v. Michigan Chamber of Commerce, 494 U.S. 652 (1990).

[4] 418 U.S. 241 (1974). See L. A. Powe, Jr., "Tornillo", 1987 *Supreme Court Review* 345, 380—385. But see Red Lion Broadcasting Co. v. FCC, 395 U.S. 367 (1969).

[5] Cass R. Sunstein, "Preferences and Politics", 20 *Philosophy and Public Affairs* 3, 28 (1991).

[6] Owen M. Fiss, "Free Speech and Social Structure", 71 *Iowa Law Review*, 1405, 1408—1411 (1986).

许真正的集体自决。第一修正案"言论自由"的词组所指的是事情的社会状态,而非个人或机构的行为。[7]

这是对集体主义理论核心命题非常简明的说明。宪法分析的检验标准应当是公共辩论是否"足够丰富"从而能够进行"真正的集体自决",而这一标准在分析上独立于自主的价值。[8] 一旦承认这一前提,那么集体主义的言论理论就会提出令人信服的、修改传统第一修正案法理的有力主张。

我在本章中讨论的问题是这一前提能否做到宪法上的融贯。如果可以,条件是什么。

一、亚历山大·米克尔约翰与集体主义理论

第一修正案集体主义理论最有影响的阐述是由美国哲学家亚历山大·米克尔约翰提出的;他的著作仍然激励和指引着当代该理论的支持者。[9] 因为其对该理论的假设与含义坦率且坚定的探讨,米克尔约翰的著作非常明确地揭示了该理论的基本宪法构造。

(一)管理公共商谈

米克尔约翰将第一修正案与自治的价值牢牢绑在一起:

---

[7] Id., at 1411. 关于在竞选资助情境下类似主张的文献综述,见 Lillian R. BeVier, "Money and Politics: A Perspective on the First Amendment and Campaign Finance Reform", 73 *California Law Review* 1045, 1068—1074 (1985).

[8] 费斯写道:"我们应当学会承认,国家不仅是言论的敌人,也是言论的朋友;就像其他任何社会主体一样,国家可能同时以两种身份行事,而且以丰富公共辩论作为检验标准,我们就必须开始区别对待……我所支持的进路关注的不是演讲者真正或实际的自主,而是公共辩论的质量。我的进路是听众导向的。" Id., at 1416—1417.

[9] 关于认为米克尔约翰的伟大先驱泽卡赖亚·查菲(Zechariah Chafee)也阐述了一种集体主义版本的理论,见 Mark A. Graber, *Transforming Free Speech: The Ambiguous Legacy of Civil Libertarianism* 144—147 (1991).

第一修正案的主要目标是……所有的公民都应当尽可能地理解影响我们共同生活的问题。这就是为何任何理念、任何观点、任何怀疑、任何信念、任何相反的信念、任何相关的信息都不应该向他们隐瞒。根据建立宪法的契约,人们同意不应当由其他人统治,他们应该自己统治自己。[10]

米克尔约翰将自治的本质因而也是第一修正案自由的"最终目标",定位于民主制度确保"做出英明决定"的努力。[11] 他严格地区分了这一目标与个人自主。

米克尔约翰写道,第一修正案"并不关心'任何人表达其观点的需要'";相反,其规定的是"政治体所有成员共同的需要"。[12] 这一集体而非个体需要的倾向就是米克尔约翰最常被引用的一句格言的基础:"必要的不是所有人都应当说话,而是所有值得说的都说了。"[13] 在米克尔约翰看来,第一修正案的最终目的是要防止"损坏""共同体的思考过程",而不是保护人们自我表达的权利。[14]

米克尔约翰对第一修正案的说明需要一种标准,借以评估共同体思考过程的质量。否则如何知道公共商谈是否真得满足了"政治体所有成员共同的需要"?否则如何确定"所有值得说的"都说了,或者对言论某种具体的规制是否会"损坏"而非促

---

[10] Alexander Meiklejohn, *Policital Freedom*: *The Constitutional Powers of the People* 75 (1960).
[11] Id., at 26. 与史蒂芬·霍姆斯(Stephan Holmes)进行比较:"要成为决策者的人之间的竞争……理由在于,演讲者和听众在民主政府实践中的教育,预期会产生公众学习的效果从而集体决定比在没有辩论的情况下做出的决定更好(更聪明、更熟悉情况)。"Holmes, "Liberal Constraints", at 32.
[12] Meiklejohn, *Political Freedom*, at 55. 米克尔约翰因此批评泽卡利亚·查菲"被其在第一修正案中所纳入的个人利益误导",而且他指责奥利弗·温德尔·霍姆斯(Oliver Wendell Holmes)"过于个体主义"。
[13] Id., at 26.
[14] Id., at 27.

进民主审议？

米克尔约翰并没有畏惧提供这样一种标准的责任。他提出以"美国传统的市镇会议"作为衡量公共辩论质量的"模范"。米克尔约翰主张，这种市镇会议"并非海德公园"；并非"不受规制的饶舌"场所，而是"一群自由和平等的人就共同的事业进行合作，将负责任的且受规制的讨论用于该项事业。"该事业的目标是要"就公众关心的事项采取行动"，而言论则通常必须被规制以实现该目标：

> 例如，通常认为，除非"主席认可"，否则任何人都不能发言。再者，辩论者必须将其评论限于"会议正在讨论的问题"。如果一个人"正在发言"，其他人都不能打断他，除非规则允许。市镇会议集会主要不是为了商讨，而主要是通过商讨把事情完成。就此而言，根据实际条件的要求，商谈必须被加以规制和限缩。如果演讲者偏离所讨论的问题，如果他谩骂或有可能以其他方式阻挠会议的目的，那么他就可以而且应该被宣布"违规"。然后他就必须停止发言，至少停止以那种方式发言。如果他坚持破坏规则，就可以取消他的发言权，或者作为最后的手段，被"赶出"会议。市镇会议因为寻求的是公开讨论公共问题的自由，因而除非以这种方式限制言论，否则就完全不起作用。[15]

米克尔约翰显然将市镇会议描述为拥有一种权力结构，我在第六章中将其称作"管理权"。市镇会议被视作旨在实现重要社会目标的工具性组织，只要其规则和条例对于实现这些目标而言是必要的，在宪法上就是正当的。在米克尔约翰看来，市镇会议的目标是"就公众关心的事项采取行动"，而该会议的所有方面，包括参与者的言论，都可以进行合法的安排以实现该目标。米克尔约翰十分明确，"就此而言，根据实际条件的要求，商

---

[15] Id., at 24—26.

谈必须被加以规制和限缩。"因此,公共辩论的质量要根据推动做出公共决定的能力加以衡量。

这一标准在市镇会议的情境下是有道理的。这种会议的参与者拥有"共同的事业",因而就借以促进该事业的规制标准的目标与功能也具有派生性的共同认识。关于诸如设定会议议程、调整会议辩论的程序、区分相关与不相关言论的标准等基本问题,存在普遍的合意。主持人通过在会议的"结构性环境"（structured situation）中控制言论的方式执行程序规则的宪法权威,就源于这种先在的合意[16],甚至可以拒绝给予坚决否定主持人权威的那些人发言权。

米克尔约翰并没有从理论上说明这一合意；他只是假定这一合意。或更准确地说,他假定的是这一合意所嵌入的市镇会议的制度结构。事实上,市镇会议的形式本身源自共同的功能与程序假设；这些假设赋予市镇会议形式与秩序,且使其与"海德公园""未加规制的饶舌"有别。因而从分析的角度而言,这些假设的地位有别于且先于市镇会议可能达成的所有实体决定。市镇会议可以按照其意愿解决真正交由其决定的事项,却不能自由放弃构成市镇会议的共同功能与程序假设。

米克尔约翰认为市镇会议是公共商谈的模范,因为他设想民主对话的功能是促进"明智决定的投票"。他认为民主的运用类似一个庞大的市镇会议。因而他在自己的民主观念中引入了一个二分法,即公共决定的实体与在分析上有别于且先于具体公共决定内容的功能与程序共识。在米克尔约翰看来,这一二分法的后果是,政府决定的内容仍然由公民确定,但民主决定的框架则是固定的,不属于公民自治的范围。正是在这一点上,在自治的范围与意义上,传统的第一修正案法理与米克尔约翰

---

[16] White v. City of Norwalk, 900 F. 2d 1421, 1425 (9th Cir. 1990). 怀特案得出的是正确但似乎有些自相矛盾的结论,即市镇会议并非第一修正案意义上的"公共论坛"。

(二)管理与民主

当然,关于传统第一修正案原理所有的解释都是可质疑的,但就该原理最重要的一个主题却几乎没有什么争论,即第一修正案的功能是"作为我们民主的守护者"[17]。该修正案的作用是限制多数主义的立法,所以在这种情境下"民主"不可与简单的多数主义相提并论。[18] 事实上,从传统第一修正案原理的角度来看,多数主义只是我们用于体现更深层次的自治价值的决定机制,这反过来取决于自治与他治的区分:"在民主形式的政府下,制定法律的人们就是法律所适用的那些人(因此法律是自治规范),而在专制形式的政府下,法律的制定者有别于法律的对象(因此法律是他治规范)。"[19] 由"法律所适用的那些人""制定"法律的意思并不好理解。如果像卢梭那样,我们假定个体意志与集体意志明确的结合,这一难题就会消解。[20] 但在现代异质性的状况下,这一假定难以令人信服。

传统的第一修正案原理与大量现代的政治理论面对这一困难的方式是,确定民主的规范性本质在于通过"多数人和少数人

---

[17] Brown v. Hartlage, 456 U.S. 45, 60 (1982). See also Schneider v. New Jersey, 308 U.S. 147, 161 (1939); Stromberg v. California, 283 U.S. 359 (1931).

[18] See Steven H. Schiffrin, *The First Amendment, Democracy, and Romance* 56—58 (1990).

[19] Norberto Bobbio, *Democracy and Dictatorship: The Nature and Limits of State Power* 137 (Peter Kennealy, trans., 1989).

[20] Jean-Jacques Rousseau, *The Social Contract* (Maurice Cranston, trans., 1968).

之间持续的讨论"参与形成"共同体意志"的机会。[21] 根据这一解释,民主试图通过让政府决定服从交流过程以调和个人自主与集体自决,而这种过程足以在公民中灌输一种参与、正当与认同的感觉。尽管公民可能不会同意所有的立法,尽管可能不会存在个体意志与集体意志明确的结合,公民仍有理由接受政府是"他们自己的",因为他们参与了这些交流过程。根据最高法院的先例,我将以"公共商谈"来称呼这些交流过程。[22]

按照这种方式构想公共商谈具有两个重要的寓意。第一,公共商谈的审查必须被视作排除那些受此影响的人利用集体自决的媒介。审查会阻碍受害者参与自主性自治的事业,而"以自主意志的相互尊重取代对权威的单方尊重"这一基本的民主方案就此遭到了限制。[23]

第二,公共商谈必须被设想为这样一个领域,其中公民可以不断自由地协调其分歧,建立或重建独特且又不断变化的民族认同。根据查尔斯·泰勒的著作,我们可以将这种情境下的"民族认同"界定为"道德领域"中的一种取向,在此框架下我们"可以试着逐个决定什么是善的或有价值的,或应该做什么"。[24]我们通常以具体的民族认同愿景作为政府规制行为的基础。但如果国家试图以这些愿景审查公共商谈,如果国家按照什么是善或有价值的具体感觉排除交流的贡献,那么国家就与集体自

---

[21] Hans Kelsen, *General Theory of Law and State* 284—288(Anders Wedberg, trans., 1949). See, e.g., Benjamin R. Baber, *Strong Democracy: Participatory Politics for a New Age* 136 (1984); James T. Farrell et al., *Dialogue on John Dewey* 58 (Corliss Lamont, ed., 1959); Jürgen Habermas, *Communication and the Evolution of Society* 186 (Thomas McCarthy, trans., 1979); Frank Michelman, "Law's Republic", 97 *Yale Law Journal* 1493, 1526—1527 (1988).

[22] See Hustler Magazine v. Falwell, 485 U.S. 46, 54 (1988).

[23] Jean Piaget, *The Moral Judgment of the Child* 366 (Marjorie Gabain, trans., 1948).

[24] Charles Taylor, *Sources of the Self: The Making of the Modern Identity* 27—28 (1989).

决的核心方案存在冲突。国家会以他律方式规定的规范取代该方案。因而自治的内在逻辑寓示着,就言论的审查而言,国家的作为必须仿佛集体认同的含义在公共商谈的媒介中永远不确定,其中"就什么正当、什么不正当的辩论""必然"继续存在,"没有保障者,也没有尽头"。[25]

不过,米克尔约翰的市镇会议模式恰恰违反了公共商谈这种必需的不确定性。尽管承认"明智决定的投票"必须免于政府的干预,却仍然授权根据功能和程序的假设审查公共商谈。米克尔约翰不能诉诸实体与程序的中心区分以证成民主自治范围的这一收缩,因为他希望执行的程序性假设与实体性假设相同,最终植根于一种独特且有争议的集体认同概念。他的市镇会议范式明确假定,美国民主制度的功能是要实现公共事务有序、高效且理性的处理,因而寓示着公共商谈与该功能不相容的方面在宪法上是可以牺牲的。就公共商谈因而遭到相应地限制而言,一种特定的民族认同概念超越了自决的交流过程。

因此,米克尔约翰分析的困难在于体现的是一种不够彻底的自决范围观念,该观念不仅包括集体决定的实体,还包括认为在其中做出这种集体决定的、更大的功能框架。正是因为他确信该框架的性质,所以米克尔约翰才能毫无问题地诉诸主持人的权威。但肯尼斯·卡斯特很久以前就指出,事实上"国家没有知道何时值得说的都说了的'主持人'可以托付"。[26] 国家没有这种主持人,是因为区分"相关"与"不相关"言论(或"原创"与

---

[25] Claude Lefort, *Democracy and Political Theory* 39 (David Macey, trans., 1988).

[26] Kenneth Karst, "Equality and the First Amendment", 43 *University of Chicago Law Review* 20, 40 (1975). 卡斯特写道:"甚至言论的重复传达的独特信息是某个观点得到普遍认同,""这在'听命于他人的社会'中具有重要的意义,在这样的社会中民意测验是自我应验的预言。" Id. Compare Meiklejohn, *Political Freedom*, at 26 (citations omitted):"例如,如果在市镇会议中,二十名具有类似想法的公民结为一'党',如果其中一位向会议宣读了他们都赞同的主张,其他每个人坚持要求重新宣读就会荒唐地违反规程。任何称职的主持人都不会容忍浪费可用于自由讨论的时间。"

"重复"的言论、"有序"与"无序"的言论甚或"理性与"非理性的"言论)所需的标准本身就是可以争论的问题。[27] 只有诉诸更大范围的、为集体决定确定目的的功能框架的特殊观念,我们才能够解决围绕这些标准性质的争论。因而围绕这些标准性质的冲突应当是在公共商谈的范围内辩论的问题。要是运用关于这些标准的具体看法审查公共商谈,至此就会以他治的方式阻碍自由追求集体的自我界定。

就市镇会议的议程设定机制也可以得出相同的看法。公众控制市镇会议中问题的提出与说明似乎不成问题,因为就有效的制度功能与程序存在合意。但通常在民主社会的生活中,不可能采取这种合意而同时不缩小自决的领域。这是因为"政治冲突不像是校际辩论,反对者也会预先同意相关问题的界定。事实上,界定替代性的措施是最高的权力工具……界定政治是什么的人支配着整个国家,因为界定替代性措施也就是选择冲突,而选择冲突则分配权力。"[28] 国家不应当被授权控制公共商谈的议程[29],或是公共商谈中问题的提出与说明,因为这种控制必然会限制集体自决的潜能。

这些简单的例证可以被赋予笼统的理论表述。管理性的结构必然预设着不成问题的目标,因而在工具上可被用于规制社会生活的领域。相形之下,公共商谈的事业取决于集体自主的价值,这要求所有可能的目标、所有可能的民族认同形式都要被当作是存在问题的,有待考察。任何具体的目标都不能证成对公共商谈的强制性审查而同时不会抵触自决的事业本身。结

---

[27] See, e. g., Kenneth Karst, "Boundaries and Reasons: Freedom of Expression and the Subordination of Groups", 1990 *University of Illinois Law Review* 95.

[28] Elmer E. Schattshneider, *The Semisovereign People: A Realist's View of Democracy in Ameirca* 66 (2d. ed., 1975).

[29] See, e. g., Consolidated Edison Co. v. Public Serv. Comm'n., 447 U. S. 530, 538 (1980)("允许政府选择可允许的公共辩论话题,就是允许政府控制追求政治真相")。

果,在那些关心具体目标的工具性造诣的人看来,公共商谈似乎总是过度不定型与不一致,无论这些具体的目标是明智决定的投票还是维持理性的辩论。公共商谈在他们看来只是充斥着"不受规制的饶舌"的"海德公园"。

哈兰大法官在"科恩诉加利福尼亚案"(Cohen v. California)记录公共商谈的这一面相。他说,民主对话"似乎往往只是口头的喧哗、吵闹甚至冒犯性的言论"。但是哈兰认为这种混乱、"口头的嘈杂"只是下述事实"必要的副作用","在一个像我们这样多样且人口稠密的社会当中",组织公共商谈不是为了实现任何特定的内容,而是作为集体认同的异质性看法可以不断自由碰撞与协调的媒介。[30]

我们可以说,自决正是在公共商谈内发生的内容;不存在可以推动或预计其结果的外部阿基米德支点。在公共商谈内,我们可以确定建立与发动具体的秩序与工具理性组织,诸如市镇会议。但混同这些零散的机构与公共商谈本身大量的喧哗与吵闹则是严重的错误。

二、当代的管理冲动

米克尔约翰的作品所展示的分析结构是所有集体主义的第一修正案理论所共有的。这种理论为公共商谈假定了一个具体的"目标",而且断定应以工具性的方式对公共辩论进行规制以实现该目标。该目标因此不同于且先于公共商谈内的任何自决过程。故而集体主义理论代表的是公共商谈服从管理权的框架。

这一分析结构在欧文·费斯的著作中非常明显。费斯写道,第一修正案"更大的政治目标"是要确立"丰富的公共辩

---

[30] 403 U.S. 15, 24—25 (1971).

论"。相应地他认为"保护自主""有助于"促进"公共商谈的质量"。"自主可以得到保护,但只有当丰富公共辩论的时候才会得到保护。"[31] 如果自主没有实现这一功能,那么"我们作为一个民族就决不可能是自由的",除非宪法授权国家"限制我们社会中某些人的言论以促进其他人相应的发言权"。[32]

因此费斯像米克尔约翰那样,会运用政府权力审查其表达不符合实现丰富且广泛的公共对话的演讲者。他乐于拒绝让这些演讲者接触民主自治过程,因为他希望塑造的公共对话能够赋权"人们理智且自由地投票、知道所有的选项且拥有所有相关的信息"[33]。费斯希望国家以管理的方式为公共商谈规定这一目标。他认为,反对这种管理权是因为错误地关注个人自主,错误地试图在"每个人"的言论周围建立"不受干预的地带"。[34]

然而,费斯明显没有意识到,个人自主的价值与促成他提议修改第一修正案原理的自治抱负本身是不可分的。费斯显然认为第一修正案的法理必然规定"有效民主制度必要的前提条件",而"民主则预示着集体自决"。[35] 然而他的分析只是将自决的逻辑扩展到民主决定的内容,而对民主决定的程序框架则有所保留。像米克尔约翰那样,费斯设想这一框架是外在于公共商谈的,因而要服从多数人的控制。费斯因此容易遭到我们针对米克尔约翰的那种发难。

正如谢尔顿·沃林所写,"公共商谈创造并且贯穿于集体认

---

[31] Owen M. Fiss, "Why the State", 100 *Harvard Law Review* 781, 785—786 (1987).

[32] Fiss, "Free Speech", at 1425.

[33] Id., at 1410.

[34] Fiss, "Why the State", at 785.

[35] Fiss, "Free Speech", at 1407. 因此费斯写道:"国家的责任是要维持公共辩论的完好……保障真实与自由的集体自决的条件。"Id. at 1416. See also Owen Fiss, "State Activism and State Cencorship", 100 *Yale Law Journal* 2087, 2087—2088 (1991)("第一修正案所体现的自由原则源于我们社会的民主性质,体现的信念是强健的公共辩论是集体自决必要的前提条件")。

同当中"[36]。但不同的集体认同观念寓示着不同的衡量公共辩论质量的标准。费斯认为,当公共商谈由资本主义市场的环境结构控制时,就会受到"扭曲"。[37] 但费斯的信念之所以有意义,仅因为他在"道德领域"有一种特殊的取向,在此框架下他可以区分"扭曲"与正常。正因为他有这样一个框架,费斯才能主张国家通过"类似本国大学的大师每天做出的判断"那样的决定规制言论。[38] 但根据这样特定的民族认同愿景,运用国家的强制权压制公共商谈,就会预先决定公共商谈作为手段所要解决的集体认同问题本身。

由这一分析可知,不是根本不能对公共商谈进行规制,而是管理的方式不应当抵触其民主目标。这一目标无须排除"时间、空间和方式的规制",这种规制发挥的作用是"交通规则",从而协调和促进公共商谈领域的表达。该目标也无须排除旨在补充或促进公共商谈领域交流的政府行为,例如建立国家资助的论坛以促进公共辩论。[39] 但公共商谈的民主功能与下述政府规制存在龃龉,即出于规定具体的民族认同而压制公共商谈领域的言论。

传统第一修正案的法理运用自主的理念以隔离集体自决的过程与这种预设的情形。尽管费斯在这一理念中只能看到早期"杰斐逊式民主"的残余[40],但事实上,保护个人自主在第一修

---

[36] Sheldon S. Wolin, *The Presence of the Past: Essays on the State and the Constitution* 9 (1989).

[37] Fiss, "Why the State", at 790. See id., at 788("成为消费者,即便至高无上,也不是公民")。

[38] Fiss, "State Activism", at 2101. 不用说,将公民设想为政府的小学生完全有违民主正当性。伟大的教育家是根据她认为什么对自己的学生最好来界定其教育使命。但民主不是将公民设想为应当由仁慈的国家加以引导的小学生,而是能够决定自身命运的、独立的自由人。

[39] 确实这种政府行为会影响民族认同,而且同样真实的是,有时这种行为会变得普遍或不可避免,以至于等于是政府强加国家认可的民族认同。因此,在这时候,传统的第一修正案法理对于评估这种政府行为就是有意义的。

[40] Fiss, "Why the State", at 786.

正案原理中起到的作用是,确保政府尊重公共商谈是完全中性的。[41] 这会阻止国家违反核心的民主抱负,即通过保障民主对话可以不断利用个体参与者可能的贡献,确立致力于"自主意志互相尊重"的交流结构。严格来说,自主意味着在公共商谈的领域中,就言论的压制而言,国家必须总是将集体认同视作必然开放的。[42]

自主的理念在本质上会区别第一修正案的法理与其他更常与具体的集体认同结合在一起的宪法领域。例如,在费斯非常

---

[41] 第一修正案的原理还会通过坚持公共商谈免于被强加共同体的规范,维持公共商谈的不确定性。这样的规范通常会体现得到充分实现的民主认同观念。

[42] 正文中的前两句会提出一个选举期间公司言论地位的重要问题,这是最高法院一系列前后不一且极为有趣的判决主题。See Austin v. Michigan Chamber of Commerce, 494 U.S 652 (1990); Federal Election Comm'n v. Massachusetts Citizens for Life, Inc., 479 U.S. 238 (1986); First Nat'l Bank v. Bellotti, 435 U.S. 765 (1978). 梅厄. 丹—科恩(Meir Dan-Cohen)令人信服地表明,大部分公司都无法主张原来的表达自主权。Meir Dan-Cohen, "Freedoms of Collective Speech: A Theory of Protected Communications by Organizations, Communities, and the State", 79 *California Law Review* 1229 (1991). 但即便不担心公司在民主生活中的自主参与,也必须对于国家规制公司选举言论的正当性进行合宪性审查。

在"奥斯丁诉密歇根州商会案"(Austin v. Michigan State Chamber of Commerce, 494 U.S. 652 (1990))中,最高法院维持了密歇根的禁令,即公司的财务资金不得单独列支以支持或反对竞选州公职的候选人。在一份晦涩的法律意见中,马歇尔大法官称,密歇根州的法律旨在矫正"巨额财富所具有的侵蚀和扭曲效果,这些财富是在公司形式的帮助下累积的,且与公众对公司政治理念的支持几乎或完全没有关系。"根据马歇尔的解释,密歇根的这一法律似乎是为了推行特定的集体认同形象,从这一角度来看,公司财富的影响可因其"侵蚀性和扭曲性"而加以排除。

但这提出的问题是,这种努力是否不会抵触第一修正案的原则,即在公共商谈领域中,国家必须总是将集体认同视作必然开放的。这一问题让人困扰。一方面,这一原则的说服力似乎并不取决于否定具体演讲者的自主性,这从下述法律的宪法命运就能看到,即禁止公司用于支持民主党的独立开支而允许用于支持共和党的单独开支。See R. A. V. v. City of St. Pall, 112 S. Ct. 2538, 2543 n. 4 (1992). 但另一方面,政府行为一直影响着集体的身份,其方式被认为在宪法上完全不存在问题,就像提供给私人演讲者的资助那样。这些行为似乎在宪法上是允许的,因为其并没有压制演讲者的自主性。

知名的平等保护领域,联邦政府四十年来积极灌输美国特定的平等价值。但法律规定的这些价值之所以获得民主正当性,正是因为第一修正案已经确立了一个可以自由接受或拒绝它们的公共商谈领域。因此,自主的理念不仅没有萎缩,反而是民主工程的基础。

三、集体主义理论的证成

许多从事实证政治学研究的人无疑会反对将民主等同于自主性自治的价值。[43] 但在宪法领域,这种等同实际上没有遭到挑战,或许是因为缺少关于民主替代性规范的认真描述。的确,"美国人民在政治上是自由的,因为他们由自己集体统治",这一原则是"美国宪法辩论中认真且不搞破坏的参与者都不能随意加以否定的"。[44]

当然,美国政治的枯燥现实与崇高的自决原则差异悬殊。我们的公共商谈实际上起到的灌输参与、正当与认同的程度有待商榷。[45] 美国宪法传统的参与者因而被迫进行选择。他们或者可以放弃自决的原则,并提出一种新的、更具有说服力的规范性民主解释,或者他们可以提议改革,使自决原则在美国社会中能更加有效地实现。

集体主义理论的支持者一致选择了后者。他们的改革议程显然旨在促进自治的价值。卡斯·桑斯坦的著作就是典型,他认为"第一修正案从根本上说旨在保护民主自治",他将此理解为旨在将"统治权置于人民自身"的"审议"结构。但因为桑斯

---

[43] See, e.g., Joseph A. Schumpeter, *Capitalism, Socialism, and Democracy* (3d ed., 1950).

[44] Michelman, "Law's Republic", at 1500.

[45] 或许下述主张的争议更小,在现代官僚国家的典型条件下,如果缺乏在有关方面自由且不受限制的公共商谈,民主自决就不可能实现。

坦认为,"私人自主"的价值在逻辑上有别于民主自治,他还强烈主张对公共商谈进行管理以改善其"质量与多样性"。[46] 因此,与所有现代集体主义理论的支持者一样,桑斯坦也容易遭到的指责是,未能认识到倾向于民主自治的抱负的全部激进力量。

尽管全面考察相关的文献超出了本书的范围,但大体上可以说,集体主义理论的支持者是以令人钦佩的真诚努力复兴民主自治,主张应当规制公共商谈以实现某些与具体的民族认同观相连的特定理念,其范围从"平等"[47]、"多样性"[48]到"公正"[49]。但就集体主义理论的管理逻辑要求这些规制标准本身免除自决的逻辑而言,该理论与民主自决的基本前提存在根本的张力。

为避免这一矛盾,集体主义理论的支持者强调下述情形,其中无法令人信服地说公共商谈就是要实现自治的价值,因而集体主义理论的管理逻辑与基本的民主前提并不存在冲突。他们严格来说关注三个命题:(1)只有可能区分公私的时候公共商谈才能满足自治的价值;(2)只有当公共辩论可以被认为是自由与自主的人们之间的交流时,公共商谈才能满足自治的价值;(3)只有当公共辩论带来调和个体与集体自主所需要的参与、正当与认同感时,公共商谈才能满足自治的价值。

这些命题中的每一个都会突出公共商谈与自决价值之间脆

---

[46] Cass Sunstein, "Free Speech Now", 59 *University of Chicago Law Review* 255, 263, 313—314, 277, 303—304, 277 (1992).

[47] J. Skelly Wright, "Money and the Pollution of Politics: Is the First Amendment an Obstacle to Political Equality", 82 *Columbia Law Review* 609, 625—626 (1982).

[48] Julian N. Eule, "Promoting Speaker Diversity: Austin and Metro Broadcasting", 1990 *Supreme Court Review* 105, 111—116. See Judith Lichtenberg, "Foundations and Limits of Freedom of the Press", in *Democracy and the Mass Media: A Collection of Essays* (Judith Lichtenberg, ed., 1990).

[49] Daniel H. Lowenstein, "Campaign Spending and Ballot Propositions: Recent Experience, Public Choice Theory, and the First Amendment", 29 *UCLA Law Review* 505, 515 (1982).

弱的联系。倘若这些联系遭到破坏,传统第一修正案法理对自主的关注就会存在问题,而集体主义理论就可以作为对言论自由强有力的替代性解释。

(一) 公私区分

传统的第一修正案原理预设着某种形式的公私区分,认为民主的本质在于自决,而这存在于政府对其公民的回应。该原理的要旨因此是要保护自治所需要的、"私人"公民的交流过程免于"公共"规制。[50] 不过,该原理与政府言论本身没有多大的关系,政府言论在理论上并没有被作为自决的核心内容。[51] 因此,当演讲者从私人公民变为公共官员时,她就超越了传统第一修正案原理的范围。在这种情形下,就规制公共官员言论的第一修正案标准而言,集体主义理论就会提供富有吸引力的替代性解释。

这一点在最高法院明确依靠集体主义理论的一起判决中显而易见,即"红狮广播公司诉联邦通讯委员会案"(Red Lion Broadcasting Co. v. FCC)。"红狮案"系争的是联邦通讯委员会关于广播媒体的各种规制的合宪性,包括要求遭到人身攻击的人获得答复权的公正原则与次要规则(subsidiary rules)。最高法院认定,因为"广播频率属于稀缺资源,其利用只能通过政府加以规制与合理化",因为这些频率是"公益信托",广播的被许可人可以被恰当地视作"代理人或受托人,有义务呈现代表其共

---

[50] 我将形容词"公共"与"私人"加引号是为了避免与"公共商谈"中显然具有不同含义的"公共"产生语义混淆。公共商谈与非公共言论的区别遵循的界限是人们以公民身份发表的言论与以生活其他方面的身份发表的言论。不过,正文所讨论的公私区分指的是政府与公民之间的界限。"公共"与"私人"这些常见但却有差别的用法,允许我们断言"私人公民"可以进行"公共"商谈,而无须担心不合常规。不用说,我们这个领域的词汇还需要好好打磨。

[51] See generally Mark G. Yudof, *When Government Speaks: Politics, Law, and Government Expression in America* (1983).

同体的那些观点与声音,否则这些观点与声音就必然不让在电台播送。"[52]

换言之,广播的被许可人并非私方当事人,即出于尊重他们对自决的交流过程贡献的不确定性,他们的观点免于政府规制。相反,他们是公共目标的代理人。最高法院诉诸集体主义的言论理论明确该目标,将其描述为"第一修正案形成能够处理自身事务、见多识广的公众的目标"。最高法院毫不费力地认定,公正原则有助于实现这一目标。[53]

通过将广播的被许可人描述为公共官员,最高法院支持集体主义的理论就成为可能。这一描述不太可能是由稀缺性的逻辑推动的;即便在"红狮案"判决的时候,在大部分媒体市场,除了联邦通讯委员会规制实际分配使用的频率,还存在更多的频率。[54] 不管怎么说,无论我们还是最高法院通常都不会认为,重要的稀缺交流资源的所有者,就像大部分的城市报纸那样,仅因为这一原因就是公共代理人。[55] 相反,最高法院的描述必须被理解为体现的是一种政治判断,即广播媒体是否充分独立于

---

[52] 395 U. S. 367, 376, 383, 389 (1969). See id., at 394("将获得特权使用稀缺广播频率的被许可人视作整个社会的代理人,有义务给予公众关心的重大问题适当的时间与关注,这并不违反第一修正案")。

[53] Id. at 392, 390, 394("就主动展现共同体关于有争论的问题具有代表性的观点而言,限定准予或延展许可的条件,与禁止剥夺言论自由和出版自由的那些宪法规定的目标是一致的")。关于相反的观点,见 Lucas A. Powe, Jr., *American Broadcasting and the First Amendment* (1987)。波总结说,"广播规制的特征一直就是第一修正案旨在防止在印刷媒体领域出现的那些滥用——偏袒、审查与政治影响。"L. A. Powe, Jr., "Scholarship and Markets", 56 *George Washington Law Review* 172, 185 (1987).

[54] See 395 U. S. at 398 n. 25. 关于稀缺性理由在理论和经验上的不足,见 Daniel D. Polsby, "Candidate Access to the Air: The Uncertain Future of Broadcaster Discretion", 1981 *Supreme Court Review* 223, 256—262。

[55] Miami Herald Publishing Co. v. Tornillo, 418 U. S. 241 (1974). But see Jerome A. Barron, "Law and the Free Society Lectures: Access—The Only Choice for the Media", 48 *Texas Law Review* 766, 775 (1970).

公共目标的实现从而可以被认为是自决工程的私人参与者。[56]不幸的是,最高法院从来没有令人信服地阐明其判决的理由,而我们评估这种判断是否正确的能力仍未成熟。

这并未阻止现代集体主义理论的某些支持者努力根据"红狮案"进行归纳。他们认为,集体主义理论之所以具有正当理由,是因为公私区分无法令人信服地适用于现代世界。因而费斯写道,不仅哥伦比亚广播公司可以"说是履行公共职能"(因而是"公私的合成体"),"印刷媒体也是如此,所有的社团、工会、大学和政治组织亦是如此。"事实上,费斯断定,"社会领域很大程度上是由同时具有公私特征的实体组成的。"[57]

费斯的观点表明混淆公私区分的描述性与政治性解释是危险的。他的刻画无疑在描述方面是准确的,但公私区分相反取决于道德和政治的归属(ascription)。将演讲者描述为公共或私人主体,在政治上所牵涉到的问题正是自治的范围。按照费斯提出的方式全盘否定演讲者的私人地位,必然需要同样彻底地否定民主自决的领域。而这有悖费斯认为居于集体主义理论核心的自治价值本身。

因此,问题是,尽管通过局部调整私人公民与公共官员的界限可以维系集体主义理论的具体适用,但倘若不对当代的民主正当性观念作重大修正,集体主义理论就不可能通过这一方法

---

[56] 在"红狮案"四年后,当布伦南大法官断定广播被许可人的行为构成"政府行为"时,他对这一点了然于胸。Columbia Broadcasting Sys., Inc. v. Democratic Nat'l Comm., 412 U.S. 94, 180 (1973) (Brennan, J., dissenting). 他得出这一结论,"是因为政府'已经使自己慢慢处于'参与被许可人政策的地位,""结果使得政府本身应当对它们的结果负责。"不过,最高法院的多数派拒绝跟着布伦南走,因而将红狮案的裁定降为令人困惑地关乎物理稀缺性。

[57] Fiss, "Free Speech", at 1414. 关于具有类似倾向的观点,见 Cass R. Sunstein, "Legal Intererence with Private Preferences", 53 *University of Chicago Law Review* 1129 (1986); Sunstein, "Free Speech Now", at 277, 288; Eule, "Promoting Speaker Diversity", at 113—114。

(二)自主在经验上的不真实

公共商谈值得宪法特别的保护,是因为通过该过程,民主的"自我"、自治的中介本身是通过个体与集体自主的调和建构的。因此,宪法对公共商谈的关心假定那些参与公共商谈的人是自由且自主的。如果演讲者的意见和态度被视作只是外因的效果,那么公共商谈就不可能为自决工程服务。在这样的条件下,集体主义理论无法再与民主价值保持一致。

集体主义理论的支持者通常通过强调公共商谈现在不可能被解释为自由交流的场所,以便证成他们的主张。因此朱利安·奥伊勒运用在集体主义理论支持者当中非常流行的一个比喻,主张限制竞选资助是必要的,因为有钱人的声音"会淹没其他人的声音"。这一比喻具有双重功能。一方面,其表达的是规范性的标准,"确保公众所面临大量的观点",奥伊勒认为应当在管理上以此标准规制公共商谈。在更深的层面上,该比喻还有一额外的作用,证成创设这一管理权。奥伊勒明确告诉我们,"财力雄厚的公司发言人能够控制'市场'的程度与言论的说服力没有多大关系。"[59] 奥伊勒的意思是,那些参与公共商谈的人的视角是由诸如钱可以买到的言论数量等变量造成的[60],因而这些视角不是理性代理人自由采纳的结论。管理性的控制之所以正当,是因为将公共商谈与自决联系在一起所必需的自由消

---

[58] 因此,李·博林杰(Lee Bollinger)洞见背后的理论力量在于,在开始对广播媒体进行集体主义的规制之后,国家必定"出于自身的利益而维持一种不完全的规制结构"。Lee C. Bollinger, Jr., "Freedom of the Press and Public Access: Toward a Theory of Partial Regulation of the Mass Media", 75 *Michigan Law Review* 1, 36 (1976).

[59] Eule, "Promoting Speaker Diversity", at 115, 112, 113.

[60] See id., at 129—130. 赖特(Wright, "Money")和娄文斯坦(Lowenstein, "Campaign Spending")的文章都包括在这些方面充分阐述的观点。

失了。

　　这种证成及集体主义理论的方法在欧文·费斯的著作中也很明显,他写道,市场"是一种约束结构",而规制对于"抵制市场扭曲公共辩论"是必要的。[61] 然而,在卡斯·桑斯坦著作中,对于自主的否定非常详密。桑斯坦为自主的归属设置了严格的标准:"自主的观念指的应当是……充分且明确意识到可利用的机会的情况下做出的决定,参考所有相关的信息,没有对偏好的塑造带来不当或额外的限制。当没有满足这些条件时,决定就应当说是不自由和不自主的。"[62] 桑斯坦认为,当看法是"可利用的信息、现有消费模式、社会压力和政府规则的产物"时,就"很难"认定"个人自由"有什么意义。事实上,个人的看法应当"被视作非自主的,因为它们本能地适应不公正的背景条件"。克服这些条件的政府规制"取消的是一种强迫"。桑斯坦提议进行广泛的改革,以使公共商谈服从管理性的控制,而这些改革最终是通过同样广泛地否定个人自主的意义证成的。[63]

　　否定自由会给传统的第一修正案法理造成一个根本且复杂的挑战。我们知道,人类像所有的自然体一样,都要服从因果律。随着社会科学变得越来越复杂,我们可以期望更好地认识、预期和控制文化环境影响与决定社会行为的多重方式,包括言论和看法的形成。不过,这一知识与民主自治的前提本身完全不相容。公民身份预设的是自由的属性;事实上,自主的归属可以说是民主自决的超验前提。这是因为政治体的成员,仅通过社会或自然科学进行透视,就不再是公民;他们只是作为复杂且多样原因的结果才是可见的。

　　我意识到这一结论的吊诡性质。我们往往将自主说成是需要通过教育、培养与改善不利的情形等才能实现的一个条件。

---

[61] Fiss, "Why the State", at 787—788.
[62] Sunstein, "Preferences", at 11.
[63] Id., at 11, 21, 12, 27—32.

这是来自桑斯坦著作的一个视角,寓示着自主必须是被实现而非归属的。但当谈到社会权威结构的设计时,这一视角可能存在误导。这些结构会随着它们是否旨在培养自主或非自主公民之间的互动而有所不同。这意味着自主是或不是法律规制的主体,是规制该主体的法律结构本身所预设的。因此,从该结构设计者的角度来看,自主是否存在发挥着公理或基础原则的功能。[64] 管理结构将公民置于工具理性的约束当中,因而假定公民是被规制的对象,要服从因果律。相形之下,自治的结构将公民置于诠释性的互动网络中,因而假定公民是自主的、自决的。

在大部分情形下,我们都会找到方法巧妙地解决管理与民主的这种张力。例如,在 20 世纪中,规制国家的爆炸性膨胀就是受认可与适用社会科学的见解推动的。通过复杂的社会工程形式,我们操控着我们环境的状况以及其中的居民。我们并不认为这些政府控制在根本上与民主自由的前提不相容,因为我们认为这些是民主国家的公民自由通过的。不过,对公共商谈类似的管理性控制,则不可能以同样的方式被认定具有民主正当性,因为它们会取代集体自决的过程本身。将公共商谈视作具有因果关系的领域,且运用这一观念证成以不兼容民主目标的方式规制公共商谈,就是直接且毫不妥协地挑战自治的最后阵地。

因此,就像公私区分那样,自主的概念在公共商谈中必然是作为道德的归属,划定我们追求民主自治的界限。因此,在不否定我们民主事业核心前提的情况下,否定公共商谈领域的自由就无法一般地证成集体主义的言论自由。最多只能在下述情形

---

[64] 当在《论自由》中拒绝支持限制"酒屋"时,约翰·斯图尔特·密尔(John Stuart Mill)显然很清楚这一点,尽管这在他看来令人不安地体现了工人阶级中有人不受控制的酒精滥用。他写道,这种限制"只适合一种社会状态,即工人阶级被公然作为儿童或奴隶,而且被约束教育,从而使他们未来适于被给予自由的特权。任何自由的国度都不会宣称根据这一原则统治工人阶级"。John S. Mill, *On Liberty* 100 (Elizaberth Rapaport, ed., 1978).

下以孤立与局部的方式否定自主,即第一修正案关于自主的假设似乎只是"幻想"[65],专门掩盖令人难以容忍的私人权力与控制的情形。不过,维持民主正当性要求足够的公共商谈空间仍要受自由的假设支配,从而有效地实现我们对自治的追求。

这一结论的影响在 J. 斯凯利·赖特(J. Skelly Wright)的著作中显而易见,他不屈不挠地愤怒谴责"金钱的窒息性影响",让"人民的头脑"堕落,因而对竞选结果具有"强大的影响"。然而赖特提议的补救措施是孤立、有限的:

> 竞选在时间上是有限的,关注的是具体选项的具体投票决定。对竞选资助的支出限制与其他约束类似于市镇会议的秩序规则,其实施是为了不扭曲审议的过程。第一修正案并不允许约束政治、经济或社会争论的正常讨论。但是,就像市镇会议的喧哗者和长谈者那样,竞选期间不受限制的支出并不会实现自治的价值。[66]

正如奥伊勒、费斯和桑斯坦显然都知道,财富对"政治、经济或社会争论的正常讨论"会产生强大的窒息性影响,与其对竞选的影响一样。但赖特认识到,在不同时牺牲第一修正案核心价值的情况下,公共商谈就不可能服从一般的管理控制。因而他支持一种从经验的角度来看纯属任意的区分。但只要明确牢记自主属性的政治功能,只要否定自主以证成集体主义言论自由理论的应用,这种经验上任意的限制就是必要的。

该分析一个重要的现实寓意就是,我们用来确定自主的标准在政治上必须通过其对自决价值的寓意加以校正。因此,例如在第一修正案的情境下,桑斯坦关于自主严格的前提条件显然就是不可接受的。它们太过严格,以至于在实践中无法适用于混乱的现实政治世界。倘若严格适用,它们就会把自治留给

---

[65] Eule, "Promoting Speaker Diversity", at 129—130.
[66] Wright, "Money", at 636, 625, 622, 639.

哲学王。倘若宽松适用，它们就会将自治的资格与政治的视角联系起来，因而就会公开要求排除那些观点被认为"本能地适应不公正的背景条件"[67]的人对交流的贡献。同样地，欧文·费斯将强制归因于资本主义社会结构的限制则太过模糊和不确定，无法与集体自决的价值和平共处。

坦白地说，我不确定是否可以令人满意地确立适当的自主标准，因为民主与通过否定公民自主以证成集体主义理论的努力，二者之间的张力是根本性的。根据投票者并不自主和自由这样的前提规制民主选举，这种明显的异常情形只会让人震惊。很难想象什么样的经验性表现能够克服这种主张的内部失衡。而且在准许因所谓缺乏自由而从政治体中排除那些公民时，总是会存在操纵与滥用这种让人烦恼的可能。不在原则上否定这样的排除必要或可取的情况下，我要强调的是，民主国家只有在非常罕见和有限的情境才能够容忍它们。

（三）参与、正当与认同的条件

无论批评公私区分还是否定自主，这两种主张都外在于传统第一修正案的法理。它们试图通过否定适用既有第一修正案原理的不证自明的基础，为集体主义理论的适用留下空间。不过，还有第三种支持集体主义理论的主张，这种主张采取的是内在于公认的第一修正案传统的立场。

这一主张首先从下述前提出发，即公共商谈之所以能满足自治的价值，是因为会带来调和个人与集体自主所需要的参与、认同和正当的感觉。即便公共商谈在形式上是自由的，如果公共辩论的实践导致公民感觉疏离或不满，那就无法实现这一功能。如果公共商谈是要维持自决的价值，民主国家就必须与这

---

[67] 因而桑斯坦总结说，第一修正案的保护不应适用于色情作品或仇恨言论，因为它们"对信念和期望具有严重的腐蚀性后果"。Sunstein, "Preferences", at 31—32.

些印象做斗争。这一努力甚至要求公共商谈的特定方面服从管理性的控制。

在 J. 斯凯利·赖特的著作中就可以看到支持集体主义理论的内在主张,他认为竞选即便在形式上是自由的,如果公民感觉到疏远、冷淡且被财富所控制,那么就无法实现其民主功能。赖特敏锐地提醒说:"丧失公民精神、希望和参与是危险的;这种幻灭造成的是疏离;这种疏离造成的是冷漠;这种冷漠则会威胁民主的理念。"[68] 因而他为限制竞选开支进行辩护,认为这是实现集体自决核心关注的一种手段。

因为支持集体主义理论的内在主张仍然与参与和自治的价值牢牢联系在一起,所以并未寓示着集体主义理论总体上应当取代第一修正案的传统解释。相反,其迫使我们面对这种可能性,即在个别的情形下,民主价值的实现需要严格限定的管理性控制结构。[69] 这种结构的精确目标必然是矫正造成公民疏远的阻碍性条件。

例如,赖特认为公民对竞选的疏远是因为公然违反"平等理念"造成的,而且他认为应该管理竞选演说从而体现该理念。不过,赖特明白,即便这种有益的目的也不能改变的事实是,服从管理性控制的公民会变成他治性的规制对象。因而赖特对内在主张的运用导致他赋予民主价值优先地位,借此制止令人不安的、滑向丧失认真对待集体自治理想的趋势,而这种趋势在费斯和桑斯坦最近的著作中十分明显。赖特显然认为组织化的竞选结构,就像市镇会议那样类似的结构,在"讨论政治、经济或社会争论"[70]这一更广泛且不受审查的汪洋大海中,必须仍是范围极为有限的岛屿。

---

[68] Wright, "Money", at 638.
[69] 在此意义上,内在主张体现的分析结构类似于我在第四章所说的"公共商谈悖论"。
[70] Wright, "Money", at 609, 639.

在我看来,以空间比喻表示这种取消自决的有限情形,要优于更常见的时间形象,后者在被反复讲述的尤利西斯与塞壬(Ulysses and the Sirens)的寓言中可以找到。[71] 众所周知的权力动态分析表明,以管理替换自治在实践中不可能是暂时的。当然,在一个民主国家中,将公共商谈与自治的价值完全分开,无论持续的时间多么有限,都是不能接受的。在此意义上,空间比喻恰好关注管理性控制的个别领域与不断进行的自由交流过程的总体健康之间的关系。空间比喻强调交流过程的管理性规制必然具有辅助与从属性质。

根据支持集体主义理论的内在主张,对公共商谈个别领域的管理性控制只有通过迫切的需要才能证成,而内在主张是根据自由的形式条件有损于实现实际民主正当性的情形理解这种迫切需要的。只有遭到形式自由迷惑的民主才会对这些情形丧失警惕。但内在主张还要求我们勇敢面对确立管理性控制的框架所带来的悖论,这样的框架破坏自由的形式条件以恢复民主的价值,必然会丧失其所希望实现的内容。或许就局部复兴行为而言,它们是可以接受的,但如果普遍规定这种结构,就会挫败民主事业存在的理由。

因而我们陷入了一个矛盾与妥协的世界,是政治和宪法裁判不幸的发源地。我们的主要希望是清楚地记住应当指引我们判断的价值,包括而且尤其是它们当中剧烈的冲突。因为其原则性的应用会加强这种分裂的意识,所以在我看来,支持第一修正案集体主义理论的内在主张是该理论最具有吸引力的宪法理据。

---

[71] See, e. g., John Elster, *Ulysses and the Sirens*: *Studies in Rationality and Irrationality* (1979); Sunstein, "Legal Interference". 关于批评这一比喻在政治上的运用,见 Jonathan Schonsheck, "Deconstructing Community Self-Paternalism", 10 *Law and Philosophy* 29 (1991)。

四、结语

相比较而言,当代集体主义理论的支持者往往会热情且不加批判地支持该理论是进步主义规制国家的有益扩张。抵制该理论被说成是洛克纳主义(Lochnerism)[72],说成是对久已消失的杰斐逊式独立的眷恋。[73] 我们被告知,现代世界要求更严格的现实主义,承认限制与他治无所不在且又复杂的配置,这只有通过积极的国家干预方可掌控。

不过,国家的干预意味着管理性控制,而我们不应如此急着支持一个"坚定不移的组织"世界(就像法兰克福学派所描述的那样)。[74] 米歇尔·福柯(Michel Foucault)噩梦般的景象足够清晰地表明这样一个世界的真实性质。控制结构会获得自己的生命,反噬建立它们的进步之手。如果我们建立他治的组织,我们迟早会被宣告生活于此中。我们会成为并非我们自身权力的臣民。

我并不是说政府规制没有必要的用途。"自然的"社会秩序是不存在的,而政府管理对于实现我们期望的目标与结果不可或缺。的确,最终并未建立旨在实现公共目标的管理组织的公共商谈,完全是软弱无能的。但相较于自由放任的简单问题,公共商谈的规制牵涉到的更多。在个人自由[75]与自我实现[76]的

---

[72] See David Yassky, "Eras of the First Amendment", 91 *Columbia Law Review* 1699 (1991); Cass R. Sunstein, "Lochner's Legacy", 87 *Columbia Law Review* 873, 883—884 (1987).

[73] Fiss, "Free Speech", at 1412.

[74] Max Horkheimer and Theodor W. Adorno, *Dialectic of Enlightenment* 87 (John Cumming, trans., 1972).

[75] C. Edwin Baker, *Human Liberty and Freedom of Speech* (1989).

[76] Martin H. Redish, "The Value of Free Speech", 130 *University of Pennsylvania Law Review* 591 (1982).

价值以外,尚存在自治的集体美德的重要性。传统的第一修正案原理,因为罕见地关注自主和民族认同的不确定性,成为宪法硕果仅存的、认真对待自决工程的领域。如果我们认为该工程是幼稚的神话加以抛弃,我们也就会抛弃对民主的追求,至少是我们的宪法传统到目前为止所理解的民主。

或许现在修正这种理解的时机已经成熟。如果有人真的准备放弃到目前为止支配着我们理解民主正当性的启蒙框架,通过无意识地抽去我们声称以其名义行事的那些价值,就会直接而非侧面加入这一辩论。当然,倘若关于民主没有令人信服的替代性规范解释,即便是出于最诱人的进步主义改革愿景,我们也不应欣然放弃我们对集体独立和自由工程最后仅存的追求。

集体主义的言论自由理论显然有其用途,但尚未达到取代传统第一修正案法理的地步。当对于维持自治的事业真正所需,或当我们需要标准调整对公共官员言论的规制时,我们就应当运用该理论。但这些应当是例外情形而非通例,至少直到我们就民主制度的意义发展出比集体自决更有吸引力的解释为止。

重 述

种族主义言论问题

种族主义的祸害仍然笼罩着美国。我们随处可见其破坏的痕迹,用威廉·加里森具有先见之明的话说,即我们"与死亡所结的约……与地狱所立的盟"[1]的苦涩遗产。这就是造就我们的历史的现存结果。倘若不改变我们自己因而也改变我们的法律秩序,那就无法克服这一历史。自布朗案(Brown v. Board of Education)[2]以来,我们大部分的法律都已经通过了这一挑战的锤炼。[3] 问题总是在于该如何取舍。

现在轮到第一修正案了。很大程度上受理查德·德尔加多"伤人的话"[4]启发,在过去数年中出现了大量分析限制种族主

---

[1] Dwight Lowell Dunmond, *Antislavery: The Crusade for Freedom in America* 273 (1961) (quoting William Lloyd Garrison).
[2] 347 U.S. 483 (1954).
[3] 关于代表性的观点,见 Owen Fiss, "Foreword: The Forms of Justice", 93 *Harvard Law Review* 1 (1979)。
[4] Richad Delgado, "Words That Wound: A Tort Action for Racial Insults, Epithets, and Name-Calling", 17 *Harvard Civil-Rights-Civil Liberties Law Review* 133 (1982); see Marjorie Heins, "Banning Words: A Comment on 'Words That Wound'", 18 *Harvard Civil-Rights-Civil Liberties Law Review* 585 (1983); Richard Delgado, "Professor Delgado Replies", 18 *Harvard Civil Rights-Civil Liberties Law Review* 593 (1983).

义言论合宪性的文章。[5] 这些分析不完全是学术性的。在种

---

[5] Richard Delgado, "Campus Antiracism Rules: Constitutional Narratives in Collision", 85 *Northwestern University Law Review* 343 (1990); Mary Ellen Gale, "On Curbing Racial Speech", *Responsive Community*, Winter 1990—1991, at 47; Marvin Glass, "Anti-Racism and Unlimited Freedom of Speech: An Untenable Dualism", 8 *Canadian Journal of Philosophy* 559 (1978); Joseph Grano, "Free Speech v. the University of Michigan", *Academic Questions*, Spring 1990, at 7; Ken Greenawalt, "Insults and Epithets: Are They Protected Speech", 42 *Rutgers Law Review* 287 (1991); Thomas C. Grey, "Civil Rights vs. Civil Liberties: The Case of Discriminatory Verbal Harassment", *Sociological Philosophy and Policy*, Spring 1991, at 81; Graham Hughes, "Prohibiting Incitement to Racial Discrimination", 16 *University of Toronto Law Journal* 361 (1966); Thomas David Jones, "Article 4 of the International Convention on the Elimination of All Forms of Racial Discrimination and the First Amendment", 23 *Howard Law Journal* 429 (1980); David Kretzmer, "Freedom of Speech and Racism", 8 *Cardozo Law Review* 445 (1987); "Language as Violence v. Freedom of Expression: Canadian and American Perspectives on Group Defamation", 37 *Buffalo Law Review* 337 (1989); Kenneth Lasson, "Racial Defamation as Free Speech: Abusing the First Amendment", 17 *Columbia Human Rights Law Review* 11 (1985); Kenneth Lasson, "Group Libel Versus Free Speech: When Big Brother Should Butt In", 23 *Duquesne Law Review* 77 (1984); Charles R. Lawrence, "If He Hollers Let Him Go: Regulating Racist Speech on Campus", 1990 *Duke Law Journal* 431; Jean C. Love, "Discriminatory Speech and the Tort of Intentional Infliction of Emotional Distress", 47 *Washington and Lee Law Review* 123 (1990); Mari Matsuda, "Public Response to Racist Speech: Considering the Victim's Story", 87 *Michigan Law Review* 2320 (1989); Martha Minow, "On Neutrality, Equality, and Tolerance: New Norms for a Decade of Distinction", *Change*, Jan.-Feb. 1990, at 17; David F. Partlett, "From Red Lion Square to Skokie to the Fatal Shore: Racial Defamation and Freedom of Speech", 22 *Vanderbilit Journal Transnational Law* 431 (1989); Dean M. Richardson, "Racism: A Tort of Outrage", 61 *Oregon Law Review* 267 (1982); Rodney A. Smolla, "Rethinking First Amendment Assumptions About Racist and Sexist Speech", 47 *Washington and Lee Law Review* 171 (1990); Nadine Strossen, "Regulating Racist Speech on Campus: A Modest Proposal", 1990 *Duke Law Journal* 484; Ruth Wedgwood, "Freedom of Expression and Racial Speech", 8 *Tel Aviv University Studies in Law* 325 (1988); R. George Wright, "Racist Speech and the First Amendment", 9 *Mississippi College Law Review* 1 (1988); Note, "A Communitarian Defense of Group Libel Laws", 101 *Harvard Law Review* 682 (1988); Note, "The University of California Hate Speech Policy: A Good Heart in Ill-Fitting Garb", 12 *Journal of Communications*

族主义事件激增的推动下[6],全国的大学都转向了限制种族主义表达的任务。[7] 这些限制的证成及其与第一修正案价值的关系,已成为一个争论不休的问题。[8]

进路之一试图运用法律规制消除全部有形的"种族主义情感"标志,在某些人的眼里,这种情感是由我们的历史造成的,"几乎充斥着所有美国白人的生活。"[9] 例如,康涅狄格大学颁布的规章显然就体现了这种非凡的抱负。这些规章禁止"基于种族或族群而

---

and Entertainment Law 593 (1990); Comment, "Freedom from Fear", 15 Lincoln Law Review 45 (1984) (authored by Kammy Au); Peter Edelman, "Punishing Perpetrators of Racist Speech", Legal Times, May 15, 1989, at 20.

[6] See, e. g., Howard J. Ehrlich, Campus Ethnoviolence and the Policy Options 41—72 (1990); Nancy Gibbs, "Bigots in the Ivory Tower: An Alarming Rise in Hatred Roiles U. S. Campuses", Time, May 7, 1990, at 104.

[7] 戴维・里夫(David Rieff)写道,"在过去两年中美国 137 所大学通过了仇恨言论的禁令。"David Reiff, "The Case Against Sensitivity", 114 Esquire 120, 124 (1990). "See Lessons from Bigotry 101", Newsweek, Sept. 25, 1989, at 48; William Julius Wilson, "Colleges' Anti-Harassment Polices Bring Controversy Over Free-Speech Issues", Chonicle of Higher Education, Oct. 4, 1989, at A1; Cheryl M. Fields, "Colleges Advised to Develop Strong Procedures to Deal With Incidents of Racial Harassment", Chronicle of Higher Education, July 20, 1988, at A 11.

[8] 就这一争论对美国公民自由联盟(ACLU)的影响,见 Hentoff, "The Colleges: Fear, Laothing, and Supression", Village Voice, May 8, 1990, at 20; Hentoff, "What's Happeningto the ACLU", Village Voice, May 15, 1990, at 20; Hentoff, "Putting the First Amendment on Trial," Village Voice, May 22, 1990, at 24; Hentoff, "A Dissonant First Amendment Fugue", Village Voice, June 5, 1990, at 16; Hentoff, "An Endangered Species: A First Amendment Absolutist", Village Voice, June 12, 1990, at 24; Hentoff, "The Civil Liberties Shootout", Village Voice, June 19, 1990, at 26; "Policy Concerning Racist and Other Group-Based Harassment on College Campuses", ACLU Newsletter, Aug. -Sept. 1990, at 2。

[9] Joel Kovel, White Racism: A Psycho History, 34 (1970); see Charles R. Lawrence, "The Id, the Ego, and Equal Protection: Reckoning with Unconscious Racism", 39 Stanford Law Journal 317, 321—326 (1987).

贬低他人的行为"[10]。它们规定，"运用贬低性的名称、指向不当的笑声、考虑不周的笑话、匿名的消息或电话以及明确排除于谈话和/或课堂讨论都是这里所禁止的骚扰行为。"规章罗列了所禁止的"骚扰、歧视和偏狭的迹象"，其中某些是：

> 就个人的经验、背景与技能有成见；
> 仅以人们与多数不同就区别对待；
> 因为参与者的背景对行为或情形作出负面的回应……；
> 在言谈或举止中模仿成见……
> 将反对前述行为归于目标个体或群体的"超级敏感"。[11]

这些规章显然并不是要规制具体的行为或表达形式，而是要包括与禁止所有内部心绪的外部"标志"。人们很容易就可以理解这一目的的逻辑。如果我们"共同的历史和文化遗产"使得我们"都是种族主义者"[12]，那么种族主义就必须被视作尚未得到补救的一种身份，其各个方面的体现都应当遭到质疑与制裁。惩罚性的法律规制因而面临的任务是努力想象与明确种族主义所有可能的体现。但因为种族主义的人格可以无限多样的方式得到体现，因而这一任务本质上很难实现。康涅狄格大学的规章显然陷入了这一逻辑令人沮丧的螺旋中，这一逻辑的结论只能是法律完全压

---

[10] Department of Student Affairs, University of Connecticut, "Protect Campus Pluralism". 相关的条例规定，"大学的每个人都有义务避免恐吓、侮辱或贬低人们或群体的行为或破坏其安全或自尊的行为。"他们把"骚扰"界定为"出于种族、族群、世系、族源、宗教、性别、性取向、年龄、身体或精神残疾针对个体或群体的侮辱行为"，而且禁止"具有干扰个体行为或造成恐吓、歧视或冒犯性环境这种效果的骚扰"。

[11] 同上。相关条例指示学生如果"经历或目睹这种迹象"就告知"歧视与偏狭响应网络"，而且要"知道学校不会容忍这种行为"。

[12] Lawrence, The Id. , at 322.

制个体。[13]

  这一逻辑显然与最基本的言论自由标准也不相容。任何交流都有可能表现种族主义者的自我,因而没有交流可以免于法律惩罚的危险。因而毫不奇怪,康涅狄格大学因可能遭到诉讼就不得不撤销了其条例,显然既不情愿又很窘迫。[14] 如果法律规制的抱负是要压制种族主义人格的表现,那么必然的结果就是全盘放弃表达自由的所有原则。

  因而,倘若我们关心第一修正案的价值,我们就必须设法采用更温和的愿望。[15] 调和表达自由的原则与种族主义言论的限制,这种可能性取决于我们关注点的转移,即从其本能的目标,即我们文化遗产的种族主义,转向矫正因种族主义表达所造成的具体明显的伤害。明确这些伤害会促使就个别的言论形式加以界定,然后可以根据第一修正案的相关价值就法律对这些言论的规制加以评估。

  不管怎么说,这就是本书的策略。本书的志向是说明性的而

---

[13] 人们会想起16世纪西班牙宗教裁判所扩大化的活动,目的是要发现与惩罚表面上归顺天主教以避免被驱逐的摩尔人和犹太人内心堕落的所有外部迹象。这些活动最终导致宗教裁判所断定,食用粗麦粉和猪肉本身都是可以惩罚的异端。See Deborah Root, "Speaking Christian: Orthodoxy and Difference in Sixteenth-Century Spain", *Representations*, Summer 1988, at 118, 126, 129.

[14] Nick Ravo, "Campus Slur Alters s Code Against Bias", *New York Times*, Dec. 11, 1989, at B1, B3.

[15] 不过,在许多大学高度紧张的氛围中采取温和的愿望并不容易。See Robert Detlefsen, "White Like Me", *New Republic*, Apr. 10, 1989, at 18. 康涅狄格大学运用惩罚性的法律规制阻止所有种族主义的表现形式,很难说是不同寻常的。例如,马萨诸塞州高等教育理事会于1989年6月13日通过了一项"反种族主义政策","禁止所有形式的种族主义"。Board of Regents of Higher Education, Commonwealth of Massachusetts, "Policy Against Racism and Guidelines for Campus Policies Against Racism" 1 (June 13, 1989). 这一禁令涵盖"包括基于种族、肤色、族群、文化或宗教而拒绝给予任何人平等、尊严或安全的权利或具有拒绝效果的所有口头骚扰或辱骂在内的所有条件、所有行为或疏忽"。"反种族主义政策"接着说:"任何形式的种族主义,公开的或隐含的、故意或非故意的、个人或机构的,都是对人的尊严原则以及法律所保障的文明和谐的极大侵犯。"

非全面的：种族主义言论的基本问题具有太多的方面，不是这里能够全部容纳的。尽管第一部分"种族主义言论的伤害"试图区分与描述五种具体的伤害，第二部分"第一修正案的价值"则只是就几种可能相关的第一修正案的重要价值之一进行描述，即民主自治。在我看来，这一价值是当前保护公共商谈的宪法保障措施的首要原因。本章第三部分也是主体的部分"种族主义言论与公共商谈"，讨论的只是为了改善种族主义言论所造成的具体伤害而规制公共商谈的合宪性这一问题。第四部分"第一修正案与对教育环境的伤害"则简要考察在公共高等教育机构规制种族主义言论所带来的非常不同的宪法问题。

这一分析结构的主要缺点之一，"种族主义言论"的术语变成像是密码的东西。正如康涅狄格大学的条例所示，该术语根本不稳定且模糊不清。或许有多少评论者就有多少定义，而追求其无限丰富的语义是没有意义的。因此，我决定集中讨论限制种族主义表达的具体理由的宪法寓意，而以"种族主义言论"的术语吸收这些各式理由所蕴含的内容。

我还要说的是，写作本章既艰难且痛苦。我既赞成表达自由的原则，也反对种族主义。这里所考察的主题迫使我将这两种志向对立起来，于此我只能勉为其难且心情沉重。

一、种族主义言论的伤害

即便简单地考察当代的争论，即足以揭示其充斥着对种族主义表达的伤害有条理的复杂描述。这里我会把这些伤害分为体现最重要思路的五种大致类型，同时也便于进行第一修正案的分析。[16]

(一) 种族主义言论的内在伤害

当代文献中反复出现的一个主题是，种族主义表达之所以应当受到规制，是因为其会造成所谓"道义的"伤害。基本的观点即，种族主义表达具有一种"天然的不当"，而不管是否存在诸如"悲痛、严重的心理伤害"等具体的经验结果。[17] 据称，容忍种族主义的表达不符合对"平等原则"的尊重[18]，而该原则是第十四修正案的核心[19]：

> 这一主张的要旨在于，一个致力于社会与政治平等理想的社会不能是消极的：其必须明确表达团结容易遭到伤害的少数群体，积极申明其忠于那些理想。禁止种族主义言论的法律必须被视作这种表达与申明的重要组成部分。[20]

如果种族主义表述的根本伤害在于其与平等主义理想内在与外在的不兼容，那么参照那些理想就可以界定要服从法律规制的具体交流类型。例如，如果第十四修正案被认为载明反歧视的原则，那么"任何支持种族偏见或歧视的言论（最广意义上的）"[21]都

---

[16] 这些类型绝不是穷尽的。例如，欧洲的文献包括一种发达的法理学，根据潜在暴力的伤害规制种族主义言论。See Roger Cotterrell, "Prosecuting Incitement to Racial Hatred", 1982 Public Law 378; Kretzmer, "Freedom of Speech", at 456; Patricia M. Leopold, "Incitement to Hatred—The History of a Controversial Criminal Offense", 1977 Public Law 389, 391—393. 我并没有讨论这种类型的伤害，因为在美国的情境下不是那么重要。我怀疑这主要是因为勃兰登堡（Brandenburg）案"明显且即刻危险"标准公认的支配地位。See Brandenburg v. Ohio, 395 U. S. 444, 447—449 (1969).

[17] Wright, "Racist Speech", at 14—22, 10, 9.

[18] Hughes, "Prohibiting Incitement", at 364.

[19] See Lawrence, "If He Hollers", at 438—449.

[20] Kretzmer, "Freedom of Speech", at 456.

[21] Id., at 454.

应当接受规制。但如果相关的理想被认为体现实体性的种族平等,那么相应的交流类型就应当被界定为包含"种族低劣……信息"的言论。[22]

(二)对可识别群体的伤害

当代争论的第二个主题是,种族主义表达之所以应当加以规制,是因为伤害其所针对的那些群体。这一主题具有两个基本的变体。一个的灵感源自群体诽谤的传统[23]与最高法院"博阿尔内诉伊利诺伊案"(Beauharnais v. Illinois)的判决。[24] 根据这一观点,应当规制可能给可以识别的群体加诸蔑视或嘲笑的言论,以防止伤害这些群体成员的地位与前途。另外一个变体源自对种族主义更现代的理解,即"一个群体由于种族低劣的理念而形成的结构性服从"[25]。种族主义表达之所以被认为尤其不可接受,在于其锁定在已经被边缘化的群体的压迫中:"种族主义言论之所以尤其有害,在于其是一种服从机制,会强化历史性的上下关系。"[26]

如果防止群体的伤害是规制交流的理由,那么法律所禁止的言论的界定,就取决于人们对系争群体性质的理解以及交流如何造成伤害。例如,源自群体诽谤理论的规制倾向于保护所有的群体[27],而源自从属群体理论的规制则只会惩罚"针对历史上遭到压迫的群体"[28]的言论。

---

[22] See Matsuda, "Public Response", at 2357.
[23] David Riesman, "Democracy and Defamation: Control of Group Libel", 42 *Columbia Law Review* 727 (1942).
[24] 343 U. S. 250 (1972). 关于这一脉络的作品,见 Lasson, "Group Libel"; Lasson, "Racial Defamation"; Note, "Group Vilification Reconsidered", 89 *Yale Law Journal* 308 (1979).
[25] Matsuda, "Public Response", at 2358.
[26] Id.
[27] See, e. g., Lasson, "Racial Defamation", at 48.
[28] Matsuda, "Public Response", at 2357.

(三) 对个体的伤害

当代文献中第三个重要的主题是种族主义表达会伤害个体。这一主题实质上将种族主义表达类推为诽谤、侵犯隐私与故意造成精神痛苦的尊严型侵权所规制的交流形式。法律会补偿人们因为这种交流造成的尊严与精神伤害,而且据说种族主义的表达之所以应加以规制,是因为会造成类似的伤害。这些伤害包括"耻辱、孤立和自我憎恨的感觉"以及"冒犯尊严"。这些伤害之所以特别厉害,是因为"种族侮辱……会唤起美国整个种族歧视的历史。"[29]用帕特里夏·威廉姆斯的名言来说,种族主义表达是一种"心灵的谋杀"[30]。

因为对具体的人的负面影响而规制种族主义言论,这表明法律所制裁的交流形式应当限于针对具体个体或以其他某种形式可以证明对具体个体产生不利影响的那些。不过,交流类型的性质取决于试图矫正的具体伤害的形式。如果关注阻止"尊严性的伤害"[31],伤害就可以被理解为特定种族主义交流形式这一表达本身[32];如果关注点在于情感性的损害,那么就会要求单独的痛苦证

---

[29] See Delgado, "Words That Wound", at 137, 143, 157.
[30] Patricia Williams, "Spirit-Murdering the Messenger: The Discourse of Finger-pointing as the Law's Reponse to Racism", 42 *University of Miami Law Review* 127, 151 (1987).
[31] See Love, "Discriminatory Speech", at 158.
[32] 例如,理查德·德尔加多建议法院确立种族侮辱的侵权,只要原告能够证明"被告意在通过影射种族而贬低身份的话是针对他或她的;原告认为意在通过影射种族贬低身份;而且正常人会视其为种族侮辱"。Delgado, "Words That Wound", at 179.

据以支持救济。[33] 规制还会随着对个体的伤害被认为源自种族主义表达的观念内容还是侮辱性质而有所变化。[34]

(四) 对观念市场的伤害

当前争论的第四个主题是,种族主义表达会伤害第一修正案旨在培育的观念市场本身。为了支持这一主张,已经提出了各种不同的论点。有人说,"作为一种侵犯的形式,"与理性审议必备的尊重和非强制条件不符的"行为",种族主义表达应当被禁止。[35] 还有人说,种族主义表达不符合观念市场,因为会"影响、扭曲和限制市场的运作……种族主义是非理性的,通常是无意识的"[36]。最后,还有人说种族主义会"系统地"让"所有人"失声[37],或是通过"发自内心的"震惊与种族主义语言"对未来言论先发制人的效果",或是通过消除或贬低黑人以及其他非白人的言论扭曲观念

---

[33] 例如,参见德克萨斯大学奥斯丁分校草拟的条例,该条例禁止种族骚扰,而且将种族骚扰界定为"旨在根据种族、肤色或族源骚扰、威胁或羞辱学生的极端或无礼的行为或交流,而且可能给他们造成严重的精神痛苦。"President's Ad Hoc Committee on Racial Harassment, The University of Texas at Austin, "Reports of President's Ad Hoc Committee on Racial Harassment" 4—5 (Nov. 27, 1989). 条例草案的起草者称,"种族骚扰政策以严重精神痛苦的真实伤害为焦点是非常可取的。"

[34] 例如,比较威斯康星大学以前的条例与斯坦福大学的条例,前者包括"针对个人的种族主义或歧视性评论、称呼或其他表达行为。"Board of Regents of the University of Wisconsin System, Wis. Admin. Code UWS § 17.06 (2a) (Aug. 1989) (在 UWM Post, Inc. v. Board of the Univ. of Wis. Sys., 774 F. Supp. 1163 [E.D. Wis. 1991]案中因为违反第一修正案被推翻),后者则只包括"直接针对其侮辱或污蔑的个人"的种族主义言论以及"侮辱或'挑衅'的言辞。"Stanford University, "Fundmental Standard Interpretation: Free Expression and Discriminatory Harrassment" 2 (draft, Mar. 15, 1990).

[35] See Lasson, "Group Libel", at 123. "言论条款保护的是观念市场而非战场。"Id.

[36] See Lawrence, "If He Hollers", at 468.

[37] Id., at 447 n. 66 (quoting MacKinnon, "Not a Moral Issue", 2 *Yale Law and Policy Review* 321, 340 [1984]).

市场。[38]

遭到法律制裁的交流类型取决于接受这当中的哪一个主张。正是根据种族主义表达破坏观念市场的方式,这些类型可以被限于具有强迫性和骇人的交流,或扩展到包括无意识和非理性的种族主义言论,或进一步扩展到包括明显贬低和丑化受害群体的言论。

(五) 对教育环境的伤害

前面所讨论的四种伤害都可能因公共商谈内部的种族主义表达产生。不过,对当代的争论来说,还有第五种非常重要的伤害,但只与高等教育机构的具体教育环境有关。这就是种族主义表达给大学和学院教育使命造成的伤害。防止这一伤害对于大量校园条例的界定而言都居于核心地位。

大学和学院通常试图规制"直接给大学教育过程造成实质性紧迫干扰"的种族主义交流,而没有明确说明种族主义表达如何造成这种干扰。[39] 某些校园条例则更加具体,关注的是种族主义表达给具体个体或群体造成的损害。例如,某些条例只禁止"干扰受害者有效接受教育或充分参与校园课程与活动能力"的种族主

---

[38] Id., at 452, 470.

[39] Office of Student Life Policy and Service, Rutgers University at New Brunswick, "University Student Life Policy Against Insult, Defamation, and Harassment" 1 (May 31, 1989) (revised); see also Doe v. University of Mich., 721 F. Supp. 852, 856 (E.D. Mich. 1989); Oberlin College, "Policy on Race Relations and Informal Procedures for Racial Grievances"; Office of the Dean for Student Affairs and the Special Assitants to the President, Massachusetts Institute of Technology, "Information on Harassment" (Sept. 1989); State University of New York, College at Brockport, "Discriminatory Harassment" § 285.02; University of Pennsylvania, "Harassment Policy"(Almanac Supp., Sept. 29, 1987) (as published originally in the Almanac of June 2, 1987).

表达。[40] 或许这种干扰出现的理由与我们已经讨论过的那些类似。

不过,在很多情形下,学院或大学的条例会阐述在本质上与种族主义表达不相容的特殊教育目标。例如,曼荷莲学院试图灌输多样性的价值,认为这与种族主义的表达格格不入。因此,曼荷莲学院的条例规定:

> 进入曼荷莲学院就是成为共同体的一员⋯⋯
>
> 我们的共同体致力于维持不仅容忍且颂扬多样性的氛围。为达此目的,曼荷莲共同体的每一个成员都要以普遍的礼仪标准对待所有人。[41]

马凯特大学则将自己界定为"基督教与天主教的机构⋯⋯致力于的理念是,所有人在上帝眼中都拥有与生俱来的尊严且作为上帝的子女都是平等的。"相应地,马凯特大学的条例试图维持一种环境,"尊重共同体每个成员的尊严和价值"而"不会容忍⋯⋯种族性的侮辱或骚扰"。[42] 玛丽·华盛顿学院确立的则是这一教育使命的世俗版本;其条例规定,"本院的目标是,在一个培育和鼓励成长、理解和欣赏所有人的环境中,帮助所有学生取得学习上的成

---

[40] University of California, "Universitywide Student Conduct: Harassment Policy" (Sept. 21, 1989). 关于根据群体伤害进行规制的例证,见 Clark University's "Code of General Conduct": "骚扰包括任何旨在不当干扰任何人或团体的工作或学习或制造恐吓、敌视或冒犯性环境,或具有这种效果的口头或身体行为。" Clark University, "Code of General Conduct and University Judicial Procedures" 1 (Fall Semester 1988). 关于类似规制的其他例证,见 Emory University, "Policy Statement on Discriminatory Harassment"; Marquette University, "Racial Abuse and Harassment Policy" (May 5, 1989); Office of University News and Information of Kent State University, "Policy to Combat Harassment, For the Record", Vol. 5, No. 5 (Feb. 6, 1989).

[41] Mount Holyoke College, "The Honor Code: Academic and Community Responsibility" §III, "Community Responsibility, Introduction" (reprinted from the Student Handbook).

[42] Marquette University, "Racial Abuse and Harassment Policy" 1 (May 5, 1989).

功"。相应地,"任何有损这一目标的行为,诸如种族或性骚扰都与学院共同体的目标不符。"[43]

在这样的情形下,种族主义表达之所以会干扰教育,不仅因为其会给群体、个体或观念市场造成一般性的伤害[44],而且更根本的是,种族主义言论表明的行为有悖于具体学院或大学试图灌输的特定教育价值。[45]

二、第一修正案的价值

任何宪法学者都知道,第一修正案的原理既不清晰,也缺乏逻辑性。这是一片广袤的、漂浮与纠缠着价值、理论、规则、例外、偏好的马尾藻海。* 第一修正案的原理要求通过确定的解释活动得出一套有效的宪法原则,借此评估对表达的规制。近年来一个糟糕的趋势就是回避这一棘手的工作,依靠刻板地援用第一修正案的"利益",这些利益可以在诸如"个人的自我实现"、"真理"、"民主"等概括性的标签中得到体现,不过这种趋势决不限于种族主义言论方面的争论。[46] 这些准则给第一修正案的法理带来一种稳定与秩序的假象,当以这种假象取代认真思考我们为什么真的关心

---

[43] Mary Washington College, "Mary Washington College Student Handbook" 20 (1990—1991).

[44] "如果大学代表什么的话,那就是代表追求真理的自由……但倘若法庭被搞成恶语横飞的烂泥坑,真理在法院还会得到申辩的机会吗?"James T. Laney, "Why Tolerate Campus Bigots", *New York Times*, Apr. 6, 1990, at A 35.

[45] 因此埃默里大学校长詹姆斯·莱尼(James T. Laney)称:"教育者严格来说是价值的传授者。通过教育,我们向下一代传递的不仅是信息,还有我们文明社会的习惯和举止。大学与普通社会的不同之处在于不仅坚持自由的表达,还坚持有助于相互交往的环境。"

* 马尾藻海(Sargasso Sea),北大西洋中部的一个地区,四周为洋流所包围,因而也成为这些洋流所带来的海生植物和垃圾的汇集地。——译者注

[46] See, e. g., Delgado, "Words That Wound", at 175—179; Note, "A First Amendment Justification for Regulating Racist Speech on Campus", 40 *Case Western Reserve* 733 (1989—1990).

保护表达自由的问题时,可能就会变得危险。

就越来越多的建议限制种族主义言论的文献而言,最让人失望的就是显然缺乏前述思考。此类文章中最有原创性且最重要的文章关注的是揭露与展示种族主义表达的多重危害;而规制表达的伤害基本上被草率地否定。这一侧重点很容易理解。试图从第一修正案原理的防御所提供的一般性言论保护勾勒出一种新的例外情形,这一工作让人望而生畏。即便如威廉·布伦南大法官这样坚定的少数派权利的维护者似乎也无动于衷,因为他在"合众国诉艾希曼案"(United States v. Eichman)[47]中称,"恶毒的种族与宗教称呼"应当受到宪法保护,因为"第一修正案的基础原则即……美国政府不可以仅因为社会认为表达一个观念本身具有冒犯性或不友好就加以禁止。"[48]面对这种让人畏惧的障碍,限制种族主义言论的支持者自然就会强调肯定性的情形而将抵消性的考量降到最低。

当然,我同意不应该只通过援用当前的原理解决规制种族主义言论的问题。但同样重要的是,也不应不认真对待该原理所包含的价值就解决这一问题。诸如康涅狄格以及其他许多大学所颁

---

[47] 496 U.S. 310 (1990).
[48] Id., at 319 (quoting Texas v. Johnson, 491 U.S. 397, 414 [1989]). 参见布伦南(Brennan)在德克萨斯诉约翰逊(Texas v. Johnson)案中相同意思的话:"第一修正案并不保证……对我们整个国家来说几乎神圣的概念——诸如以种族为由进行差别对待是可憎而且具有破坏性的原理——在观念市场上不会受到质疑。"*Johnson*, 491 U.S. at 418. 布伦南引征了勃兰登堡案[Bradenburg v. Ohio, 395 U.S. 444 (1969)]支持他的话,最高法院在该案中将第一修正案的保护适用于以令人恶心的评论为特色的三K党集会:"埋了黑……人";"肮脏的黑……鬼";"把犹太人赶回以色列"。

布的条例所示,缺少这种对待是一个真实的问题。[49] 尽管郑重其事地考察种族主义言论的限制所牵涉到的第一修正案价值,本身无法决定性地解决我们所面临的棘手宪法问题,但至少能表明在这一争论中最攸关的是什么,就此阐明我们必须做出的选择。

(一) 民主、公共商谈和第一修正案

我们关注的只是规制种族主义言论对第一修正案其中一种价值脉络的意义。不过,这是极为重要的一种脉络,在我看来可以解释当代第一修正案原理很大一部分的内容。该脉络关注的是表达自由与民主自治的关系。其要旨在于为民主过程所需要的交流提供特定的保护形式,最高法院给这种交流贴上的标签是"公共商谈"。[50]

我在第五章中详细分析了如果公共商谈要促进集体自决这一基本的民主目标,就必须满足的结构性前提。这里需要特别强调的前提有四,当我们考察种族主义言论的规制时它们具有重要的意义。

第一,公共商谈的功能是在可能的程度内调和个体意志与普遍意志。公共商谈因而最终植根于尊重个体是"自由与平等的人"。[51] 用让·皮亚杰的话来说,"民主的实质在于倾向将法律视作集体意志的产物,而非源自超验意志或神权所确立的权威。因而以自主意志的互相尊重取代对权威的单方尊重就是民主的实质

---

[49] 例如,查尔斯·劳伦斯(Charles Lawrence)写道,密歇根大学的条例最近被联邦地方法院宣布无效,参见前注39,该条例公然违宪,以至于"难以相信在起草的过程中咨询过任何密歇根大学法学院的人"。See Lawrence, "If He Hollers", at 477 n. 161. "好像校方故意制定了一项违宪的条例,从而他们可以对黑人学生说:'我们想要帮忙来着,但法院不让我们这么干。'"当代许多大学的条例都与密歇根大学的类似。

[50] Hustler Magazine v. Falwell, 485 U.S. 46, 54 (1988).

[51] John Rawls, "Justice as Fairness: Political Not Metaphysical", 14 *Philosophy and Public Affairs* 230.

所在。"[52]第一修正案原理所具有的这种个体主义特征因而直接源自民主的核心事业。[53]

第二,作为自决事业的民主,必然寓含着某种形式的公私区分。这是因为,如果国家本身将民主试图调和的"自主意志"强制塑造为公共意见,就会破坏其自身事业存在的理由（raison d'être）。[54]如果形容词"私的"被理解为超越国家强制塑造的东西,那么公共商谈就必须被概念化为一种借以将"私的"视角转化为公共权力的过程。

第三,根据这一解释,民主在本质上是不完整的。民主必然预设着社会领域的重要（甚至可以说基本）方面是按照非民主的方式组织的。公共商谈必然总是与其他形式的交流（"非公共言论"）存在张力。

第四,因为公共商谈被理解为民主的"自我"本身得以建立的交流媒介,公共商谈在很多方面必须免于民主的规制。我们采用言论/行为的区分作为划定这一豁免界限的方法。这些界限纯粹是实用主义的。我们将维持集体自决原则所需要的交流过程称为"言论",因而使其免受多数的干预。

（二）共同体、文明规则与公共商谈

限制种族主义言论通常会涉及第一修正案某些一般性的问题,我在本节会根据公共商谈的功能性考虑对此进行简要考察。就此而言,我的主要工作是归纳总结,而这些结论的详细论证我在

---

[52] Jean Piaget, *The Moral Judgment of the Child* 366 (Marjorie Gabain, trans., 1948).

[53] See, for example, George Kateb, "Democratic Individuality and the Claims of Politics", 12 *Political Theory* 331, 332 (1984):"因此,谈论个体主义,就是谈论最典型的民主政治与道德追求。假定以其他某个实体作为必要或可取的生活中心,就是背离现代民主的标志。因此,设想个体主义在民主理论中具有显著地位就很平常（更不是随意的）。"

[54] See, e.g., Bowers v. Hardwich, 478 U.S. 186, 205—206 (1986) (Blackmun, J., dissenting).

本书的其他部分已进行了阐述。

如果民主自治预设的社会领域是"自主意志"要在其中加以协调一致,那么还有一种重要的社会组织形式以完全相反的假设为基础,我称之为"共同体"。根据迈克尔·桑德尔的著作[55],我将共同体界定为将规范灌输到成员身份中的社会构造。在共同体中,人们被认为人格的完整与尊严本身取决于对这些规范的遵守,而根本不是自主的。

数百年来,普通法的一项重要功能就是维护这些规范当中最重要的,我称之为"文明规则"。这些规则不仅适用于行为,也适用于交流,而诸如诽谤、侵犯隐私和故意造成精神损害等交流型侵权的核心即实施这些规则。通过这些侵权,普通法不仅保护共同体个体成员人格的完整,而且还可以权威的方式阐述共同体的规范,因而界定共同体的身份。

共同体与民主之间显然存在张力。民主社会中的公共商谈在法律上被视作个人借以选择共同生活形式的交流媒介;共同体中的公共商谈在法律上则被视作具体生活的价值得到展示与施行的媒介。民主试图开放公共商谈空间用于集体性的自我建构;而共同体则试图通过执行文明规则限制该空间。在民主与共同体不可避免的妥协中,第一修正案自20世纪40年代以来通常实现的是民主的目标,在诸如"坎特韦尔诉康涅狄格"(Cantwell v. Connecticut)、"《纽约时报》公司诉沙利文"(New York Times Co. v. Sullivan)、"科恩诉加利福尼亚"(Cohen v. California)和"《皮条客》杂志诉福尔韦尔"(Hustler Magazine v. Falwell)等案件中悬置了文明规则的执行。[56]

然而,民主与共同体之间存在复杂的交互关系。民主必然预设着某种形式的社会制度,就像共同体那样,借此可以界定和说明

---

[55] See Michael J. Sandel, *Liberalism and the Limits of Justice* (1982).
[56] Respectively, 310 U. S. 296 (1940), 376 U. S. 254 (1964), 403 U. S. 15 (1971), and 485 U. S. 46 (1988).

所在。"[52]第一修正案原理所具有的这种个体主义特征因而直接源自民主的核心事业。[53]

第二,作为自决事业的民主,必然寓含着某种形式的公私区分。这是因为,如果国家本身将民主试图调和的"自主意志"强制塑造为公共意见,就会破坏其自身事业存在的理由(raison d'être)。[54]如果形容词"私的"被理解为超越国家强制塑造的东西,那么公共商谈就必须被概念化为一种借以将"私的"视角转化为公共权力的过程。

第三,根据这一解释,民主在本质上是不完整的。民主必然预设着社会领域的重要(甚至可以说基本)方面是按照非民主的方式组织的。公共商谈必然总是与其他形式的交流("非公共言论")存在张力。

第四,因为公共商谈被理解为民主的"自我"本身得以建立的交流媒介,公共商谈在很多方面必须免于民主的规制。我们采用言论/行为的区分作为划定这一豁免界限的方法。这些界限纯粹是实用主义的。我们将维持集体自决原则所需要的交流过程称为"言论",因而使其免受多数的干预。

(二)共同体、文明规则与公共商谈

限制种族主义言论通常会涉及第一修正案某些一般性的问题,我在本节会根据公共商谈的功能性考虑对此进行简要考察。就此而言,我的主要工作是归纳总结,而这些结论的详细论证我在

---

[52] Jean Piaget, *The Moral Judgment of the Child* 366 (Marjorie Gabain, trans., 1948).

[53] See, for example, George Kateb, "Democratic Individuality and the Claims of Politics", 12 *Political Theory* 331, 332 (1984):"因此,谈论个体主义,就是谈论最典型的民主政治与道德追求。假定以其他某个实体作为必要或可取的生活中心,就是背离现代民主的标志。因此,设想个体主义在民主理论中具有显著地位就很平常(更不是随意的)。"

[54] See, e.g., Bowers v. Hardwich, 478 U.S. 186, 205—206 (1986) (Blackmun, J., dissenting).

本书的其他部分已进行了阐述。

如果民主自治预设的社会领域是"自主意志"要在其中加以协调一致,那么还有一种重要的社会组织形式以完全相反的假设为基础,我称之为"共同体"。根据迈克尔·桑德尔的著作[55],我将共同体界定为将规范灌输到成员身份中的社会构造。在共同体中,人们被认为人格的完整与尊严本身取决于对这些规范的遵守,而根本不是自主的。

数百年来,普通法的一项重要功能就是维护这些规范当中最重要的,我称之为"文明规则"。这些规则不仅适用于行为,也适用于交流,而诸如诽谤、侵犯隐私和故意造成精神损害等交流型侵权的核心即实施这些规则。通过这些侵权,普通法不仅保护共同体个体成员人格的完整,而且还可以权威的方式阐述共同体的规范,因而界定共同体的身份。

共同体与民主之间显然存在张力。民主社会中的公共商谈在法律上被视作个人借以选择共同生活形式的交流媒介;共同体中的公共商谈在法律上则被视作具体生活的价值得到展示与施行的媒介。民主试图开放公共商谈空间用于集体性的自我建构;而共同体则试图通过执行文明规则限制该空间。在民主与共同体不可避免的妥协中,第一修正案自20世纪40年代以来通常实现的是民主的目标,在诸如"坎特韦尔诉康涅狄格"(Cantwell v. Connecticut)、"《纽约时报》公司诉沙利文"(New York Times Co. v. Sullivan)、"科恩诉加利福尼亚"(Cohen v. California)和"《皮条客》杂志诉福尔韦尔"(Hustler Magazine v. Falwell)等案件中悬置了文明规则的执行。[56]

然而,民主与共同体之间存在复杂的交互关系。民主必然预设着某种形式的社会制度,就像共同体那样,借此可以界定和说明

---

[55] See Michael J. Sandel, *Liberalism and the Limits of Justice* (1982).
[56] Respectively, 310 U.S. 296 (1940), 376 U.S. 254 (1964), 403 U.S. 15 (1971), and 485 U.S. 46 (1988).

"自主的"民主公民的具体身份。这种制度的典范就是家庭和小学。在这些情境中,儿童的身份首先是通过非民主的方式形成的;"通过将事实上威吓与实施的惩罚内部化产生的。"[57]

这一事实对于公共商谈的实践具有重要意义。公共商谈的具体目标是通过公共理性实现某种形式的调和。[58] 然而民主公民的身份是通过援用共同体的规范形成的,所以违反文明规则的言论通常被视作非理性而且是强制的。这就会造成我在其他地方所说的"公共商谈的悖论":第一修正案以民主的名义悬置法律执行使得理性审议成为可能的文明规则。这一悖论的结果是,公共商谈与共同体的分离在一定程度上取决于文明的自发存在。倘若不存在,运用法律规制实施共同体的文明标准,可能就是一种虽然糟糕但却必须的最后选择。这种做法的典型例证就是"恰普林斯基诉新罕布什尔案"(Chaplinsky v. New Hampshire)的"挑衅性言论"原理。[59]

如果共同体的规范因此渗入民主的实践而且使其成为可能,那么就可以预期民主的伦理规则会重塑共同体生活的条件。一个稳定而成功的民主国家规制其公民生活的方式,会符合"其被视作自由与平等的人"这一潜在的原则。[60] 这种规制会影响共同体的制度,促使其更接近实现具体的民主原则。就民主国家以这种方式规制共同体的能力而言,唯一内在的限制就是公私的区分,即个体身份的强制性构造在某种程度上仍然不属于国家的权限范围。

(三) 公共商谈的领域

本章关注的主要是规制公共商谈领域内的种族主义表达。

---

[57] 2 Jürgen Habermas, *The Theory of Communicative Action* 38 (Thomas McCarthy, trans., 1987).
[58] Rawls, "Justice as Fairness", at 223, 230.
[59] 315 U.S. 568 (1942).
[60] Rawls, "Justice as Fairness", at 230.

"公共商谈"可以被界定为构造公共意见所必需的交流过程,而不论该意见针对的是具体政府人员、决定还是政策。民主自治要求公共意见被宽泛地作为"集体自我界定"的过程[61],该过程必然先于且渗透于政府具体的作为或不作为。不过,公共商谈并不能包括民主社会中所有的交流,因为公私区分与公共商谈的悖论,都寓示着民主自治的过程取决于其他非民主社会组织形式的存在,例如共同体。

因为第一修正案会给予公共商谈特别的保护,因而划定这种商谈和其他言论的界限就很重要。我在第四章已经详细讨论了这一问题,这里不再重复。只要说这一界限在本质上不确定且要不断重估即可。最高法院用于勾勒这一界限的因素,包括言论的内容及散播言论的方式。与"公共关心"的事项有关的言论通常被归入公共商谈,通过大众媒体向一般公众广泛散播的言论就是如此。不过,也有例外的情形,例如商业言论,这些例外源自为我们界定可识别的公共言论"风格"的传统习惯。

就设定公共商谈的界限这一抽象问题而言,很难富有成效地讨论。在最一般的层面上,这些界限标明的是,我们在何处开始从致力于自治的自主公民的对话转向其他价值,就像转向具有共同体特征的、社会性的自我。正是我们希望改变投入的方向,就需要进行具体化的情境考察,需要个案的评估。

因此,我这里只有两个初步的意见。第一,适用于公共商谈的宪法保护与非公共言论的保护存在重大差别。因而即便第一修正案让在报纸上传播特定的种族主义理念免于法律规制,也不能得出政府不能在工作场所对同样观念的表达进行限制,在这种情况

---

[61] Hanna Fenichel Pitkin, "Justice: On Relating Private and Public", 9 *Political Theory* 327, 346 (1981).

下,自治的自主公民进行对话这种意象显然是格格不入的。[62] 在规制非公共言论时,所牵涉到的第一修正案的价值复杂且多样,这里我无法进行考察。[63]

第二,种族主义表达的类型本身不能从公共商谈的领域排除。具体交流的种族主义内容,只是确定相关交流是否属于该领域的诸多相关因素之一。因而"博阿尔内诉伊利诺伊案"[64]系争的传单,即"请求芝加哥市长和市政会通过支持种族隔离的法律"[65],尽管是公然且恶毒的种族主义,但显然是进行公共商谈的活动。同样地,斯科基市(Skokie)臭名昭著的纳粹游行同样是进行公共商谈的活动,尽管其政治象征意义令人厌恶。[66] 在这两种情形下,种族主义者都运用了知名媒体传播观念以便引导和影响公共意见。[67]

---

[62] See, e. g., Rogers v. EEOC, 454 F. 2d 234, 237—238 (5th Cir. 1971), cert. denied, 406 U. S. 957 (1972); EEOC v. Murphy Motor Freight Lines, 488 F. Sup. 381, 385 (D. Minn. 1980); cf. Meritor Sav. Bank v. Vinson, 477 U. S. 57, 65—66 (1986). 不过,我并不是说工作场所的所有言论都被排除在公共商谈之外。See, e. g., Connick v. Myers, 461 U. S. 138, 149 (1983); Givhan v. Western Line Consol. School Dist., 439 U. S. 410, 415—416 (1979).

[63] 应当强调的是,我是在一种抽象的规定意义上使用"公共"这一形容词,指的是民主自治需要的言论。因而,我并不是说工作场所的言论因为不重要所以是"非公共的",或者因为在本质上不受政府控制或规制所以是"私人的"。See Kenneth Karst, "Private Discrimination and Public Responsibility: Patterson in Context," 1989 *Supreme Court Review* 1, 10—11. 相反,我的意思是,如果对非公共言论的规制在事实上受第一修正案保护,其根据将会是宪法价值而非民主自治。

[64] 343 U. S. 250 (1952). 布莱克大法官的异议中复制了这一传单。Id., at 276 (Black, J., dissenting).

[65] Id., at 267 (Black, J., dissenting).

[66] See Collin v. Smith, 447 F. Supp. 676 (N. D. Ill.), aff'd, 578 F. 2d 1197 (7th Cir.), cert. denied, 439 U. S. 916 (1978).

[67] 将这种种族主义言论排除在公共商谈之外,就等于在本质上将种族主义观念排除在公共商谈之外,这种规制的合宪性将在下一部分进行讨论。

三、种族主义言论与公共商谈

现在,我们可以根据与公共商谈有关的第一修正案价值,评估规制种族主义表达的正当理由。在某些情形下,这一评估可以得出确定的结论;而在另外一些情形下,则只是有助于澄清具体规制形式所带来的问题。在所有的情形中,我都以"种族主义言论"这一术语涵盖为了缓和所讨论的具体伤害而被规制的那种交流。

(一)公共商谈与种族主义理念的内在伤害

当然,"政府必须在观念市场中保持中立"是第一修正案法理的常识。[68] 这一原则适用于公共商谈的理据很简单。民主满足自决价值的方法是建立一种交流结构,其中个体的不同视角可以通过理性加以调和。如果国家禁止表达某一具体的观念,那么就持有相关观念的个体而言,政府就会变成他治的、非民主的。而这与以下述公民为基础的政府形式不相容,即公民的"处遇符合被视作自由与平等的人"[69]。

因此,自决的价值要求公共商谈向所有人的意见开放。宪法禁止"法律所强制的失声,即最糟糕的强力论证形式。"[70] 正如皮亚杰(Piaget)指出的那样,在一个民主社会中,"不再有观点犯罪,而只有违反程序。只要倡导者通过法律的手段敦促接受,所有的观点都是被容忍的。"[71] 在公共商谈内,因为"天然错误"[72] 所以应当禁止种族主义的理念,这一看法因而在根本上与第一修正案

---

[68] Hustler Magazine v. Falwell, 485 U. S. 46, 56 (1988) (quoting FCC v. Pacifica Found., 438 U. S. 726,745—746[1978]).

[69] Rawls, "Justice as Fairness", at 230.

[70] Whitney v. California, 274 U. S. 357, 375—376 (1927) (Brandeis, J., concurring).

[71] Piaget, *Moral Judgment*, at 57; see id., at 63.

[72] Wright, "Racist Speech", at 10.

自由的基本原理无法调和。

当代的辩论仍然包括三种不同的主张,即种族主义理念因为"道义性的"伤害因而应加以禁止。第一种是种族主义的理念"自成一类",因为"普遍遭到谴责"。[73] 不过,持这一主张的作者还会强调"美国种族主义的结构性现实",这一现实不仅体现于"种族主义事件的蔓延",还体现于"上层白人"和重要社会"制度"广泛的种族主义信念。[74] 事实上,或许有理由将这些作者描述为规制种族主义言论的支持者,因为他们对种族主义实践盛行具有一种急迫感。尽管这些实践的噩梦应当会引起公众强烈的回应,但它们的盛行在很大程度上会削弱下述结论,即无论如何根据第一修正案的分析都会遭到"普遍谴责"。这种实践完全可以被理解为强烈持有但在其他方面没有表达出来的种族主义理念的体现。[75]

第二种主张是,未能规制种族主义言论就等同于象征性地支持种族主义言论,这在"致力于社会和政治平等理念的社会中"不

---

[73] Matsuda, "Public Response", at 2359; Kretzmer, "Freedom of Speech", at 458.

[74] See Matsuda, "Public Response", at 2332—2334. "运用各种高端与低端技术,种族仇恨的信息在美国正在迅速增加,而且广泛传播。"克雷茨默(Kretzmer)也担心种族主义观念可能蔓延。See Kretzmer, "Freedom of Speech", at 464—465.

[75] 因此我并没有触及理论上更具有根本性的问题,即种族主义观念遭到"普遍谴责"在宪法上有什么意义。例如,参见最高法院在美国诉艾希曼(United States v. Eichman, 496 U.S. 310, 318 (1990))案中驳斥政府首席律师推翻德克萨斯诉约翰逊(Texas v. Johnson, 491 U.S. 397 (1989))案的请求,理由是"国会最近承认所谓支持禁烧国旗的'全国合意'……即便假定存在这种合意,政府压制言论的利益随着民众反对这种言论的增长而变得更加重要,这也与第一修正案相悖。"*Eichman*, 496 U.S. at 318.

可容忍。[76] 在本质上,这一观点否认民主自治所要求的公私区分。[77] 但这一否定触到了自决方案的根基。如果将个体在公共商谈中提出的观念的责任归于政府,也就无法说政府会按照自治原则所要求的方式回应这些理念。倘若图书馆被理解为认可其所收录和展示之书籍的作者的观点,那么图书馆将无法运作,同样地,在一个民主社会中,如果政府被理解为支持私人在公共商谈中所表达的观念,就无法满足集体自决的价值。[78]

第三种主张是,种族主义观念的自由表达与我们所致力于的第十四修正案的平等主义理想不合。这一主张在根本上否认自主是民主的首要价值,相反代之以肯尼斯·卡斯特雄辩主张的"第十四修正案的实质内核:平等公民身份原则"[79]。尽管某些政治理论家支持这一主张,[80] 但却抵触多数美国人信奉的"自我统治"的重要价值,以及"美国人民在政治上是自由的,因为他们由自己集体统治"这一基本的信念。[81]

当然,自我统治的原则自身亦包括信奉平等公民身份的价值以及下述观念,即在形式上公民必须"被视作自由与平等的

---

[76] Kretzmer, "Freedom of Speech", at 456; Matsuda, "Public Response", at 2338:"无论种族主义的言论多么非理性,却正中我们内心最痛的情感区域。孤独感不仅源自仇恨信息本身,也源自政府的宽容以待。当数百计的警官被招来保护种族主义游行者,当法院拒绝矫正种族侮辱时……受害者就变成了无国家可归的人。目标群体可能认同促推销族主义言论的共同体,或者可能承认该共同体并不包括他们。"

[77] Matsuda, "Public Response", at 2378.

[78] Greenwalt, "Insults", at 304—305.

[79] Kenneth Karst, "Citizenship, Race, and Marginality", 30 *William and Mary Law Review* 1, 1 (1988).

[80] See, e. g., Norberto Bobbio, *Democracy and Dictatorship* 157—158 (Peter Kennealy, trans., 1989); Carol C. Gould, *Rethinking Democracy: Freedom and Cooperation in Politics, Economy, and Society* 90 (1988); J. Roland Pennock, *Democratic Political Theory* 3—161 (1979).

[81] Frank Michelman, "Law's Republic", 97 *Yale Law Journal* 1493, 1500—1501 (1988).

人"。[82] 但这一追求的含义则是通过使自决过程能够进行这一目标衡量的。另一方面,诉诸第十四修正案意味着追求的是实体平等的价值,这种价值并非通过援引前述目标界定的,所以这种价值的实施会对自决过程产生不利影响。[83] 该主张设想的因而是"平衡"第十四修正案的价值与第一修正案原则的可能性。

不过,在平衡平等公民身份的价值与自决的原则时,我们必须追问谁有权解释平等公民身份这一极富有争议的价值的含义。就平等公民身份的价值被用来证成限制公共商谈而言,其解释者不可能是人民,因为诉诸第十四修正案的功能本身就是要限制人民阐明其集体意志的交流过程。[84] 在这样的情形下,最终的解释者(Ultimate Interpreter)无论是谁,都必然强加其意志而不承担民主责任(popular accountability)。我们的政府当前并不存在这样的解释者,甚至最高法院也不是,最高法院的宪法判决总是处于可能的宪法修正或通过以后的任命加以政治改造的阴影当中。无法确定这种解释者乃源自第十四修正案的观点所具有的难题。

(二) 公共商谈与对可识别群体的伤害

公共商谈的目的是通过理性调和诸多"自主意志"所造成的分歧。群体既不能推理,也不具有自主的意志;只有人才可以。这是第一修正案原理所体现的深刻的个体主义源泉。这里的问题是,个体主义与规制公共商谈以防止对群体的伤害是否相容。

---

[82] Rawls, "Justice as Fairness", at 230.
[83] See, for example, "Language as Violence", at 360 (remarks of Mari Matsuda): "我以平等原则为出发点……如果我要赋予任何一种权利最高地位,如果我要创造一个位阶,我会将平等放在第一位,因为对于并不拥有平等权的人来说,言论的权利毫无意义。我指的不仅是程序性的平等,也包括实体性的平等。"
[84] 少数群体的成员现在已经被纳入了人民的范围,而且被赋予了第一修正案自决程序所要求的形式平等,这当然不是因为第一修正案的原则,而是因为第十四修正案所体现的平等公民身份原则;因此,在这一根本的意义上,第一修正案和第十四修正案之间不可能存在位阶关系。

其他国家的法律限制有害群体的言论相当常见,用"博阿尔内案"系争的伊利诺伊州法律的话来说即"蔑视、嘲弄或辱骂"特定群体的言论。[85] 这种法律支持多元主义,因为其要求个体的表达服从保护群体的地位和尊严,通常的理由是,群体的成员身份是私人身份必需的组成部分。因而,正如加里·雅各布森在对以色列法律的描述中所述,群体被视作"以团体身份向国家主张具体权利的……单位"。因而法律在特定的情形下会"更注重友爱与社区之情而非个体的主观选择"。[86]

相形之下,美国法律的一个趋势是将群体视作只是"个体的集合"[87],而集合的主张并不比其成员的主张更重要。[88] 这一趋势实际上是由公共商谈的个体主义假设确定的。因而在"坎特韦尔诉康涅狄格案"中,最高法院将第一修正案的保护适用于反天主教的谩骂,这种谩骂极为粗暴,不仅"会冒犯秉持这种信仰的人,而且还会冒犯其他所有尊重自己同胞真诚宗教信仰的人。"最高法院的理由是,这种宪法豁免是必要的,因而"许多类型的生活、性格、观点和信念都可以平顺无阻地发展。"[89] 这一说理假设群体是通过

---

[85] Beauharnais v. Illinois, 343 U.S. 250, 251 (1952) (citing Ill. Rev. Stat. Ch. 38, 471[1949]). 反亵渎的条例就是这种法律常见的例证。See *The Law Commission, Offences Against Religion and Public Worship* 39—53 (Working Paper No. 79, 1981). 许多国家也有法律禁止群体诽谤。See, e.g., E. M. Barendt, *Freedom of Speech* 161—167 (1985); Lasson, "Group Libel", at 88—89; Matsuda, "Public Response", at 2341—2348.

[86] See Gary Jacobson, "Alternative Pluralism: Israeli and American Constitutionalism in Comparative Perspective", *Review of Politics*, Spring 1989, 159, 175, 170.

[87] Id., at 175.

[88] See, e.g., City of Richmond v. J.A. Croson Co., 488 U.S. 469 (1989).

[89] 310 U.S. 296, 309, 310 (1940).

个体知情的选择演变。[90] 最高法院使得诸如天主教等已有团体的情感,服从于这些选择所需要的交流结构。因而最高法院拒绝从公共商谈中排除令人厌恶且非常具有冒犯性的关于天主教会的描述。

"坎特韦尔案"具有特殊的意义,因为自 19 世纪以来美国的宗教团体就是根据"自愿"[91] 原则、根据"宗教是……个人选择问题"[92] 这一观念组织的。不过,或许可以说,种族完全是另外一回事,其中一个人因为出生就必然会被打上特定的群体身份。因此,群体身份可被认为主要与种族有关,而公共商谈的个体主义基础,即假定种族群体是通过个人决定的过程确定的,则被驳为不切实际。因而,我们可以得出,法律在规制种族主义言论方面应当是多元的,即便第一修正案的原理就公共商谈其他方面的建构所要求的可能是个体主义假设。

这一主张很有影响,需要认真关注。在分析这一主张时,我们可以利用女性主义作品中"性"(sex)与"性别"(gender)的区分,前者指的是生理事实,而后者指的则是社会建构的角色。[93] 要是混淆这二者,将性别的社会内容建立在性的生理事实上,就会陷入

---

[90] 当代美国人努力形成新的共同体,例如旧金山的卡斯特罗(Castro)区,从而通过建设"新的生活、新的家庭、甚至新的社会""改造自己",关于这一方面的精彩研究,见 Frances FitzGerald, *Cities on a Hill: A Journey Through Contemporary Ameircan Cultures* 23 (1986)。菲茨杰拉德(FitzGerald)认为这种努力"本质上是美国式的",她说,试想一下"巴黎人创建一个同性恋聚居区或老年人社区"。如果在欧洲或加拿大,群体认同先于提出"我们是谁……以及我们应当如何生活的基本问题"(id., at 20, 389—390),菲茨杰拉德的著作表明美国的群体认同在多大程度上会随着这一努力发生,因而最终是以个体主义的假设为基础的。

[91] See Perry Miller, *The Life of the Mind in America*, 40—43 (1965).

[92] Robert Bellah, Richard Madsen, William M. Sullivan, Ann Swidler, and Steven M. Tipton, *Habits of the Heart: Individualism and Commitment in American Life* 225 (1985).

[93] See, e.g., Deborah L. Rhode, *Justice and Gender* 5 (1989); Isabel Marcus, "Reflections on the Significance of the Sex/Gender System: Divorce Law Reform in New York", 42 *University of Miami Law Review* 55, 55—63 (1987).

"宿命论或实在论的陷阱"。[94] 这一区分的政治意义在于永远开放讨论和分析生为女性与被归入"妇女"[95]群体的社会意义。即便一个人不能自由退出相应的群体,然而仍应当保持下述可能性,用南希·弗雷泽的话来说,即最终"通过对话和集体的斗争"决定该群体的身份。弗雷泽写道,"在一个像我们这样复杂的社会中,在我看来似乎从当前妇女前政治化的经历与语言习惯"中推知这种对话的结果并不可取甚或不可能,"特别是因为,在我看来,这些很可能只是当前某些妇女前政治化的经历和语言习惯。"[96]

弗雷泽的意思是,不考虑性的生理基础,性别的社会意义是一个政治问题,其结果与所有的政治问题一样,都必须被视作未确定的。因而她将民主自决的结构适用于群体身份的建构。这种结构的个体主义假设建立了一种保持政治不确定性的交流;保证弗雷泽所设想的对话仍然对所有妇女的视角保持开放。如果"妇女"群体的身份具有足够确定的内容,从而运用法律的力量压制不同的观点,法律就会以霸权的方式强加部分妇女的视角。

我认为,种族群体也具有同样的逻辑。我们必须区分作为生理范畴与作为社会范畴的种族。虽然很不幸的是,"建立种族生理基础的努力尚未被扫入历史的垃圾堆"[97],根据生理种族的观点建构第一修正案的原则也是糟糕的。系争的最显著的问题实际上是"作为社会概念的种族":"必须将种族理解为通过政治斗争不断

---

[94] See Marcus, "Sex/Gender System", at 61; see Angela P. Harris, "Race and Essentialism in Feminist Legal Theory", 42 *Stanford Law Review* 581 (1990).

[95] See Harris, "Feminist Legal Theory", at 615—616.

[96] Nancy Fraser, "Toward a Discourse Ethic of Solidarity", 5 *Praxis International* 425, 429 (1986).

[97] Michael Omi and Howard Winant, *Racial Formation in the United States*: *From the 1960's to the 1980's* 59 (1986). 关于种族生物模式持续存在的例证,见 R. J. Herrnstein, "Still an American Dilemma", *Public Interest*, Winter 1990, at 3。

转化的、不稳定且'分散的'社会含义集合体。"[98]因而就种族的社会含义具有深深的争论而言[99]——不仅对少数群体的成员而且对整个国家来说都是有争议的[100]——公共商谈的个体主义前提保证其仍然有待民主的构造。

这种封闭性的缺失当然是危险的,因为群体身份的创造仰仗于不确定的公共商谈倾向。相形之下,法律规制的安全港使得少数群体的成员有望更可靠地控制其社会经历的含义。但这种希望是虚幻的,因为其与当代文献中流行的种族主义分析严重不符。种族主义在白人中普遍存在,而且白人作为主流群体有望掌握法律力量的手段,就此而言,似乎没有什么理由相信法律会为种族确

---

[98] See Omi and Winant, *Racial Formation*, at 60, 68. 奥米（Omi）和怀南特（Winant）写到了"不断试图将种族作为本体,作为某种固定、具体与客观的东西"。See Anthony Appiah, "The Uncompleted Argument: Du Bois and the Illusion of Race", in Henry Louis Gates, "*Race*", *Writing and Difference* 36 (1986):"谈论'种族'对于我们那些认真对待文化的人来说尤其痛苦……世界'那边'存在的东西——意义共同体,以各种方式逐渐融入存在于社会领域丰富结构中的所有人——不是生物学的领域,而是诠释理解的领域。"

[99] 关于这一方面的优秀例证,见 Judy Scales-Trent, "Black Women and the Constitution: Finding Our Place, Asserting Our Rights", 24 *Harvard Civil Rights-Civil Liberties Law Review* 9 (1989)。

[100] 关于民族身份认识与种族认识的相互依赖关系的简史,见 Philip Gleason, "American Identity and Americanization", in William Peterson, Michael Novak, and Philip Gleason, *Concepts of Ethnicity* 57 (1982)。我怀疑,在下面这位学生致《加利福尼亚人日报》（*Daily Californian*）的信中可以找到这种相互依赖虽小但却典型的例证:

> 广告、电视、学校和政府是种族主义行销的主要社会领域。种族主义的存在不可能简单消除。诸如"敲诈勒索"（blackmail）、"秘密反对票"（blackball）和"情绪低落"（black mood）等词语都是常见的以否定的意思交流"黑"的方式……我的一位教授经常用诸如"用心险恶的谎言"（black lie）这样的术语表示最糟糕的谎言。无视这些说法而且防止对人们的心灵产生这种消极影响需要自觉的努力。但我们必须认识到,这些术语的日常运用会强化对非裔美国人身份和价值的攻击。（Robyn "Iset" F. Broughton, "Promote Afro-American Culture", *Daily Californian*, Sept. 12, 1989, at 4）

这位作者的观点与多数人和少数人群体的视角都有关系;事实上,这里的观点明显表明了这些视角本质上的相互作用。

立社会可以接受的含义。这种含义无法诉诸简明的区分加以确定,例如关于群体身份积极或消极属性的区分。诸如威廉·J.威尔逊、谢尔比·斯蒂尔和路易斯·法拉克汉(Louis Farrakhan)等不同人的著作表明,关于族群非常尖锐的描述仍然有助于建设性的社会目标。[101] 要是赋予本质上白人的法律建制权力,从而权威地区别对待这些描述与目标,似乎可以确定是除权性的(disempowering)。[102]

群体伤害不应证成法律规制,这一结论在第一修正案的专门原理中体现于下述事实,即实际上所有可能引发群体伤害的交流都会作为评价性的观点得到豁免。[103] 例如,下述语言就导致了"博阿尔内案"的法律责任:"如果阻止白人与黑鬼杂交的信念与需要尚不能让我们团结,那么黑鬼的侵犯……强奸、抢劫、匕首、枪支和大麻则肯定能做到。"[104]法兰克福特(Frankfurter)大法官将这里的语言解释为错误的事实主张:"没有人会否认,指责其他人是强奸者、抢劫者、刀枪携带者与大麻吸食者是错误的诽谤。"[105]不过,这一解释显然并不正确。指责一个人吸食大麻即是主张她从事了某些具体的行为。不过,指责非裔美国人是吸食大麻的群体就不

[101] William Julius Wilson, "Social Research and the Underclass Debate", *Bulletin of the American Academy of Arts and Sciences*, Nov. 1989, at 30. Shelby Steele, *The Content of Our Character: A New Vision of Race in America* (1990). 关于法拉克汉对许多非裔美国人状况的批判性评价,相关概括见"Black Power, Foul and Fragrant", *Economist*, Oct. 12, 1985, at 25。

[102] 就此方面而言,请注意纳迪娜·斯特罗森(Nadine Strossen)的证据表明,规制种族主义言论的在历史上证明"对于种族和政治少数派的言论威胁尤其大。"Strossen, "Regulating Racist Speech", at 556—559。

[103] 或者用最高法院最近在米尔科维奇诉洛兰杂志公司(Milkovich v. Lorain Journal Co., 497 U.S. 1 (1990))案的话来说,群体伤害的主张最有可能因为主张的是非事实性的"观念"而得到豁免。关于群体诽谤与非事实性观念之间的密切联系,见 David A. J. Richards, *Toleration and the Constitution* 190—193 (1986); see Greenawalt, "Insults", at 305—306。

[104] Beauharnais v. Illinois, 343 U.S. 250, 250, 276 (1952) (ellipsis in original).
[105] Id., at 257—258.

是在提出类似的主张。某些非裔美国人会吸食大麻,但大部分都不会。这里的问题因而并非是否存在某些具体的行为,而是那些行为是否可以被恰当地用来描述该群体。这里的基本问题是群体身份的性质,是一个差不多肯定应被描述为评价性观点的问题。

因为种族的社会含义本质上存在争议,大部分有可能导致群体伤害诉讼的陈述,都是关于种族群体身份的负面评价,因而也是评价性观点的陈述。没有一位严肃的评论者会鼓吹审判以确定这种陈述的真假;这里的问题实际上是,因为会造成强烈的伤害,所以根本就不应当做出这种陈述。但在通过政治斗争与分歧确定群体身份的情境中,群体伤害的具体化不能作为理由以法律手段消除在公共商谈中描述群体的身份,这符合自决原则所要求的过程。

强调群体伤害的评论者,非常重视种族主义言论并未伤害随机的群体;其损害的恰恰是那些在历史上遭到异常压制与从属的群体。[106] 尽管这一事实的悲剧性显而易见,但其宪法寓意则否。种族主义的言论会给受害群体造成可怕的伤害,我们的历史当然肯定了这一假设。但问题在于,这些伤害是否难以启齿,从而无法证成取消民主建构群体的身份。或许有一种进路可以避免这种张力,即将种族主义言论的伤害说成是公共商谈的原则实际上要求在法律上对其加以矫正。因而可以说,种族主义言论的污蔑和阻止效果实际上排除了其受害者参与公共商谈。这一进路提出了一条重要的分析路线,但我希望放到后面"公共商谈与对观念市场的伤害"更全面的情境中进行讨论。

另外一个避免群体伤害与民主原则张力的方法是,认为种族主义言论不应当被说成是更大的压制系统内的"从属机制",而是一种交流形式。[107] 这一主张要求我们确定据以将言论称作行为的标准,因而将其从公共商谈中排除。该主张隐含的标准是,如果交流与非常不可取的更宽泛的社会关系密切相关,基于这一点就可

---

[106]　See, e. g., Matsuda, "Public Response", at 2358.
[107]　Id.

以被描述为行动。

这一标准的难题在于,所有交流都源于而且体现社会关系;因此,所有的交流都既是言论也是行动。公共商谈的功能是要确立一个受保护的领域,其中交流即便体现社会关系,如果按照与民主自治有关的方式加以阐述与传播,也可以作为言论保护。这一领域开启了让社会关系接受理性反思、对话(因而)也是自我控制的可能。因而使得"自我统治"与"以法统治"能够调和。[108] 如果因为交流体现的是我们所反对的社会关系就从这一领域排除,那么公共商谈就无法再发挥这一功能。因为我们谴责言论所体现的社会关系就将其从公共商谈中排除,或是因为我们谴责体现那些社会关系的理念就将言论从公共商谈中排除,这两者没有区别。因而,最后,种族主义言论是一种行为的主张就简化为我们考察过的主张,即不应当因为其与第十四修正案的平等主义理想不一致就对种族主义言论加以限制。

(三) 公共商谈与对个体的伤害

初看起来,群体伤害与个体伤害的主张似乎存在很重要的差别。倘若群体身份被认为是政治斗争(因而对话式互动)的问题,审查包含有关该身份负面描述的言论就会破坏这一斗争的民主性质。但个体身份似乎并不取决于这种方式的政治斗争与对话。实际上,我们的自然意象是,成熟的个体进入公共商谈领域以就与其集体而非个体生活有关的问题达成合意。因而就可以限制损害私人生活的言论而不会削弱公共商谈的目的。

不过,这一视角取决于个体与集体身份非常明确的区分,而这一区分完全无法成立。种族主义言论伤害个体的理由,正是由于粗暴地撕裂维持个体人格所需要的社会尊重。这些形式的尊重总的来说,构成了一个共同体的集体身份。因而国家只可以通过执

---

[108] See Michelman, "Law's Republic", at 1501.

行共同体的身份标准,才能阻止种族主义言论造成的个体伤害。因而个体伤害的概念本身就预设了个体与集体身份的相互依赖。

这种相互依赖是宪法非常确定地禁止以下述理由限制公共商谈的原因,即具有"冒犯性"[109]或"无礼"[110],或是因为其冒犯"尊严"或是"具有侮辱性",或造成"臭名昭著"或"名誉扫地"。[111] 这种言论之所以会造成强烈的个人痛苦,是因为违反共同体的规范,然而最高法院却要求容忍,目的是为了防止国家运用法律的权威推行特定的集体生活观念。[112]

事实上在集体自我界定的讨论中总是会牵涉到个体认同的问题。因此,有效的政治对话要求参与者总是愿意被进行转换。正如弗兰克·米歇尔曼指出的那样,只要"参与者前政治的自我理解和社会观点被理所当然地认为完全不受过程本身的说服力影响",公共商谈就是不可能的。[113] 随着我们集体愿望的变化,我们各自的私人认同也会变化。因而限制公共商谈以保护那些认同不受伤害必然也会限制我们关于集体生活的自决。如果群体的伤害是群体认同政治建构无法避免的代价,个体的伤害就是共同体认同的政治建构无法避免的代价。

强调这一结论的范围很重要。近年来,反对种族主义是我们国家生活的一个重要主题。我们通过法律规制诸如歧视等种族主义行为的方式实施反对。因为行为既会创造也会体现认同,这一

---

[109] Cohen v. California, 403 U.S. 15, 16 (1971).

[110] Hustler Magazine v. Falwell, 485 U.S. 46, 52 (1988).

[111] Boos v. Barry, 485 U.S. 312, 316, 322 (1988). "在公共辩论中,我们自己的公民必须容忍粗野甚至无礼的言论,以便为'第一修正案所保护的自由提供足够的呼吸空间'"。Id. at 322 (quoting *Hustler Magazine*, 485 U.S. at 56); see Texas v. Johnson, 491 U.S. 397, 410—420 (1989).

[112] 前三个注释所引征的案例因此坚决反对将下述学者所提议的种族侮辱侵权适用于公共商谈。Delgado, "Words That Wound", Love, "Discriminatory Speech", and Wright, "Racist Speech".

[113] Michelman, "Law's Republic", at 1526; see Frank Cunningham, *Democratic Theory and Socialism* 188—191 (1987).

规制就会约束种族主义认同的形成与表达。禁止非公共言论领域特定种族主义交流的规制也是如此,例如工作场所的情形。实际上,我们已经决定运用政府力量重塑共同体的制度以与种族主义做斗争。这是对民主力量适当且可嘉许的运用。但其之所以正当,恰恰在于我们是按照符合自决原则的方式通过的;体现的是我们自由选择的民族认同。

这一正当性通过公共商谈成为可能,满足自决的目标,因为其建构的方式使得关于民族认同的所有要求都有机会证明自己有理。因而,禁止工作场所[114]和禁止政治讨论或辩论中针对个人的种族侮辱[115]存在重要差别。这里对个体受害者的伤害可能相同,但公共商谈要使自我统治成为可能,就必须在实体上否定公共商谈的种族主义言论,而非只是通过法律的力量加以压制。

(四) 公共商谈与对观念市场的伤害

支持规制种族主义言论最有力的主张是返回公共商谈的概念本身,声称这种规制对于真正实现自决原则的公共商谈而言是必要的。从表面上来看,似乎存在两种不同的分析路线。第一种强调种族主义言论的非理性与强制性,第二种则是种族主义言论在压制受害群体方面的不良后果。结果,这两条论证路线存在交叉且彼此依赖。

1. 非理性和强制性的种族主义言论

公共商谈肯定不只是私人偏好的登记簿以作为推行集体自主的媒介。如果在公共商谈中人们的交流只是通过投票组织传达他们就公共问题的"投票",那么民主就会堕落为多数人统治的他治制度。集体自决的目标相反要求的是,公共行动应当以借助公开

---

[114] See, e.g., Contreras v. Crown Zellerbach Corp., 88 Wash. 2d 735, 565 P. 2d 1173 (1977); Alcorn v. Anbro Eng'g 2 Cal. 3d 493, 468 P. 2d 216, 86 Cal. Rptr. 88 (1970); Love, "Discriminatory Speech", at 128—133.

[115] Cf. Dominguez v. Stone, 97 N. M. 211, 638 P. 2d 423 (1981) (将公共商谈中的种族主义言论入刑)。

与互动的理性审议过程形成的公共意见为基础。种族主义言论具有非理性和强制性,完全是一种"语言的侮辱(对不情愿对象的口头侮辱)"[116],这一主张因而就触及了公共商谈的根基。

不过,该观点指出的是一个更一般的问题,因为所有违反文明规则的交流都被认为是非理性和强制性的。[117] 因为文明规则体现的是我们习惯于从共同体成员获得的尊重和理性规范,与这些规则不符的交流就被视作"侵犯和人身攻击"[118]。因而源自强制性与非理性的观点就带来了第一修正案原理通存的困境。如果允许国家施行文明规则,实际上就会从公共商谈中排除那些鼓吹与体现人们陌生的边缘生活形式的人。但如果国家悬置施行文明规则,就会因为允许传播侮辱和强制性的言论危及理性审议的可能。要求尊重所有公民"是自由和平等的人",要求通过理性审议过程进行自治,这两者的张力就造成了公共商谈的悖论。

或许可以说,具体情形的种族主义言论会消除这一悖论,因为这种言论根据假设既违反平等又违反文明的规范,因而似乎可以进行压制而不伤害公共商谈。但这一结论并不准确。公共商谈悖论所讨论的是形式上的平等原则;其适用于所有人是自治这种可能性的基本前提。该原则在多大程度上受限,自决的范围也就在多大程度上受限。另一方面,种族主义言论所违反的平等规范是

---

[116] Lasson, "Group Libel", at 122.

[117] 因而"挑衅性的言论"被理解为"出口即伤人"的言论。Chaplinsky v. New Hampshire, 315 U.S. 568, 572 (1942). 故意造成精神痛苦的无礼言论完全就是"拳打脚踢"的代名词。R. George Wright, "*Hustler Magazine v. Falwell and the Role of the First Amendment*", 19 *Cumberland Law Review* 19, 23 (1988). "嘲笑"被认为是一种"恐吓"形式。John Dewey, "Creative Democracy—The Task Before Us", in *Classic American Philosophers* 389, 393 (Max Harold Fisch, ed., 1951). 色情作品不是被理解为"描述妇女从属地位的表达,而是从属地位本身的实践。"Paul Brest and Ann Vandenberg, "Politics, Feminism, and the Constitution: The Anti-Pornography Movement in Minneapolis", 39 *Stanford Law Review* 607, 659 (1987). 而亵渎性的交流就是一种"吵架"的形式。Francis Ludlow Holt, *The Law of Libel* 70—71 (1816).

[118] Time, Inc. v. Hill, 385 U.S. 374, 412 (1967) (Fortas, J., dissenting).

实体性的,体现的是我们应当如何生活的特定认识。平等是应当从公共审议的过程中形成的那种规范。尽管审查种族主义言论符合这一实体性的平等规范,但却与形式性的平等原则不符,因为这种审查会将那些不同意特定实体平等规范的人排除于公共商谈的媒介。因而这样的人就会被排除参与集体自决的过程。

第一修正案的原理倾向于形式平等的原则以解决公共商谈的悖论,很大程度上是因为违反该原则会相应地限制自治的领域,而保护不文明的言论并不必然会破坏理性审议的可能性。不文明言论的震惊效果有时实际上会满足建设性的目标,就像其会导致个人质疑同化他们的共同体标准,因而使得他们或许破天荒地承认其他完全不同文化背景的人的主张。[119] 事实上,受压迫的边缘化群体运用不文明的言论迫使承认他们强烈与迫切的需要,具有悠久的历史。[120]

再者,容忍不文明的言论并不必然破坏理性审议的过程,只要这种言论的范围受到限制而且不影响整个过程。尽管存在不文明的言论,但理性审议仍然可以继续,这一判断正是哈兰大法官在"科恩诉加利福尼亚案"法律意见中的观点,最高法院在该案中不允许加州运用法律的力量"维持……政治体内适当水准的商谈":

> 自由表达的宪法权利在我们这样多样和人口稠密的社会

---

[119] 用"泰尔米涅罗诉芝加哥案"(Terminiello v. Chicago)的话来说:"在我们的政府制度下,自由言论的一个功能就是吸引不同意见。事实上,当导致不安的状况、造成对现状的不满甚或激起人们的愤怒时,实际上最能实现其主要目的。言论往往是具有刺激和挑战性的,会打击偏见和先入为主,而因为敦促接受某个观念则会产生深远的、令人不安的影响。这就是为何言论自由尽管不是绝对的……仍然受到保护不受审查或惩罚,除非表明有可能产生严重实质灾难的明确且即刻的危险,远超过公众的不便、厌烦或不安……根据我们的宪法,不存在更限制性的看法。因为其他的观点会导致通过立法机关、法院或主流政治或社会团体将观念予以标准化。" 337 U. S. 1, 4—5(1949)(citations omitted).

[120] 相关的精彩讨论,见 Kenneth Karst, "Boundaries and Reasons: Freedom of Expression and the Subordination of Groups", 1990 *University of Illinois Law Review* 95。

中是一剂猛药。它旨在取消政府对公共讨论领域的限制，将应当表达什么观点的决定在很大程度上交到我们每个人的手中，希望这种自由的运用最终会形成一个更有能力的公民群体和更完美的政体，相信其他任何进路都不符合个体尊严的假设以及我们政治制度所依赖的选择……

在许多人看来，这种自由的直接结果似乎往往只是语言的喧闹、争吵甚至具有冒犯性的言辞。不过，这些都是在现有界限内的，实际上是公开辩论的过程允许我们实现更大范围的持久价值必要的副作用。就此而言，空气中偶尔充斥着语言的刺耳声音并非弱点而是力量的标志。[121]

当然，"公共讨论领域"内的"公开辩论"是否确实会实现"更大范围的持久价值"是一个见仁见智的问题。人们如何判断很大程度上取决于其所处的环境。最近的文献呼吁更认真地对待"受害者的视角"[122]就此而言很有道理。优势群体的成员或许会满足于公共审议的整体品质，然而受害群体的成员，即种族主义言论系统针对的对象，可能就是完全另外的感觉。

正是在这一点上，强调种族主义言论非理性、强制性的分析路线与强调压制受害群体的分析路线存在交叉且依赖于后者。更进一步说，这里的意思不是说种族主义言论会普遍导致公共商谈失去作用，而是这种言论对受害群体的累积效果会排除将公共商谈作为集体自决的有效途径。在当代的讨论中，这种效果被归在"失声"(silencing)的类别中进行讨论。

2. 让少数群体失声的种族主义言论

关于失声的文献增加很快。就我的理解而言，这些文献提出

---

[121] 403 U. S. 15, 23, 24—25.
[122] See Matsuda, "Public Response", at 2340; see Lawrence, "If He Hollers", at 436.

了三种不同的观点以支持关于失声的看法[123]:受害群体之所以失声,是因为他们的视角被彻底排除在主流商谈之外[124];受害群体之所以失声,是因为种族主义普遍的耻辱会彻底破坏与贬低他们的言论;受害群体之所以失声,是因为种族主义言论所造成的内心"恐惧、愤怒和震惊"会彻底预先排除回应。[125] 这一部分会分别分析这些观点;随后一部分则将其结合成一种更复杂的种族主义指控。

第一种观点是,公共商谈的措辞尽管表面上客观中立,但具有内在的偏见,妨碍少数派观点的阐述。[126] 因而主流商谈中的种族主义被浓缩为"中立性的'歧视'一词",消除了"权力、控制与压迫作为罪恶源头的作用","舍弃了'平等'所具有的很多政治、历史和道德内容。"[127]同样的,白人的理解,即种族主义就是"白人至上的成见"——加害者的视角——已经掺入了公共辩论的语言本身,而少数派的理解,即种族主义"指的完全就是少数派的附属地位"——受害者的视角——则被从这种语言中清除。[128]

尽管这一主张的前提在我看来是真实的,但本身并不支持应该规制种族主义言论的结论。所有的交流都是以隐含的假设为基

---

[123] 我没有讨论通过直接威胁与恐吓而导致失声的言论。根据任何理论规制这种言论都是没有问题的。

[124] 关于"商谈"概念的精彩介绍,见 Paul A. Bové, "Discourse", in *Critical Terms for Literary Study* 50 (Frank Lentricchia and Thomas McLaughlin, eds. , 1990)。

[125] Lawrence, "If He Hollers", at 452.

[126] Id., at 474—475; see Kimberle Williams Crenshaw, "Race, Reform, an Retrenchment: Transformation and Legitimation in Antidiscrimination Law", 101 *Harvard Law Review* 1331, 1370—1381 (1988).

[127] Lucinda M. Finley, "Breaking Women's Silence in Law: The Dilemma of the Gendered Nature of Legal Reasoning", 64 *Notre Dame Law Review* 886, 889 (1989).

[128] Note, "Racism and Race Relations in the University", 76 *Virginia Law Review* 295, 304 n. 32 (1990) (quoting Roy L. Brooks, "Anti-Minority Mindset in the Law School Personnel Process: Toward an Understanding of Racial Mindsets", 5 *Journal of Law and Inequality* 1, 8—11 [1987]).

础。对话的功能本身往往就是要通过发现与披露这些假设走向启蒙。启蒙可能是渐进的,或者可能源自剧烈政治斗争的震撼。因而,我们语言涵盖的内容总是既会多于也会少于我们的意图,这一观点就不支持压制种族主义的言论,而是鼓励进一步进行公共辩论。

不过,或许可以说,公共辩论未能实现这种启蒙,原因在于美国社会弥漫的种族主义贬低且污蔑少数派对这一辩论的作用。受害者的声音无人理睬。因而就有呼吁"局外人法理"(outsider jurisprudence),将其声音正当化,且使得"法律局内人……能够设想因为仇恨宣传而在很重要的方面遭到破坏的生活"[129]。

这一观点的前提似乎也是有道理的,但结论则否。听众总是根据其对社会背景的理解评估相关的交流。[130] 这并非公共商谈的畸形,而是其属性之一。[131] 这里提出的问题是,如何改变听众关于社会背景的前政治的理解,所有参与公共对话的人都会面临这一问题。该问题的急迫性并不能证成对公共商谈的限制;相反是呼吁更清楚、更具有说服力的言论,呼吁更强烈、更有效的政治参与。

总的来说,公认的商谈存在固有偏见这一主张,与恶意贬低少数派言论的主张,结合成为公共商谈是非理性的这一指责。系统地贬损受害群体的具体视角,据称是由美国种族压迫的特殊历史造成的,而不是由应当影响理性公共对话的问题造成的。因而这两种主张最终都诉诸于虚假意识(false consciousness)的概念[132],

---

[129] Matsuda, "Public Response", at 2323—2326, 2375; Lawrence, "If He Hollers", at 458—461.

[130] David Riesman, "Democracy and Defamation: Fair Game and Fair Comment II", 42 *Columbia Law Review* 1282, 1306—1307 (1942).

[131] See Paul Chevigny, *More Speech: Dialogue Rights and Modern Liberty* 53—72 (1988); Frank Michelman, "Conceptions of Democracy in Amercian Constitutional Argument: The Case of Pornography Regulation", 56 *Tennessee Law Review* 291, 313 (1989).

[132] 关于虚假意识概念的一般讨论,见 Raymond Geuss, *The Idea of a Critical Theory: Habermas and the Frankfut School* (1981)。

432　宪法的领域

诉诸于存在可以"客观"评估商谈理性的理想观点这种认识。

不过,以虚假意识的理念作为公共商谈内部的武器,从而说服其他人打破过去偏见的必要性,这是一回事;而运用该观念证成限制公共商谈本身,则完全是另一回事。前者是人们熟悉的修辞策略,符合公共商谈的过程,因为其有效性最终取决于说服力。但后者预设的与真理的密切关系如此重要以至于会排除不同的观点。运用虚假意识理念限制公共商谈本身的意义,就是要证成在法律上无视特定视角的正当性,理由是这些视角不可能作为自主个性真正的表达而得到尊重。限制公共商谈以改善虚假意识因而并不会保护公共商谈不受伤害,相反会抵触其提供调和自主意志的媒介这一目标。

第三种限制种族主义言论的主张不是将公共商谈描述为非理性的,而是将其描述为强制性的。最近的文献包含着种族主义言论造成严重私人伤害的灼热记录,而且这一伤害在特定的情形下可能让人如此震惊,以至于完全预先排除了回应性的言论。不文明言论所造成的类似伤害随机分散在整个人群当中,而与种族主义言论相伴的障碍则集中于受害群体的成员。因此,主流群体成员所认为的"孤立事件"[133],则是受害群体成员所认为的令人窒息和难以摆脱的"种族主义,是社会秩序顽固的组成部分,被织入了社会和日常生活的构造当中"[134]。

在这种条件下,可以预料主流群体和受害群体,就种族主义言论是否会使相当部分的受害群体因为震惊从而失声,很可能会得出不同的判断。最近建议限制种族主义言论的文献,雄辩地说明"倾听这种言论真正的受害者"以及展示"对其所受伤害的同情与理解"的必要性。[135] 当然,关于规制公共商谈任何公正的决定,要求的都正是这种敏感性。但最近的文献中还有一个趋势则是抛弃

---

[133]　Matsuda, "Public Response", at 2331.
[134]　Note, "Racism and Race Relations", at 295.
[135]　Lawrence, "If He Hollers", at 436.

下述命题,即除非"倾听种族主义言论的受害者"[136]否则就无法做出公正的决定,转向完全不同的命题,即这样的决定应以"受害群体成员的经验作为指引"[137]。这后一个命题在我看来完全错误。

摆到桌面上的问题是,非理性与强制性是否严重损害公共商谈的媒介以至于要求缩小自治的范围。该问题会严重影响每一位公民,其解决因而不可能交给任何特殊群体控制。事实上,除非援用某种超越单纯群体认同的公民身份观念,否则我看不到如何彻底地解决这一问题。如果我们无法努力以公民的身份共同审议,让我们自己脱离(但并非放弃)我们具体的文化背景,那么只有运用赤裸裸的群体力量才能解决这一问题,这种解决方案完全不利于被边缘化和被压迫的群体。[138]

因而,吊诡的是,公共商谈是否会因为种族主义言论遭到不可挽回的损害,该问题本身最终必须通过公共商谈的媒介加以解决。因为那些参与公共商谈的人本身不会失声(几乎是肯定的),所以实际上那些出于挽救目的而对公共商谈加以限制的人就要承担沉重的、令人沮丧的责任。他们必须表明自己是为那些发言权遭到

---

[136] Id., at 481.

[137] Matsuda, "Public Response", at 2369. 艾里斯·杨(Iris Marion Young)下述天真的提议显然就是以这一倾向为主题:"就直接影响群体的具体政策,民主的公众"应当将否决权让给"遭到压迫或处于不利地位的选民团体"。Young, "Policy and Group Difference", 99 *Ethics* 250, 261—262 (1989).

[138] 因而,在我看来,正如从最近强调忠于少数群体特殊文化"传统"的文献所见,并不容易抛弃共和主义参与的"伟大传统",即"我们可以将公共生活提高到宗派政治陷落与损害的领域之上"的观念。See Gerald P. Lopez, "The Idea of a Constitution in the Chicano Tradition", 37 *Journal of Legal Education* 162, 163—164 (1987). 甚至杨也指出,"异质的公众……也是公众,其中参与者共同讨论他们所面临的问题,而且应当得出他们认为最好或最公正的决定。"Young, "Polity", at 267. 因此杨承认,"人们可以维持他们的身份认同,而且被他们源自群体具体经验的、关于社会事件的感受影响,而同时也具有公众精神,即愿意倾听其他人的主张,而不是只关注自己的得失。为了讨论公共的议题,人们可能而且需要在相当程度上远离他们自己直接的欲望与本能的反应。不过,这样做并不要求公民放弃他们特殊的联系、经验与社会地位。" Id., at 257—258.

剥夺的人"代言"。但这种失声的留白*则神秘莫测,既不肯定也不否定这一主张。而且呼吁越是雄辩,则主张越是不那么令人信服,因为更容易接触的公共商谈呈现的正是种族主义言论据称要压制的视角。

不过,即便取消这一责任,完全接受受害群体的成员因胁迫而失声,这仍然不能证成限制公共商谈领域的种族主义言论。例如,人们可能认为,这种失声主要是通过种族主义的结构性条件而非具体通过种族主义言论的震撼产生的。正如纽约城市学院黑人研究系颇受争议的主任在回应一位学界同行的种族主义评论时所述,"问题"不在于具体的交流行为,而在于"潜伏于我们社会且嵌入我们文化中的"[139]种族主义本身。如果该主任的诊断是正确的,那么限制种族主义言论就会损害公共商谈,却无法同时补救受害群体的失声。

或者说,人们可能认为种族主义言论之所以使受害群体失声,主要是因为其"观念",因为种族低劣的信息,而非因为不文明。这一区分是重要的,理由如下:尽管在极端情形下删除某些具有强制性的不文明言论符合公共商谈的内部逻辑,然而因为特定观念具有"类似"强制性而加以删除,则与公共商谈根本不相容。公共商谈是我们社会借以评估观念的民主可接受性的媒介;由于表面上"具有强制性"因而破坏公共商谈从而排除特定的观念,抵触的正是这一功能。因而公共商谈遭到的"伤害"无法基于下述理由证成

---

* Negative Space,直译"负空间"是艺术设计和摄影的专业词汇,俗称"留白"。在一幅图画中,照片主体(正空间)和画框之间的空间即负空间。负空间的合理利用,有助于确定和突出正空间。——译者注

[139] Joseph Berger, "Professors' Theory on Race Stir Turmoil at City College", *New York Times*, Apr. 20, 1990, at B1, col. 2.

限制种族主义的理念,即这些理念具有威胁性或强制性。[140]

其他的可能性也是存在的。例如,人们可能会认为,因为难以区分观念与不文明的言行,而且保护所有的理念对集体自决而言是必需的,实际上法律只能够限制少量公然具有种族主义性质的言词,这些言词尽管非常具有冒犯性而且缺乏理念内容,但与更广泛的失声现象没有什么太大的关系。或者,人们可能认为,在"恰普林斯基案""挑衅性言论"原理[141]特有的面对面交锋中运用令人震惊的种族主义言辞,种族主义言论的失声效果主要体现于这种情形,因而源自失声主张的基本见解已经在第一修正案的原理中得到了体现。

根据这些替代性的考量,我自己的结论是,尚没有理由支持限制公共商谈以防止当受害群体成员感到"恐惧、愤怒和震惊"时发生的那种具有预先排除效果的失声。我这样说也是提心吊胆。即便接受系统的预先排除性失声的经验主张(而我不确定自己是否真的接受),在我看来,也更多直接源自种族主义的社会和结构条件,而非具体源自种族主义的言论。因为源自预先排除性失声主张的逻辑,并没有质疑维持思想表达自由的必要性,因而充其量只是以基本上象征性的方式规制公共商谈,从而清除无礼的种族主义言辞和名称。在我看来,根本不可能主张这种象征性的规制能消除据称证成限制公共商谈的预先排除性失声。

---

[140] 请注意正文的观点并不反对下述主张,即某些观念因为会给个体或受害团体造成广泛的损害,所以应当从公共商谈中排除。这种损害并非公共商谈的功能。所以,要评估由于损害个体或群体因而公共商谈是有限的观点,我们就必须根据我们追求保护稳定的个人与群体身份评估民主自治的意义。

从另一方面来说,正文所考察的观点,即特定的观念因为本质上具有强制性所以应当从公共商谈中排除,取决于对公共商谈功能本身的损害。这一观点之所以难如人意,是因为"强制"的概念本身必须通过参考正在讨论的实践所确定的"道德基准"加以界定。See A. Wertheimer, *Coercion* 217 (1987). 在公共商谈的实践中,没有任何观念可以被认为本质上具有强制性,因为公共商谈的功能本身预设的就是人们形式上的平等,因而也是观念上的平等。

[141] Chaplinsky v. New Hampshire, 315 U.S. 568 (1942).

3. 象征文化压迫的种族主义言论

综上所述,当按照这种分析方式加以分解时,支持限制种族主义言论从而维持公共商谈完整性的各种主张,根据我的判断并不支持其期望的结论。但这些主张可以编在一起,支持比其各自的脉络更有力的指责。

在日常生活中,受害群体的成员并不会遭受一连串明显的不利。相反,如果当前文献的描写是真实的,那么这些群体在公共商谈中就会遭遇未分化的情形的综合体,其中他们遭到系统地贬低、侮辱、忽略;辩论的语言本身抵制表达他们的主张;他们遭到骚扰、侮辱、恐吓,而且在个体或集体方面遭到系统且令人震惊地伤害。问题不是这些不利因素单独来看是否会证成在公共商谈领域限制种族主义言论,而是当作为一个复杂的整体时,是否会使公共商谈对受害群体的成员而言不适合作为一种集体自决的工具,而这种不可接受的情形是否可以通过限制种族主义言论得到矫正。

让这一问题变得如此难以逾越的是,其取决于公共商谈与集体自决价值的关联。尽管该关联的形式前提可以描述,但真正的实质体现必须随着历史、文化和社会结构的状况而定。因而当受害群体的成员主张,公共商谈对他们来说无法再满足自治的价值时,回答说他们已被包容在形式前提当中,这并不是答案。如果受害群体的成员事实上认为他们被从公共对话中系统排除,对他们来说,该对话就几乎不可能实现那些构成其民主理据的、"更宽泛的持久价值"。因而民主自治的正当性本身遭到了质疑。

公共商谈的价值依赖于社会感觉,这会带来复杂且微妙的问题,但这些问题的难点在围绕种族主义言论争论的情境中大大放大了。首先,受害群体被排除在公共商谈有效的参与之外,主流群体成员无法直接体会并进而评估这一主张的真实性。因此,在某种程度上,其解决方案必然取决于相信受害群体成员的描述。所以作为一个现实的政治问题,遭到质疑的不仅仅是这些描述的真实性,还有主流群体成员接受它们时的信任和尊重。[142] 其次,应当审查种族主义言论以便向受害群体开放公共商谈,这一补救性的主张会强化对信任和尊重的关注。在本质上,这一主张要求拒绝给予某些人自决,从而给予其他人。因而社会限制公共商谈的意愿就被转化为其对受害群体的尊重这一试金石。

事实上,最能支持前述主张的恰恰就是这一转化。该主张取决于受害群体成员赋予其在美国生活中的地位的解释性含义;主张这一含义是排除的意思。这样的解释不可能被简化为任何具体的经验主张或状况。相反,那些认为被疏远的人的需要,主要是通过社会尊重的姿态得到满足的。通过以最强烈的方式传达尊重与欢迎的信息,关于种族主义言论的审查可能大大帮助受害群体的成员将其经验重新解释为融入公共商谈的对话。我们前面提出的不同意见,即规制公共商谈领域的种族主义言论可能至多限制发表高度冒犯性的言辞和名称,而且这种规制只能起到象征性的作用,因而不再恰当。因为相关的主张现在依靠的正是文化象征意义的政治分析。

这种政治分析最显著的特征就是,政府规制的具体内容不如其被意识到的含义重要。我们已经指出,诸如个体伤害或预先排除性失声等主张如何界定着在经验上被认为造成特殊伤害的具体交流形式。但文化排斥的主张则完全不同,因为并没有喻示这种具体的对象。更进一步说,这里的主张不是具体交流形式实际上会造成受害群体成员感到被排斥,而是特定的规制姿态会成为受

---

[142] See Lawrence, "If He Hollers", at 474—475. 这是群体主张的一般特征,在那些支持规制色情作品的人当中类似动态的发展就就可以看到这一点。See, e. g., Catharine MacKinnon, "On Collaboration", in *Feminism Unmodified: Discourses on Life and Law* 198 (1987).

害群体成员感到被包容的原因。[143]

不过,这表明限制公共商谈只是政府可以用来缓和受害群体文化排斥感的各种策略之一。其他选择可能包括反歧视法律、平权措施方案、经济资源的重新分配、限制非公共的种族主义言论,等等。所有这些共同体生活的修正都可以被解释为明显的尊重和包容姿态。因这些选择不够充分而加以否定,认为公共商谈的限制对于克服受害群体的疏离感是必要的,这是一个政治选择和描述的问题。

因此,在根本上,源自文化排斥的观点试图让公共商谈附属于一种特殊的政治视角,而公共商谈的目的本身即是作为所有可能的政治形式的框架。这一主张以下述合理的前提为出发点,即文化上的参与感对于公共商谈实现集体自决的价值而言是必要的。但这种观点不是将公共商谈设想为唤起国民的政治意愿以采取措施促进这种参与感的手段,相反依靠的是公共商谈自身,而且作为一个政治感受与主张问题,认为限制公共商谈是消除障碍性的疏离的前提条件。因而该主张最终并不取决于保护公共商谈免受伤害的重要性,而是牺牲公共商谈以恢复巨大的社会错位的必要性。

说白了,这一主张要求平衡作为一种基本交流结构的公共商谈的完好性与促进受害群体成员政治参与经历的重要性。该主张因而重申公共商谈应服从第十四修正案的平等主义理想。不过,其采取的是这种观点的改进版,因为其主张只需要以轻微而且象征性的方式削弱公共商谈。即便清除无礼和令人震惊的种族主义言论的微小姿态,都足以使受害群体成员在公共商谈的领域感受

---

[143] 这种姿态的成败完全取决于受害群体成员的感受。因此,并不能保证特定的规制方案在事实上真得会造成受害群体的成员重新解释他们在公共商谈中的地位。规制设计与规制目标的实现之间这种固有的差距,连同只有受害群体的成员可能经历与评估文化排斥的主张,有可能造成令人不安的策略性操作。

到欢迎,因而使得公共商谈对他们来说可以实现自决的价值。[144]
这种形式的主张类似于在禁止焚烧国旗的争论中提出的观点,其
中也有人力主,出于非常重要的象征性理由,应在最小的程度上损
害公共商谈。[145] 正如曾经辩称任何观念无需焚烧国旗就可以得到
表达[146],同样也可以断定,任何观念无需诉诸恶劣的种族主义言辞
就可以得到表达。[147] 因此,在两种情形下,可以说牵涉到的利益的
重要性都超过了对公共商谈最低限度的影响。[148]

然而,我认为应当拒绝这种平衡的诱惑。不是因为可以通过
某种"绝对的"运算法则预先排除平衡;纯粹形式民主的吸引力本
身在特定的情形下就不再具有无限的说服力。相反,因为在美国
的情境下,平衡的诱惑取决于所谓精确分离的谬论。[149] 只有对公
共商谈的影响是最低限度的,才是可以接受的;而据说只有独立于

---

[144] 当然,如此微小的姿态可能不足以实现该目标。在进行评估的时候,必须考虑这种观点本质上是推测性的。
[145] 根据首席政府律师的观点,国家禁止焚烧国旗的利益取决于"维护国旗'独一无二且真正的美国象征'的身份"。United States v. Eichman, 496 U. S. 310, 315 (1990) (quoting Brief for United States at 28, 29).
[146] Texas v. Johnson, 491 U. S. 397, 430—432 (1989) (Rehnquist, C. J., dissenting).
[147] 应当坦白的是,我本人不接受这一观点的前提,不认为言论的修辞含义可以与其表达方式分开。风格与内容总是相互依赖的,因为用格奥尔格·卢卡奇(Georg Lukács)的话来说,"内容决定形式"。Georg Lukács, *Realism in Our Time*: *Literature and the Class Struggle* 19 (John and Necke Mander, trans., 1962). 因此,我并不认为禁止特定类型的言词对公共商谈的影响有可能被说成是最低限度的。不过,我仍然希望评估根据这种最低限度影响的有力假设进行平衡的情形。
[148] 关于焚烧国旗情境下该观点的讨论,见 *Eichman*, 496 U. S. at 322—323 (Stevens, J., dissenting).
[149] 在评估这一平衡时,我并不是要质疑恰普林斯基案的裁决,在我看来该案试图区分私人争吵与公共辩论。相当明确的是,在特定的面对面的情形下说出的种族言辞,就会构成"挑衅性的言论",因此不属于公共商谈。See Greenawalt, "Insults", at 306. 不过,正文中的观点是为了评估限制否则显然就是公共商谈的种族主义言辞,就像政治辩论、报纸、宣传册、杂志、小说、电影或档案中的言词。

其他类似的主张而对某一具体的主张进行评估,才可以说是最低限度的。但在实践中没有主张可以精确地分离出来。正如焚烧国旗的例证所示,不乏有影响力的群体主张,出于非常热切的象征理性理由应当在"在最低的程度上"规制公共商谈领域的不文明言论。[150]

即便分析的焦点严格限于种族主义言论争论所讨论的主张结构,这也是显而易见的。在一个由果敢且互相冲突的群体居住的异质性大国中,限制公共商谈以减少政治疏离这一逻辑实际上不可阻挡。美国充斥着感觉到被排斥的人,而如果获得机会象征性地缩减公共商谈,他们的感觉会好一点。这在大学校园激增的规制中已经非常明显,这些规制不仅普遍禁止言论根据种族贬低人,而且还禁止言论根据诸如"肤色、族源、宗教、性别、性取向、年龄、残疾或退伍的状况"等典型因素贬低人。[151] 随着要求特殊保护的请求者增加,最低影响的主张也会失去可靠性。

我要强调的意思并不取决于划线区分类似主张的思想困难。相反,而是平等参与的补救性与政治性逻辑,以类似的力量适用于日益增多的、宽泛的群体主张。当然,人们或许可以根据第十四修

---

[150] 任何有可能怀疑这一假设的人都应再次回顾当代围绕给予国家艺术基金会的资助、或因梅普尔索普(Mapplethorpe)的展览或说唱组合 2 Live Crew 的唱片所引起的检控的争论。See "Rap Band Members Found Not Guilty in Obscenity Trial", *New York Times*, Oct. 1, 1990, §1, at 1, col. 1; "Cincinnati Jury Acquits Museum in Mapplethorpe Obscenity Case", *New York Times*, Oct. 6, 1990, §1, at 1, col. 1; "Reverend Wildman's War on the Arts", *New York Times*, Sept. 2, 1990, §6 (Magazine), at 22, col. 1.

[151] Emory University, "Policy Statement on Discriminatory Harassment" (1988); see Doe v. University of Mich., 721 F. Supp. 852, 856 (E.D. Mich 1989) (人种、族群、宗教、性别、性取向、信念、族源、世系、年龄、婚姻状况、残疾或越战时期老兵的身份)。密歇根大学的条例还包括禁止的"政治信仰"类型。Michigan State University, "Your Ticket to an Adventure in Understanding" (1988). 西切斯特的条例还包括"生活方式"的类型。West Chester University, "Ram's Eye View: Every Student's Guide to West Chester University" 61 (1990). 罕布什尔学院的条例包括"社会—经济阶层"的类型。Hampshire College, "College Policies: Updates and Revisions" (1988—1989).

正案的具体历史,设计观点用来区分种族性的言辞与亵渎性的诅咒,或对女性的侮辱和色情描写,或恶意的反同性恋诋毁,或粗俗的种族侮辱。但问题在于,这些观点是否能够经得住将这各种情形结合在一起的、强大的平等主义逻辑。我的强烈直觉是经受不住,因而对公共商谈最低限度影响的主张是不太可信的。

再者,在源自文化排斥主张的具体情境中,拒绝平衡并不像表面看上去那么严苛。根本的挑战在于,使受害群体的成员能够将其在美国政治和文化秩序中的经历重新解释为真正的参与。除了限缩公共商谈,还有大量的方式解决这一挑战。最明显且可能最有效的策略就是强制彻底废除种族主义的结构性条件。如果我们如此幸运能够实现这一伟业,如果我们真的能够消除诸如长期失业、缺乏卫生保健、隔离的住宅或是低得不成比例的收入等状况,那么我们毫无疑问就已经在改善文化排斥的经验方面取得了成功。

四、第一修正案与对教育环境的伤害

如果公共商谈一方面受共同体生活的必要结构所限,那么另一方面就要受国家建立组织以实现明确的公共目标的需要所限。这些并非公共论坛的组织规制言论的方式与公共商谈的要求在根本上不相容。公共商谈是我们的民主制度决定其目标的媒介,因此,公共商谈的法律结构要求,所有这样的目标都应接受质疑和重估。另一方面,在非公共论坛中,政府目标被视作既定的,而交流则因为实现这些目标的需要而被加以规制。

尽管最高法院往往认定,"第一修正案的言论和结社权适用于州大学的校园",甚至"公立大学的校园具有许多公共论坛的特征,至少就其学生而言是如此"[152],但事实上,国家的高等教育机构是

---

[152] Widmar v. Vincent, 454 U.S. 263, 267 n.5 268—269 (1981).

为了明确的教育目的而建立的公共组织。最高法院一直认定,"大学的使命是教育",而从未将第一修正案解释为否定大学"有权就校园和设施的运用规定与该使命一致的合理条例"。[153] 最高法院明确承认"大学有权排除……严重干扰其他学生获得教育机会的……第一修正案活动。"[154] 因而可以审查与课堂进程不相容的学生言论;可以评判教员与学术标准不一致的出版物;等等。

因此,在高等教育的公共机构规制种族主义言论并不取决于民主自决的价值及其在公共商谈中的实现。相反,这种规制的合宪性取决于工具理性的逻辑,尤其是三个因素:(1)大学教育使命的性质;(2)规制与实现该使命的工具性关联;(3)法院应当对机构当局的工具性判断表示遵从。当前关于规制大学和学院校园种族主义言论的合宪性的争论,或许最好解释为关于第一个因素的争论,即宪法所允许的、公共高等教育机构的教育目标。[155]

就那些目标而言,法院至少提出了三种不同的概念。最传统的概念,我称之为"公民教育",认为公共教育是共同体生活的工具,而且认为"尊重并服从已经建立的权威是一个人承担公民责任的必修课,而教室则是讲授这一课程的适当场所"。[156] 公民教育将教学视作一个将共同体的价值以权威的方式传给年轻人的文化繁殖过程。那些价值的有效性很大程度上被视作理所当然,而且还有一个强烈的趋势是,将其作为以传统普通法的方式规制言论的理由。

公民教育的概念在沃伦法院之前的年代处于支配地位,而就最近高中的言论规制而言,得到了强势的复兴。因而在"伯特利

---

[153] Id., at 268 n.5.
[154] Id., at 277 (citing Healy v. James, 408 U.S. 169, 189 [1972]).
[155] 这一简短讨论考察的只是与规制种族主义言论的合宪性有关的问题,并没有考察这种规制提出的教育问题。不过,这些问题非常深刻,是围绕法律限制在直观上是否对种族主义言论最有效的回应这一问题展开的。
[156] Pugsley v. Sellmeyer, 158 Ark. 247, 253, 250 S.W. 538, 539 (1923).

403校区诉弗雷泽案"(Bethel School District No. 403 v. Fraser)[157]中,一位高中生因发表具有"冒犯性"且"粗鄙"的学生自治言论而遭到惩罚,最高法院维持了这一惩罚。法院的理由是,"公共教育的目标"包括"灌输维持民主政治所需要的基本价值"。这些价值包括"自治实践不可或缺的……文明习惯与举止"[158]:

> 在学校和课堂中鼓吹非主流且具有争议的观点这一毋庸置疑的自由,必须与社会向学生传授社交适当行为的界限这种对立利益进行平衡……
> ……学校必须通过示范文明社会秩序的共同价值进行传授……学校作为国家的工具,可以确定在一个容忍诸如这位迷途少年所沉溺于的淫荡、粗鄙或具有冒犯性的言论的学校中,不可能传授文明、成熟行为的基本课程。[159]

如果适用于高等教育机构,公民教育的概念也会得出类似的结果,这在首席大法官伯格1973年"帕皮什诉密苏里大学管理人案"(Papish v. University of Missouri Curators)的异议意见中得到了证明:

> 至少在理论上,大学不仅是学生和教员讨论理念的场所;大学也是个人学习如何以可接受的文明方式表达自我的机构。我们提供这种环境的目的是,学生可以学习文明社会的运作所需要的自我克制,理解如果要容忍群体的存在我们必须服从那些外在限制的必要性。[160]

因为种族主义言论不仅非常不文明,而且有悖"我们文明社会

---

[157] 478 U. S. 675 (1986).

[158] Id., at 678, 681 (quoting Ambach v. Norwick, 441 U. S. 68, 77 [1979]), 681 (quoting Charles Austin Beard and Mary Beard, *New Basic History of the United States* 228 [1968]).

[159] Id., at 681, 683. 关于同种推理更新的例证,见Hazelwood School Dist. v. Kuhlmeier, 484 U. S. 260, 271—272 (1988)。

[160] 410 U. S. 667, 672 (1973) (Burger, C. J., dissenting).

秩序的共同价值"[161]，如果公民教育被理解为公立高等教育机构在宪法上可接受的目标，那么对其进行限制就没有太大的问题。[162]许多公立大学正是根据这一理解制定其条例的。例如，"马萨诸塞州高等教育理事会反种族主义政策"主张，"教育机构必须积极实现足以体现我们社会人种、族群和文化的多样性。不过，多样性本身还不够"：

> 在我们所追求的多样性中还必须存在统一性和凝聚性，因而创造一种多元主义的环境。任何形式的种族主义，无论或明或暗，无论故意或过失，无论个体或机构，都是对人的尊严的信条与法律所保障的文明和谐极为恶劣的侵犯。结果，种族主义会破坏建立真正种族多元主义的社会和学术环境。[163]

该政策显然假定大学的基本任务是灌输"真正种族多元主义"的价值，而禁止种族主义言论是因为其不符合该价值。

第二种公共教育使命的概念，我称之为"民主教育"，其前提则迥然有别，即"公立学校""在很多方面都是我们民主的摇篮"[164]，因而其将公共教育的目标理解为创造自主的公民，能够充分参与动荡的公共商谈领域。[165] 民主教育竭力将这一领域引入通常来说

---

[161] Bethel v. School Dist. No. 403 v. Fraser, 478 U.S. 675, 681 (1986).

[162] 关于这一逻辑在前大学阶段的发展，举例来说，见 Clarke v. Board of Educ., 215 Neb. 250, 338 N.W. 2d 272 (1983)。

[163] Commonwealth of Massachusetts Board of Regents of Higher Education, "Policy Against Racism and Guidelines for Campus Policies Against Racism" 2 (June 13, 1989).

[164] Alder v. Board of Educ., 343 U.S. 485, 508 (1952) (Douglas, J., dissenting). 关于这一立场的全面阐述，见 Abington School Dist. V. Schempp, 374 U.S. 203, 241—242 (1963) (Brennan, J., concurring)。

[165] 民主教育与公民教育概念的张力差不多概括了皮亚杰（Piaget）与迪尔凯姆（Durkheim）围绕如何传授道德价值问题的丰富辩论。迪尔凯姆强调的是纪律、权威与约束的重要性，而皮亚杰强调的是合作、合意与自主。See Piaget, *Moral Judgment*, at 341—371.

受到更多庇护的学校环境。

民主教育的概念在沃伦法院时期的"廷克诉德梅因校区案"(Tinker v. Des Moines School District)中得到了最充分的体现,最高法院在该案中认定,公共教育的目标是要学生"为某种冒险的自由做好准备……这种自由是我们国家力量的根源,也是在这一相对宽容且往往好争论的社会中长大和生活的美国人的独立与活力的根源。""廷克案"的多数派明确拒绝了公民教育的前提,即公立学校的目标是传播权威的价值。相反,其断定"在我们的制度中,国家开办的学校不能成为极权主义的飞地……学生不能被视作完全是国家选择传达的内容的闭路接收器。他们不能被限于表达那些得到官方认可的情感。"[166] 根据"廷克案"的看法,公共教育的目标是要引导学生独立思考。

民主教育的首要特征是将公共教育机构的言论比作一种公共商谈模式。承认这一志向"就维持文明和有序社会的风险而言并非没有代价",最高法院在20世纪60年代晚期和20世纪70年代早期仍然强力推动民主教育的概念,部分因为其认为这一概念对于维持"我们强健且自由的社会"而言是必需的。[167] 如果像我所述,种族主义言论在公共商谈的领域内是而且应当免于规制,那么在民主教育概念的指引下,我们就可以预计法院会非常敌视规制大学的种族主义言论,相反倾向于认为学生实际上准备好参与严酷却不可回避的公共商谈领域了。

还有第三种公共教育概念,这一概念具体来说通常与高等教育机构有关。我称这一概念为"批判性教育",其认为大学与众不同的"主要功能"在于"通过研究与教学发现和传播知识"。[168] 批判性教育认为大学生活的首要前提条件在于"需要不受限制的自

---

[166] 393 U.S. 503, 508—509, 51 (1969).
[167] Healy v. James, 408 U.S. 169, 194 (1972).
[168] "Report of the Committee on Freedom of Expression at Yale", 4 *Human Rights* 357, 357 (1975). 我们通常不会将这一功能赋予中学,更不要说小学。

由,有权想象不可想象的、讨论不可讨论的、挑战不可挑战的":

> 如果大学是一个追求知识的场所,那么同时也是一种特殊的小社会。然而大学首先不是一个团体、俱乐部、朋友圈子、校外市民社会的复制。倘若不牺牲其核心目标,大学就不可能将培育友谊、团结、和谐、文明或互相尊重作为首要和主流的价值。当然,这些都是非常重要的价值;其他机构可能正确地赋予其最高而非次优的地位;好的大学会追求以某种重要的方式实现这些目标。但尽管重要,大学绝不会让这些价值超越其核心目标。我们珍视表达自由,正是因为其会为新鲜的、具有刺激性的、令人烦恼的以及非正统的事物提供一个论坛。就具体原理或思想的对错而言,自由言论是独裁者甚或多数意见专断的障碍。[169]

作为批判性教育的承办者,大学满足的是重要的社会目标。这些目标不仅包括以严格训练的方式追求真理,还包括示范"自由而严肃、和而不同、批判而鼓舞的表达模式"[170]。批判性教育的概念与第一修正案传统的"观念市场"理论具有很强的相似性;两者都是受明显认知性的而非政治性的关注所驱使。因而法院这样做就不算奇怪,即运用这一概念将"教室"说成是值得保护的"观念市场",因为"美国的未来取决于广泛接触强健思想交流的领袖,这种交流是'在众人的七嘴八舌中而非借助于任何形式的权威选择'发

---

[169] Id., at 357—358; see Benno Schmidt, "Freedom of Thought: A Principle in Peril", *Yale Alumni Magazine*, Oct. 1989, at 65, 65—66.

[170] J. Peter Byrne, "Academic Freedom: A 'Special Concern of the First Amendment'", 99 *Yale Law Journal* 251, 261 (1989). 这种模式的存在"大大有助于整个社会。我们运用学术言论的解说者训练几乎所有在我们社会中行使领导权的人。除了我们的毕业生所吸收的各种专业化知识之外,还应当让他们相信,谨慎、诚实的表达要求以同样的方式回应。学术自由的体验有助实现更广泛的积极的表达自由。"

现真相。"[171]

批判性教育的概念与公民教育和民主教育存在显著的差别。相较于公民教育,其摒弃了在年轻人中复制权威价值这一观念。致力于批判性教育的公立大学不能自由设置特定的价值(除了批判性教育本身的价值)并惩罚那些异议者。批判性教育的逻辑在宪法上要求公立大学"不能只是因为任何群体所表达的观点令人憎恶……就限制言论"[172]。相较于诸如马萨诸塞大学、曼荷莲、马凯特或玛丽·华盛顿等致力于公民教育使命的机构的教育方案,这形成了鲜明的对比。

批判性教育的概念同样会严厉限制大学审查不文明言论的能力。言论不文明可能有许多理由,包括主张被认为具有冒犯性、令人作呕、贬低或侮辱性的观念。但批判性教育要求容忍所有的观念,不论多么不文明。[173] 这种容忍符合最高法院1973年的裁定,即"仅仅在大学校园传播观念——无论多么冒犯良好的品位——都不可仅以'礼仪习俗'的名义加以排斥"[174]。

批判性教育同样在很重要的方面有别于民主教育。批判性教育的目的在于追求真理而非示范公民的责任自主。追求真理要求的不仅是不受限制的思想自由,还有诚实、忠于理性以及尊重方法与程序。正如我们所见,理性具有自身特殊的文明要求,排除强制与谩骂。尽管推行这些要求与价值不符合民主教育,批判性教育就完全会这样要求。再者,批判性教育要求的思想自由,只是与大学追求真理的对话所属的言论有关。因而,在批判性教育的概念

---

[171] Keyishian v. Board of Regents, 385 U. S. 589, 603 (1967) (quoting United States v. Associated Press, 52 F. Supp. 362, 372 [S. D. N. Y. 1943]); see Healy v. James, 408 U. S. 169, 180—181 (1972).

[172] *Healy*, 408 U. S. at 187—188.

[173] "如果要维持大学对表达自由的最高追求,那么第二位的社会与伦理责任就只能交给劝说、榜样与论证的非正式过程。""Report of the Committee", at 360.

[174] Papish v. University of Mo. Curators, 410 U. S. 667, 670 (1973).

当中,并没有什么会阻止大学惩罚纯粹出于骚扰、羞辱或贬低受害者而表达的恶毒的种族主义言论。[175] 当然,技巧在于区分这种言论的方式不惊吓属于追求真理的交流。[176] 这提出了强大的技术挑战,因为对言论内容的反感很容易影响显然被其他理由证成的规制。[177]

尽管篇幅所限不能全面探讨高等教育的目标,但某些结论还是很清楚的。宪法不会允许公立大学以公民教育的名义,因为与共同体的价值存在冲突就禁止讲授共产主义。宪法也不会以民主教育的名义阻止公立大学对课堂上具有很强冒犯性的种族言辞进行规制。

诸如这样的例证使我倾向于批判性教育的概念,然而宪法应当在多大程度上要求州立大学追求这个或那个教育目标,在我看来并非没有问题。[178] 公立大学可能具有多样的教育功能,每一功能都具有不同的宪法特性,这种可能性会进一步复杂相关的分析。因而可以理解的是,可以允许公立大学在集体宿舍追求公民教育的使命,但就开放的空间而言则要求其遵循民主教育的要求。[179] 这些问题还需要进一步的细致讨论。

因此,我通过强调简单的两点作为总结。第一,在公立大学限

---

[175] 不过,作为一个政策问题,主要根据对演讲者意图的评估确定言论的合法性总是危险的,因为存在一种强烈的倾向,即认为那些与我们存在根本分歧的人具有不良的动机。

[176] 因为无法做出这种区分,促使一家法院最近判定密歇根大学的条例违宪。See Doe v. University of Mich., 721 F. Supp. 852 (E. D. Michigan 1989); Grano, "Free Speech", at 7.

[177] 关于迎接这一挑战的极好努力,见 Grey, "Civil Rights"以及格雷教授为斯坦福大学起草的条例。

[178] 不过,诸如廷克和希利(Healy)等案件表明,最高法院第一修正案法理的假设是,公共教育机构界定自身教育使命的自由存在宪法上的限制。

[179] 某些大学已经根据功能与地区方面的类似考量规制种族主义言论。See Doe, 721 F. Supp. at 856; "Tufts Restores Free Speech After T-Shirt Confrontation", *San Francisco Chronicle*, Dec. 9, 1989, at B6, col. 1; Wilson, "Colleges Task 2 Basic Approaches in Adopting Anti-Harassment Plans", *Chronicle of Higher Education*, Oct. 4, 1989, at A38, col. 1; Melissa Russo, "Free Speech at Tufts: Zoned Out", *New York Times*, Sept. 27, 1989, at A29.

制种族主义言论的合宪性,并不取决于这种规制在公共商谈领域的合宪性。第二,在公立大学限制种族主义言论的合宪性,很大程度上取决于我们宪法赋予公立高等教育机构的教育目标,取决于这些机构用于追求那些目标的各种手段。我们应该看到讨论转向对这些问题进行更全面、更深入的认识。

五、结语:形式民主的问题

这种关于大学限制种族主义言论合宪性的解释表明,当代争论的一个主要缺陷就是其普遍性的假设,即可以独立于社会背景而评估种族主义言论与第一修正案的关系。不过,交流在宪法上并非没有分化的领域。第一修正案为公共商谈提供保护的标准有别于非公共言论的标准,而这些标准反过来则不同于那些调整诸如大学等政府机构言论规制的标准。因而种族主义言论的具体情形在宪法方程中具有突出的地位。

我们认为公共商谈是促进自决过程所必需的交流领域。因为该过程是开放的,体现的是社会自我建构的无限可能性,所以我们将公共商谈塑造为只要能够维持就不受法律控制。但因为自决要求通过融入特定共同体生活的细节当中先行塑造"自我",所以一方面公共商谈必须受非公共言论限制,共同体的价值则在非公共言论中得到体现与施行。而且因为自决性的民主制度的决定要求实际执行,所以公共商谈在另一方面必须受以工具性方式加以规制的非公共论坛言论限制。

我试着解释美国第一修正案法理通过有意识的形式分析为公共商谈提供的独特保护。也就是说,我试着揭示实现作为自决的民主价值所要求的形式前提。尽管这种形式分析的优点是促使我们清楚地阐述我们声称以其名义行事的价值,但其缺点是会模糊整个世界的混杂。形式分析总是会遭到的批评是,现实的实质状况削弱了其本身的意义与含义。

450　宪法的领域

　　从形式的角度出发,民主践行的是自主的自我统治目标,因为我们认可的意象是独立的公民共同审议以形成公共意见。因而我们是根据这种意象的要求建构宪法政策。但这种意象显然会遭到非常强烈的经验性批评。[180] 公民并非自主的,他们受媒体的操纵,受私人公司支配,受种族主义陷阱禁锢。公民不会共同交流;他们是消极的、非理性的、失声的。因为大众传媒的技术与经济结构,审议也是不可能的;公共意见因而是被强叨于公民而非由他们自发形成的。自决的愿望本身会通过赋权那些拥有资源和能力的人利用民主程序强化既有的不平等;彻底阻碍社会上边缘化的群体,他们缺少这种简单且普遍的接触民主审议媒介的机会。诸如此类不一而足:让人郁闷的是,这种絮叨如今普遍存在。

　　当然,这些以及其他类似的批评,包含着真知灼见。他们因此会迫使我们进行选择:或者决定保留作为审议性自决的民主理想,而且努力将这些批评的阻碍后果降至最低,或者决定这些批评已经破坏了审议性自决的理想,所以必须抛弃并转而支持一种不同的民主价值。如果我们选择第二种方案,就有责任阐述和申辩一种新的民主愿景。但如果选择第一种,我们就有责任努力促进我们所依赖的宪法价值。不过,我们的义务是这样做的方式本身不违反审议性自决的理想所必需的前提条件。[181] 形式分析的功能就是要明确这种义务的内容。

　　因此,本章的严格含义不是在公共商谈中不应该规制种族主义言论,而是那些支持按照不符合审议性自治价值的方式加以规制的人,有责任让我们走向一种不同的且更有吸引力的民主愿景。或者作为选择,他们有责任证成取消我们基本的民主追求。无论哪一种责任都不轻松。

----

[180] See, e.g., Edward A. Purcell, *The Crisis of Democratic Theory: Scientific Naturalism and the Problem of Value* (1973).

[181] 关于否定这种义务的不当(而且事后来看令人震惊)后果的鲜明例证,见 Herbert Marcuse, " Repressive Tolerance ", in Robert Paul Wolff, Barrington Moore, and Herbert Marcuse, *A Critique of Pure Tolerance* 81 (1965).

文 献 出 处

本书各章以前的版本曾以下述形式发表过:

第一章:"宪法解释理论"["Theories of Constitutional Interpretation",30 *Representations* 13（1990）]。

第二章:"隐私的社会基础——普通法侵权中的共同体与自我"["The Social Foundations of Privacy：Community and Self in the Common Law Tort", 77 *California Law Review* 957（1989）]。

第三章:"文化异质性与法律——色情作品、亵渎与第一修正案"["Cultural Heterogeneity and Law：Pornography, Blasphemy, and the First Amendment", 76 *California Law Review* 297（1988）]。

第四章:"宪法上的公共商谈概念——过分的观点、民主审议与《皮条客》杂志诉福尔韦尔案"["The Constitutional Concept of Public Discourse：Outrageous Opinion, Democratic Deliberation, and *Huster Magazine v. Falwell*", 103 *Harvard Law Review* 601（1990）]。

第五章:"在民主与共同体之间——社会形式的法律构造"["Between Democracy and Community：The Legal Constitution of Social Form", *Nomos xxxv*（"Democratic Community"）163（1993）]。

第六章:"在治理与管理之间——公共论坛的历史与理论"["Between Governance and Management：The History and Theory of the Public Forum", 34 *UCLA Law Review* 1713（1987）]。

第七章:"米克尔约翰的错误——个人自主与公共商谈的改革"["Meiklejohn's Mistake：Individual Autonomy and the Reform of Public Discourse", 64 *University of Colorado Law Review* 1109（1993）]。该文最初以"管理审议:民主对话的窘境"为题发表

["Managing Deliberation: The Quandary of Democratic Dialogue", 103 *Ethics* 654（1993）]。

重述　种族主义言论问题["Racist Speech Problem", 32 *William and Mary Law Review* 267（1990）]。

索 引

A

Accountability
问责 79—85

Actual malice
实际恶意 124, 152—153, 391—392

Adderley v. Florida
阿德利诉佛罗里达案 205—208, 217, 219, 223, 248—249, 255, 406—408

Adorno, Theodore
西奥多·阿多诺 49—50

Americanization
美国化 91

Arendt, Hannah
汉娜·阿伦特 161, 200, 420

Assimilationist law
同化主义法律
 and blasphemy 和亵渎 95—98, 100, 101—104, 366; and community 和共同体 90—91, 99—100, 357—358; defined 同化主义法律的界定 90—91; and individualist law 和个体主义法律 93—94, 100, 104, 112; and obscenity 和淫秽 111—112; and pluralist law 和多元主义法律, 91—92, 115—116, 99—100, 103

Austin, J. L.
奥斯丁 110

Authority
权威 13, 415
 and community 和共同体 17—18; and consent 和同意 32—35, 39, 41—44, 340—341; constitutional 宪法权威 29—50, 273—274, 276—289; and constitutional interpretation 和宪法解释 15—16, 29—50; defined 权威的界定 12—13; and democracy 和民主 16, 19, 39—40, 49—50, 184—186, 271—278; and ethos 和社会精神 35—38, 41—47; and governance 和治理 19, 200; and judicial opinions 和司

---

* 索引中的页码为本书边码。原版注释为全书尾注，索引中含有部分原尾注页码，因中文版式转换而失去，特此说明。

法意见 15，29—50；and management 和管理 49—50，240—267，271—272，423—424；and the rule of law 和法治 30—32，39—41，273—274

Autonomy
自主

ascription of 自主的归属 282—286，432—433；and civility rules 和文明规则 63—64，74；and community 和共同体 10—11，63—64，74，189—190；and democracy 和民主 7，10—11，14—15，187—189，272—278，282—286；and determinism 和宿命论 282—286；the "I" 和"主我"195—196；and management 和管理 10—11，14，269—289；and privacy 和隐私 60—64；and public discourse 和公共商谈 184—196，268—269，272—278，282—289，329—331；and social norms 和社会规范 10—11

B

Barber, Benjamin
本杰明·巴伯 185

Beauharnais v. Illionis
博阿尔内诉伊利诺伊案 92，105，112—113，294，303，306，308—309

Bender, Thomas
托马斯·本德 180

Bethel School District No. 403 v. Fraser
伯特利 403 校区诉弗雷泽案 133—134，136，176—177，325

Bickel, Alexander
亚历山大·比克尔 144—145

Black, Justice Hugo
雨果·布莱克大法官 92，206—208，407

Blackmun, Justice Harry
哈里·布莱克门大法官 211—215，231—232，409

Blasphemy
亵渎

in American law 美国法中的亵渎 101—108，366—367；and assimilationist law 和同化主义法律 94—104，362，366—367；in English law 英国法中的亵渎 94—100，362；and the First Amendment 和第一修正案 102—108；and individualist law 和个体主义法律 103—108；and pluralist law 和多元主义法律 97—105；and pornography 和色情作品 108；and speech-action distinction 和言论—行为的区分 368—369，444

Bohannan, Paul
保罗·博安南 65，79，347—348，365

Bork, Robert

罗伯特·伯克 46—47,166

Brandeis, Justice Louis D.

路易斯·布兰代斯大法官 8, 51, 57, 66, 73, 76, 166—167

Brennan, Justice William J.

威廉·布伦南大法官 9

and Marsh v. Chambers 和"马什诉钱伯斯案"26—29, 34—35, 37—38, 41, 46; and public forum doctrine 和公共论坛原理 212—214, 218—219, 409; on racist speech 论种族主义言论 298,438—439

Brents v. Morgan

布伦茨诉摩根 68—71

Briscoe v. Reader's Digest Assonciation

布里斯科诉读者文摘联合公司案 70, 81—82

Brown v. Board of Education

布朗诉教育委员会案 43, 47—48, 291

Brown v. Glines

布朗诉格兰斯案 237—239, 241, 258—259

Buckley v. Valeo

巴克利诉瓦莱奥案 268

Burger, Chief Justice Warren

沃伦·伯格首席大法官 27, 33, 38, 41—42, 92—93, 221, 325

C

Cantwell v. Connecticut

坎特韦尔诉康涅狄格州案 103—108, 113—115, 137—138, 141, 188, 301, 306

Chafee, Zechariah

查菲·泽卡赖亚 114

Chambers, Ernest

欧内斯特·钱伯斯 23—26, 29, 50

Chaplinsky v. New Hampshire

恰普林斯基诉新罕布什尔案 173, 175, 177, 194, 301—302, 319, 447

City of Madison Joint School District No. 8 v. Wisconsin Employment Relations Commission

麦迪逊市第八联合校区诉威斯康星劳动关系委员会案, 220—226, 228, 242—244

Civic education

公民教育 324—329. 另外见大学 Universities

Civility rules

文明规则

and accountability 和问责 84—85; and autonomy 和自主 63—64, 74; and community identity 和共同体认同 55—59, 127—129, 132—134, 181—184, 300—301, 311; defined 文明规则的界定 55—56, 183, 300; and democracy 和民主 192—196, 301, 313—314; and the educational environment 和教育

环境 325—329; and fair comment privilege 和公允评论特权 135—137; and the First Amendment 和第一修正案 127—153, 188, 191—192, 310—311; and individual identity 和个体认同 54—59, 63—64, 74, 127—128, 132—134, 144—145, 181—182, 310—311; and instrumental reason 和工具理性 333—334; legal enforcement of 法律实施文明规则 54—59, 64—67, 74, 86, 127—134, 144—145, 147—148, 183—184, 300; and the "Me"和"客我"195—196; and news media 和新闻媒体 82—84; and pornography 和色情作品 112—116, 120—134; and public discourse 和公共商谈 135—140, 147—148, 151—153, 177, 192—196, 300—302; and rational deliberation 和理性审议 144—148, 301, 312—313; and reasonable person 和正常人 56; and rules of deference and demeanor 和尊重与举止规则 54—55, 181—184; and social meaning 和社会含义 63—64, 74; social prerequisites for 社会前提条件 4, 86—87; and speech-action distinction 和言论—行为区分 144—148, 192—193, 313—314, 385—386, 444. 另外见共同体 Community

Clark, Carroll
卡罗尔·克拉克 140—142

Coercion
强制 113, 119, 133, 186—187, 285—286, 299—300;
defined by reference to a baseline 参考道德基准界定强制 318, 446; racist speech as 作为强制的种族主义言论 312—319, 446; uncivil speech as 作为强制的不文明言论 144—148, 192—193, 301, 313—314

Cohen v. California
科恩诉加利福尼亚案 121, 139—140, 275—276, 301, 314

Coleridge, Lord
科尔里奇勋爵 96—98, 362

Collectivist theory of the First Amendment
集体主义第一修正案理论
defined 界定 268—269; justifications for 理据 278—288; and managerial authority 与管理权 270—278, 288—289; Alexander Meiklejohn and 亚历山大·米克尔约翰与集体主义第一修正案理论 269—276

Commercial speech
商业言论 392

Community
共同体

and authority 和权威 17—18, 41—44; and civility rules 和文明规则 56, 81—85, 127—134, 180—184, 300—302; and collective identity 和集体认同 3—4, 41—44, 56, 128—129, 132—134, 149—163, 180—184, 303—306; and consent 和同意 41—44; and constitutional interpretation 和宪法解释 41—50, 191—196; and construction of the person 和人的建构 10—11, 127—129, 144—145, 180—184; and critical interaction 和批判性互动 146—148, 175; and decencymorality 和得体道德 89—90, 91—107, 108—116, 127—134; defined 界定 2—4, 15, 17—18, 46, 180—184; and democracy 和民主 7—8, 13—15, 175—176, 187—196, 268—269, 270—275, 276—289, 300—302, 305—306; and diversity 和多样性 4, 64—67, 99—100, 183, 348; and ethos 和社会精神 35—38, 41—44; and fair comment privilege 和公允评论特权 135—137; hegemony and 霸权和共同体 4, 64—67, 183; and human dignity 和人的尊严 3—4, 23—50, 81—85, 122—134, 182—183, 291—292, 300—318, 319—323; and individual identity 和个体认同 10—11, 53—54, 72—73, 81—85, 113—114, 122—134, 138, 144—145, 150—153, 181—182, 195—196, 291—293, 295, 299—300, 301—312, 441—442; and judicial decision-making 和司法决定 17—18, 183—184; and legal system 和法律制度 12, 65, 347; and management 和管理 5—6, 13—15, 87, 268—269, 270—275, 276—289, 333—335; and the "Me" 和"客我" 195—196; neutrality in the marketplace communities 共同体市场中的中立性 138—139, 151; and pluralism 和多元主义 99—100; and press media 和新闻媒体 73—74, 82—85; privacy and 隐私和共同体 51, 60—64, 71—85, 127—134; and public discourse 和公共商谈 120, 135—163, 174—177, 187—196, 268—269, 270—275, 276—289, 300—302, 430; and reason 和理性 95—97, 112, 144—148, 363

Connick v. Myers
康尼克诉迈尔斯案 260

Consent
同意
    authority of 同意的权威 32—35, 38—39, 340; and authority of ethos 同意的权威和社会精神的权威 39—44; and authority of law 同意的权威和法律的权威 38—39; and historical interpretation 同意的权威和历史解释 29—30, 32—35

Constitutional interpretation
宪法解释
    and assimilationism 和同化主义 17—18, 101—103, 111—112; and authority 和权威 15—16, 30—50; and authority of consent 和同意的权威 32—36, 41—44, 208—282; and authority of ethos 和社会精神的权威 17—18, 35—38, 41—49; and authority of law 和法律的权威 30—32, 38—41; and community 和共同体 6, 17—19, 45—48, 138, 174—177, 187—196; and counter-majoritarian difficulty 和反多数难题 25, 37—38, 48—49, 190—191, 342; and cultural heterogeneity 和文化异质性 43—44; and democracy 和民主 9—10, 15—17, 26, 184—196, 271—289; and doctrinal interpretation 和原理性解释 29—32, 38—41, 45, 47, 49; and historical interpretation 和历史性解释 32—35, 38—45, 47, 49; and individualism 和个体主义 103—108, 114—116, 138—139, 148—149, 187—188, 299; and justification 和理据 25; and management 和管理 6, 234—267, 268—289, 323—329, 423—424; and original intent 和原初意图 27—29, 30—35; and plain meaning 和字面含义 24—25, 44—45, 336; and pluralism 和多元主义 104—105, 113—116; and responsive interpretation 和回应性解释 29—30, 35—50; and social domains 和社会领域 1—2, 15—18, 148—149, 174—177, 189—196, 272—276, 286—288, 329—330; and social values 和社会价值 102—103, 107, 111—112, 115—116, 148—149, 174—177, 189—196, 269—289, 302, 366; and stare decisis 和遵循先例 17, 26—32, 38—41, 47; and textualism 和文本主义 24—25, 44—45, 336

Cornelius v. NAACP

科尼利厄斯诉美国有色人种协进会法律辩护与教育基金案 227—228, 231, 258, 412—413

Counter-majoritarian difficulty

反多数难题 25—26, 37—38, 48—49, 190—191, 342

Cox v. Louisiana

考克斯诉路易斯安那案 206, 407

Critical education

批判性教育 327—329; 另外见大学 Universities

Critical interaction

批判性互动 79—80, 142—148, 175—177

Cultural heterogeneity

文化异质性

  and hegemony 和霸权 64—67, 94—97, 183, 303—306; and legal authority 和法律权威 4, 43—44; and public discourse 和公共商谈 136—138, 140—141, 143—144, 304, 402; and neutrality in the marketplace of communities 和共同体市场中的中立性 138—139, 151

D

Davis v. Massachusetts

戴维斯诉马萨诸塞州案 203—204

Debs v. United States

德布斯诉合众国案 109—110

Defamation law

  诽谤法 57, 66, 94—104, 122—123, 124, 127—134, 150—163, 183—184, 345, 367, 379, 400; and actual malice 和实际恶意 152—153, 161; and fair comment privilege 和公允评论特权 135—137; and falsity 和虚假性 129—131, 159—162; and public discourse 和公共商谈 119—120, 122—134, 150—163; and rules of civility 和文明规则 56—57, 128—134, 183

Deference

遵从 237—239, 241—244, 246, 257—267, 417—418, 422—426

Delgado, Richard

理查德·德尔加多 291

Democracy

民主

  and autonomy 和自主 10—11, 272—276, 282—286, 299, 335; boundaries of 民主的界限 8—9, 175—176, 189—190, 191—196, 244—252, 278—288, 302—303; and community 和共同体 8, 13—15, 23, 142, 174—177, 189—196, 301—302; constitutional law and 宪法和民主 1—2, 13, 15—18, 32—33, 184—191, 193—196, 270—288, 299—300; and constitutional limitations 和宪法限制 190—191; and construction of the person 和人的建构 10—11，187—188，282；and counter-majoritarian difficulty 和反多数难题 6，26，37，48—49，184—185，190—191；defined 界定 2，6—7，15，184—191，272—274，299；and diversity 和多样性 142—144，251—252，303—304，313—314，444；and the First Amendment 和第一修正案 7，187，269—276，297—302；and identification 和一致 7—8，192，273，280，286—288，319—323；and indeterminate national identity 和不确定的民族认同 188，195—196，273—278，305—306；and individualism 和个体主义 9—10，187—188，192，299，306—308，381—382，439；and judicial review 和司法审查 24—30，190—191，272—278；and legal system 和法律制度 12；and legitimation 和正当 273，280，282，286—288，319—323，431；and managerial law 和管理法 7—8，13—15，239—267，269—289；and participation 和参与 192，273，280，286—288，319—323；and public discourse 和公共商谈 7—8，142，145，184—187，191—196，272—278，299—303，329—331；and the public/private distinction 和公私区分 188—189，280—282，299，304—305，401，431，440；and rational deliberation 和理性审议 192—193，312—323；and reconciliation of individual and collective autonomy 和个体与集体自主的调和 7—8，184—187，273，280，286—289，299，306；and self-determination 和自决 6—8，184—187，272—276，286—288，299，305—306，319—323

Democratic community
民主共同体 179，191—196
Dewey, John
约翰·杜威 18，146，185—186
Diamond, Sigmund
西格蒙德·戴蒙得 251—252，419
Diamond, Stanley
斯坦利·戴蒙德 87
Dignitary harms
尊严性损害 3
  assimilationism and 同化主义和尊严性损害 106—107；and civility rules 和文明规则 55—57，61—62，127—140，144—148，181—184，300，311，345；and intentional infliction of emotional distress 和故意造成精神痛苦 122—123，138—139，144—

148，183—184；managerial domains and 管理领域和尊严性损害 16—17，87—88；and privacy tort 和隐私侵权 58—59，122—134，138—39，183—184；racist speech and 种族主义言论与尊严性损害 295，310—312

Dignity
尊严
 共同体与尊严 community and，10—11，19，51，54—56，58—59，61—62，88，127—129，138—139，144—148，151，182—183，311，345，379，382；defined 界定 128—129；privacy and 隐私与尊严 51—52，73—74，87—88，122—123，127—134，151，345；racist speech and 种族主义言论与尊严 295，310—312；and social norms 与社会规范 10—11，52—74，138—139，144—148，182—183，311

Diversity
多样性 4，43—44，90—94，99—100，104—107，140—141，143—144，251—252，279，297，303—304

Doctrinal interpretation
原理性解释 29—32，38—41，45，47，49. 另外见宪法解释、历史性解释、回应性解释

Double institutionalization
双重制度化 65，347—348

Douglas, Justice William O.
威廉·道格拉斯大法官 93

Dun & Bradstreet, Inc v. Greenmoss Builders, Inc.
邓白氏公司案 171，393—394

Durkheim, Emile
埃米尔·迪尔凯姆 186，385，448

Dworkin, Andrea
安德莉亚·德沃金 89，108，112，116

Dworkin, Ronald
罗纳德·德沃金 179

E

Education
教育 189—190，238—239，296—297；
 civic education 和公民教育 189—190，324—326，328—329；critical education 和批判性教育 327—329；democratic education 和民主教育 326—329

Edwards v. South Carolina
爱德华兹诉南卡罗来纳案 207，213

Eisenstadt v. Baird
艾森施塔特诉贝尔德案 9

Eliot, T. S.
艾略特 265

Ely, John Hart
约翰·哈特·伊利 6—7

Equality

平等

> formal versus substantive 形式平等与实质平等 305—306，313—314，441；racist speech and 种族主义言论与平等 294，310，313—314

Establishment clause
立教条款 10，24—29

Ethos
社会精神

> authority of 社会精神的权威 35—39，41—44，339；and community 和共同体 42—44，49

Eule, Julian
朱利安·奥伊勒 282—283，285

F

Factual statements
事实陈述

> community and 共同体和事实陈述 142，160—163；convergence and 集中和事实陈述 159—163；versus fictional statements 与虚构性陈述 389—390；versus statements of opinion 与观点陈述 120，153—163；verifiability and 可验证性和事实陈述 157—159，390

Fair comment
公允评论 135—137，380

Fairness doctrine
公正原则 279，280—282

False consciousness
虚假意识 316

False statements
虚假陈述 125，129—131，391—392

Falwell, Jerry
杰里·法尔韦尔 121—123，131—132，141，155—156，373—374

Farrakhan, Louis
路易斯·法拉克汉 308

FCC v. Pacifica Foundation
联邦通讯委员会诉太平基金会案 176—177

Federalism
联邦主义 91，359

Federalist Papers, The
《联邦党人文集》34

Fighting words
挑衅性的言论 115，173，175，193—194，301—302，318—319，444，447

First Amendment
第一修正案

> and balancing 和平衡 250—251；and collectivist theory 和集体主义理论 268—289；democracy and 民主和第一修正案 7，142，187，269—276，297—300；and harm 与损害 291—292，318；and individualism 与个体主义 101—108，114—116，120，138—139，141，148—149，187—188，300，381—382；and public discourse 和公共商谈

134—178, 187—188, 272—278; social domains and 社会领域和第一修正案 15—18, 187—196, 234—267, 272—278, 286—288, 329—330. 另外见挑衅性的言论、言论自由、公共商谈、种族主义言论

Fiss, Owen
欧文·费斯 269, 276—278, 281—283, 285, 427, 428

Flynt, Larry
拉里·弗林特 121—123, 131, 141, 148, 155—156, 373

Formalism
形式主义 331

Foucault, Michel
米歇尔·福柯 288

Fourteenth Amendment
第十四修正案 43, 305—306, 310, 322—323, 441

Fourth Amendment
第四修正案 87, 333—334

Frankfurter, Justice Felix
菲利克斯·法兰克福特大法官 308—309

Fraser, Nancy
南希·弗雷泽 307

Freedom of speech
言论自由
and abusive speech 和侮辱性言论 5, 107—108, 113, 144—148, 173, 192—193, 303—331; assimilationism and 同化主义和言论自由 106—107, 115—116, 366—367; and campaign finance reform 和竞选资助改革 268, 282—288, 430—431; and community 和共同体 101—104, 134—163, 174—177, 366—367; and democracy 和民主 8—9, 142, 184—196, 269—276, 297—302, 330—331; and the free speech principle 和自由言论原则 16, 111; and individualism 和个体主义 101—108, 114—116, 138—139, 141, 148—149, 187—188, 299, 306—308; and management 和管理 15, 234—267, 268—289, 323—329; media and 媒体与言论自由 169—173, 280—282, 268, 280—282; and pluralism 与多元主义 101—108, 113—116, 306—310, 315—323; and public discourse 与公共商谈 134—178, 184—196, 272—276, 297—323; and social domains 与社会领域 15—16, 180—196, 234—267, 269—289, 329—330; and speech-action distinction 与言论—行为区分 110—111, 144—148, 190—191, 193, 310, 313, 368—369, 385—386, 444. 另外见亵渎、诽谤法、挑衅性言论、第一修正案、冒犯性、过分、色情作品、公共商谈、公共论坛原理、种族主义言论

Free exercise clause
信教自由条款 101—103
Free Speech: A Philosophical Enquiry (Schauer)
《言论自由的哲学考察》(绍尔) 16, 125
Free speech principle
自由言论原则 16, 111
Freund, Paul
保罗·弗洛因德 33
Fuller, Lon
朗·富勒 1

G

Gadamer, Hans-Georg
汉斯-格奥尔格·伽达默尔 37—38
Garrison, William Lloyd
威廉·劳埃德·加里森 291
Gavison, Ruth
露丝·加维森 60
Gender
性别 115—116, 307
Gertz v. Robert Welch, Inc.
格尔兹诉罗伯特·韦尔奇公司案 123, 131—132, 154—155, 165, 393—394
Godkin, E. L.
戈德金 66
Goffman, Erving
埃尔温·戈夫曼 54—55, 62—65, 72—73, 128—129, 181—182, 261
Goldberg, Justice Arthur
阿瑟·戈德堡大法官 6
Gouldner, Alvin
阿尔文·古尔德纳 77—80, 85, 143, 145—146
Grayned v. City of Rockford
格雷尼德诉罗克福德市案 208—213, 217—219, 233—234, 239, 242—244, 246, 257—258, 408, 415
Greenbelt Cooperative Publishing Association v. Bresler
格林贝尔特联合出版协会诉布雷斯莱案 154—155
Greer v. Spock
格里尔诉斯波克案 215—224, 226—230, 234, 253—255, 261—262
Griswold v. Connecticut
格里斯沃尔德诉康涅狄格案 6, 52
Group harm
群体损害 89, 92, 99—100, 113, 294—295, 306—310, 315—323, 341
Group identity
群体认同 105, 113—116, 306—309, 311, 322—323, 371, 445—446
Group libel
群体诽谤 92, 99—100, 112—116, 294—295, 306, 370
Group rights
群体权利 92, 99—100, 112—116, 306—309, 311, 322—323, 371

H

Habermas, Jürgern
尤尔根·哈贝马斯 6，145—146，186，256

Hague v. CIO
黑格诉产业工业委员会案 203—208，215—216，219，229

Hale, Sir Matthew
马修·黑尔爵士 94—95

Hamberger v. Eastman
汉伯格诉伊斯曼 52—59，67

Hand, Learned
勒尼德·汉德 129—130

Harlan, Justice John
约翰·哈兰大法官 170，275—276，314

Harman, Gilbert
吉尔伯特·哈曼 159

Hart, Gary
加里·哈特 76

Hate speech regulation
规制仇恨言论。见种族主义言论

Hawkins v. Multimedia, Inc
霍金斯诉多媒体公司案 83

Hegemony
霸权 43—44，64—67，99—100，183—184

Heteronomy
他治 269—278

Higham, John
约翰·海厄姆 92

Historical interpretation
历史性解释 36，38—44，47，49，340
另外见宪法解释、原理性解释、回应性解释

Hobbes, Thomas
托马斯·霍布斯 46—48

Holmes, Justice Oliver Wendell
奥利弗·温德尔·霍姆斯大法官 35—36，257

Horkheimer, Max
马克斯·霍克海默 49—50

Hoy, David
戴维·霍伊 38

Huntington, Samuel
塞缪尔·亨廷顿 192

Huskey v. NBC
赫斯基诉国家广播公司案 62—63

Hustler Magazine v. Falwell
《皮条客》杂志诉法尔韦尔案 119—137，139，146—153，155—158，161，164，170，177，301

Hustler Magazine v. Moral Majority
《皮条客》杂志诉道德多数派案 372

I

Identification
一致 7—8，192，273，280，286—288，319—323

Identity
认同

　　autonomy and 自主和认同 63—64，282—286；community and 共同体和认同 46，127—134，

138，144—148，150—151，180—184，273—274，276-289，310—312; democracy and 民主和认同 184—190，273—278，282—286; and group harm 和群体伤害 294—295，306—308; legal creation of 法律创造认同 10—11，182—184; national 民族认同 43—44，189—190，192，195—196，273—278，305—306，339; and public discourse 和公共商谈 187—188，272—278，286—289，306—308

Individualism
个体主义
　　ascription and 归属和个体主义 282—286; autonomy and 自主和个体主义 9—10，187—188，272—278，282—286; blasphemy and 亵渎和个体主义 101—108; and civility 和文明 81—88，137—139，189—190; collective self-determination and 集体自决和个体主义 184—190，299，306—308; community and 共同体和个体主义 10，135—140，189—190，300—302，441—442; Constitution and 宪法和个体主义 101—108，115—116，138—139，140—141，184—190，299，306—308，381—382; democracy and 民主和个体主义 9，184—196，272—278，306—308，381—382，439; diversity and 多样性和个体主义 140—141，192; obscenity and 淫秽和个体主义 108; pornography and 色情和个体主义 108，112—116; and privacy 和隐私 3，51—88，122—134; and public discourse 和公共商谈 139—140，150—163，184—196，268—269，272—278，306—307，381

Individualist law
个体主义法律
　　assimilationist law and 同化主义法律和个体主义法律 92—94，102—104，106—108，111—112; defined 界定 92—94; pluralist law and 多元主义法律和个体主义法律 92—94，105—106，108—110，114—116，360，383

Information preserves
信息保留地 73—74

Instrumental reason
工具理性 4—5，12，15，239—240，249—252，362

Intentional infliction of emotional distress
故意造成精神痛苦 61—62，123—125，127—128，131—134，145，150—151，183—184

Intersubjectivity
主体间性 133—134, 139
Intrusion, tort of
侵扰侵权 52—59, 85—86
Involuntary public figures
非自愿性的公众人物 80—81
Irrational speech
非理性的言论 95—97, 112, 144—148, 193—194, 274—275, 301, 312—315, 363

J

Jacobsohn, Gary
加里·雅各布森 306
James, William
威廉·詹姆斯 91
Jamison v. Texas
贾米松诉德克萨斯案 205—207
Judicial decision-making
司法决定
ascription 和归属 280—286; authority 和权威 15, 29—50; deference 和遵从 237—239, 241—244, 246, 257—267; justification 和证成 15—18, 25; rights 和权利 16—17; social domains 和社会领域 15—18, 257—267, 272—278, 280—288, 329—331; stare decisis 和遵循先例 17, 26—32, 38—41, 47
Judgment
判断 156—163

K

Kallen, Horace
霍勒斯·卡伦 91
Kalven, Harry
哈里·卡尔文 101, 201—202, 205, 209, 212
Kant, Immanuel
伊曼纽尔·康德 36, 134, 186, 239—240
Karst, Kenneth
肯尼斯·卡斯特 274—275, 305, 428—429
Kelly v. Post Publishing Co.
凯利诉邮报出版公司案 84
Kelsen, Hans
汉斯·凯尔森 185, 399
Kennedy, Justice Anthony
安东尼·肯尼迪大法官 124—125
Kent, Chief Justice James
首席法官詹姆斯·肯特 101—104
Kirkup, James
詹姆斯·柯卡普 97—98

L

Lefort, Claude
克洛德·勒福尔 23, 50, 186
Legitimation
正当 23, 273, 280, 282, 286—288, 319—323
Lehman v. City of Shaker Heights
莱曼诉谢克海茨市案 211—215, 218, 253, 258, 263—265
Lemon v. Kurtzman

莱蒙诉库兹曼案 27，31，32
Libel
诽谤。见诽谤法
Limited public forum
有限公共论坛 219—228，412
Lippmann, Walter
沃尔特·李普曼 5，79，82，142
Llewellyn, Karl
卡尔·卢埃林 36
Lochner v. New York
洛克纳诉纽约案 8
Locke, John
约翰·洛克 35
Lovibond, Sabina
萨拜娜·拉维邦德 147

M

MacKinnon, Catharine
凯瑟琳·麦金农 89，108，112，115—116
Majoritarianism
多数主义 6—7，48—49，272—273，399
Malice
恶意 152—153，393，406
Management
管理
  authority and 权威与管理 242—247，261—265，271—272；
  boundaries of 管理的界限 87，239—241，247—255，265—267，272—289，333—334；and community 与共同体 5—6，13—15，87，268—269，270—275，276—289，333—335；constitutional law and 宪法与管理 1—2，15—18，234—267，268—269，271—289，323—331；and construction of the person 与人的建构 10—11，282—286；defined 界定 2，4—6，15，275；and democracy 与民主 7—8，13—15，239—240，249—257，271—278，286—289；governance and 治理与管理 239—241，244—255；judicial deference to 司法遵从管理 237—239，241—244，257—265，324，417—418，422—426；and legal system 与法律制度 12；public discourse and 公共商谈与管理 268—269，272—269，276—289；and universities 与大学 323—330。另外见公共论坛原理。

Marbury v. Madison
马伯里诉麦迪逊案 25—26，30
Marketplace of communities
共同体市场 138—139，151
Marshall, Chief Justice John
约翰·马歇尔首席大法官 25，30
Marshall, Justice Thurgood
瑟古德·马歇尔大法官 209
Marsh v. Chambers
马什诉钱伯斯案 23—31，33—35，

37—39, 41—42

Martin v. City of Struthers
马丁诉斯特拉瑟斯市案 202

Marx, Karl
卡尔·马克思 6

Mead, George Herbert
乔治·赫伯特·米德 128, 181—182, 195—196

Media, news
新闻媒体
    managerial law and 管理法与新闻媒体 5, 208—282, 431—432; privacy 与隐私 75—85, 354; public discourse 与公共商谈 141—142, 171—172, 302; the public sphere 与公共领域 77—78, 82—85, 129, 141—142, 171—172

Meese, Edwin III
埃德温·米斯三世 32

Meetze v. Associated Press
米茨诉联合出版公司案 82—83, 354

Meiklejohn, Alexander
亚历山大·米克尔约翰 19—20, 190, 269—276

Melville, Herman
赫尔曼·梅尔维尔 178

Melvin v. Reid
梅尔文诉里德案 70—71

Merton, Robert
罗伯特·默顿 60

Miami Herald Publishing Co. v. Tornillo
迈阿密先驱出版公司诉托尼洛案 268

Michelman, Frank
弗兰克·米歇尔曼 119, 133, 184, 186, 311

Miller v. California
米勒诉加利福尼亚案 171, 177

Minersville School District v. Gobitis
迈纳斯维尔校区诉戈比蒂斯案 90, 93

Moral Commonwealth, The (Selznick)
《道德共和国》3

Moral tact
道德触觉 60—61, 175

Murphy, Justice Frank
弗兰克·墨菲大法官 175

N

News
新闻 77—78, 82—85, 141—142。另外见新闻媒体

New York Times Co. v. Sullivan
《纽约时报》公司诉沙利文案 113—114, 124—125, 152, 164, 201, 301, 392—393

Nietzche, Friedrich
弗里德里希·尼采 34

Nimmer, Melville
梅尔维尔·尼莫 200

Nonet, Philippe
菲利普·诺内特 36

Noninterpretavism
非解释主义 44

Nonpublic forum
非公共论坛

 and contemporary doctrine 和当代的原理 223，228—229，231—234；and deference 和遵从 237—239，241—244，246，257—265；and managerial authority 和管理权 233—257

O

Obscenity
淫秽 89，171，363；

 assmilationist law and 同化主义法律和淫秽 111—112；First Amendment and 第一修正案和淫秽 89—90，111—112；and ideas 和观念 385；versus pornography 与色情作品 89—90，108，112

Offensiveness
冒犯性

 blasphemy and 亵渎和冒犯性 94—95，362；civility rules and 文明规则和冒犯性 52—59，68—74，325—329；community and 共同体和冒犯性 52—74，311；diversity and 多样性和冒犯性 65—67；privacy and 52—74 隐私和冒犯性 350；public discourse and 公共商谈和冒犯性 310—311。另外见文明规则、尊严性损害、故意造成精神痛苦、侵扰侵权、过分、隐私、公开披露、种族主义言论

Old Dominion Branch No. 496, National Association of Letter Carriers v. Austin
全国邮递员协会弗吉尼亚第 496 分会诉奥斯丁案 155

Opinion, statements of
观点陈述

 community and 共同体和观点陈述 120，160—163，388；versus factual statements 与事实陈述 120，153—163；falsity 与虚假 125，156—157，160—161；nonconvergence and 非集中性与观点陈述 159—163，391；preference expressions and 偏好表达与观点陈述 156—157；and public discourse 和公共商谈 163，388；rhetorical hyperbole 和修辞夸张 154—155；subjectivism and 主观性和观点陈述 57

Organizations
组织 324—235，239—240，247—252，259—260，415—416，418，420，422—423

Outrageousness
过分 96—100，107，119，126—134，150—151，311，444

P

Paine, Thomas

托马斯·潘恩 95

Palmer, Robert E.

罗伯特·E. 帕尔默 23—24

Papish v. University of Missouri Curators

帕皮什诉密苏里大学管理人案 325

Paradox of public discourse

公共商谈的悖论 147—148, 192—194, 301

Participation

参与 192, 273, 280, 286—288, 319—323

Pascal, Blaise

布莱士·帕斯卡 182

Pavesich v. New England Life Insurance Co.

帕维斯奇诉新英格兰人寿保险公司案 76, 346—347

Peirce, Charles

查尔斯·皮尔斯 159—161

People v. Ruggles

人民诉拉格尔斯案 101—102, 104

Perry Education Association v. Perry Local Educators' Association

佩里教育协会诉佩里地方教育者协会案 222—227, 232, 242, 263—265

Person

人

 legal construction of 人的法律建构 8, 10—12, 14—15; and autonomy 与自主 10—11, 282—286; and community 与共同体 10—11, 14—15, 54—60, 127—134, 138, 180—184, 191—196, 300—301, 310—312; and democracy 与民主 8—11, 14—15, 184—196, 282—286, 300—301, 310—312, 381—382; and group identity 与群体认同 98—100, 106—107, 113—116, 306—308; and individualism 与个体主义 106—108, 113—116, 237—139, 187—188; and management 与管理 10—11, 14—15, 239-240, 282—286; and pluralism 与多元主义 98—100, 106—109, 113—116, 306—309, 320—323; public discourse and 公共商谈与人 137—139, 184—196, 272—278, 306—312, 318—382; "reasonable" 正常人 53—54, 56, 66—67, 72; right of privacy and 隐私权与人 51—52, 53—59, 61—72, 74—88, 127—134, 346

Philadelphia Newspapers v. Hepps

费城报业公司诉案黑普斯案 113, 394

Piaget, Jean

让·皮亚杰 7, 187—188, 299, 304, 448

Pickering v. Board of Education

皮克林诉教育委员会案 254—255，260

Pitkin, Hanna

汉纳·皮特金 35—36, 166

Plessy v. Ferguson

普莱西诉弗格森案 43

Pluralism

多元主义 90—92, 358, 359; assimilationism and 同化主义法律和多元主义 91—92, 115—116, 303—306; and community 和共同体 19, 99—100, 115—116; cultural pluralism 文化多元主义 91, 358; First Amendment and 第一修正案和多元主义 107—108, 114—116; gender and 性别和多元主义 108—116, 307; group identity and 群体认同和多元主义 99—100, 114—115, 306—310, 445—446; individualism and 个体主义和多元主义 92—93, 105—106, 108—110, 114—116, 307; pornography and 色情作品和多元主义 108—116, 120—134; race and 种族和多元主义 115, 306—310, 315—323; religion and 宗教和多元主义 99—100, 104

Pluralistic Universe, A (James)

多元主义的世界 91

Pluralist law

多元主义法律

assimilationist law and 同化主义法律和多元主义法律 91—92, 97—100; defined 界定 92; and individualist law 和个体主义法律 92, 104—105, 114—116, 360

Police Department of Chicago v. Mosley

芝加哥警察局诉莫斯利 208—213, 215—216, 220, 223, 226

Polygamy

一夫多妻制 90—91

Pornography

色情作品

Canadian regulation of 加拿大对色情作品的规制 9; First Amendment and 第一修正案与色情作品 112—116; and harm 和损害 109—110, 368; and ideas 和观念 111—112; versus obscenity 与淫秽 89—90, 108, 112; and pluralism 和多元主义 108—116, 357; and speech-action distinction 和言论—行为区分 110—111, 444

Postmodernism

后现代主义 18, 46—48

Powell, Justice Lewis

刘易斯·鲍威尔大法官 171, 217—218, 221—223

Precedent

先例。见遵循先例

Preference expressions

偏好表达 133—134, 156—159, 389

Press

媒体；见新闻媒体

Privacy

隐私

  and accountability 和问责 79—82, 84—85; and civility rules 和文明规则 54—57, 72—74, 86, 127—128, 346—347; and damages 和损害赔偿 56—59, 132—133, 345; descriptive accounts of 隐私的描述性说明 60—61; and doubleinstitutionalization 和双重制度化 65; and First Amendment 和第一修正案 349; and hegemony 和霸权 64—67; and individualism 和个体主义 3, 51; intrusion 侵犯隐私 52—67; and managerial authority 和管理权 86—87; and moral tact 和道德触觉 61—64, 72; and newsworthiness 和新闻价值 75—85; normative account of 隐私的规范性说明 60—64, 68—74, 86; and offensiveness 和冒犯性 52—54, 68—74, 350; public disclosure 公开披露隐私 67—85; and public discourse 和公开披露 187—188; and public sphere 和公共领域 74—85; and secrecy 和秘密 351; and surveillance organizations 和监控组织 86—87; and territories of the self 和自我的领地 61—64; and vindication 和维护 58—59, 73—74。另外见隐私侵权、公开披露

Prosser, Dean William

威廉·普罗瑟主任 52, 131—132

Public concern, matters of

公众关心的问题

public discourse 和公共商谈 164—169, 302, 394; tort of public disclosure 和公开披露侵权 77—85。另外见隐私、公开披露、公共商谈

Public disclosure

公开披露 67—86

  and accountability 和问责 79—82, 84—85; and civility rules 和文明规则 68—74, 86; and community 和共同体 74, 84—85; defined 界定 67; and information preserves 和信息保留地 72—73; and intrusion 和侵扰 67—68, 74; and moral tact 和道德触觉 72—74; and newsworthiness 和新闻价值 75—85; and offensiveness 和冒犯性 72; and public figures 和公众人物 76—77, 80—85; and public sphere 和公共领域 74—85

Public discourse

公共商谈

autonomy and 自主和公共商谈 184—196, 272—280, 282—289; boundaries of 公共商谈的界限 163—177, 191—196, 272—289, 302—303, 312, 431; collective self-determination 集体自决 7, 184—187, 272—276, 299—302; community and 共同体和公共商谈 120, 135—140, 148—163, 174—177, 191—196, 310—323, 384—385, 387, 430; critical interaction 批判性互动 142—148; defined 界定 7, 140—144, 184—187, 273, 299, 302; democracy and 民主和公共商谈 7, 142, 145, 184—196, 272—278, 299—300, 312, 400; dignitary torts and 尊严型侵权和公共商谈 135—153, 188, 300—302, 310—312; diversity 多样性 140—141, 250—252, 303—304, 313—314, 444; identification and 一致和公共商谈 192, 273, 286—288, 319—323; individualism and 个体主义和公共商谈 138—140, 187—188, 299; legitimation and 正当和公共商谈 273, 280, 286—288, 319—323, 431; management and 管理和公共商谈 272—289; marketplace of communities 共同体市场 138—139, 151; matters of public concern and 公众关心的问题和公共商谈 164—174; paradox of 公共商谈的悖论 147—148, 192—194, 301; participation and 参与和公共商谈 192, 273, 280, 286—288, 319—323; prerequisites for 公共商谈的前提条件 140—144, 286—288; public figures and 公众人物和公共商谈 164—170, 394—395, 396; rational deliberation 理性审议和公共商谈 146—148, 192—193, 312—323; structure of 公共商谈的结构 140—148; as universe of discourse 作为商谈领域 142—144. 另外见民主、第一修正案、言论自由、公众关心的问题

Public figures

公众人物 76—85, 126—127, 164—170, 280—281, 394

Public forum doctrine

公共论坛原理

contemporary doctrine of 当代的公共论坛原理 199, 228—223, 404; and the Davis syllogism 与戴维斯案的三段论 203—205, 208—211, 217, 220—224, 231—232, 239, 241, 244, 249, 255, 408; discretion and 裁量和公共论坛原理 235—236, 262—

263; distinguishing management from governance 区分管理与治理 247—255; history of 历史 201—228; and instrumental reason 和工具理性 256—257, 423; judicial deference and 司法遵从和公共论坛原理 236—239, 257—265, 417—418, 422—426; limited public forums 有限公共论坛 219—228, 412; managerial authority and 管理权和公共论坛原理 19, 234—255, 261—265; and metaphors of property 和财产权的比喻 203—208, 210—214, 217, 223, 229, 246, 255—256, 421—422; nonpublic forums 非公共论坛 19, 231—234, 256—257; reformulation of 公共论坛原理的重构 233—247; total institutions and 全控机构和公共论坛原理 261—263; town meetings and 市镇会议和公共论坛原理 256—257; tradition and 传统和公共论坛原理 203—205, 207—208, 216, 219, 228—230, 413; viewpoint discrimination and 观点歧视和公共论坛原理 223, 231, 234—235, 260—261, 414—415

Public/private distinction 公私区分 188—189, 280—282, 299, 304—305, 401, 431, 440

R

Race
种族 115, 307—309, 442

Racist speech
种族主义言论

Canadian regulation of 加拿大对种族主义言论的规制 9; coercive speech and 强制性言论和种族主义言论 296, 312—323; defined 界定 293; and democratic legitimacy 和民主正当性 319—323; dignitary harm and 尊严性损害和种族主义言论 295, 310—312; English regulation of 英国对种族主义言论的规制 364—365; false consciousness and 虚假意识 316; group harm and 群体伤害和种族主义言论 294—295, 306—311, 446; and harms to educational environment 和对教育环境的伤害 296—297, 323—330; and harms to individuals 和对个体的伤害 295, 310—312, 446; and harms to marketplace of ideas 和对观念市场的伤害 295—296, 312—323; and harms of violence 和暴力伤害 436; intrinsic harm of 固有伤害 293—284, 303—306; irrational speech and 非理性言论和种族主义言论 312—315;

and nonpublic discourse 和非公共商谈 303, 311—312, 323—330; and public discourse 和公共商谈 302—323; and public-private distinction 和公私区分 304—305; and racist personality 和种族主义人格 291—292; and speech-action distinction 和言论—行为区分 310, 313

Rational deliberation
理性审议 146—148, 192—194, 296, 300—302, 312—323

Rawls, John
约翰·罗尔斯 186

Reason
理性
 and civility 和文明 95—97, 112, 147—148, 313—315, 363; and critical interaction 和批判性互动 142—148

Reasonable person
正常人 52—53, 420; civility rules and 文明规则和正常人 66—67

Redish, Martin
马丁·雷迪希 16

Red lion Broadcasting Co. v. FCC
红狮广播公司诉联邦通讯委员会案 280—281

Regina v. Hetherington
女王诉赫瑟林顿案 95—96

Regina v. Lemon
女王诉莱蒙案 97—100

Rehnquist, Chief Justice William
威廉·伦奎斯特首席大法官 124—125, 127

Responsive democracy
回应性民主 188—193。另外见民主

Responsive interpretation
回应性解释 35—39, 41—50。另外见宪法解释、原理性解释、历史性解释

Rex v. Woolston
国王诉伍尔斯顿案 95

Reynolds v. United States
雷诺兹诉合众国案 90

Rhetorical hyperbole
修辞夸张 154—156

Ridicule
嘲讽 129—131, 444

Roberts, Justice Owen
欧文·罗伯特大法官 24, 203—205, 207—208, 216

Roe v. Wade
罗伊诉韦德案 43, 341

Rorty, Richard
理查德·罗蒂 182

Rosenbloom v. Metromedia, INC.
罗森布卢姆诉大都会传媒公司案 165—166

Rousseau, Jean-Jacques
让·雅克·卢梭 7, 184—185, 273

Rule, James
詹姆斯·鲁尔 86—87

Rule of law

法治 17, 30—32, 40—41, 65
Rules of deference and demeanor
尊重与举止规则 54—56, 181—184

S

Sandel, Michael
迈克尔·桑德尔 121, 180—182, 300

Scarman, Lord
斯卡曼勋爵 98—100, 103—105

Schauer, Frederick
弗里德里克·绍尔 16, 184, 187

Schneider v. State
施奈德诉新泽西州案 202—204, 250

Schumpeter, Joseph
约瑟夫·熊彼得 6

Self-determination
自决
    autonomy and 自主和自决 7, 184—188, 272—278, 282—286, 299, 305; collective 集体自决 2, 7—8, 184—188, 272—278, 282—286, 312—323; and collectivist theory 和集体主义理论 268—289; and community 和共同体 7—8, 191—196, 300—302, 312—323; and democracy 和民主 6—8, 184—191, 272—278, 286—288, 299; versus heteronomy 与他治 184—187, 273, 280, 286—288; identification and 一致和自决 192, 273, 280, 286—288, 319—323; and individualism 和个体主义 7, 184—189, 278, 299; and legal rights 和法律权利 3; legitimation and 正当和自决 23, 273, 280, 286—288, 319—323, 431; and majoritarianism 和多数主义 184—187, 272—274; and management 和管理 13—14, 272—278, 286—288; participation and 参与和自决 192, 273, 280, 286—288, 319—323; public-private distinction and 公私区分和自决 188—189, 280—282, 299, 304—305。另外见民主、公共商谈

Self-government
自治。见自决（Self-determination）

Selznick, Philip
菲利普·塞尔兹尼克 3, 4, 36, 46

Sidis v. F-R Publishing Corp.
西迪斯诉弗莱施曼—罗斯出版公司案 78—81

Silencing
失声 315—323, 445

Simmel, Georg
格奥尔格·西美尔 61, 175

Social domains
社会领域
    authority and 权威和社会领域 12—13; constitutional law and 宪法和社会领域 1—2, 15—18, 74—85, 164—177, 191—

196，239—255，272—289，
329—331；First Amendment
doctrine and 第一修正案原理和
社会领域 15—16，184—196，
239—255，272—289；interde-
pendence of 社会领域的相互依
赖 2，13—15，174—178，189—
196，286—288，301；judicial
justification and 司法理据和社
会领域 12—13；legal construc-
tion of 社会领域的法律建构 2，
15—18，193—196，239—265，
286—288；and legal construc-
tions of the person 和人的法律
建构 10—12，195—196，288—
302；and legal system 和法律制
度 2，12—13，138，347

Social personality
社会人格 56—57，132—133，345

Southeastern Promotions, Ltd. v.
Conrad
东南宣传公司诉康拉德案 214—
215，218，220，409

Speech-action distinction
言论—行为区分 110—111，144—
148，190—193，310，313，368—
369，385—386，444

Stare decisis
遵循先例 17，26—32，38—41，47

Starkie, Thomas
托马斯·斯塔基 75

Steele, Shelby
谢尔比·斯蒂尔 308

Stephen, James Fitzjames
詹姆斯·菲茨詹姆斯·斯蒂芬 362

Stewart, Justice Potter
波特·斯图尔特大法官 128，215

Stone, Geoffrey
杰弗里·斯通 16

Street v. New York
斯特里特诉纽约案 170—171

Subjectivism
主观性 113—134，139，157—159

Subordination
服从 110—111，310，315—323

Substantive due process
实体正当过程 9，37，188—190，401

Sunstein, Cass
卡斯·桑斯坦 269，279，283，285

T

Talley v. California
塔利诉加利福尼亚案 384—385

Taylor, Charles
查尔斯·泰勒 105，106，182，273—274

Territories of the self
自我的领地
    and civility rules 和文明规则
    60—64；and information pre-
    serves 和信息保留地 72—74

Thornhill v. Alabama
桑希尔诉阿拉巴马州案 169—170

Tinker v. Des Moines Independent
Community School District

廷克诉德梅因校区 219,238—239,
　　242—244,258—259,326—327,
　　417
Tönnies, Ferdinand
费迪南德·滕尼斯 180
Total institutions
全控机构 128—129,261—263
Town meeting
市镇会议 256—257,270—272,
　　274—276
Treatise on the Law of Slander, Libel, Scandalum Magnatum and False Rumours (Starkie)
《诽谤法论》75
Tussman, Joseph
约瑟夫·塔斯曼 35

U

United States Postal Service v. Council of Greenburgh Civic Associations
美国邮政局诉格林堡市民协会理事会案 248—250,253,419
United States v. Eichman
合众国诉艾希曼案 298,440
United States v. Grace
合众国诉格蕾丝案 230—231
Universities
大学
　　and public forum doctrine 和公共论坛原理 323—324; and racist speech 和种族主义言论 291—292,296—297,323—329

V

Vassiliades v. Garfinckel's, Brooks Bros.
瓦西里亚季斯诉加芬克尔和布鲁克斯兄弟公司案 71—74
Verifiability
可验证性 157—159
Viewpoint discrimination
观点歧视 113—114,223,231,234—235,260—261,414—415
Vindication
维护 58—59,73—74,345
Voluntary public figures
自愿的公众人物 76—77
Voneye v. Turner
冯艾诉特纳案 71

W

Warranted deference
正当遵从 259,261—265
Warren, Samuel
塞缪尔·沃伦 51,57,66,73,76,166—167
Weber, Max
马克斯·韦伯 12,85
Westmoreland, General William
威廉·威斯特摩兰将军 391—392
West Virginia State Board of Education v. Barnette
西弗吉尼亚州教育委员会诉巴尼特案 93—94
White, Justice Byron
拜伦·怀特大法官 124—125,222

Whitehouse, Mary
玛丽·怀特豪斯 98, 363
Whitman, Walt
沃尔特·惠特曼 91
Widmar v. Vincent
维特莫诉文森特案 221—226, 228,
 243—244
Williams, Patricia
帕特里夏·威廉姆斯 295

Wilson, William Julius
威廉·J. 威尔逊 308
Wisconsin v. Yoder
威斯康星诉约德案 92—93, 105
Wolin, Sheldon
谢尔顿·沃林 277
Wright, J. Skelly
J. 斯凯利·赖特 284—287